現代文
標準問題精講

開成学園教諭　神田邦彦　著

Interpretation of Standard Japanese Passages

旺文社

はじめに

思考の往復運動のために

©1995, Edward H. Adelson

チェック柄のボードの上に、太い柱が一本、右上から光が射して、薄い影が出来ている。

さて、にわかには信じられないと思うが、このボードのAのマスとBのマスの色は、実は同じ色である。

4頁の右肩に、同じ色が印刷してあるので、試しに上図のAとBのマス目に合わせてみてほしい。二つのマスの色が同じであることが確認できるはずだ。

なんと、僕たちの知覚がいい加減なことか。

なんと、僕たちの状況認識が文脈依存的である（周囲の状況に左右される）ことか。

「これは、二色柄のチェックボードであり、そこに影が射している」という固定的な認識から、僕たちはまったく自由になれない。

「これはこういうもの」という「結論ありき」の断定的な考え方、決まりきった文脈から、どのように離れて自分自身の頭で考えるか……そんなことを教室ではよく話すのだが、その飛躍がいかに難しいかを、生理的にも思い知らされる図である。

僕たちの周りは、決まりきった文脈だらけだ。例えば「常識」とか、「伝統」とか、「同調圧力（周囲がそうだと、自分もそのように考えて、行動しなければならないと思うような無言の重圧感）」とか、いずれも、ときに僕たちの思考を決定的に縛ってしまう「周囲の文脈」である。

その呪縛から、離れることは出来るのか。もしも離れる可能性を秘めた小さな矢があるとしたら、それは、「知ること」だと思う。「人間は、このような場面では、このように考えがちであり、それが思わぬ誤謬《ごびゅう》を生む」と、一つ知るだけでも、わずかに文脈の罠から離脱できる可能性があるかもしれない。

もしくは、「問題意識を持つこと」だと思う。「よく言われるこれは、本当にそうなのか」と、問題意識を持って、社会や人間や人生に立ち向かう。これが罠にかからない知恵となる。


一方で、本当にAとBとの色は、同じ色なのだろうか。

思えば、僕たちのすべての知覚・認識は、状況の中にしかあり得ない。周囲の状況の中で、比較し、秩序立て、枠組み化しながら、生活の利便とする。周囲の状況をすべて取り払って、単体としてのAとBとを比べることは、もしかしたら不毛な作業ではないか。右の図から、二色柄のチェックボードを認識するのは、生きていく上で、必要で有効な類推力だろう。


いったい、どっちが言いたいんだ……そう思ったかもしれない。

いま、僕は「AとBとは同じ色である」という、新たな決まりきった認識に対して、再度、「本当にそうなのか」と問題意識を持って、疑問をぶつけてみたわけだ。

実は、そのような往復運動の中でこそ、「自分自身の考え方」が、生まれてくるのだと思う。


この『現代文　標準問題精講』の中で、社会や人間や人生について、君自身の頭と心で読み解いていく往復運動をたくさんしてほしい。

その往復運動が、これからの人生の様々な場面で、より色濃い時間や、より充実した感動や、場合によっては、重い荷物を軽やかに捨てて、颯《さっ》爽《そう》と明日を生きる力になるとしたら、望外の喜びである。

開成学園 国語科教諭
神田邦彦

目次

本冊 / 別冊

はじめに …… 2
本書の使い方 …… 8

第一章 言語と思考

1 福岡伸一 『世界は分けてもわからない』 …… 12 / 4
講義1 「のである文」は最重要文である

2 鈴木孝夫 『ことばと文化』 …… 18 / 5
講義2 接続語に注意して読む
（文と文の関係・段落と段落の関係を摑《つか》む）

3 養老孟司 『解剖学教室へようこそ』 …… 24 / 6
講義3 論題提示文を探す

4 安井 泉 『ことばから文化へ ―文化がことばの中で息を潜めている―』 …… 30 / 7
講義4 「具体例」→「一般化」のリズムを意識して読む
講義5 主張→説明 の三パターン

5 香西秀信 「事実は『配列』されているか?」 …… 38 / 8
講義6 「言葉を換えて説明する」
講義7 マトリョーシカ構造を見抜く

第二章 日本文化を考える

6 鈴木孝夫 『閉された言語・日本語の世界』 …… 48 / 9
講義8 形式段落の冒頭一語・冒頭一文に注意して読む
講義9 「つまり・すなわち〜のである文」は最強の統括文

7 河合隼雄 『働きざかりの心理学』 …… 56 / 10
講義10 「説明の仕方」の第三パターン「対比的説明」
講義11 譲歩逆接構文の発見

8 中根千枝 『適応の条件』 …… 64 / 11
講義12 直列電池型文章
復習 「のである文」「つまり・すなわち〜のである文」

9 原 研哉 『日本のデザイン ―美意識がつくる未来―』 …… 72 / 12
講義13 「のである文」亜種

10 古市憲寿『絶望の国の幸福な若者たち』……80
講義14 分析型文章＝静かな主張……13

第三章　現代社会を生きる

11 香山リカ『「悩み」の正体』……88
講義15 筆者独特の用語はキーワードとなる……14
講義16「　」を読み解く

12 藤原新也「ネットが世界を縛る」……96
講義17 冒頭統括型の文章……15
講義18 一対一対応型の解答作成

13 平川克美『経済成長という病 ― 退化に生きる、我ら ―』……104
講義19 短く作って、上に足していく解答技法……16
復習「のである文」「論題提示文の発見」

14 鷲田清一「現代おとな考」……112
講義20 論説文は「ひねくれている」……18
講義21 逆説的発想

15 岡　真理「『文化が違う』とは何を意味するのか？」……120
講義22 二項対立型の文章……19

第四章　近代的思考のかたち

16 山崎正和『世紀末からの出発』……128
講義23 並列電池型文章……20

17 見田宗介『社会学入門』……136
講義24 止揚《しよう》型の結論……21

18 河合隼雄『イメージの心理学』……142
講義25 黄金統括型の文章……22

19 村上陽一郎『西欧近代科学』……150
講義26「のである文」の統括範囲を考える……23
復習 並列電池型文章

20 阪本俊生『ポスト・プライバシー』……160
講義27 逆接の接続詞の後に注目してみる……24

素材文の読みほどき
まとめ（第一章〜第四章）

第五章　人間を洞察する

21 小坂井敏晶　『責任という虚構』……168　25
復習「黄金統括型の文章」

22 日高敏隆　「代理本能論」……176　26
講義28 同格の接続詞「要するに」
講義29「踏み台的論題➡最重要論題」型の文章
講義30「出典」の確認は忘れないこと

23 中村雄二郎　『哲学の現在』……182　27
復習「のである文」

24 鷲田清一
『思考のエシックス ―反・方法主義論―』……192　28
復習「冒頭統括」・「二項対立」・「　」を読み解く
復習「のである文」の統括範囲を考える
講義31「〜という」型の解答作成・「〜ではなく」型の解答作成

25 山崎正和　『文明の構図』……200　29
講義32「合理」「効率」の語は、批判的論点を作る

第六章　人生について

26 内田　樹　『街場の現代思想』……210　30
復習 論説文「ひねくれ方」の確認

27 長田　弘
『失われた時代 ―1930年代への旅―』……216　31
復習「のである文」をチェックする

28 黒井千次　『働くということ』……224　33
復習 論題提示文を探す

29 酒井邦嘉　『科学者という仕事』……232　34
講義33 文章の設計図を見通す（多講　復習）

30 茂木健一郎　「生と死の不良設定問題」……240　35
講義34 難解な言い回しは、必ず再説明される
講義35「のである文」同士の響きあい

復習 筆者独特の言葉はキーワードとなる・黄金統括

第七章 芸術・思想と人間

31 粟津則雄『日本洋画22人の闘い』…… 250 36
講義36 単語の持つ「評価・色合い・傾き」を見抜く
講義37 段落の中にある「黄金統括」

32 中村眞一郎『記憶の森』…… 258 37
復習 二項対立型の文章・止揚型の結論・近代批判等

33 原 研哉『白』…… 264 38
講義38 形式段落最終文への着目

34 外山滋比古『省略の詩学 ― 俳句のかたち ―』…… 272 39
講義39 論説文は「一般論・常識」に対して、異を唱える（講義20の復習）

35 米原万里『心臓に毛が生えている理由《わけ》』…… 280 41
復習 逆説的発想

第八章 文学

36 江國香織「デューク」…… 288 42
講義40 小説の読解＝書かれていない説明を想像して答える

37 南木佳士『ダイヤモンドダスト』…… 296 43
復習 単語の持つ「評価・色合い・傾き」を見抜く

38 山田詠美「微分積分」…… 304 44
講義41 「説明」の代わりに「比喩」が用いられる

39 小川洋子『アンネ・フランクの記憶』…… 314 45
講義42 「少ない説明」を読み解く

40 榊 邦彦『100万分の1の恋人』…… 324 46
講義43 「不十分な会話」を読み解く

素材文の読みほどき まとめ（第五章～第八章）

おわりに…… 335

編集協力 （有）アリエッタ／そらみつ企画 山田佳奈子／渡井由紀子
装丁・本文デザイン イイタカデザイン

本書の使い方

各講の素材文について

全国大学の入試問題で使われた素材文の中から、ぜひ高校生の皆さんに読んでもらいたい文章を、40編厳選しました。素材文を読んだ後には、設問に応じて、実際に自分の解答を作り上げることが大切ですが、素材文を読み込むだけでも、現代文読解に必要な多くの考え方が学習できるはずです（一周目は、40の素材文や「素材文の読みほどき」「素材文の噛み砕き」を読むだけで通し、二周目に実際に問題を解くというような使い方も効果的です）。

各講の設問について

実際の入試問題をそのまま採用したものもありますが、多くの講で、記述式中心のオリジナル設問へと改変しました。制限字数も多めです。記述式重視となる今後の大学入試の動向を踏まえ、骨太の読解力・記述力を鍛えられるような設問構成となっています（本書のオリジナル設問には、◆マークが付いています）。

記述式解答の字数について

ほとんどが字数制限つきの記述式設問となっていますが、字数についてはひとまず、あまり気にせずに解答を作ってみてください。出来上がった解答を調整して、増減させていくと良いでしょう。字数調整の仕方は、講義19・講義31などでも、具体的に解説しているので参考にしてください。

字数制限のない設問について

実際の入試問題では、制限字数が示されず、解答欄のスペースのみが示されている場合もあります。本書で、そのような設問を採用した場合は、解答欄の大きさを具体的に示しました。縦一cmには、二文字程度を入れるつもりで、字数の目安にしてください。横一cmには一行が目安です（各設問の末尾に、目安としての字数が示してあります）。

「素材文の読みほどき」について

各講にある「素材文の読みほどき」は、その素材文を読解していくための、「技術」を講義したものです。「何となく文章を読み流して、何となく分かった気持ちになる」ことは、現代文の学習において、一番の禁物です。しっかりと、科学的・論理的に文章に向かう意識を持ちましょう。

その講で学習した「読解の技術」は、他の文章でも、大いに利用できる「汎用性のある読解技術」です（「汎用性」：広く適用したり、一般的に活用したりすることができる性質のこと）。

「素材文の噛み砕き」について

各講にある「素材文の噛み砕き」は、その素材文で述べられた内容について、より深く読み込んだり、より広く応用したりするためのポイントを述べたものです。

いわば、

「この素材文を利用したら、僕ならこんな発展的内容を授業で取り扱うだろう」

という観点の講義部分です。

設問に正解し、すぐに点数に結びつけるための解説ではありませんが、この「素材文の噛み砕き」で、たくさんの知見・教養・考え方に触れることは、必ず皆さんの底力になるはずです。厳選した40の素材文同様に、「読むだけでも力がつく」部分であり、読解技術を講義するだけに留まらない、「骨太の実力養成」を狙った本書の大きな特徴となる部分です。

別冊解答について

各講の設問に関する模範解答と解説です。

解答例について、本冊の「素材文の読みほどき」や「素材文の噛み砕き」も参考にしながら、自分の解答と比べてみましょう。素材文を読み、問題を解き、別冊の解答を読むだけという勉強方法は勧められません。問題を解き終えた後には、必ず、本冊の「素材文の読みほどき」「素材文の噛み砕き」を読み込むことが大切です。

重要語句解説について

別冊で、各講の素材文中にある重要語句についても、解説を加えました。現代文における頻出用語の解説などもありますので、目を通しておきましょう。

章立て、および各講の配列について

本書は入試素材文で頻出ポイントとなる、「言語と思考」「日本文化を考える」「現代社会を生きる」「近代的思考のかたち」「人間を洞察する」「人生について」「芸術・思想と人間」「文学」の八章に分けて、構成されています。

これら八つのテーマについては、前章から次章へという学習効果を考えた配列になってはいますが、興味のある章から取り組んでも構いません。ただし、その場合は、「素材文の読みほどき」や「素材文の噛み砕き」にある「○頁参照」といった項目には必ずあたり、前述された内容も確認するようにしてください。

また、各章とも五講・五問構成となっていますが、章内では、なるべく順番どおりに問題にあたってください。前講で学習した技術や知見が次の講で発展的に活用できる構成になっています。

著者紹介

神田邦彦（かんだ・くにひこ）

開成学園　国語科教諭。１９８７年より、開成学園の教壇に立つ。執筆した参考書に『中学総合的研究　国語』（旺文社・共著）など。また、榊邦彦の筆名で、作家として小説も発表。主な作品に、『100万分の１の恋人』（新潮社）、『もう、さよならは言わない』（新潮社）などがある。第２回新潮エンターテインメント大賞を受賞した『100万分の１の恋人』は、台湾・韓国でも翻訳出版されている。

第一章 言語と思考

1 福岡伸一『世界は分けてもわからない』
2 鈴木孝夫『ことばと文化』
3 養老孟司『解剖学教室へようこそ』
4 安井 泉『ことばから文化へ
——文化がことばの中で息を潜めている——』
5 香西秀信「事実は『配列』されているか?」

1 『世界は分けてもわからない』

福岡伸一

次の文章を読んで、後の設問に答えよ。（解答は別冊4頁）

A 一九九六年に打ち上げられたＮＡＳＡ[*1]の探査衛星マーズ・グローバル・サーベイヤーが火星に最接近し、その表面の鮮明な映像を捉えた。そこには複雑で、奇妙な起伏が広がっていた。それをじっと眺めていると、そこには実にたくさんの人工的な意匠が隠されていることに気づく。ゴリラに似た横顔、ぬりかべ、マスクをかぶった怪人、はたまたオバＱまで。実にさまざまな顔が潜んでいる……。（中略）

B 私たちは、本来、ランダムなはずのものの中にパターンを見出す。いや、見出さずにはいられない。顔は、火星の、あるいは岩壁の表面にあるのではない。私たちの認識の内部にある。

C コンピュータ・グラフィック技術によって、非常に滑らかに変化する表面を描いたとする。たとえば、超未来的な宇宙船。恒星からの強い光を浴びて船首はまぶしく輝き、他方、船尾は暗い宇宙に溶け込んでいる。そんな画像である。コンピュータは計算によって、暗黒と輝きとのあいだに、濃淡の階調がほんのわずかずつ、精密に減少するような完全に数学的なグラデーション[*2]を作り出す。

D むろん、人間の眼《め》は、ある段とその前後の段との階調の差は、あまりにも微妙すぎて気づくことができない。つまりどこを見てもトーンジャンプ[*3]を検出することはできない。だからこのようにして描出された宇宙船は、あたかも天使の布で磨きぬかれた大理石のように、かぎりなく滑らかで美しい表面を体現するはずである。理論的には。

E ところが事実は全く異なる。このようにして正確に計算されて作り出された宇宙船は、しばしばギザギザや縞《しま》模様が浮かび上がった、極めて汚い表面をもってしまうのだ。

F 私は、このようなことをセガ[*4]の技術者、平山尚氏が書いている一文を興味深く読んだ。

G 一体、何が起こっているのだろうか。ギザギザや縞模様は、数学的な処理の問題に起因しているのではない。またコンピュータの液晶や画像表示の仕組みに問題があるからでもない。私たちの認識のあり方に由来するのだ。その証拠に、しばしばギザギザや縞模様は、ゆらぎ、あちこちに移動し、見るたびに変幻自在に動く。

H おそらくそれは、私たちの内部にある眼が、あまりにも滑らかすぎる光景にいらだち、右往左往しているのである。そのあげくに無理矢理、境界線を、トーンジャンプを作り出し、そこに何らかのパターンを見出すべく必死にもがいているのである。私たちの脳に貼りついた①水路づけは、ここまで頑迷なものなのである。（中略）

I　網膜上にはたくさんの視細胞が稠密《ちゅうみつ》に並んでいる。それはちょうどデジタル・カメラの画素のようなもので、おのおのレンズを通してやってくる光の強度を認識する。視細胞は認識した光の強度を神経線維*5を通じて脳に伝える。一方、視細胞は互いに隣どうしの細胞と連携をとって、情報を交換している。ある視細胞にことさら強い光が入ってきたとする。この細胞はそれを信号に変えて、強い光が入ってきたことを脳に伝達する。そのとき同時に、隣の視細胞に対して、抑制的な情報を送る。「この光は俺が受け取ったから、おまえたちはそんなにさわがなくていいよ」と。ちょうど外野フライを捕球する野手が他の人間の動きを制するように。

J　するとどのようなことが起こるだろうか。周りが静まることによって、強い光を受け取った視細胞からの信号がことさら強調されることになる。つまり、コントラストがより明確化され、そこに境界線が作り出される。細胞と細胞のあいだのこのようなやりとり、つまり強い信号をより際立たせるための仕組みは、側方抑制と名づけられている。

（中略）

K　全く同じように説明できるわけではないが、滑らかすぎる変化に、人工的なギザギザや縞模様が出現してしまう空*6目《そらめ》も、このような細胞間の側方抑制的な仕組みが作用していると考えることができる。輪郭のないところに輪郭を求めるあまり、視細胞は、変化する階調のあらゆる場所で、側方抑制をかけてははずし、かけてははずすことを繰り返して、縞模様を消長させているのだ。（中略）

L　かつて私は、私の本の若い読者からこんな質問を受けたことがある。なぜ、勉強をしなければならないのですか、と。そのとき、私は、十分答えることができなかった。もちろん今でも十分に答えることはできない。しかし、少なくとも次のようにいうことはできるだろう。

M　連続して変化する色のグラデーションを見ると、私たちはその中に不連続な、存在しないはずの境界を見てしまう。逆に不連続な点と線があると、私たちはそれをつないで連続した図像を作ってしまう。つまり、私たちは、本当は無関係なことがらに、因果関係を付与しがちなのだ。なぜだろう。連続を分節し、ことさら境界を強調し、不足を補って見ることが、生き残る上で有利に働くと感じられたから。もともとランダムに推移する自然現象を無理にでも関連づけることが安心につながったから。世界を図式化し単純化することが、わかることだと思えたから。

N　かつて私たちが身につけた知覚と認識の水路はしっかりと私たちの内部に残っている。しかしこのような水路は、ほんとうに生存上有利で、ほんとうに安心を与え、世界に対する、ほんとうの理解をもたらしたのだろうか。ヒトの眼が切り取った「部分」は人工的なものであり、ヒトの認識が見出した「関係」の多くは妄想でしかない。

O 私たちは見ようと思うものしか見ることができない。そして見たと思っていることも、②ある意味ですべてが空目なのである。

P 世界は分けないことにはわからない。しかし分けてもほんとうにわかったことにはならない。（中略）つまり、私たちは世界の全体を一挙に見ることはできない。しかし大切なのはそのことに自省的であるということである。（中略）

Q 滑らかに見えるものは、実は毛羽立っている。毛羽立って見えるものは、実は限りなく滑らかなのだ。

R ③そのリアルのありようを知るために、私たちは勉強しなければならない。

注

＊1 NASA……アメリカ航空宇宙局。
＊2 グラデーション……明暗や色調の段階的変化。
＊3 トーンジャンプ……部分的に境界が出来て縞模様が見えてしまう状態。
＊4 セガ……日本のゲームメーカー。
＊5 神経線維（神経繊維）……神経細胞の突起。
＊6 空目……全く偶然の結果なのに、そこに特別なパターンが見えてしまうこと。

〔素材文は明治大学より出題〕

◆**問一** 傍線部①「水路づけ」とはどのようなことを言うのか。五十字以内で答えよ。

◆**問二** 傍線部②「ある意味で」とあるが、それはどのような「意味」か。五十字以内で答えよ。

◆**問三** 傍線部③「そのリアルのありようを知るために、私たちは勉強しなければならない」とはどのようなことか。百字以内で答えよ。

（◆は本書のオリジナル問題）

素材文 筆者紹介

福岡伸一（ふくおか しんいち）1959年生まれ。生物学者。青山学院大学教授。農学博士。専攻は分子生物学。『生物と無生物のあいだ』（講談社）で、第29回サントリー学芸賞〈社会・風俗部門〉、第1回新書大賞を受賞。

素材文の読みほどき

■ 講義1 「のである文」は最重要文である

例えば、次のようないくつかの情報を考えてみよう。

a　ホワイトボードの表面は、エナメルで覆われている。
b　ホワイトボードの表面は、ツルツルとしている。
c　ホワイトボードの表面は、文字を書きにくい。
d　ホワイトボードは、学校の教室に普及していない。

この四つの情報のどれが一番、重要な情報だろう。**d**の情報だと思うかもしれない。しかし、文章の読解で大切なのは、社会通念からみた情報の重要度や、君が感じる情報の重要度ではない。大切なのは、筆者がどの情報を伝えたいのかということである。

例えば、**b**の文に「**のである**」と付けてみよう。

「**ホワイトボードの表面は、ツルツルとしているのである**」となるが、なんだか**b**の文を言うために、それまで筆者がいろいろと文章を積み重ねてきたような気がしないだろうか。文頭にも、「だから」と付けたくなる感じだ。

一方、**d**の文に「**のである**」を添えて、「**(だから) ホワイトボードは、学校の教室に普及していないのである**」とすれば、**d**を述べるために、筆者は**a**・**b**・**c**と文章を積み重ねてきたような感じになるし、逆に、**a**に、「**(だから) ホワイトボードの表面は、エナメルで覆われているのである**」とすれば、筆者が**a**を述べるために、それまで様々な文章を重ねてきた雰囲気を感じないだろうか。例えば、**a**の前に、「健康に悪いチョークの粉が出ないように、黒板に代わる新たな素材が求められた」とか、「何度でも文字を消せるような表面加工が求められた」等の文があって、それを踏まえて、「**(だから) ホワイトボードの表面は、エナメルで覆われているのである**」とまとめる感じだ。

つまりはこういうことだ。**文章を書く時、「文章の重要部分」には、思わず「のである」と付けてしまうのである**(←この文にも僕は、「のである」と付けたくなった)。実は、これは、普段、君も自然にやっていることである。

これを逆手《さかて》にとれば、「**のである**」に着目して文章を辿《たど》っていくと、筆者が「どのように文章を組み立てているか」の地図が見えてくるということだ。

「の」+「断定の助動詞『だ』」は、非常に強い統括力(まとめる力)を持った文末形式である。この「**のである文**」には、「**のである**」の他に、「**のではないか**」「**のであろう**」「**のだ**」等がある。文章を読む時には、**必ず、これら「のである文」にチェックを入れて読む癖を付けよう。**

1講の素材文から、この「のである文」を書きぬいてみると、以下のようになる。

Ⓑ顔は、火星の、あるいは岩壁の表面にあるのではない。

Ⓔこのようにして正確に計算されて作り出された宇宙船は、しばしばギザギザや縞《しま》模様が浮かび上がった、極めて汚い表面をもってしまうのだ。

Ⓖ一体、何が起こっているのだろうか。ギザギザや縞模様は、数学的な処理の問題に起因しているのではない。

Ⓖ私たちの認識のあり方に由来するのだ。

Ⓗおそらくそれは、私たちの内部にある眼《め》が、あまりにも滑らかすぎる光景にいらだち、右往左往しているのである。そのあげくに無理矢理、境界線を、トーンジャンプを作り出し、そこに何らかのパターンを見出すべく必死にもがいているのである。私たちの脳に貼りついた水路づけは、ここまで頑迷なものなのである。

Ⓚ輪郭のないところに輪郭を求めるあまり、視細胞は、変化する階調のあらゆる場所で、側方抑制をかけてははずし、かけてははずすことを繰り返して、縞模様を消長させているのだ。

Ⓜつまり、私たちは、本当は無関係なことがらに、因果関係を付与しがちなのだ。

Ⓝしかしこのような水路は、ほんとうに生存上有利で、ほんとうに安心を与え、世界に対する、ほんとうの理解をもたらしたのだろうか。

Ⓞそして見たと思っていることも、ある意味ですべてが空目《そらめ》なのである。

Ⓠ滑らかに見えるものは、実は毛羽立っている。毛羽立って見えるものは、実は限りなく滑らかなのだ。


どうだろうか。文章の骨子のところに、「のである文」が置かれていることが分かると思う。

（「のである文」が大好きで、やたらと書く筆者もいれば、くどいまとめ方を嫌い、あまり「のである文」を使わない書き癖の筆者もいるが、多くの文章では、無意識に「のである文」は、自然と重要な箇所に配置されることになる。）

素材文の噛み砕き

■ 世界は分けないことにはわからない（Ⓟ）

日本の歴史を考えてみよう。縄文時代とか弥生時代とか奈良時代とか、その当時に生きる人達は、もともと自覚的に区別して生きていたのだろうか。そんなことはない。ただだらだらと連続した時間」の中で、区別なく生きていただけである。それを、「ここからは弥生時代、ここからは奈良時代」と、僕達は分けて理解する。全体の「だらだらと連続した時間」そのままでは、日本史を理解すること

1　言語と思考 1

は出来ない。しかし、その理解の仕方は、ある一つの枠組みから考えた「妄想」「物語」に過ぎず、「なまの姿」とは違う「空目」に過ぎないとも言える。

人の集まりに対しても考えてみよう。「あいつは仲間」「あいつは敵」という風に、図式化して、分けて理解することは、自分達の生存に有利に働く。顔に差別化の装飾を施したり、仲間を表す旗を掲げたりして、団結力を強め、同時に、「誰が敵であり攻撃しなくてはならないか」を明確にするのだ。しかし、人間そのものに境界線はない。境界線は「これを境界にしよう」と作った瞬間に境界になる。例えば、「肌の色」は、時に境界になってしまうが、「瞳の色」は境界にはならない。どちらを境界にするかは、人間が勝手に「それを境界にしよう」と決めただけのことである。

■本当は無関係なことがらに、因果関係を付与しがち（M）

本来は「だらだらと連続した時間」である歴史の中から、ある出来事を「A事件」として取り上げ、それが、原因で「B事件」が起こったとする。それが歴史の考え方である。しかし、それはある一つの見方に過ぎない。

偶然、家族に病気が続いていて、苦しんでいる時に、思わず「これは、ご先祖のたたりではないだろうか」と考え、お墓を掃除したりする。そのような単純な図式で、安心しようとするのも人間の姿だ。

■勉強することで世界が見える

しかしだからと言って、すべての枠組みを外して、僕達は物事を認識することは出来ない。大切なのは、まずは見方（枠組み）を知ることだ。見方（枠組み）を知ることで、見えてくるものも増える。例えば、花の名前や分類を知っている人の方が、草原に何気なく咲いている花の一つ一つにも、視線が止まり、濃く印象に残ることだろう。

一方で、その見方・枠組みが絶対的なものではないということも知ることが大切だ。例えば、「肌の色」による差別化が、もともと人間にあった境界線ではなく、人間が勝手に作り上げた境界線であるということを知り、その枠組みから自由になることで、肌の色に囚《とら》われず、その人自身の魅力に気付くことも出来る。

多くの見方を知り、一方で、それらが一つの見方に過ぎないことを知る。そのことで人生の時間は色濃く、豊かになり、そして、自由になる。

それが勉強することの真価の一つだ。そして、現代文の勉強というのは、その役割を一番多く担っているのだと思う。

この本の一頁一頁から「勉強することで世界が見える」、そんな力を手に入れていってほしいと思う。

2 『ことばと文化』

鈴木孝夫

次の文章を読んで、後の設問に答えよ。（解答は別冊5頁）

A 考えてみると、私たちはなんとまあ数え切れないほど沢山のものに囲まれて生活していることか。

B 私がいま向っている机の上には、電気スタンド、タイプライター、灰皿、本、手紙、原稿用紙、ボールペン、消しゴム、ライター、鉛筆などが雑然とちらかっている。

C 引出しを開ければ、ここには細かい文房具、画鋲《がびょう》、鋏《はさみ》、鍵、ホチキス、ナイフ、名刺の束など何十種類もの品物が、ぎっしりだ。

D 私が身につけているものだけでも、洋服、セーター、ネクタイ、ワイシャツ、靴下に始まって、眼鏡、腕時計、バンドなど、十指ではとうてい数え切れない。

E この調子で、人間が作り出し、利用している製品の種類を考えてみると、見当もつかないほどの多岐にわたっていることが分る。

F また自然界には、何万という鳥類や動物の種類がいる。昆虫は何十万種とも言われるし、その上膨大な数の植物がある。そしてこれらはすべて固有の名称を持っているのだ。

G 名前がついているのは、ものだけではない。物体の動き、人間の動作に始まって、心の動きなどという、微妙なことにも、一々それを表わすことばがある。事物の性質にも、いや事物と事物の関係にさえ、それを表わす適切なことばが対応しているのだ。

H こんな調子で、世界には、はたして何種類のもの（事物や対象）や、こと（動き、性質、関係など）が存在するのだろうかと考えてみると、気が遠くなるほどである。

I しかもものやことの数、そしてそれに対応することばの数は、いま述べたような事物や性質の数の、単なる総和に止まらない。

J たとえば自動車という一種類のものがある。ところがこれは、約二万個の部品からできている。それにいちいち名がついているのは勿論《もちろん》である。ジェット機になれば、部品の数は一ケタ上るという。更に面倒なことに、これらの部品の一つ一つは、当然のことながら、いろいろな物質から成る材料からできていて、それも全部名前があるという具合に、どんどん細かくなっていく。

K こんな風に、ものとことばは、互いに対応しながら人間を、その細かい網目の中に押込んでいる。名のないものはない。「森羅万象には、すべてそれを表わすことばがある。」これが私たちの素朴な、そして確たる実感であろう。

L この、ものがあれば必ずそれを呼ぶ名としてのことばがあるという考えと、同じくらいに疑いのないこととして、多くの人は「同じものが、国が違い言語が異れば、全く違ったことばで呼ばれる」という認識を持っている。犬という動物は、日本語では「イヌ」で、中国語では「狗」、英語で dog、フランス語で chien、ドイツ語では Hund、ロシア語で собáка、トルコ語で köpek といった具合に、さまざまな形のことばで呼ばれる。

M 私たちが学校で外国語を勉強する時や、辞書を引いて、日本語の或《あ》ることばは、外国語ではなんと言うのかを調べる時は、この同じものが、言語が違えば別のことばで呼ばれるという、一種の信念とでもいうべき、大前提をふまえているのである。

N ところが、ことばとものの関係を、詳しく専門的に扱う必要のある哲学者や言語学者の中には、①このような前提について疑いを持っている人たちがいる。私も言語学の立場から、いろいろなことばと事物の関係を調べ、また同一の対象がさまざまな言語で、異った名称を持つという問題にも取組んできた結果、今では次のように考えている。

O それは、ものという存在が先《ま》ずあって、それにあたかもレッテルを貼るような具合に、ことばが付けられるのではなく、ことばが逆にものをあらしめているという見方である。

P また言語が違えば、同一のものが、異った名で呼ばれるといわれるが、名称の違いは、単なるレッテルの相違にすぎないのではなく、異った名称は、程度の差こそあれ、かなりちがったものを、私たちに提示していると考えるべきだというのである。

Q この第一の問題は、哲学では唯名論と実念論の対立として、古くから議論されてきているものである。私は純粋に言語学の立場から、唯名論的な考え方が、言語というもののしくみを正しく捉えているようだということを述べてみようというわけである。

R 私の立場を、一口で言えば、「始めにことばありき」ということにつきる。

S 勿論始めにことばがあると言っても、あたりが空々漠々としていた世界の始めに、ことばだけが、ごろごろしていたという意味ではない。またことばがものをあらしめるといっても、ことばがいろいろな事物を、まるで鶏が卵を生むように作り出すということでもない。ことばがものをあらしめるということは、世界の断片を、私たちが、ものとか性質として認識できるのは、ことばによってであり、ことばがなければ、犬も猫も区別できない筈《はず》だというのである。

T ことばが、このように、私たちの世界認識の手がかりであり、唯一の窓口であるならば、②ことばの構造やしくみが違えば、認識される対象も当然ある程度変化せざるを得ない。

U なぜならば、以下に詳しく説明するように、ことばは、私たちが素材としての世界を整理して把握する時に、どの部分、どの性質に認識の焦点を置くべきかを決定するしかけに他ならないからである。いま、ことばは人間が世界を認識する窓口だという比喩を使ったが、その窓の大きさ、形、そして窓ガラスの色、屈折率などが違えば、見える世界の範囲、性質が違ってくるのは当然である。そこにものがあっても、それを指す適当なことばがない場合、そのものが目に入らないことすらあるのだ。

［素材文は明海大学より出題］

◆問一 A段落から、H段落の組み立てを図示した時、次の中から、最も適切なものを選び、記号で答えよ。

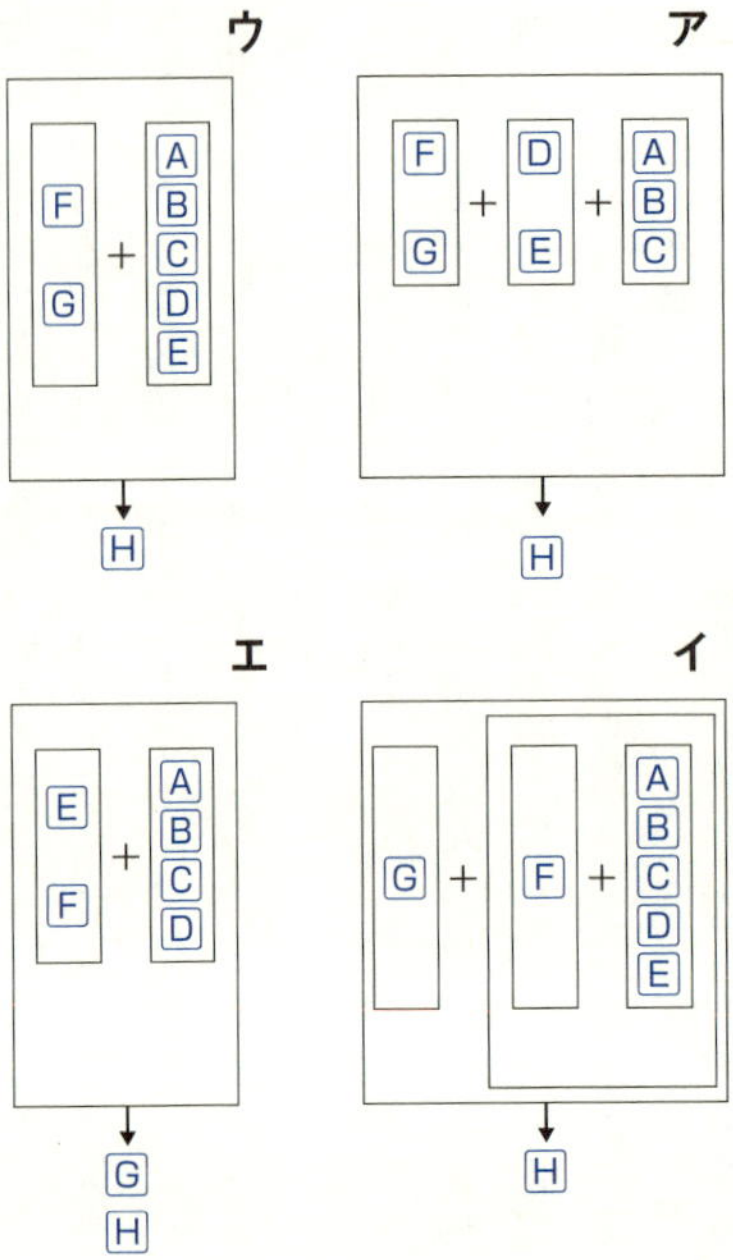

◆問二 傍線部①「このような前提」とあるが、どのようなものか。六十字以内で答えよ。

◆問三 O段落で述べられた内容を、詳しく繰り返しているのはどこからどこまでの形式段落か。アルファベットの記号で答えよ。

◆問四 傍線部②「ことばの構造やしくみが違えば、認識される対象も当然ある程度変化せざるを得ない」とは、どのようなことか。文中の言葉を利用して、分かりやすく五十字以内で説明せよ。

（◆は本書のオリジナル問題）

素材文　筆者紹介

鈴木　孝夫（すずき　たかお）１９２６年生まれ。言語学者・評論家。素材文として使用された『ことばと文化』（岩波書店）は、言語について論じた名著として、広く読まれている。

素材文の読みほどき

講義2　接続語に注意して読む（文と文の関係・段落と段落の関係を掴《つか》む）

例えば、

a　雨が降ってきた。
b　しかも風まで強く吹いてきた。
c　残念ながら、今日の花火大会は中止になった。

という三文があれば、**a**文と**b**文とが重なって「理由」となり、**c**文がその「結果」となっていることが分かる。図示すれば、

a＋**b**→**c**

のようになるだろう。さらにこれを、

a　昼までは天気が良かったのに、三時頃から、雨が降ってきた。とても大粒の雨だ。
b　四時過ぎには、風も吹き出した。台風が近づいているのかもしれない。風速十メートルぐらいはありそうだ。
c　六時から開催予定だった地元の花火大会だが、残念ながら中止になった。集まっていた大勢の見物客は、雨と風に悪戦苦闘しながら、駅までの道を帰っていった。

といった形にすることも出来る。三文ではなく、三つの形式段落が、

a＋**b**→**c**

の形になっているというわけだ。

このような組み立てを意識しながら、文章を読んだり、書いたりすることは、現代文の学習において、とても重要なポイントである。

文章の組み立てを見通すのに指標となるのが、**接続語**である。**接続語**の中でも、まず覚えておいてほしいのは、

・「**また**」「**そして**」等→**並べる役割**
・「**しかも**」「**さらに**」等→**加える役割**
・「**すなわち**」「**つまり**」等→**要約したり、説明し直したりする役割**

の三種類である。

特に今回の素材文では、「**また**」が機能して、二つの論点を並べながら、主張を展開していることが特徴だ。

パターン①

A〜E **私たちのまわりには沢山の人工のものがある。**
F **また、自然界にも無数のものがある。**

パターン②

O **それは、もの**という**存在が先《ま》ずあって、それにあたかもレッテルを貼るような具合に、ことばが付けられるのではなく、ことばが逆にものをあらしめていると**

いう見方である。

Ⓟまた言語が違えば、同一のものが、異った名で呼ばれるといわれるが、名称の違いは、単なるレッテルの相違にすぎないのではなく、異った名称は、程度の差こそあれ、かなりちがったものを、私たちに提示していると考えるべきだというのである。

パターン①を見抜ければ、**問一**は容易に解答出来る。組み立て上の重要なポイントに、「のである文」（「のだ文」）がうまく配置されていることも分かるだろう。

［ A B C D E ＋ F **のだ** ］ ＋ G **のだ**
↓
H

F段落と、G段落の末尾に「**のだ文**」が配置されて、文章の柱に太い釘《くぎ》を打つように、しっかりと締めている。

パターン②の「**また**」も、この文章で筆者が述べたい論点二つをきれいに並べた、重要な「**また**」だ。

N段落にさかのぼってみよう。「**私も言語学の立場から、いろいろなことばと事物の関係を調べ、また同一の対象がさまざまな言語で、異った名称を持つという問題にも取組んできた結果、今では次のように考えている**」と、ここにも「**また**」があるが、この「**また**」の前後が、きれいに、O段落（ものとことばの関係）と、P段落（言語の違いと、指し示されるものとの関係）で、並べて論じられていることが分かるだろう。

Qから U段落に関しても、同様に、

・Q R S＝第一の論点（ものとことばの関係）の説明
・T U ＝第二の論点（言語の違いと、指し示されるもの
　との関係）の説明

ときれいに組み立てられているし、しかも、どちらも、

Q R S **のである**
＋
T U **のだ**

と、それぞれの論点の説明の末尾が、「**のである文**」で、統括されていることが分かる。

素材文の噛み砕き

■世界を分けるもの＝ことば

1講で、「人間は、だらだらと連続したものを、分けて理解する」ということを学んだが、それでは、人間は何を利用して世界を分けるのか。それは「ことば」である。

筆者の言う「ことばがなければ、犬も猫も区別できない」

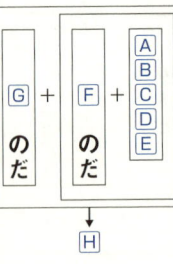

という考えを、他の例で、もう少し噛《か》み砕いてみよう。

例えば、枝豆とほとんど見た目の変わらない食べ物に、「だだちゃ豆」というものがある。山形県庄内《しょうない》地方で栽培される枝豆の一種だが、他の枝豆よりも甘味があり濃厚な香りがする特産品として珍重されている。しかし、これも「だだちゃ豆」という名前で区別されなければ、ただの「おいしい枝豆」に過ぎない。食べても、「この枝豆はおいしいな」程度にしか思わないだろう。しかし、「だだちゃ豆」という名前を知り、濃厚な味わいを経験していれば、「あ、これは、だだちゃ豆だね」と区別出来るわけだ。

言語が違えば、ものが違って見える

虹の色は、日本の認識では、「七色（赤・橙《だいだい》・黄・緑・青・藍・紫）」となっている。しかし、本当に七色だろうか。虹は、空気中の水滴がプリズムの役割になって、太陽光が分解されたものであり、あくまでも光の波長の違いからくる色の連続的な変化に過ぎず、そこには、明確な段階はない。この連続的な変化に対して、日本では、勝手に七つの段階を設定するわけだ。しかし、それはあくまでも、日本の見方に過ぎない。実は、虹の色の数については、

・七色：日本・韓国・オランダ
・六色：アメリカ・イギリス
・五色：フランス・ドイツ・中国・メキシコ

と、各国多様である。連続的な虹の色の変化にそれぞれの国で、勝手に段階を付け、様々な色の名前を付けて、虹を見ているわけだ。それぞれの国の子ども達に虹を描かせれば、それぞれ七色・六色・五色のクレヨンを使うだろう。

「本来だらだらと連続した区別のない世界」に対して、人間は、勝手に切れ目を入れて（専門用語では「分節を入れて」）、認識する。その切れ目（分節）は、もともと「もの」の側にあるのではなく、勝手に人間が作り上げていることが、この虹の色の例からも分かるはずだ。そして、その分節の入れ方は、言語によって勝手気ままなのである。

適当なことばがない場合、そのものが目に入らない

群生するクローバーの葉の中から、「幸運の四つ葉のクローバー」を探したことのある人は多いだろう。しかし、これも、「四つ葉のクローバー」という「他の三枚葉のクローバーと差別化することば」があるからこそ、探すことが出来る。かりに「四つ葉のクローバー」ということばがないとしたら、目の前にいくつかの四枚の葉を付けたクローバーがあったとしても、他の三枚葉のクローバーの中に紛れて、目に入ることもないに違いない。「適当なことばがない場合、そのものが目に入らない」のである。

3 『解剖学教室へようこそ』

養老孟司

次の文章を読んで、後の設問に答えよ。（解答は別冊6頁）

A 解剖などという変なことを、一体だれがはじめたのだろうか。

B そもそもなぜ、解剖ということを思いついたのだろうか。死んだ人を見たら、大急ぎで逃げる。それが普通なのに、メスやピンセットを使って、死体をバラバラにする。そんなことを思いつく人は、よほど変な人ではないか。

C べつに、「変な人」ではない。モノをバラバラにする、これは、じつはだれでもやっていることである。といっても、時計をバラしたり、オモチャを分解したりすることではない。モノをバラバラに壊すことのはじまりは、「ことばを使う」ことである。ことばはだれでも使う。

D ことばを使うことが、なぜ、モノをバラバラにすることなのか。これは、そのことを考えたことのない人には、案外難しく感じられるであろう。でも、そんなに難しいことではない。

E 考えてみよう。ものには、名前がついている。木は木。草は草。イヌはイヌ。だれが決めたか知らないが、ともかく、どこかで、いつか、だれかが、こういう「名前をつけた」わけである。

F 人間は、いろいろなものに名前をつける。つけないと、不便だからか。いや、ついてなくてもいいようなものにまで、名前がついているのではないか。（中略）

G 人がことばを使うようになってから、ありとあらゆるものに、名前をつけまくった。植物の名前を全部知っている人など、まずいないであろう。昆虫に至っては、世界中に、数百万種類いるという。いや、最近の研究では、三千万種ではないか、という意見すらある。そんなたくさんの名前が、覚えられるはずはない。でも、知られている限りの虫には、おおかた名前がつけてある。

H 月、太陽、星、木、草、土、水、などなど。こうやって、世界中のすべてのものに、その正体がたとえ不明でも、ともかく名前をつけていった。こうすれば、①世界をことばにすることができる。カンヅメのレッテルみたいなものである。中身はともかく、夜空で光っている、星より大きいアレ、あれは月。そういうことになる。なんにでも、ことばというレッテルをはってしまう。こうして、人は世界をことばで表わす。

I ところが、ある日、ハッと気がつく。からだの中は、まったくなにもレッテルがはってない。まだ、まっ白ではないか。そこで、からだの中身に名前をつけていく。解剖しなくても、ある程度はわかる。大ケガをした人や、死んだ人を見ていれば、からだの中について、いくらかの知識が得られる。そこで、からだの中にある「構造」に、名前をつけることをはじめる。

[J] ②名前をつけるとは、どういうことか。ものを「切ること」である。エッ。名前と、「切ること」とは、なんの関係もないじゃないか。

[K] 名前をつけることは、ものを「切ること」なのである。なぜなら、「頭」という名をつければ、「頭でないところ」ができてしまう。「頭」と「頭でないところ」の境は、どこか。

[L] だから、「頭」という名をつけると、そこで「境」ができてしまうのである。「境ができる」ということは、いままで「切れていなかった」ものが「切れる」ということである。国境が変わったとしよう。昨日まで、自分の国だったから自由に行けたはずの町が、今日からは簡単に行けなくなる。それは、日本では起こったことがないが、大陸の国では、しばしばあったことである。

[M] 地面はずっと続いているのに、「中国」と「インド」という国ができると、「境」つまり国境ができる。つながっているはずの地面が、「切れてしまう」ではないか。

[N] でも、国は人間が勝手に決めた。からだは自然にできたのではないか。だから、言ったでしょう。自然に起こることは、たとえ生死であっても、その境は、簡単には決められませんよ、と*。

[O] それを簡単に「切ってしまう」のは、だれか。「ことば」である。名前である。ことばができると、つながっているものが切れてしまう。ことばには、そういう性質がある。

[P] 人のからだに、名前をつける。名前がついた部分は、ほかの部分とは、頭のなかでは「切れて」しまう。頭、首、胴体、手、足。その「境」を、きちんと言えるだろうか。そんなことは、だれも言えないのである。なぜかって、「一人の」、そのなかに、境はない。ただ、人の「部分」に、手だの足だのという「名をつける」と、人が「切れて」、バラバラになってしまうのである。もちろん、実際にバラバラになるわけではない。「ことばの中では」である。でも、人はほとんど「ことばの世界」に暮らしている。だから、やっぱり、「切れた」と言っていいのである。

[Q] これが解剖のはじまり。なぜなら、ことばの中、すなわち頭の中で、からだがまず切れてしまうから、実際に「切る」ことになるのである。

[R] そんなバカな。頭のなかで「切れる」のと、実際に「切る」のとは、違うでしょうが。それは、違う。でも、頭の中で「切る」から、やがては実際に「切る」ことになる。頭の中で、車というものが考えられたから、やがて実際に車が作られるようになったのである。車というものができたおかげで、車を考えついたわけではない。新しい車を作るなら、まず設計図を引かなくてはならない。車ばかりで

はない。頭のなかで、家の設計図がまずできるから、家がたつ。人のからだを「ことばにしよう」とするから、解剖がはじまるのである。なぜなら、ことばには「モノを切る」性質があるからである。

S ああ、難しかった。そうでもないでしょう。ことばには、ものを切る性質がある。人間は、頭の中で考えたことを、外に実現する癖がある。③この二つのことを知っていれば、解剖のはじまりがわかるのである。

注 ＊筆者は問題文の前の箇所で、何をもって「人の死」とみなすのかについても、いくつかの異なる立場があることを述べている。

［素材文は早稲田大学より出題］

◆問一　傍線部①「世界をことばにする」とは、どのようなことか。四十字以内で簡潔に答えよ。

◆問二　傍線部②「名前をつけるとは、どういうことか。ものを『切ること』である」とあるが、なぜ、そのように言えるのか。五十字以内で説明せよ。

◆問三　傍線部③「この二つのこと」とあるが、そのうちの一つ目について論じている部分は、形式段落のどこからどこまでか。最初の形式段落のアルファベットの記号と、最後の形式段落のアルファベットの記号を答えよ。

◆問四　本文全体の要旨を、百二十字以内で要約せよ。

（◆は本書のオリジナル問題）

素材文　筆者紹介

養老孟司（ようろう　たけし）　1937年生まれ。解剖学者・評論家。1989年に『からだの見方』（筑摩書房）でサントリー学芸賞を受賞。2003年には、年間ベストセラーとなった『バカの壁』（新潮社）で、毎日出版文化賞特別賞を受賞。

素材文の読みほどき

■ 講義3 論題提示文を探す

次のような例文を読んでみよう。

＊＊＊

a 現代文について、「どのように勉強したら良いか、分からない」という声を聞く。勉強法が分からないから、思わず後回しになってしまい、結果として、不得意科目になってしまう。なぜ、現代文の勉強法は難しいのだろうか。

b 第一に、日本語だから「なんとなく分かる気がする」という安心感があるのだと思う。英語は、単語を覚えなければ、絶対に理解することは出来ないから、必ず「単語の学習」という勉強の方針が立つ。それに対し、日本語である現代文では、ひとまずは分かる単語がほとんどだから、単純な「単語の学習」というような方針が立ちにくいのだ。

c 第二の理由として、「勉強しても、分かるようになる気がしない」という点もあるだろう。例えば、歴史の学習では「〇〇年に××事件が起こった」ということを覚えれば、必ず、次の試験では、その問題が解けるようになる。しかし、現代文では、何かを吸収することが、必ず、次の成果となって返ってくる感覚が持ちにくいのだ。

d 勉強しなくても分かるような気がする、一方、勉強しても分かるようになる気がしない、この相反する二点が、現代文の勉強を生徒から遠ざけている点なのだろう。

e この二点のうち、特に乗り越えなくてはならないのは、「勉強しても、分かるようになる気がしない」という点だと思われる。これは、「なんとなく、ひたすら読む」ことだけを与えてきた教育者側の責任も大きい。「きっちりと、論理的・分析的に読む方法」を示すことによって、「勉強すれば分かるようになる」という確信を持たせることこそ、何よりも肝要なことなのではないだろうか。

＊＊＊

右の例文の組み立てを見ると、

導入：a段落の前半
↓
論点の提示（論題提示文）：a段落の最終文
↓
第一の説明：b段落
↓
第二の説明：c段落
↓
論題提示文に対する結論・まとめ：d段落
↓
新論点への発展：e段落

という組み立てになっている。

「導入」→「論題提示」→「説明一」→「説明二」→……→「説明のまとめ（結論）」→「新論点」

という組み立ては、**文章を書く上での黄金パターン**である。このパターンを基本に、「説明」の部分を足し算したり、「導入」や「新論点」の部分を引き算したり、もしくは、順序を入れ替えたりしながら、文章は作られる。

この組み立てのうちでも、最も大切なのが、「論題提示文」である。この**「論題提示文」を発見し、それに対する「解決文」を探すことで、本文全体の骨格が見えてくる。**

例文の論題提示文は、

■ a **なぜ、現代文の勉強法は難しいのだろうか。**

その解決文は、

■ d **勉強しなくても分かるような気がする、一方、勉強しても分かるようになる気がしない、この相反する二点が、現代文の勉強を生徒から遠ざけている点なのだろう。**

である（どちらも「のである文」になっている）。

これと同様に、**3講**の素材文を見渡すと、論題提示文は、

■ B **そもそもなぜ、解剖ということを思いついたのだろうか。**

であり、その解決文は、

■ S **このニつのことを知っていれば、解剖のはじまりがわかるのである。**

となっている（こちらも、双方とも「のである文」）。

こうしてみると、**3講**の素材文の組み立ては、先に示した黄金パターンの組み立てから、**「『導入』の部分が非常に短くなり、『新論点』は述べられていない」という引き算で見渡すことが出来る**というわけだ。

要約を作る際も、このような組み立てを意識することで、「なんとなく、ダラダラとまとめる」のではなく、「しっかりと論理的・分析的に要約を作り上げる」ということも出来るようになっていくだろう。

素材文の嚙み砕き

■ **地面はずっと続いているのに、「中国」と「インド」という国ができると、「境」つまり国境ができる（M）**

「国境」もまた、「もともと連続していた世界に、人間がことばによって勝手に作り上げた境」である。

「いや、そこには、もともと河が流れているではないか」と反論があるだろうか。それならば、なぜ、その「河」を国境にしたのか。「他の河」や「山脈」ではなくて、なぜ、その河を選んだのか。勝手に「この河を国境にしよう」と

選んだだけの話だ。場合によっては、「三十八度線」というようなものを選んで、「北朝鮮」「韓国」と名前を付ける。そこには、もともとの境目はない。境目は、人間が「勝手に」選び、ことばによって作り上げるのである。

■ 頭、首、胴体、手、足。その「境」を、きちんと言えるだろうか。そんなことは、だれも言えないのである（P）

「いやあ、それでも、手と胴体の境目はもともとあるよ。『骨』で分ければいい」と思うだろうか？

けれど、そのあたりを「骨」で分けようと決めたのも人間だし、どこからどこまでの「骨」を「手」と呼ぶことにするか、その範囲を決めて名前を付けたのも人間だから、結局は、「対象の側にはもともとない境目を、人間がことばによって作り上げている」ことに他ならない。

他の例で考えてみよう。「こめかみ」と「ほお」の境目はどこだろう。「こめかみ」と「ひたい」の境目はどうだろう。骨で区別することさえ出来なくなる。その境を正確に言うことは出来ないし、もともと、僕達の顔に、用意された境目があったのではないことがよく分かる。人の体は、あくまでも「連続した肉や骨のかたまり」であって、決して部位に分けることは出来ない。名前を付けて分けた時、「そういう部位の集合」のように思えてしまうだけの話だ。

■ 切り方は言語によって様々

日本語の「唇」は、英語では「lip」だ。しかし、この「唇」と「lip」とは、本当に同じ部分を指しているのだろうか。**2講**でも学習したことだが、復習してみよう。

英語では「bearded lip」という表現がある。「bearded」は「髭《ひげ》の生えた」だから、直訳すれば、「髭の生えた唇」ということになって、なんとも奇妙だ。

つまり、英語の「lip」は、「唇」よりもやや広い部分、髭の生える部分まで含んでいることが分かる。唇をすぼめた時、前に出る柔らかい部分も「lip」の範囲である。

一方、日本語には、その柔らかい部分まで含めて、名付ける単語はない。そのような切り方はしないのだ。

日本語では、口周りの肌の色の差を「境目」に選び、「唇」と名付け、他の部分から切り分けた。英語では、口をすぼめた時に、突き出るかどうかを「境目」に選び、「lip」と名付け、他の部分から切り分けた。物事に境目がもともとあるのではなく、人間が勝手に、ことばによって切れ目を入れる、しかも、その切れ目の入れ方は、言語によって様々であることが、よく分かる例である。

「唇」はもともとあるわけではない。「唇」と名付けて、切り分けた時に、「唇」が出来上がるということだ。

4

『ことばから文化へ
―文化がことばの中で息を潜めている―』

安井　泉

次の文章を読んで、後の設問に答えよ。（解答は別冊7頁）

A　わたしたちは、ことばと文化の接点に生きながら、ことばたちに囲まれて生きている。ネギを並べて焼いて「いかだ焼き」、深川で採れたアサリの煮込みをかけた「深川飯」、親子は並んで川の字に寝る、老舗が軒を連ねている、心にぽっかり穴が開く、心が温まる、腹を割って話す、腹を探る、心を読む、風を読む、目からうろこが落ちる、喜びを味わう、味わって読む、リンゴをむく（リンゴの皮をむいて切る）、change a bed（シーツを交換する）［ベッドを買い換えるのではない］、change a baby（おむつを替える）［赤ちゃんを交換するのではない］、fire station（消防署）［火事を出しているstationではなく火事を消すstation］のように、①文字どおりの意味とのほどよい距離を保ちながら、ことばと付き合っている。

B　もしことばが、コンピュータで使われているプログラム言語のように、文字どおりの意味でしか用いることができず、一文字の間違いも、あいまいな表現も、何一つとして許さない仕組みで成り立っていたとすれば、たしかに誤解は生じないかもしれないが、その代償として、粋な語呂合わせやしゃれが生まれ出る隙間も余地もなくなってしまう。（中略）

C　従来から、文化がことばの語彙に深い影響を及ぼすという考え方は根強くあった。その一方で、文化はそれぞれの言語固有の文法（統語論）には無縁であるとされてきた。しかしながら、現在では、とくに民族統語論（ethnosyntax）という立場を主張する学者の間で、文化の違いが文法のバリエーションに影響を与えているという主張がなされ始めている。たとえば、Wierzbicka（二〇〇二）は、「民族統語論からみる英語の使役構造：letに注目して」（"English Causative Constructions in an Ethnosyntactic Perspective: Focusing on *Let*"）において、英語に十一種類ものlet構文が存在する理由を、アングロ・サクソン文化特有の、他人の領域を侵さないようにして他人に何かをしてもらうための方策を産み出す必要性に求めることができる、と論じている。そして、このような必要性が要請されないドイツ語やロシア語では、英語のようなまどろっこしい方策は講じられていない、と指摘する。Wierzbicka（二〇〇三）は、対人距離を取ることをよしとするアングロ・サクソン文化を担っている英語では、Would you take out the garbage please?（ごみを出してくれますか）などの「依頼を表す疑問文」が多用されるのに対して、対人距離を取ることはみずくさいとするポーランド語では、より直接的な表現が用いられると述べ、言語が育まれている文化の違いによって、多用される文法形式までもが異なると主張している。Wierzbicka のこの主張は正しいし、この種の論考がなされること自体遅すぎた感がある。Wierzbicka の指摘を待つまでもなく、日本語の文法を考えてみても、ことばにしみ込んでいる文化の影は思いのほか色濃いのである。

D　人間がくるまって生きている文化は実に多様である。その多様さがそれぞれの土地によって生み出されたとすれば、そこで生まれ育まれたことばは「土地の霊」を宿しているはずだ。グローバル化の名のもとに行われる施策には、文化の多様性が軽んじられる傾向があるが、多彩で固有な文化が希釈*されることを、けっして許してはならない。

E　英語を母語としていようが英語が外国語であろうが、「英語で書かれている文学」をひとくくりに「英語圏文学」と呼ぶことがある。英語が世界語となればなるほど、皮肉にも、純粋の「英文学」は影が薄くなっている。アングロ・サクソンの文化を担ってきた本来の英語には、それを母語としている人々の文化が張り付いているはずである。その文化が剝がされ、ことばの外延（denotation）のみが伝わるだけで、ことばの内包（connotation）が置き去りにされかねない状況に、わたしはどうしても違和感をもってしまう。英語が世界で多用される結果として、本来の英語にしみ込んでいる色濃い文化の影が薄まった世界語としての英語が蔓延《まんえん》していくとしたら、②それは英語ということばにとって悲しい末路でしかない。

注　＊希釈……うすめること。

◆**問一**　傍線部①に「文字どおりの意味とのほどよい距離を保ちながら」とあるが、「文字どおりの意味とのほどよい距離を保つ」とはどのようなことか。分かりやすく七十五字以内で説明せよ。

問二　傍線部②に「それは英語ということばにとって悲しい末路でしかない」とあるが、なぜそうだと言えるのか。五十五字以内で説明せよ。

問三　二重傍線部に「人間がくるまって生きている文化」とあるが、それはどのようなことか。本文全体の趣旨を踏まえつつ、「ことば」に焦点を当てて、五十五字以内で説明せよ。

〔三重大学　改〕

（◆は本書のオリジナル問題）

素材文　筆者紹介

安井 泉（やすい いずみ）1948年生まれ。英語学・言語文化学者。筑波大学名誉教授。日本ルイス・キャロル協会会長。『音声学』（開拓社）で、第27回市河賞受賞。その他の主な著書に『英語で楽しむ英国ファンタジー』（静山社）等がある。

素材文の読みほどき

■ 講義4 「具体例」→「一般化」のリズムを意識して読む

「論説文」という名前から考えてみよう。「論説文」とは、文字通り「何かを論じたり、説明したりする文章」ということだ。

ここで重要なのは、「**論**」と「**説**」の二つである。「論」とは「主張」のことであり、「説」とは「説明」のことであるが、ここで、簡単な例文を記してみよう。

例文A

a 花子さんはとても優しい性格だ。

b 仲間外れになっている友達がいると、必ず声をかける。

c 電車の中では、よくお年寄りに席を譲っている姿も見かける。

d 先日も、部活中に体調の悪くなった後輩の面倒をみていた。

e そんな花子さんは、とても友人が多く人気者である。

これも立派な「論説文」である。筆者が言いたいことを「論じる・主張する」ために、「説明」を重ねている。

まずは、**すべての論説文は、「論じる・主張する」ために「説明する」もの**であると捉えよう。

さて、例文Aの五文（**a**～**e**）のうち、「論（主張）」にあたるのはどこか。「説（説明）」にあたるのはどこか。

それほど難しくはないはずだ。**aとeが「論（主張）」であり、b・c・dが、「説（説明）」にあたる。**

すべての論説文は、この「主張部分」と「説明部分」に仕分けることが出来る。その二つから成り立っていると思うだけで、難しい論説文も、「なんだ、そんなものか」と、気楽に接することが出来るのではないだろうか。しかも、その**「主張を説明する」ための方法は、以下のたったの三つしかない**のだから、これまた、たいしたことではない。

(1) 具体例を挙げる

(2) 言葉を換えて繰り返す

(3) 対比的なものを利用する

例文Aでは、このうち**(1)**の「具体例を挙げる」方法を**b・c・d**で重ねて、主張部分**a・e**を説明していることが分かるだろう。

次に例文Aを、「具体例」「一般化」という観点で、読み分けてみよう。

a：「花子さん」について、一般化して述べた主張
b・c・d：具体例
e：再度「花子さん」について、一般化して述べた主張

というリズムで組み立てられていることが分かる。

これを今回の素材文のA段落に当ててみる。

A **わたしたちは、ことばと文化の接点に生きながら、ことばたちに囲まれて生きている。**ネギを並べて焼いて「いかだ焼き」、深川で採れたアサリの煮込みをかけた「深川飯」、親子は並んで川の字に寝る、老舗が軒を連ねている、心にぽっかり穴が開く、心が温まる、腹を割って話す、腹を探る、心を読む、風を読む、目からうろこが落ちる、喜びを味わう、味わって読む、リンゴをむく（リンゴの皮をむいて切る）、change a bed（シーツを交換する）［ベッドを買い換えるのではない］、change a baby（おむつを替える）［赤ちゃんを交換するのではない］、fire station（消防署）［火事を出しているstationではなく火事を消すstation］のように、**文字どおりの意味とのほどよい距離を保ちながら、ことばと付き合っている。**

例文Aの花子さんの文章と全く同じ組み立てになっていることが分かる。**太い黒字部分が一般化された主張**であり、**青字の部分がそれを説明するための、具体例**である。

そして、最後に具体例をまとめて、再度、一般化している。

このように、**「具体例」→「一般化」のリズムは、論説文の基本的なリズム**なので、そのリズムを意識しながら読むだけで、込み入った文章も読み解くことが出来る。

素材文のC段落も読み解いてみよう。

C **現在では、とくに民族統語論（ethnosyntax）という立場を主張する学者の間で、文化の違いが文法のバリエーションに影響を与えているという主張がなされ始めている。**たとえば、

← **Wierzbicka の指摘したこと**

← **Wierzbickaの指摘を待つまでもなく、日本語の文法を考えてみても、ことばにしみ込んでいる文化の影は思いのほか色濃いのである。**

ここにも例文Aの花子さんの文章と同様に、「**一般化**」→「**具体例**」→「**再一般化**」が確認出来る（再一般化された最終文が、「のである文」であることにも着目しよう）。

さて、この「**一般化された部分（太い黒字）**」と、「**具体例による説明部分（青字）**」とで、どちらが大切かと言えば、言うまでもない。「**一般化された部分（太い黒字）**」である。

C段落までの筆者の主張を短くまとめるならば、

「わたしたちは、ことばと文化の接点で、ことばに囲まれながら生きている。日本語の文法を考えてみても、ことばにしみ込んでいる文化の影は思いのほか色濃いのである」ということになる。このように、**「具体例→一般化」の リズムや、「のである文」の統括を意識することによって、美しく整理することが出来る。**

■ 講義5 主張→説明 の三パターン

ここで、**例文B**を記しておくので、どこが、「**論＝主張**」の部分か、どこが、「**説＝説明**」の部分かを仕分けてみよう。さらには、その説明の方法が、「具体例を挙げる」「言葉を変えて繰り返す」「対比的なものを利用する」の三つの方法のうち、どれを利用しているかも確認してみよう。

例文B

a 二〇一三年の夏は、観測史上まれに見る猛暑だった。

b 全国各地で、35度を超える猛暑日が続き、記録を更新する日々が続いた。

c 高知県の江川崎では、観測史上最高の41・0度を記録した。

d 山梨県の甲府市でも、40・7度を観測した他、首都圏でも、千葉県の茂原市で八月十一日は、39・9度を観測した。

e 前年の最高気温の記録を調べてみると、江川崎36・5度、甲府37・9度、茂原36・7度と、同地点での前年との比較では、3度〜4度程度の差がある。

f 全国の最高気温を調べてみても、二〇一二年には、群馬県の館林市で、39・2度を記録しているものの、40度を超えたことはない。

g こうしてみると、いかに二〇一三年の夏が異常な猛暑であったか、よく分かる。二〇一四年の夏はどうだろう。温暖化の影響で、より猛暑が加速するのだろうか。

aから**g**を「**論＝主張**」と「**説＝説明**」に仕分けると、次のようになる。

a：一般化した主張部分
b：aに対する説明（言葉を変えて繰り返す）
c：aに対する説明（具体例を挙げる）
d：aに対する説明（具体例を挙げる）
e：aに対する説明（対比的なものを利用する）
f：aに対する説明（対比的なものを利用する）
g：再度、一般化して、新展開を作った主張部分

論説文は、このような文章技法（レトリック）を基本に、そこからの引き算・足し算で作り上げられている。

素材文の噛み砕き

■ 文化がことばの語彙《ごい》に深い影響を及ぼす

日本語には「あに（兄）」という言葉があるが、英語には、「あに」という言葉がないことに、君は気付いているだろうか。「あに」だけではない。「おとうと（弟）」も、「あね（姉）」も「いもうと（妹）」もない。いずれも、「brother」であり、「sister」である。あえて、生まれた順に着目して言いたい場合には、「elder brother」とか、「younger sister」と言うこともあるが、それはあくまでも、「あえて説明的に言う」場合である。あえてそのように言わなければならないことからも、「brother」「sister」という単語には、年齢差に対する意識のないことが分かる。

一方で、日本語には、「brother」や「sister」のように、同じ親から生まれた子ども達を、年齢差を無視して、ひとくくりにして呼ぶ言葉はない。「兄弟」とか、「姉妹」という言葉があるではないかと思うかもしれないが、これは「兄＋弟」「姉＋妹」ということに過ぎず、やはり年齢差を意識することから逃れてはいない。そもそも「兄弟」「姉妹」は中国語（和語ではなく漢語）である。

いろいろな人間関係から、どの部分に着目して、「切り分けて、名付ける」か。それは、それぞれの言語次第である。

ここで挙げた例からは、英語よりも、日本語の方が、「年齢差」ということに、敏感に「人間関係のグループ分け」をしていることが分かる。

「年齢差」への意識という点でさらに考えてみると、和語でいう「おじ」は、漢語では、「伯父（自分の両親の兄）」「叔父（自分の両親の弟）」とに言い分ける。和語よりもいっそう年齢差に敏感に、「人間関係をグループ分け」していることが分かる。

長幼《ちょうよう》の差を重んじる文化が、「中国語的文化＞日本語的文化＞英語的文化」となっていることが、語彙の面からも窺《うかが》えるのである。

■ 日本語の文法を考えてみても、ことばにしみ込んでいる文化の影は思いのほか色濃い

素材文では、述べられていないが、単語（語彙）のレベルではなく、文法のレベルにしみ込んでいる日本文化の具体例を、二つ挙げてみよう。

一つ目は、「敬語」。

日本語には、尊敬語・謙譲語・丁寧語と、敬語の文法が複雑に出来上がっている。これは、まさに、「文法にしみ込んだ文化の影」であろう。

二つ目は、「主語の省略」。

一つ目の敬語ともかかわることだが、日本語では、主語

が省略されることが多い。例えば「いま、おっしゃったことは、本当ですか」等、「おっしゃる」という言葉によって、その主語が自《おの》ずと「目上の人」に限定されるため、わざわざ「いま、先生がおっしゃったことは、本当ですか」と、主語を示す必要はなくなるのだ。敬語から離れたとしても、「いま、あなたが言ったことは、本当ですか」というように、わざわざ主語を指摘した表現は、どこか、くどくてきつく聞こえる。

　君は友達を指さして話すことは出来るだろうか。少し違和感を感じないだろうか。さらには、先生を指さして話すことは出来るだろうか。失礼に感じないだろうか。相手を(特に、目上の人を)、ずばり名指しするのは失礼だという意識が、僕達にはしみ込んでいるのだと思われる。

　「言わなくても分かる」といった間合いで、やんわりと情報を共有していくような文化が、「分かりきった主語の省略」といった文法にもしみ込んでいるとも考えられないだろうか。

■言葉の「外延(denotation《デノテーション》)」と「内包(connotation《コノテーション》)」

デノテーションとコノテーションという言葉は、「ことば」を論じる上で頻出する単語なので、理解しておこう(「外延」「内包」という訳語もあるが、ほとんど原語のまま、「デノテーション」「コノテーション」と表記されて論じられる)。

　例えば、「花」といった単語は、直接的には「花弁を持ったあれ」を意味する。これが、「花」という言葉のデノテーションだ。

　一方、「今が人生の花だ」のような表現では、「花＝花弁を持ったあれ」の「美しくて真っ盛りのもの」というイメージを媒介に、「花」という語が、「人生の真っ盛りの時期」を指す比喩として使われている。この「ことばの持つイメージの広がり」を媒介にした意味のレベルを、コノテーションという。

　例えば、「長崎・広島の悲劇を二度と繰り返さない」と言えば、「長崎・広島」が、原爆投下の被災地であるというイメージの広がりを媒介に、「長崎・広島」という言葉が「核兵器の惨禍」ということを比喩的に表している。これもコノテーションの意味のレベルだ。デノテーションとしては、「長崎」も「広島」も、単に地名を表すに過ぎない。

　このように「コノテーション」は、「視覚的なイメージ」

「歴史的な背景」等々、そのことばからイメージされる様々なものを「内包」している。

この内包される様々なもの（＝コノテーション）を切り捨てて、デノテーションのレベルのみで言葉が使われた時に、言葉は、その言葉が生きていた固有の文化と切り離されて、非常に痩せ細ったものとなってしまう。「長崎・広島」という言葉から、「原爆の被災地」というイメージが失われるとしたら、それは、文化・教育の衰退に他ならない。

5 「事実は『配列』されているか？」

香西秀信

次の文章を読んで、後の設問に答えよ。（解答は別冊8頁）

A 絵に描かれているものを、すべて言葉によって描写するとしたら、どのような表現になるだろうか。（中略）

B 絵画を含む映像表現では、少なくとも一つの場面においては、そこに描かれた情報はすべて同時に提示される。だが、言語表現の場合は違う。そこでは、情報は一つ一つ、線条的にしか提示できない。したがって、絵に描かれたものを文章で表現しようとすれば、本来順序のついていない情報に順序をつける必要が生じる。もともと同時に示されていた情報を、どれかを先に、どれかを後にして表現しなければならない。この意味で、絵画に限らず、何がしかの「事実」を描写した言語表現は、本質的にフィクションである。いや、それは描写に限らない。たとえば、「僕には、親友と呼べる人が三人いる。それはA君、B君、C君だ。」という発話の場合でも、もし「僕」が「A君、B君、C君」に友人としての優先順位をつけているのでなければ、この言い方は「事実」を正確に表現しているとは言えない。それは、「僕」の中で順序なく存在している三人の友人に順序をつけてしまっているからだ。

C われわれは、言葉によって、「事実」をできるだけ忠実に、正確に表現しようと努める。ア だが、表現手段として言葉を使用すること自体が、すでに見たように、配列という最も基本的な問題において「事実」をゆがめる結果となってしまうのである。（中略）

D たとえばここに、A子という女性がいるとする。A子に関しては、「美人だ」ということと「性格が悪い」ということの二つの情報がわかっている。したがって、A子について、次の二通りの説明が可能である。

a　A子は美人だが性格が悪い。

b　A子は性格が悪いが美人だ。

E イ どちらも、与える情報は全く同じである。が、聞き手に与える印象はまるで異なる。（中略）

F すでに述べたように、こうした現象が生じるのは、言語というものの情報提供の性質による。現実には、A子は、「美人だ」と「性格が悪い」という二つの情報を、順序をつけて所有しているわけではない。つまり、（1）「美人だ」が（2）「性格が悪い」のでも、（1）「性格が悪い」が（2）「美人だ」なのでもない。両者は、あえて言えば、A子の中で「同時に」存在している。だが、言語は、この二つの情報を「同時に」表現することはできない。言語によって表現するためには、情報を一つ一つ順序をつけて提示しなければばならない。そして重要なのは、情報として等価であっても、それが提示される順序によって聞き手に与える印象が異なってくるということだ。この場合で言えば、逆接の「が」の後にくる情報が強調されることになる。この性質を利用すれば、語り手は、いずれの場合も「嘘《うそ》」をつくことなく、聞き手に対して、A子についてのよい印象も悪い印象も自由に与えることができる。

G　今度は、作例ではなく、現実のやや長い文章を例にとってみたい。以下に挙げるのは、私が以前に仕事を依頼された家庭裁判所で、資料としていただいた調査報告書（見本）の一部である。ある妻がその夫に*三行半《みくだりはん》を叩《たた》きつけたが、夫はそれを拒否し、問題は裁判所に持ち込まれた。それを審査した調査官は次のような報告書を家事審判官に提出した。

　本件紛争の主な原因は、派手で勝気な申立人と、真面目でおとなしく地道な相手方との生活観が衝突したところにあるのではないかと思われる。紛争の原因が、このように当事者双方の基本的な生活観の対立にあることに加え、紛争の経過欄に見たように、その程度も相当に深刻化しており、申立人の離婚の意志も固いところから、円満調整の可能性はあまり高くないと考えられるが、相手方は、申立人に対して愛情を持ち続けており、できればやり直したいと考えているところから、完全に婚姻関係が破たんしているとまでは言えないと思われる。

H　この所見によれば、この夫婦の関係はまだ修復可能なようだ。が、この報告書は、情報の中身を変えずに、まったく逆の結論にすることができる。次のように、前半と後半の情報を入れ替えるのだ。

　本件紛争の主な原因は、派手で勝気な申立人と、真面目でおとなしく地道な相手方との生活観が衝突したところにあるのではないかと思われる。相手方は、申立人に対して愛情を持ち続けており、できればやり直したいと考えているところから、完全に婚姻関係が破たんしているとまでは言えないと思われるが、紛争の原因が、このように当事者双方の基本的な生活観の対立にあることに加え、紛争の経過欄に見たように、その程度も相当に深刻化しており、申立人の離婚の意志も固いところから、円満調整の可能性はあまり高くないと考えられる。

I　こうすれば、この夫婦の関係はもはや修復不可能ということになる。ウそして先の所見もこの所見も、どちらも「正しい」のである。調査官は、これら二つの「正しい」ものから、自分の好きな方を選ぶことができる。そしてそれにより、家事審判官は、本件紛争について異なった印象をもつかもしれないのだ。

J これはもちろん、純粋に理論的な説明であり、実際の家庭裁判所の調査記述がこんなに単純に決められるわけではない。だが、ここで問題にしているのは、報告書の前半と後半に述べられた「事実」は、現実にはある順序でもって存在しているのではないということだ。それに順序をつけて言語化したのは、あくまでも調査官なのである。

K 繰り返して言えば、言葉による表現は、もともと順序のついていない「事実」についてであっても、そこに何がしかの順序をつけなければそれを提示することができない。そこから、この性質を利用して、**エ**順序のレトリックとでも言うべき表現の技巧が可能となる。これは、すでに見たように、現実の事を記述しようとする談話・文章においてもっとも有効であるが、フィクション作品でも、これに類似した技巧は効果的に使われている。（中略）順序のレトリックを見ぬくためには、語られ、記述された「事実」の配列を所与のものとして受け取らず、そこに作為を見ようとすることだ。もちろん、すべての配列がつねに作為的であるとは限らない。もとの「事実」に順序がついていない以上、どのように並べても間違いではないのだから、特に意識せずに思いつくまま列挙したということは当然ありうる。それならば、われわれはそこに無作為を見ればいい。そして、この配列の順序は表現の目的に照らして適切か、もし順序を入れ替えたら論旨や説得力に変化が生じることはないかということを考えるのである。「事実」の配列というほんの小さなことを意識するだけでも、われわれはレトリックの大きな効果を知ることができる。

注 ＊三行半……離縁状。

問一 傍線部**ア**の一文とほぼ同じことを表した箇所を三十五字以内で抜き出せ。

問二 傍線部**イ**について、aとbの印象はどのように異なるのか。五十字以内で説明せよ。

問三 傍線部**ウ**について、調査官の二つの所見がどういう意味で「どちらも『正しい』」と言えるのか。六十字以内で説明せよ。

問四 傍線部**エ**「順序のレトリック」とは何か。全体の論旨を踏まえて、百二十字以内で説明せよ。

［北海道大学］

素材文　筆者紹介

香西 秀信（こうざい ひでのぶ）1958年〜2013年。修辞学者・教育学者。
主な著書に『論より「詭弁」反論理的思考のすすめ』（光文社）等がある。

素材文の読みほどき

■講義6「言葉を換えて説明する」

講義4（32頁参照）・講義5（34頁参照）で、「主張」を「説明」するパターンには、
（1）具体例を挙げる
（2）言葉を換えて繰り返す
（3）対比的なものを利用する
の三方法があると説明したが、今回の素材文では、このうちの「（1）具体例を挙げる」の他にも、**「（2）言葉を換えて繰り返す」**が多用されている。

例えば、傍線部**ア**に続いていく部分を見てみよう。

B **文章で表現しようとすれば、本来順序のついていない情報に順序をつける必要が生じる。もともと同時に示されていた情報を、どれかを先に、どれかを後にして表現しなければならない。この意味で、絵画に限らず、何がしかの「事実」を描写した言語表現は、本質的にフィクションである。**いや、それは描写に限らない。たとえば、「僕には、親友と呼べる人が三人いる。それはA君、B君、C君だ。」という発話の場合でも、もし「僕」が「A君、B君、C君」に友人としての優先順位をつけているのでなければ、この言い方は「事実」を正確に表現しているとは言えない。それは、「僕」の中で順序なく存在している三人の友人に順序をつけてしまっているからだ。

C **われわれは、言葉によって、「事実」をできるだけ忠実に、正確に表現しようと努める。だが、表現手段として言葉を使用すること自体が、すでに見たように、配列という最も基本的な問題において「事実」をゆがめる結果となってしまうのである。**

太い黒字部分が、筆者の主張部分である。これを細い黒字部分では、「（1）具体例を挙げて説明」し、**青字**部分では、**「（2）言葉を変えて繰り返し」**て説明している。**青字**文中にある「すでに見たように」という表現は、まさに「繰り返し」を表明した言葉だ。単語のレベルで見ても、**太い黒字**部分にある「フィクション」という言葉は、**青字**部分では「『事実』をゆがめる結果」という言葉に換えて、繰り返し説明されているというわけだ。

この「（2）言葉を換えて繰り返す」は、

> 「主張」
> ←
> 「**主張の繰り返し・言葉を換えて説明**」

のように、直後で行われる場合もあるし、

「主張」
←
「具体例」
←
「**主張の繰り返し・言葉を換えて説明**」

のように、具体例を間に挟む形で行われる場合も多い。前頁に引用した部分は、後者の「具体例」を間に挟んだパターンである。

講義7 マトリョーシカ構造を見抜く

ロシアの人形で「マトリョーシカ」というものを知っているだろうか。大きな人形を開けると、その中に、一回り小さな人形が入っていて、その人形を開けると、その中に、また一回り小さな人形が入っている。その繰り返しだ。

▲マトリョーシカ

文章にも、このような「マトリョーシカ構造」がある。

例えば、

大主張X
　中主張A
　　小主張a
　　　具体例＋具体例＋具体例
　　小主張aの言い換え・繰り返し
　　小主張b
　　　具体例＋具体例＋具体例
　　小主張bの言い換え・繰り返し
　中主張Aの言い換え・繰り返し
大主張Xの言い換え・繰り返し

といったような組み立てである。具体的には、

・小主張aで、小学校教育を論じ、具体例を述べ、
・小主張bで、中学校教育を論じ、具定例を述べ、
・中主張Aで、義務教育の特性として、まとめて論じ、

・大主張Xでは、義務教育を修了した後の高校教育について、対比的に論じる。

といった文章を想像してほしい。

注意してほしいのは、この時、**小主張a（小学校教育の論考）やb（中学校教育の論考）は、上位の中主張A（義務教育の論考）に対しては、「具体例」として働いている**ということだ。さらには、**中主張Aは、大主張X（義務教育修了後の高校教育の論考）に対しては、「対比的なものを挙げて説明する」という説明部分として働いている。**

別の大主張Yとして「大学教育の論考」を大きく並べ、さらなる超大主張「日本の教育システム」としてまとめて論じれば、大主張Xも大主張Yも、その上位の超大主張に対しては、具体例として働き、説明部分となる。

このようなマトリョーシカ構造を意識することは、君が文章を読む時にはもちろん、小論文等、やや長い文章を書く時、そしていずれ大学の卒業論文といった長大な文章を書く時にも、必ず役に立つはずだ。

さて、今回の素材文だが、最終段落Kの冒頭に、

K繰り返して言えば、言葉による表現は、もともと順序のついていない「事実」についてであっても、そこに何がしかの順序をつけなければそれを提示することができない。

とある。まさに、**「言葉を換えて繰り返す」**が行われている部分だが、それでは、この文章の本家（繰り返されたその元の文章）はどこにあるのか。

素材文のBの冒頭数行を読んでみよう。

Bだが、言語表現の場合は違う。そこでは、情報は一つ一つ、線条的にしか提示できない。

青字部分の「**言葉による表現は〜順序をつけなければそれを提示することができない**」は、**太い黒字**部分の「**言語表現の場合は〜線条的にしか提示できない**」の言い換え・繰り返しであることがよく分かる。

はるか彼方の内容について「繰り返し説明」が行われているが、これも、「マトリョーシカ構造」によるものである。

この大主張と、その繰り返し部分に、大きく挟まれる形で、本文の様々な具体例が、小主張・中主張を作り上げ、文章を組み立てているわけだ。

さらに、その大主張の繰り返しが終わった後に、「順序のレトリック」という「新論点への発展」が述べられることになる（27頁参照）。これが、素材文全体の設計図である。

素材文の噛み砕き

■ 逆接の「が」の後にくる情報が強調されることになる（F）

この「逆接の言葉の効果」は、筆者の言うように「レトリック（表現技巧）」として、話したり書いたり、表現する時に使用することも出来るが、一方、「読解のテクニック」として、論説文等を読む際にも、利用することが出来る。特に、重要なのが、「**譲歩逆接構文**」である。

・「**確かに▼▼**という考えもあるだろう。**しかし**○○」
・「**もちろん▼▼**ということもある。**けれども**○○」
・「**なるほど▼▼**ということも真実だ。**しかし**○○」

「確かに」「もちろん」「なるほど」といった副詞で、自分の主張とは別の見方に、一度譲歩した上で、逆接の言葉を利用して、結局は、自分の主張に思いっきり反転させていく言い方だ。今回の素材文でも、

Jこれは**もちろん**、純粋に理論的な説明であり、実際の家庭裁判所の調査記述がこんなに単純に決められるわけではない。**だが、**ここで問題にしているのは、報告書の前半と後半に述べられた「事実」は、現実にはある順序でもって存在しているのではないということだ。

といった部分に使用され、「**だが**」以降に、筆者の強い主張が配置されていることがよく分かる。

逆接の接続詞や、譲歩の副詞に、敏感にチェックを入れながら、素材文を読み進めていくようにしよう。

■ すべての配列がつねに作為的であるとは限らない（K）

最終段落で筆者はそのように言うが、しかし、「作為的」ではないにしろ、「無意識な思い」は、常に反映される。コップを割ってしまった子どもが母親に謝る場面で、

a「ごめんなさい。でも、わざとじゃないんだよ」

と言えば、子どもは「言い訳」を強調したいわけだし、

b「わざとじゃないんだ。でも、ごめんね」

と言えば、子どもは、結局は「謝罪」を強調したことになる。通常なら、**a**のように、「でも」の後に「言い訳」が配置されて強調されることになるだろう。このように、「言い訳強調型」の配列は、本人の「作為」とまでは言わないにしろ、「無意識な思い」は、十分に反映されていると言って良いと思う。

逆に、「思わずそういう順番で言ってしまう」ところに、いよいよ、「内面の本心を見抜くことが出来る」と考えることも出来るだろう。

■『エプソムの競馬』

筆者は、「絵画を含む映像表現では、少なくとも一つの場面においては、そこに描かれた情報はすべて同時に提示される」と述べている。確かに、絵画は文章のように「線条的な情報配列」ではなく、「面としての同時的情報提供」と言える。しかし、厳密に考えると、僕達は、一枚の絵画を見る場合、全体を一気に見るというより、なんとなく「目立つ部分」を先に見て、次第に他の部分にも視線を這《は》わせるのではないだろうか。もちろん「言語の配列」ほどに、絶対的に固定した順序ではないが、やはり肖像画を見た時等、まず「顔」を見て、その後で、全体に視線が広がるのでないか。車を見るなら、まず、車の先頭部分を見て、次第に後部に視線が移るようなこともあるだろう。

テオドール・ジェリコーという十九世紀前半に活動したフランスの画家に『エプソムの競馬』という作品がある。疾走する競走馬と、鞭《むち》を振るう騎手の様子が描かれたスピード感あふれる絵画だ。

『エプソムの競馬』に描かれた「まるで宙を飛ぶように前後の脚を伸ばした馬の様子」は、「フライング・ギャロップ」と呼ばれているが、しかし、この「フライング・ギャロップ」は、現実の馬が走る瞬間には、ありえない姿である。実際に馬が走る場合、四本の脚は、それぞれ僅かな時間差で伸び切るし、すべての脚が宙に浮く時は、脚は伸びることなく、四本とも曲がっている（写真参照）。実際にはありえないこの『エプソムの競馬』の表現は、制作当時には批判も受けている。

▲『エプソムの競馬』テオドール・ジェリコー（1821年）（ユニフォトプレス）

▲実際の馬の走る姿（ユニフォトプレス）

しかし、現実にはありえないこの「フライング・ギャロップ」の表現が、なぜ、こんなにも躍動感を感じさせるのだろう。

僕達は、この絵の中の馬の様子を、一瞬のうちに、同時情報の全体図として眺めるだろうか。多分、そうではない。ほんの僅かな時間差ではあっても、まずは、馬の進行方向から、順に、馬の頭部を眺め、前脚や前半身を眺め、次第に後ろ脚へと、眺めていくのではないか。

その時間差によって、「同時にはそのような形にはなっていない非現実的な馬の描写」であっても、十分、「実際にはありうるように思われる躍動感あふれる姿」として、僕達の目に映るのではないだろうか。むしろ、正確に馬が走る、ある瞬間を写し取りキャンバスに描いたら、「宙を飛ぶように走る姿」というよりも、逆に「宙に浮いて止まったような姿」として、躍動感が失われることもあるだろう。

「時間差を利用した配列により、情報が強調される」という点では、『エプソムの競馬』も、線条的な情報提示のレトリックを使っていると言える。

第二章

日本文化を考える

6 鈴木孝夫『閉された言語・日本語の世界』
7 河合隼雄『働きざかりの心理学』
8 中根千枝『適応の条件』
9 原　研哉『日本のデザイン―美意識がつくる未来―』
10 古市憲寿『絶望の国の幸福な若者たち』

6 『閉された言語・日本語の世界』

鈴木孝夫

次の文章を読んで、後の設問に答えよ。（解答は別冊9頁）

A 日本語には、話し手が自分を表わす一人称代名詞、そして相手を示す二人称代名詞が、それぞれ数個もあることが知られている。ところが実際に、ある特定の人物を限って、その人が日常の生活の中で自分および相手をどのように言語で表現しているかを調査して見たところ、意外な結果が出たのである。

B 第一に、人称代名詞を使用する範囲が意外に限られているという事実である。それでは代りに何を使っているかと言うと、自分および相手の、広い意味での資格や地位を表わすことばが使用されていることが分った。

C 例えば一家の長である男性は、子供と話すときには、自分のことを「おとうさん」とか、「パパ」と言う。兄は弟妹に向って、「お兄ちゃんのボールペンどこへやった?」などと言うのである。しかし弟が姉に対して自分のことを、「ねえ、弟ちゃんにこれちょうだいよ」というようなことは言わないし、男子が母親に向って、「息子は出掛けるよ」とも言わない。このような場合には、「ぼく」「わたし」のような代名詞を使うのである。

D 相手に直接呼びかける場合にも、お父さん、お母さん、おじさん、おばさん、にいさん、ねえさんなどは用いられるが、弟、妹、息子、娘、孫、甥《おい》、姪《めい》のような言葉は、いかに変形しても使用することはできない。このような親族に対しては名前か、二人称代名詞を使うのが普通である。その反面、親や兄姉には人称代名詞を使って呼びかけることはまれである。

E こうした相手および自分を示す言葉の使い方は、家の外での社会的な場面においても見ることができる。学校の先生は生徒に対して自分のことを先生と言う。生徒の方は、先生を先生と呼んで、あなたなどとは言わない。会社でも、目上を職名・地位名で呼ぶのは普通であるが、二人称代名詞は用いられないのである。

F そこで①このような原則に基いて、一人の個人が生活の中でどのくらいの異なった自己の呼び方をするものかを次に見てみることにする。

G 年齢四十歳の小学校の先生Aには妻と男の子一人、そしてまだ大学生の弟がいる。他に近い親戚としては別居している父と兄がいる。この先生が、いくつ自分の呼び方を持っているかというと、少なく見て七種もあるのである。自分の子に対しては「おとうさん」、弟に対する時は「にいさん」、妻と話すときは「おれ」、父に対しては「ぼく」、兄に対しても同様である。隣の子に向っているときは「おじさん」、学校で生徒に教える時は「先生」、同僚に対しては「ぼく」、校長に対しては「私」であることが分った。

H この人は話の相手が誰で、自分に対してどのような地位、資格を持っているかを見きわめた上で、その場に最も適切な言葉選びをしている。つまり相手の性質が、自分の自己を言語的に把握する角度に直接反映するのである。「自分は何者であるのか」ということが、「相手は誰か」に依存する構造になっていると言える。このような言語による自己把握の相対性は、少なくとも西欧諸国の言語にはまったく見られないことは特筆に価する。

I 英、独、仏のようなヨーロッパの言語では、話者が自己を言語的に表現する角度は、原則として一定不変であって、用語としては一人称代名詞のみが用いられる。私はこの型の自己把握を絶対的な自己表現と呼んで、日本型の相対的自己表現と区別したのである。

J さて、このような相手に依存する自己規定とは、②自己が自己自身を見る視点を他者の立場に移すことを意味すると考えられる。（中略）

K 相対的な自己表現の言語習慣は、かくして必然的に相手の立場からの自己規定、他者を介しての自己同一性の確立という心理的パタンにつながっていくものと言えよう。これは自己と相手の立場の同一化と称することもできよう。自分が具体的な自分であるためには、相手が必要であり、その相手を通しての確認が要求されるからである。（中略）

L このしくみが、社会学者が日本人の特性として指摘する他人志向型の大勢順応主義と無関係でないことは明らかであろう。他の人の出方が分らないうちは、自分の意志を決定できないのである。しかしまた③自分を自分の立場からは決定しにくいという心理構造は、マイナスの面ばかりあるとは言えないと思う。日本人は一貫した独自の主義方針をたてて、それをどこまでも貫こうとするより、具体的な状況に応じて、その時その時の最も効率のよい解決を見出すことに長じているのはこのためであって、独断専行的な硬直さがしばしば目立つ西欧的な行動様式といい対照をなしている。

M この相手にたよる相対的な自己確認のパタンは、日本人の欧米人に対する心理的動揺をも説明することができる。私たちが人間関係における自己の座標を決定できるためには、相手が誰であって、その人が自分より上か下かといった相手の位置づけが先決条件となっている。ところが外国人は、私たちがこのような位置づけを行う一切の手がかりを与えてくれない。そこで私たちは相手が決定できないために、結果として自己の位置づけもできないという心理的な不安定の状態に置かれることになる。また私たちは見知らぬ他人に対しては、顔見知りの人に対する場合とは非常に異なった接し方をするので有名である。これも、自分が位置づけすることが不可能な相手に対しては、相手を無視することによって自己の不安定化を避けようとするからに他ならない。日本人は相手の正体が不明のときは、その相手と正常な人間関係を組めないと言っても言い過ぎではないと思う。

N 日本人の持つ、この柔らかい、相手と同調しなければ安定しないような弱い自我の構造は次のような現象にもよく現われている。

O 日本人が外国人に日本語を教えているとき、相手が片言の日本語を使うものだから、いつの間にか引込まれて、気がついてみるとこちらも片言になっていることがよくある。相手の不確実な日本語が、こちらの心理的安定を崩してしまうのである。

P 相手に合せることをしない欧米人の場合は、こちらがたとえば下手な英語を使っても、彼等《かれら》の英語がしどろもどろになるようなことは先《ま》ずないと言ってよい。（中略）

Q 相手の立場でものを考え、自己を拡大して他者をとり込むという傾向のある日本的な精神風土では、自己に対立するものとしての他者（相手）の意識が当然のこととして稀《き》薄《はく》になる。④日本人には真の対話がないとよく言われるが、対話とは元来、求心的に収斂《しゅうれん》する固い自我を持つもの同士が、自己に拮抗《きっこう》し、対立する他者との意見の調整をはかり、利害を調節する機能をはたすものとしての言語なのであるから、相手を自己の立場の原点としてのみ考える拡散型自我構造を持つ日本人には最も異質なものなのである。

［素材文は酪農学園大学より出題］

◆**問一** 傍線部①「このような原則」とはどのようなことか。百二十字以内で答えよ。

◆**問二** 傍線部②「自己が自己自身を見る視点を他者の立場に移す」とあるが、それはどのようなことか。五十字以内で答えよ。

◆**問三** 傍線部③「自分を自分の立場からは決定しにくいという心理構造は、マイナスの面ばかりあるとは言えない」とあるが、そのような心理構造の、短所・長所について、百字以内で説明せよ。

◆**問四** 傍線部④「日本人には真の対話がない」とあるが、そのように言われる理由について、本文全体の趣旨を参考に、九十字以内で説明せよ。

（◆は本書のオリジナル問題）

素材文　筆者紹介　→20頁参照

素材文の読みほどき

■ 講義8 形式段落の冒頭一語・冒頭一文に注意して読む

講義2（21頁参照）で、「接続詞に注意して読む」ということを述べたが、ここでは、形式段落冒頭の言葉に着目することで、その周囲の文章の組み立てを考えてみよう。

まずはA・B・C・D段落を眺めてみよう。

A日本語には、話し手が自分を表わす一人称代名詞、そして相手を示す二人称代名詞が、それぞれ数個もあることが知られている。ところが実際に、ある特定の人物を限って、その人が日常の生活の中で自分および相手をどのように言語で表現しているかを調査して見たところ、意外な結果が出たのである。

B第一に、人称代名詞を使用する範囲が意外に限られているという事実である。それでは代りに何を使っているかと言うと、自分および相手の、広い意味での資格や地位を表わすことばが使用されていることが分った。

C例えば一家の長である男性は、子供と話すときには、自分のことを「おとうさん」とか、「パパ」と言う。兄は弟妹に向って、「お兄ちゃんのボールペンどこへやった？」などと言うのである。

D相手に直接呼びかける場合にも、お父さん、お母さん、おじさん、おばさん、にいさん、ねえさんなどは用いられるが、弟、妹、息子、娘、孫、甥《おい》、姪《めい》のような言葉は、いかに変形しても使用することはできない。このような親族に対しては名前か、二人称代名詞を使うのが普通である。その反面、親や兄姉には人称代名詞を使って呼びかけることはまれである。

「**第一に**」や「**例えば**」が、気になるところだが、まず着目してほしいのは、D段落の「**相手に直接呼びかける場合にも**」の「**も**」である。この「**も**」は、何と何を並べているのか。Cで、「自分を呼ぶ場合」が述べられているのに対し、Dでは、「相手に呼びかける場合」が述べられている。この二つが、「も」という助詞で並べられているわけだ。

となると、C冒頭の「例えば」は、C段落のみに勢力を及ぼしているのではなく、D段落にまで、その勢力を及ぼして、例を挙げている「例えば」であると分かる。

Bの冒頭にある「第一に」も解決しておこう。素材文の中には、残念ながら「第二に」とか「次に」とかいった言葉は見当たらない。

Aの最終文にさかのぼってみよう。「意外な結果が出たのである」という内容を受けて、B段落でその具体的説明をしている。「意外な結果」の「第一」が、「人称代名詞を

2 日本文化を考える 6

使用する範囲が意外に限られているという事実」であり、「第二」が、「代りに何を使っているかと言うと、自分および相手の、広い意味での資格や地位を表わすことばが使用されていること」という組み立てだ。

ちょっと見、「第一のポイント」が、B・C・D等で述べられ、「第二のポイント」が、それ以降の段落で述べられるという組み立てに思われるが、実は「第一のポイント」も「第二のポイント」も、B内部で終了している。そして、そのB全体についての例を、C・Dで、二方向から示しているという組み立てになっている。

A
＝
B
＝
［D ＋ C］

という組み立てだ。

CとDで「家族・親族における呼び名」を具体例として示した後、Eで「学校・会社」に広げて具体例を追加し、Fでは、それら全体を受けて、「**このような原則に基いて**」と、冒頭文を始めているわけだ。

図示してみよう。

A
＝
B
＝
［E ＋ ［D ＋ C］］
⇓
F

このように、**形式段落の冒頭一語・冒頭一文に着目することで、その周囲の文章・段落との関係・組み立ての設計図を見通すことが出来ることも多い。**

■ 講義9「つまり・すなわち〜のである文」は最強の統括文

「のである文」が非常に強い統括力（まとめる力）を持つことは、講義1（15頁参照）で述べたが、**「のである文」の中でも、最強の統括を作るのが、「つまり〜のである」「すなわち〜のである」の形である。**

「つまり」や「すなわち」は「同格の接続詞」と呼ばれ、「それまで述べてきたことを、まとめて繰り返す」役割を持つ。内容を変えたり、新しい論理の発展を作ったりはしない。**「まとめるだけで、同じまま（同格）」だ。**

巨大・長大で、全体像が摑《つか》みにくいものでも、ドラえもんのスモールライトで縮小すれば、把握しやすくなる。このスモールライトが、「同格の接続詞」だ。そして、「ほら、これだよ。大切だから失《な》くさないでね」と、のび太君に、しっかり手渡すのが「のである」の役割だと思えば良い。

「つまり・すなわち〜のである文」は、「ほら、これが一番言いたいことだよ」と作者が、君に大切なものをしっかりと手渡そうとしている文である。

今回の素材文には、一か所だけ「つまり〜のである文」がある。

H　つまり相手の性質が、自分の自己を言語的に把握する角度に直接反映するのである。

素材文全体の一番の骨子が、しっかりとまとめられているのがよく分かると思う。

素材文の噛み砕き

■ 言語論から文化論へ

第一章「言語と思考」で「言葉は、世界を切り分ける。その切り分け方は、各言語によって違う」ということを述べたが、その言語の差の特徴的なものに着目して、「言語の差」から「文化の差」を論じる文章は非常に多い。

例えば、「brother」しかない言語（英語）と、「あに・おとうと」と分ける言語（日本語）とを比較して、「長幼に対しての認識の違い」という文化論に発展させていくようなパターンだ。

今回の素材文も、「自分や相手の呼び方」についての日本語の特徴から、日本における自己認識・他者認識の特徴について、西欧言語との差を元に論じた文章だ。

L段落の、

L　このしくみ（日本語の特徴）が、社会学者が日本人の特性として指摘する他人志向型の大勢順応主義と無関係でないことは明らかであろう。

という文章は、筆者が、言語論から文化論へと、橋を渡ったことを、はっきりと表している。

■ 言語と文化は、どちらが先か？

「言語」と「文化」、一体、どちらが先で、どちらが後だろう。「そのような言語」があるから、「そのような文化」になるのか、「そのような文化」があるから、「そのような言語」になるのか。

普通に考えれば、「そのような文化」があるから、それを表すのに都合の良いように「そのような言語」になると思うかもしれない。

確かに、年長者を重んじる文化があるから、それを表すのに都合の良いように、「あに・おとうと」と単語が分けられるのだろう。しかし、一方で、小さい子どもは、そのような言語を習得することによって、その枠組みで物事を見ることになる。そのようにして、その独特の枠組みが、時代を経て継承されていくわけだ。

となると、「そのような言語があるから、そのような考え方になる（そのような考え方しか出来なくなる）」のように、「言語」を「文化」に先立つものとして考えることも出来るのではないだろうか。

■ 家族の呼び名の変化について

結婚した夫婦は、まずは、お互いを名前やあだ名で呼ぶことだろう。しかし、子どもが出来ると、お互いを「お父さん・パパ」とか、「お母さん・ママ」とか呼ぶようになる。いずれ二人目の子どもが出来れば、長子については、「お兄ちゃん」とか「お姉ちゃん」と呼ぶようになるし、孫が出来れば、夫婦はお互いのことを「おじいちゃん・おばあちゃん」と呼ぶようになる。

このような呼称について、日本語を母語とする人々は、特に違和感なく使い分けている。しかし、一方で日本語を母語としない人々が、日本語を学習する場合には、ひどく違和感のある点であるようだ。

これに対して、

「日本語は、家族の中でも一番、小さい者・弱い者を基準にして、他の人間関係を考えるのですよ。小さい者・弱い者を大切にする文化なのです」

と説明して、外国の方の感動を呼ぶという話を聞く。

しかし、この感動的な説明は真実だろうか。確かに、外見的には、すべての呼び名は、最も小さな者を原点にして、座標化されている。

しかし、それは「小さな者を原点にして、大切にする文化」というより、「最も小さな者を、人間関係のピラミッドの最下位に置き続ける文化」といった方が良いのではないだろうか。

「お兄ちゃん」と年長の者には勲章的なレッテルを与え、あらゆる場面で、年少の者にはその差を意識させる。下位の者は、より下位の者が出来ない限り、勲章的なレッテルは手に入れられない。そして、下位の者が出来れば出来るほど、その最下位の者を原点とした呼称のピラミッドの階段を上ることが出来る。

その長幼の差を重大視するシステムが、「最も小さな者を原点として、呼称を使い分ける」ことの本質だろう。「弱い者を大切にする」というより、年の差・地位の差を重大視し、言葉を使い分けることによって、ピラミッド的序列化・安定化を図るという日本文化の現れと思われる。

7 『働きざかりの心理学』

河合隼雄

次の文章を読んで、後の設問に答えよ。（解答は別冊10頁）

A　わが国の倫理観、それも昭和ひとけた生まれぐらいまでのものが受け継いできているものを、「場の倫理」と名づけよう。これは一言にして言えば、与えられた「場」の平衡状態の維持に最も高い倫理性を感じるものである。これは例をあげて説明するのが解《わか》りやすいと思うので、簡単な例をあげてみよう。

B　筆者がアメリカに留学したときのことであるが、パーティに招かれると、飲物は何が欲しいと聞かれる。こちらの心に反射的に浮かんでくる言葉は「何でも結構です」ということだが、これはアメリカでは禁句と知っているので、知的な制御が働いて何か飲物を指定するが、ほとんどの場合、それは先の誰かと同じものを注文してしまう。

C　このようなときの自分の心の動きを内省してみると、「何が飲みたい」などという欲求がまるで認知されず、ただ、他人に対して目立たないこと、何か変ったことを言って場の平衡を乱さないことという配慮が働いていることに気づくのである。心理状態を説明するために、ここにはくどくどと述べたが、このような経験をされた人は解ることだが、これらのことは一瞬のうちに反射的に生じてしまう。まことに見事に訓練されてきたものだと我ながら感心してしまうくらいである。

D　これに対して、アメリカ人は何のためらいもなく、「自分の欲する」ものを述べ、またそれが無い場合でも、主人は無いと断り、代りのものを注文する。それらのことが自然に行なわれる。彼らは「場」の倫理に対して、「個」の倫理を確立しているので、個人の欲求に基づいて主張し、次に各自の間でその調整を行なう。

E　もちろん、このように単純に「場」と「個」と割切ってしまっても、場のことを考えつつ個人の欲求も出来るだけ満たしてゆこうと日本人は努力するし、アメリカでも個人の欲求を主張して全体のことを忘れるなどというのではない。しかし、大切なことは①発想の根本が違っているということである。

F　このような対立を、②個と集団と言わずに、場という言葉を用いたことを説明しなければならない。集団という場合、それは対立概念である個の存在を前提としており、集団は個のあつまりと考えられたりする。しかし、筆者のいう場は、もう少し曖昧なものであり、人間が何人か寄ると、できてしまっているもので、個人が集まってつくるようなものではなく、その場のなかで個の存在は非常に曖昧になってくるのである。

G　たとえば交通事故があった場合、場の倫理に従うと、加害者も被害者もどちらも「すみません」と言って会うことになる。そうすると、二人の間に共通の場ができて、そのなかで加害者が丁寧に非を認め、また後で花をもって見舞に行ったりすると、被害者としてはその場の平衡状態をあまりにも危くするような補償金などは要求できなくなるのである。ここで、金を要求すると、時に加害者の方が「あれほどちゃんと非を認めて、あやまっているのに、未《ま》だ補償金まで要求しやがる」などと怒り出すときがある。この感情はわれわれ日本人としては納得されるが、もしも英語に訳したら絶対に了解不能である。「非を認めたら、それに相応する罰金を払う」のが個の倫理なのである。

H 場の倫理によると、まったく補償金を取らないというのではない。ただ場の平衡状態をあまりにも崩すことはしないのである。法律に定める罰金を払うため、加害者が一生働きつづけるなどということは、加害者が誠心誠意非を認めたときは、被害者は要求できないのである。欧米ではむしろこのような要求をするのは当然のことなのである。

I ただ、後にもくり返し述べるように、場の倫理には言語的な規約が存在しないので、平衡状態の判断は難しく、その間にいろいろ思惑が働くので、なかなか決着し難い。その点、法律による場合は明白である。

J このような例をあげると、③両者の長短が明らかになってくる。場の倫理においては、場の内部にあるものを何とかして存続させようとする、そのため場内の弱者に対しての配慮がある。しかし、それは多くの点で曖昧さを伴い、時間を要する。個の倫理は弱者にきびしい、能率的である。個の倫理の厳しさを如実に示す例として、筆者がスイス留学中に体験したことを示そう。

K 長男が幼稚園に入園したので、ちょいちょい見学に行ったが、そのときスイスでは小学校から幼稚園に落第があることを知って驚いてしまった。日本ではそんなことはあり得ないと私が言うと、幼稚園の先生がそれに対して言った言葉が印象的である。「日本はそんな不親切な教育をしていいのか」というのである。ここで「親切」という言葉が出てくるのが面白い。場の倫理は、出来ない子供も何とか進級させるのが親切であるのに対して、個の倫理は、出来ない子はそれにふさわしい級に留《とど》めておくのが親切と考えるのである。日本人で個人主義とか自立とか唱える人でも、個の倫理の④このような厳しさについて知らぬ人が多い。

［素材文は立正大学より出題］

◆**問一** 傍線部①「発想の根本が違っている」とはどのようなことか。五十字以内で説明せよ。

◆**問二** 傍線部②「個と集団と言わずに、場という言葉を用いた」とあるが、筆者の言う「集団」と「場」の違いについて、九十字以内で説明せよ。

◆**問三**　傍線部③「両者の長短」について、百十字以内で説明せよ。

◆**問四**　傍線部④「このような厳しさ」とはどのようなものか。三十五字以内で説明せよ。

（◆は本書のオリジナル問題）

素材文　筆者紹介

河合　隼雄（かわい　はやお）１９２８年〜２００７年。心理学者。文化功労者。元文化庁長官。日本文化に根ざした心理療法を模索し、日本の臨床心理療法の分野に大きく貢献した。心理学・日本文化に関する著書が多数ある。

素材文の読みほどき

■ 講義10 「説明の仕方」の第三パターン「対比的説明」

講義5（34頁参照）では、以下の例文を素材に、「主張」を「説明」する際の三パターンについて述べた。

例文

a　二〇一三年の夏は、観測史上まれに見る猛暑だった。

b　全国各地で、35度を超える猛暑日が続き、記録を更新する日々が続いた。

c　高知県の江川崎では、観測史上最高の41・0度を記録した。

d　山梨県の甲府市でも、40・7度を観測した他、首都圏でも、千葉県の茂原市で八月十一日は、39・9度を観測した。

e　前年の最高気温の記録を調べてみると、江川崎36・5度、甲府37・9度、茂原36・7度と、同地点での前年との比較では、3度〜4度程度の差がある。

f　全国の最高気温を調べてみても、二〇一二年には、群馬県の館林市で、39・2度を記録しているものの、40度を超えたことはない。

g　こうしてみると、いかに二〇一三年の夏が異常な猛暑であったか、よく分かる。二〇一四年の夏はどうだろう。温暖化の影響で、より猛暑が加速するのだろうか。

主張**a**に対して、**b**は「言葉を変えて説明」、**c**・**d**が「具体例を挙げて説明」、**e**・**f**が「対比的なものを利用して説明」となっている（**g**は、それらを受けた「まとめ」と「新展開」となる）。

今回の素材文は、「日本が『場の倫理』を重んじている」ことを主張するために、対比的なものとして、「アメリカでは、『個の倫理』が確立している」ということを繰り返し述べた文章である。

素材文の冒頭から四段落を眺めてみよう。

A わが国の倫理観、それも昭和ひとけた生まれぐらいまでのものが受け継いできているものを、「場の倫理」と名づけよう。……簡単な例をあげてみよう。

B 筆者がアメリカに留学したときのことであるが……

C このようなときの自分の心の動きを内省してみると、……ただ、他人に対して目立たないこと、何か変ったことを言って場の平衡を乱さないことという配慮が働いていることに気づくのである。……

D これに対して、アメリカ人は何のためらいもなく、「自分の欲する」ものを述べ……。彼らは「場」の倫理に対して、「個」の倫理を確立している……

上段に挙げた猛暑についての例文と、ほとんど組み立ては同じである。

Ａで**「主張」を述べ、**Ｂ・Ｃ**では「具体例を挙げて説明」、**Ｄ**で、「対比的なものを挙げて説明」という形だ。**

日本文化を論じた論説文では、この「対比的な説明」が非常に重要になってくる。

考えてみれば、当然のことだ。日本は日本だけでは、特徴も何もない。日本を考える時、日本のことだけ考えていては、文章は成り立たない。独自性・特徴を発見するためには、どんな物事においても、他との比較が必要だ。

例えば、君自身にしても、「君の独自性・君の特徴・君らしさ」は、他者との比較があって、初めて考えることが出来る。自己を深く知るためには、他者について考察しなければならないという、逃れることの出来ない矛盾が潜んでいるのだ。

「周りとの比較なんて、関係ない。俺は俺だ」という言葉にしても、実は、「周りの人は、周りを気にしているが、俺は、周りの人とは違って、周りは気にしない」という、堂々巡りの論理で、結局は「周りと比較している」のである。

「対比的なものを挙げて説明する」という説明方法は、「特徴を発見して、主張する」ためには、不可欠の説明方法と言える。

講義11 譲歩逆接構文の発見

５講の**素材文の嚙《か》み砕き**（44頁）で述べた、チェックを入れて読めただろうか。**譲歩逆接構文**が今回の素材文にも一か所発見出来るが、チェックを入れて読めただろうか。

Ｅ段落に着目してみよう。

Ｅ**もちろん、このように単純に「場」と「個」と割切ってしまっても、場のことを考えつつ個人の欲求も出来るだけ満たしてゆこうと日本人は努力するし、アメリカでも個人の欲求を主張して全体のことを忘れるなどというのではない。しかし、大切なことは発想の根本が違っているということである。**

一文目で、自分の主張に対して想定される反論を、「譲歩的に」あえて自ら述べた上で、二文目で、自分の主張の根幹へと、逆転して論じ戻していることがよく分かる。譲歩逆接構文は、強い主張を、読者に受け入れやすいように提示する重要なレトリックだ。

「もちろん～しかし」以外に、「確かに～しかし」「なるほど～しかし」の形があるので、このような構文に出会ったら、必ずチェックを入れて読むと良い。

素材文の嚙み砕き

■他人に対して目立たないこと、何か変ったことを言って場の平衡を乱さないことという配慮が働いている（C）

アメリカ在住期間の長い帰国子女の生徒のI君が、入学してきた時、「授業中に、よく質問・発言する生徒だな」と強い印象を持ったことがある。I君にしてみれば、「自分が分からないから質問する・自分が意見を思いついたから発言する」というのは当たり前のことで、「個の倫理」の確立している彼にとっては、なんら誤ったことではない。しかし、「場の平衡」に高い倫理性を見出す日本の教室では、「自分が分からないからといって、その都度発言して、授業全体の『場』の流れを壊す」ことには、強い抑制が働き、それこそトンチンカンな不規則発言を繰り返したりすると、イジメの対象にさえなってしまう。目立って苛《いじ》められるくらいなら、我慢して黙っておく方が無難だ、というわけである。

I君の質問・発言は、大変鋭く、ポイントをついたものばかりで、場を壊すというより、場を活性化させるものだった。イジメられるどころか、どんどん頭角を現していき、今では世界を股にかけて活躍する若手実業家となっている。

先日、I君と会った時、彼は、「海外で握手する時に大切なこと」の二点を教えてくれた。

・一つ、しっかりと相手の目を見つめること。

・一つ、相手の手を力強く「ギュッ」と握りしめること。

日本文化にどっぷり浸《つか》った僕にとっては、一つ目の「目を合わせる」は十分に実践出来ても、二つ目はなかなか難しい。

「**場の平衡状態をあまりにも危くするような**（G）」濃い意思表示・行動様式だからだろう。

しかし、I君は、

「『やんわりと握る』なんてことをしたら、相手に『使えないヤツ』と烙印《らくいん》を押されて、その後、心理的に闘えなくなります。僕は、いつも相手が痛いと思うくらいに握り返しています」

という。

「個を確立させ、相手と向き合う」ことに高い価値を見出す考え方がよく現れた一例だ。

アメリカの実業家のパーティを想像してみよう。あちらこちらで握手が交わされている。しかも、ギュッと痛いくらいに。これが、「場」とは違った「**確立した個が集まってつくった集団**（F）」のイメージだろう。人数が集まったからといって、「個」の存在は決して曖昧にはなっていない状態だ。

それに対して「場」では、「**与えられた場の平衡状態の維持が大切であり、個の存在は非常に曖昧（A・F）**」となる。「出席しておかないと義理を欠くので、ひとまず出席者は集まるが、当たり障りのない挨拶が繰り返される新年会」のようなイメージだろうか。

■両者の長短（J）

大切なのは、こういった「文化の差」を、「優劣」として捉えないことだ。もちろん、それぞれ状況に応じて、「こういう場合には、どちらかの思考様式・行動様式の方が適応する」という適不適の差はあるだろう。しかし、それは適不適の差であり、絶対的な優劣の差ではない。

日本的な文化を絶対的な「優」と捉えてしまうのは、きわめて自己中心的で排他的な考え方だ。一方、他の文化を絶対的な「優」と捉えてしまえば、グローバル化に名を借りた盲目的な海外志向となり、これもまた視野の狭い考え方である。

大切なのは、まずは差があることを知ることだ。そして、その差の意味を考察した上で、そこに優劣を付けない。これが、文化比較において、最も肝要なことである。

■「喧嘩《けんか》出来る程、仲が良い」

「喧嘩出来る程、仲が良い」という言い方がある。これはどういうことだろう。筆者の言う「場の倫理」を元に、考えてみよう。

筆者は、「場の倫理」とは、「**与えられた『場』の平衡状態の維持に最も高い倫理性を感じる（A）**」「**場の平衡状態をあまりにも崩すことはしない（H）**」ものであると言う。

「仲が良い間柄」とは、「場の平衡状態が、非常に強く維持された間柄」「場の平衡状態が、簡単には崩れることがないと互いに確信されている間柄」である。

この「場の維持に対する強い確信」があれば、「場の維持」に対して、いちいち神経を働かせる必要もなくなる。一回や二回の喧嘩で、「場の平衡状態が根底から覆されることはない」という認識を共有しているから、喧嘩も出来るわけである。

その典型が親子喧嘩だろう。反抗期の青少年は、時に他人には決して向けることのない辛辣な言葉を親に発してしまうことがある。感情的になった親も同様だろう。これも、「血のつながり」という絶対的に壊れることのない「場」が前提にあるから言える言動と言える。

8 『適応の条件』

中根千枝

次の文章を読んで、後の設問に答えよ。(解答は別冊11頁)

A 日本人の社会学的認識の基盤となっている連続の思考は、二者間関係に焦点をあててみると、いっそう明瞭に考察できるのである。

B まず、ここに、ある関係をもつ二つの個体があるとする。(図参照)

C 近代西欧の慣習的思考方法はAに示すようなとらえ方をする。すなわち、まず、二つの個体がそれぞれ独立のものであることが認識され、その両者に一定の関係が設定される。日本的思考では、Bに示すようにいったん関係ができると、二つの個体はそれ自体個体としての独立性はなくなり、両者はつながってしまうのである。ここでは、個体と関係という概念の識別が明確でなくなる。前者が点と線の構成であるのに対し、後者は面の広がりである。

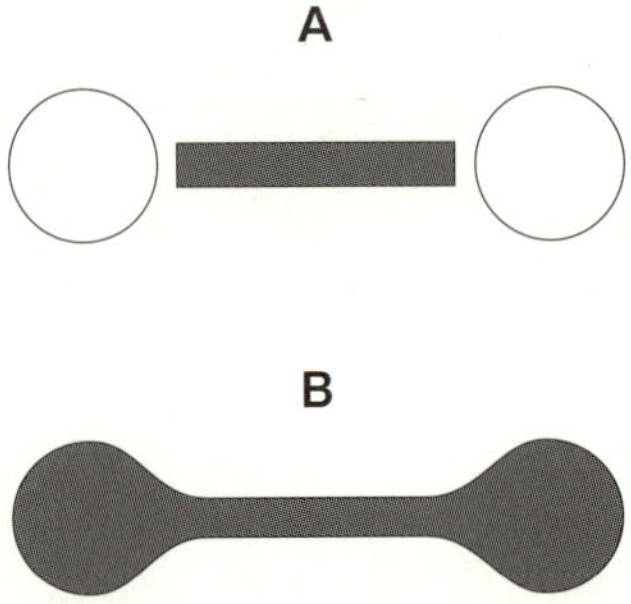

D 実際、日常生活における対人関係のあり方でも、「物事をはっきりさせる」とか、「はっきりいう」ということは好まれない。「ここで、はっきりいっておきますがね」というせりふはむしろ敵意をふくんだ排他的な位置を相手に対してとった時に使われ、協力関係には使われない。共存、協力関係にある場合、まちがってはっきりさせようとでもすれば「水くさい」という非難となる。

E 連続の思想は個体を独立させて識別することに対して大きな抵抗をもつ。「甘え」が可能なのもこの連続の思想があればこそであろう。

F このような個体の結びつきというものは、二者の場合においてのみ理想的にいく可能性をもっている。というのは、この状態の実現には、第三の要素をもちこまないで、二つの個体のもっている要素を素材として形成されるからである。要素によってお互いに相手のものを受け入れ、相手に譲歩することによって成立する性質のものであるから、第三者を入れるということは、問題を複雑にし、その成立の可能性をぐっと低めてしまう。実際、日本人の人間関係は、すべてこの特定の二者間の関係を基盤として成立しているといえよう。この関係の累積が集団の組織となっている。ということは、集団成員の大部分の者は、何人かとそれぞれ独立に第三者を入れない二者関係をもっていることである。

G このことはすでに「タテ社会」の理論の中で指摘したこ

とであり、タテ組織は実にこの二者間関係の累積、あるいは延長によって構築されているのである。

H　二者が関係を結ぶということは、両者が連続体となることであるから、相手にこちらのふところまでふみこまれることを覚悟しなければならない。したがって、相手がこちらの気に入ることが前提条件となる。しかし、充分気に入るということは必ずしも相手の全部を理解したことにはならない。むしろ、①この方法は、相手の意を本当にくんだり、相手を充分認識するという能力の機能を低下させるものである。

I　お互いに自分のシステムで相手をはかるのであるから、相手が譲歩してこちらに合わせてくれるか、こちらが相手に没入する、あるいは譲歩するときめない限り、関係の設定も、その存続もむずかしい。つまり、この方法では、より積極的なほうが身勝手に主観的に相手を把握しやすいのである。これはタテの組織で上位にたつ者が下位にたつ者に適用した典型的なアプローチであったといえよう。必ずしもタテでなくとも、この関係は可能であるが、タテの組織原理を支えるものとしては、きわめてマッチしたものだといえよう。すなわち、下位にたつ者が上位にたつ者に対して譲歩するのが当然という権力構造の助けをかりることによって、相互のアジャストメント*をスムーズに行なわせるからである。

J　②このことは、タテ組織の力をかりずに、二者間関係を設定しようとするとき、いかに手間どるものかを考えてみるとよくわかる。新しい関係設定に非常に用心深くなる。日本の新興住宅地などで、隣人関係がなかなかうまくできないのは、このためである。また、田舎出身の人々は、あのうるさい人間関係からやっと抜け出してきたのに、また、ここで、そうしたものにしばられるなどまったくゴメンだと、ことさら、隣人と関係を結ぶのをいやがったりする。何しろ、いったん関係ができれば相手は容赦なく入りこんでくるし、自分も相手に入りこんでいきたくなるのであるから、だれでもその初期にはたいへんな用心をすることになる。人見知りする人が多いのもこのためであろう。

K　日本のある大きな電機メーカーと合弁企業を発足させたインド人の社長の言は、この観点から非常に興味あるものである。彼が私に語った日本人との経験によると、日本人ははじめたいへん用心深く、なかなかことが進まなかった。アグリーメント（合意）にいたるまでのプロセスの長さは驚くほどで、日本人はわれわれをなかなか信用しようとせず、非常に細かいことまで気にするのだった。しかし、いったん、アグリーメントができてしまうと、日本人ほどこちらを信用してしまう人たちはほかにない。その後のやりやすいことは驚嘆に値する、と。これに対して、イギリス人、その他欧米の人々は、簡単にアグリーメントにいたるが、その後がそれはやかましく、面倒なのだそうだ。

L　これによってもわかるように、日本人側は、対インドの交渉でも日本的パターン、連続の思考を明らかに出してい る。日本的方法によると、関係設定は相手をウチに入れこんでしまうか、相手の世界に没入し、一体となることであり、そうでなければ、関係のないソトの者にすぎず、彼らに対しては、敵意をもつことはあっても、興味をもたないのが普通である。

M　この密度の高い連続の二者間関係は、対人関係に限らず、自然と人間の関係にもよくあらわれている。日本人は自然愛好家であり、自然をよくとり入れる、といわれたのに、どうして今日のようなひどい自然破壊が行なわれるのだろう、という疑問がよく出される。この謎は、日本人の連続の思想に照らしてみると簡単にとけるのである。すなわち、日本人にとって、自然と人とは連続しているのである。もともと自然というものを自分たちの対象として客観化してとらえてはいないのである。「自然のふところに入る」などという表現によくあらわれているように、自然と人の世界は一体化して、人々は自分勝手な意志でそこを自由に往来するといった感じである。だから、自然につねに接していながら、植物の区別、判別などということには、ほとんど興味をもっていない。外国人から花の名や木の名をきかれると、私たちはみんな困ってしまう。そういう自然を客体化して観《み》るという伝統は日本文化にはなかったのである。人と自然は未分化の世界を形成しているのだから、人の欲望によってどういうことにもなりうるのである。自然を家の中にとり入れることも、自然を自分の欲求実現のために破壊してしまうことも、③両者は同じ観点の異なる表現にすぎない。自然破壊に対する自然保護の叫びは、自然を客体として、どう扱うべきかという発想からではなく、保守的なセンチメンタリズムに裏付けられているのが特色で、両者は相対立する恰好《かっこう》をとっているが、同じレベルにおける保守と進歩、あるいは好み、利害の相違の問題であるために、問題解決のきめ手をいずれも出すことができず、結局、どちらか強いほうの力におされていく、ということになってしまう。

注　＊アジャストメント……調整。

問一　傍線部①に「この方法は、相手の意を本当にくんだり、相手を充分認識するという能力の機能を低下させるものである」とある。このような傾向は、日本人が自然に対する時、どのようにあらわれると書かれているか。本文に即して、七十字以内で説明せよ。

◆**問二**　傍線部②に「このこと」とあるが、その指す内容について、六十字以内で答えよ。

問三 傍線部③に「両者は同じ観点の異なる表現」とある。「異なる表現」とは、直前の「自然を家の中にとり入れること」と「自然を自分の欲求実現のために破壊してしまうこと」である。では、「同じ観点」とはなにか。文中の語句を用いて、六十字以内で説明せよ。

〔福岡教育大学 改〕

（◆は本書のオリジナル問題）

素材文 筆者紹介

中根 千枝（なかね ちえ） 1926年生まれ。社会人類学者。1959年『未開の顔・文明の顔』（中央公論社）で毎日出版文化賞受賞。『タテ社会の人間関係』（講談社）は代表的な日本人論としてロングセラーになっている。2001年に、女性学者として初の文化勲章を受章。

素材文の読みほどき

■ 講義12 直列電池型文章

簡単な例文を二つ挙げてみよう。

例文ア

a 世界で最も盛んなスポーツはサッカーだと言われる。

b ルールの単純明快さに加えて、空き缶一つ、路地裏でもゲーム出来るような「経済力に左右されず参加出来る」ということが、大きな要因だろう。

c 世界各国で行われているだけに、そのゲームの戦略には、それぞれの国民性がよく現れ、耐えて勝つ守備優先のチームや、ひたすら積極的に攻め続ける攻撃優先のチーム等、世界大会を見ていると様々だ。

d そんな中、二〇一四年のワールドカップで、日本代表チームは、それまでの守備優先から、攻撃優先のチームへと、方針を変えた。

例文イ

a 世界で最も盛んなスポーツはサッカーだと言われる。

b 国際サッカー連盟には、二〇一一年の時点で、二百八の国・地域が登録している。

c 二〇一四年のワールドカップには、二百四の国・地域がエントリーしているが、前年に開かれたワールドベースボールクラシックの参加国・地域数の数が二十八であることを考えると、驚異的な数字である。

d 競技者数は、登録者数だけでも、二億六五〇〇万人以上を数える。

どちらも、同じ「**a** 世界で最も盛んなスポーツはサッカーだと言われる」という冒頭文だが、そこからの展開・組み立ては全く異なる。

例文アでは、前文の主張を元に、次の主張が生まれるという繰り返しになっている。いわば、**「直列型」の文章構成**だ。それに対して、**例文イ**は、**a**文の内容を、**b・c・d**の三文が、並列的に「例を挙げて説明する」という構成である。論理の筋道を電流に、それぞれの段落を電池に置き換えてイメージしてみよう。

例文ア

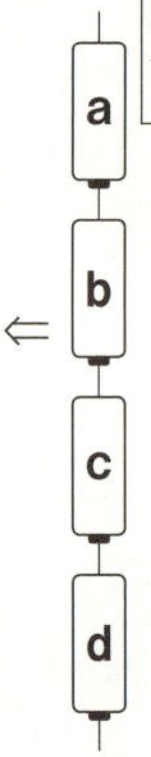

直列電池型で論理という電流が流れていくイメージ

例文イ

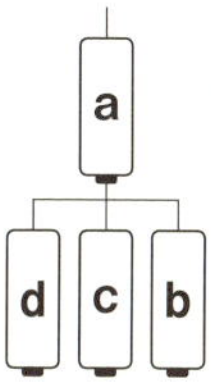

⇐ **並列電池型で論理という電流が流れていくイメージ**

長い文章では、この直列型の中に並列部分が入ってきたり、並列型の中に直列部分が入ってきたりする。

今回の**8講**の素材文は、この「直列電池型」を基本にした組み立てになっている。

電池その①は、「**日本人の二者関係の作り方について**」

電池その②は、「**タテ社会について**」

電池その③は、「**日本人と自然との関係について**」

という感じだ。

多少、慌ただしい展開だが、一つ一つの電池をしっかりイメージするという心構えで、文章を整理しよう。

■ 復習 「のである文」

「つまり・すなわち〜のである文」

慌ただしい直列型の展開ではあるが、**「のである文」に着目**することで、電池の中心が把握出来るので、抜き出してみよう。

2 日本文化を考える 8

A 日本人の社会学的認識の基盤となっている連続の思考は、二者間関係に焦点をあててみると、いっそう明瞭に考察できるのである。

C 日本的思考では、（中略）いったん関係ができると、二つの個体はそれ自体個体としての独立性はなくなり、両者はつながってしまうのである。

G タテ組織は実にこの二者間関係の累積、あるいは延長によって構築されているのである。

I つまり、この方法では、より積極的なほうが身勝手に主観的に相手を把握しやすいのである。

M この謎は日本人の連続の思想に照らしてみると簡単にとけるのである。すなわち、日本人にとって、自然と人とは連続しているのである。もともと自然というものを自分たちの対象として客観化してとらえてはいないのである。（中略）そういう自然を客体化して観《み》るという伝統は日本文化にはなかったのである。人と自然は未分化の世界を形成しているのだから、人の欲望によってどういうことにもなりうるのである。

これらを見渡すと、

・A・Cの「のである文」が、電池①「日本人の二者関係の作り方について」のまとめ。

・G・Iの「のである文」が、電池②「タテ社会について」のまとめ。

・Ⓜの「のである文」が、電池③「日本人と自然との関係について」のまとめ。
となっていることが分かる。「のである文」に着目することで、読みにくい直列電池型文章でも効率的に整理出来ることが確認出来ると思う。

特に、「つまり〜のである文」「すなわち〜のである文」は最強の統括文なので、絶対に見逃さないようにしよう。

素材文の噛み砕き

■日本文化論の特徴

第二章「日本文化を考える」では、日本文化における、

- **6講 相手に依存する自己規定**
- **7講 「場」の平衡状態の維持への配慮**
- **8講 対象との連続・一体化による関係の設定**

という特徴を論じた、類似する三つの文章を扱ってみた。

このように、日本文化論では、「日本人が『自己・個』よりも『他者・集団・場』に神経を砕く傾向を持っている」ということを論じる文章は非常に多い。

日本における「集団を重視する傾向」の根底に、長く「農耕」という集団の力で食糧を手に入れて生きながらえてきた日本の「農耕民族文化」を読み取ることも可能だろう。

狩猟社会では、個の力で少しでも多く獲物を取ることが、自分の生存に有利に働くが、農耕社会では、個として突出するより、集団で協力し生産性を向上させること、また集団と調和・一体化することにより、共同体から弾《はじ》き出されない（村八分にされない）ことの方が、食糧確保・自分の生存に有利に働くからだ。

■対象との連続・一体化。「私」と「私達」

8講の本文で繰り返されている「対象との連続・一体化」ということを、もう少し考えてみよう。

「私」と「あなた」との間に、関係が出来上がり、その二人の人間を同時に呼ぶ時に、日本語ではどのように言うか。「**私達**」である。まさに「**私**」が広がって、「あなた」をウチに入れ込み、同一化した言い方である。素材文にある**B**図のようなイメージだ。

一方、英語では、「I」と「You」の二人の人間を、あわせて同時に言う時は、「We」である。「I」の連続したような呼称ではなく、全く新しい呼称となるわけだ。「We」の中では、「I」と「You」とが、しっかりとした個同士として、確立し拮抗《きっこう》している。片

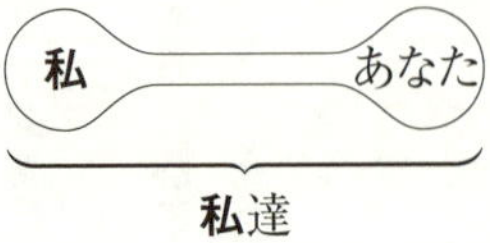

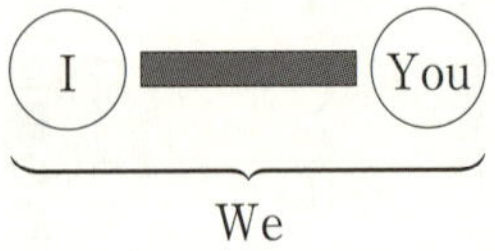

方がもう片方を取り込み、拡大一体化したような呼び方はしないのである。

これも、自分をどう捉え、対象をどう捉えるかといった文化的な違いが、言語の差に表れた例であろう。

9

『日本のデザイン
―美意識がつくる未来―』

原　研哉

次の文章を読んで、後の設問に答えよ。（解答は別冊12頁）

[A] 住空間をきれいにするには、できるだけ空間から物をなくすことが肝要ではないだろうか。ものを所有することが豊かであると、僕らはいつの間にか考えるようになった。

[B] 高度成長の頃の三種の神器は、テレビ、冷蔵庫、洗濯機、その次は、自動車とルームクーラーとカラーテレビ。戦後の飢餓状態を経た日本人は、いつしか、ものを率先して所有することで、豊かさや充足感を噛《か》み締めるようになっていたのかもしれない。しかし、考えてみると、快適さとは、溢《あふ》れかえるほどのものに囲まれていることではない。むしろ、ものを最小限に始末した方が快適なのである。何もないという簡潔さこそ、高い精神性や豊かなイマジネーションを育む温床であると、日本人はその歴史を通して、達観したはずである。（中略）

[C] しかしながら、今の日本の人々の住宅は、仮に天井をはがして俯瞰《ふかん》するならば、どこの世帯もおおむね夥《おびただ》しいもので溢れかえっているのではないかと想像される。率先して所有へと突き進んだ結果である。かつて腹ぺこに泣かされた欲深ウサギは両方の手にビスケットを持っていないと不安なのである。しかし冷静に判断するなら、両方の手に何も持っていない方が、生きていく上では便利である。両手が自由なら、それを振って挨拶もできるし、時には花を活《い》けることもできよう。両の手がビスケットでいつも塞がれていては、そういうわけにもいかない。

[D] ピーター・メンツェルという写真家の作品に『地球家族』と題された写真集がある。これは多様な文化圏の家族を撮影したものだ。それぞれの家族は、全ての家財道具を家の前に持ち出して並べ、家を背景にして写真に収まっている。どのくらいの国や文化、家族の写真が収められていたかは正確に記憶していないけれども、鮮明に覚えているのは、日本人の家財道具が、群を抜いて多かったことである。日本人は、いったいいつの間にこんなにたくさんの道具に囲まれて暮らしはじめたかと、唖然《あぜん》とした気持ちでそれを眺めた。無駄と言い切ることはできないまでも、なくてもよいものたちを、よくぞここまで細かく取り揃《そろ》えたものだとあきれる。別の言い方をするならば、ものの生産と消費の不毛な結末を静かに指摘しているようなその写真は、①僕らがどこかで道を間違えてしまったことを暗示しているようであった。

[E] ものにはそのひとつひとつに生産の過程があり、マーケティング[*1]のプロセスがある。石油や鉄鉱石のような資源の採掘に始まる遠大なものづくりの端緒に遡《さかのぼ》って、ものは

計画され、修正され、実施されて世にかたちをなしてくる。さらに広告やプロモーション[*2]が流通の後押しを受けて、それらは人々の暮らしのそれぞれの場所にたどり着く。そこにどれほどのエネルギーが消費されることだろう。その大半が、なくてもいいような、雑駁《ざっぱく》とした物品であるとしたらどうだろうか。資源も、創造も、輸送も、電波も、チラシも、コマーシャルも、それらの大半が、暮らしに濁りを与えるだけの結果しかもたらしていないとするならば、これほど虚《むな》しいことはない。

F 僕らはいつしか、もので溢れる日本というものを、度を超えて許容してしまったかもしれない。世界第二位であったGDP[*3]を、目に見えない誇りとして頭の中に装着してしまった結果か、あるいは、戦後の物資の乏しい時代に経験したものへの渇望がどこかで幸福を測る感覚の目盛りを狂わせてしまったのかもしれない。秋葉原にしてもブランドショップにしても、過剰なる製品供給の情景は、ものへの切実な渇望をひとたび経験した目で見るならば、確かに頼もしい勢いに見えるだろう。だから、いつの間にか日本人はものを過剰に買い込み、その異常なる量に鈍感になってしまった。

G しかし、そろそろ僕らはものを捨てなくてはいけない。捨てることのみを「もったいない」と考えてはいけない。捨てられるものの風情に感情移入して「もったいない」と感じる心持ちにはもちろん共感できる。しかし膨大な無駄を排出した結果の、廃棄の局面でのみ機能させるのだとしたら、その「もったいない」はやや鈍感に過ぎるかもしれない。廃棄する時では遅いのだ。もしそういう心情を働かせるなら、まずは何かを大量に生産する時に感じた方がいいし、さもなければそれを購入する時に考えた方がいい。②もったいないのは、捨てることではなく、廃棄を運命づけられた不毛なる生産が意図され、次々と実行に移されることではないか。

H だから大量生産という状況についてもう少し批評的になった方がいい。無闇に生産量を誇ってはいけないのだ。大量生産・大量消費を加速させてきたのは、企業のエゴイスティックな成長意欲だけではない。所有の果てを想像できない消費者のイマジネーションの脆弱《ぜいじゃく》さもそれに加担している。ものは売れてもいいが、それは世界を心地よくしていくことが前提であり、人はそのためにものを欲するのが自然である。さして必要でもないものを溜《た》め込むことは決して快適ではないし心地よくもない。（中略）

I 無駄なものを捨てて暮らしを簡潔にするということは、家具や調度、生活用具を味わうための背景をつくるということである。芸術作品でなくとも、あらゆる道具には相応の美しさがある。何の変哲もないグラスでも、しかるべき氷を入れてウイスキーを注げば、めくるめく琥珀《こはく》色がそこに現れる。霜の付いたグラスを優雅な紙敷の上にぴしりと置ける片付いたテーブルがひとつあれば、グラスは途端に魅力を増す。逆に、漆器が艶やかな漆黒をたたえて、陰影を礼讃《らいさん》する準備ができていたとしても、リモコンが散乱していたり、ものが溢れかえっているダイニングではその風情を味わうことは難しい。（中略）

J　豪華さや所有の多寡ではなく、利用の深度が大事なのだ。よりよく使い込む場所がないと、ものは成就しないし、ものに託された暮らしの豊かさも成就しない。だから僕たちは今、未来に向けて住まいのかたちを変えていかなくてはならない。育つものはかたちを変える。「家」も同様である。

K　ものを捨てるのはその一歩である。「もったいない」をより前向きに発展させる意味で「捨てる」のである。どうでもいい家財道具を世界一たくさん所有している国の人から脱皮して、簡潔さを背景にものの素敵さを日常空間の中で開花させることのできる繊細な感受性をたずさえた国の人に立ち返らなくてはいけない。

L　持つよりもなくすこと。そこに住まいのかたちを作り直していくヒントがある。何もないテーブルの上に箸置きを配する。③そこに箸がぴしりと決まったら、暮らしはすでに豊かなのである。

注
＊1　マーケティング……企業が顧客に向けて行う、商品の販売やサービス等を促進するための活動。
＊2　プロモーション……商品やサービスの販売促進のための宣伝資料。
＊3　GDP……gross domestic product　国内総生産。

問一　傍線部①「僕らがどこかで道を間違えてしまった」とあるが、筆者はどのように「道を間違えてしまった」と考えているか。分かりやすく説明せよ。
（解答欄：縦19・3㎝×横3.2㎝。目安として120字）

問二　傍線部②「もったいないのは、捨てることではなく、廃棄を運命づけられた不毛なる生産が意図され、次々と実行に移されることではないか」とあるが、どのような意味か。分かりやすく説明せよ。
（解答欄：縦20・0㎝×横3.2㎝。目安として120字）

◆**問三**　傍線部③「そこに箸がぴしりと決まったら、暮らしはすでに豊かなのである」とは、どのようなことを述べようとした比喩か。五十字以内で分かりやすく説明せよ。

〔高知大学　改〕
（◆は本書のオリジナル問題）

素材文　筆者紹介
原 研哉（はら けんや）　1958年生まれ。グラフィックデザイナー。1998年長野冬季オリンピックの開会式・閉会式プログラムを手がける等、幅広い活動を行い、著作も多い。『ポスターを盗んでください』（新潮社）で、第27回講談社出版文化賞を受賞。

素材文の読みほどき

■講義13「のである文」亜種

今回も簡単な例文から考えてみよう。

例文

a　ヒトほど、幼体（子ども）が成体（大人）に比べて、生存が危うく、親の保護を長期にわたって手厚く必要とする生き物はいない。

b　馬は生まれて間もなく立って走るが、ヒトの子どもが立つには、約一年かかる。生存を脅かす捕食者のような敵から走って逃げることまで考えれば、十年はゆうにかかる。

c　親鳥が生まれたばかりの雛《ひな》に餌を運ぶ様子等も、「動けない幼体を保護・養育する」ものだが、鳥類の巣立ちまでにかかる時間はおおむね一か月程だ。ヒトの「巣立ち」には、いったいどれくらいの時間がかかるのだろう。

d　この時間や労力のかかる次世代の養育を、単体の親世代で賄うのは、効率も悪く困難が多い。そのため、ヒトは、夫婦・家族・社会という装置を作り、複数の成体による次世代の保護というシステムを作り上げてきた**のである**。

e　男女の強い愛情というヒトに特有な感情もまた、「大きな労力のかかる次世代養育」という特有な事情のために、ヒトが発展させてきたシステムの一つである**の〇〇〇〇**。

助詞「の」で叙述内容を受け、それに断定の助動詞「だ」（および、「だ」の活用した「だろ」「だっ」「で」）が続いた文末表現は、非常に強い「統括力（まとめる力）」を作り、文章の骨子を作るということは繰り返し述べてきた。

この「**のである文**」には、以下のようなものがある。

- **〜のだ・〜のである・〜のだろう**
- **〜のであろう・〜のではない**
- **〜のではないか・〜のだった**

上記の例文にも、**d**の末尾に「**のである文**」が配置され、主張の重要な部分を読者に手渡しているが、ここで**e**の末尾にも、「の」で受けた文末表現を入れてみよう。

「のだ」「のである」「のだろう」「のであろう」「のではないか」等を入れることが出来ると思う。

しかし、この他に、何か、まとめる言葉として、収まりの良い言い回しはないだろうか。「の」はそのままで、断定の助動詞は使わずに、何か良い表現はないか。

次頁に進む前に、少し考えてみよう。

「の○○○○」部分に「**のかもしれない**」を入れた君は、「まとめる呼吸」に対して、とてもするどい感性を持っている。

「**のかもしれない**」という文末は、「のであろう」や「のではないか」といった「のである文」の仲間と、ほぼ同じまとめる力を持った文末だ。「のである」のくどさや、押しつけがましい断定的なニュアンスを適度に避けつつ、それでも「しっかりとまとめて読者に手渡す」という役割を持った、非常に巧妙で強い文末表現である。

「のかもしれない」と、やや譲歩しているようで、実は筆者は「言いたくて言いたくて仕方ない」のだ。

この「のかもしれない文」も、「のである文」の亜種（全く同じではないものの、系統は同じ同類のもの）として、覚えておいてほしい。

「のである文」も「のかもしれない文」も、いったん「**の**」という助詞で受けている点が重要なので、見誤らないように注意しよう。

最後に、今回の素材文から、「のである文」「のかもしれない文」をまとめて書きぬいておくので、全体の要旨を摑《つか》んだり、問題を解いたりする参考にしてほしい。

B 高度成長の頃の三種の神器は、テレビ、冷蔵庫、洗濯機、その次は、自動車とルームクーラーとカラーテレビ。戦後の飢餓状態を経た日本人は、いつしか、ものを率先して所有することで、豊かさや充足感を嚙《か》み締めるようになっていたのかもしれない。（中略）むしろ、ものを最小限に始末した方が快適なのである。

C かつて腹ぺこに泣かされた欲深ウサギは両方の手にビスケットを持っていないと不安なのである。

F 世界第二位であったGDPを、目に見えない誇りとして頭の中に装着してしまった結果か、あるいは、戦後の物資の乏しい時代に経験したものへの渇望がどこかで幸福を測る感覚の目盛りを狂わせてしまったのかもしれない。

G 廃棄する時では遅いのだ。

H 無闇に生産量を誇ってはいけないのだ。

J 豪華さや所有の多寡ではなく、利用の深度が大事なのだ。

K「もったいない」をより前向きに発展させる意味で「捨てる」のである。

L そこに箸がぴしりと決まったら、暮らしはすでに豊かなのである。

素材文の噛み砕き

■ ピーター・メンツェルという写真家の作品に『地球家族』と題された写真集がある（D）

本文に引用されているピーター・メンツェルの『地球家族』の中から、筆者が「日本人の家財道具が、群を抜いて多かった」という、その写真を見てみよう。

下の写真は、90年代の東京の一家の写真である。家に比べて、その所有物の多さには、筆者の言うとおり目をみはってしまう。しかし、もちろんこれは、この一家に特有な光景ではない。僕の家も、君の家も、同じような状態なのではないか。

さらにその下は、同じ写真集の中にある、自然の中で暮らすブータンの一家を写した一枚だ。ブータンは、「幸福こそ、人の、そして国家の究極の目標」として、国民総幸福量（GNH = Gross National Happiness）という独自の概念を生み出した国として有名である。

■ もったいない（G）

「もったいない」という語の語源はなんだろうか。

諸説あるものの、「物体（もったい）」という仏教語から転じたものとして考える説が、分かりやすい。「物体（もったい）」とは、物の本来あるべき本体のことであり、「もっ

（『地球家族―世界30か国のふつうの暮らし』マテリアルワールドプロジェクト、ピーター・メンツェル著（TOTO出版）（写真提供／ユニフォトプレス））

たいない」とは、「物の本来あるべき本体・姿が、失われ、そのことを惜しむ」という感情である、という考え方だ。

桜の咲いている状態が、桜の「もったい＝あるべき姿」ならば、強風にあおられて、あっという間に散ってしまうのは「もったいない」し、希望を実現するチャンスがあったのに、みすみす見過ごしてしまったら、「希望実現」という「もったい＝あるべき姿」が失われてしまったから、「もったいないことをしたね」というわけだ。

9講の素材文で、筆者は、「あらゆる道具には相応の美しさがある」という。その「相応の美しさ」が「もったい」なのだろう。その「もったい」が実現していなければ、たとえその物を、いくら所有していようと、それは、「もったいない」ことである。

何が「もったい」であるか？

僕は趣味でギターを弾いているが、時々、愛用のギターを楽器店にメンテナンスに出している。ある時、

「ライブで弾いた時に、ボディの裏面に、ベルトのバックルで傷が付いちゃってね。もったいないことをしたなあ」

と店員さんに言ったら、

「とんでもないですよ。ちゃんと弾いてあげているという証拠です。傷が付くのを恐れて、弾いてあげないのが、一番もったいないですよ」


と返されて、なるほどと思ったことがある。

「ギターに傷が付くから、もったいない」というのは、ギターの「もったい＝本体」を「観賞用工芸品」として捉えた考え方だ。一方、「弾いてあげないともったいない」という店員さんの指摘は、ギターの「もったい＝本体」を「楽器」として捉えた考え方である。

大切に扱わないのは、論外だが、楽器として利用した結果、ギターに傷が付くのは、「もったいない」どころか、「もったい」を重視しているというわけだ。この店員さんの言葉を聞いて以来、僕は多少の傷など恐れることなく、安心してギターを弾き込むようになったし、弾いた結果の傷は、ギターの勲章だと思うようになった。

どうも、僕達は、この「もったい」を勘違いしてしまうことがあるようだ。家族でドライブするのを楽しみに車を買ったのに、子どもが汚すことを恐れて、ドライブに行かなかったり、ドライブ中にもいちいち小言を言ってしまったりして、ドライブの時間をつまらなくするのも、なんとも「もったいない」話である。

筆者の言うように、不必要なものまで多く所有することで、せっかくの「もったい」を殺してしまっているのも、「もったい」に対して、「道を間違えた」ことだろう。

君の周りにも、同じように「もったい」を勘違いした「もったいない」話はあるかもしれない。

■「MOTTAINAI 運動」

二〇〇四年ノーベル平和賞受賞者で当時ケニア共和国環境副大臣であったワンガリ・マータイさんが「もったいない」という言葉を日本で知り、環境保護の合言葉「MOTTAINAI」として世界に紹介し、「MOTTAINAI 運動」として、広がりを見せている。

10

『絶望の国の幸福な若者たち』

古市憲寿

次の文章を読んで、後の設問に答えよ。（解答は別冊13頁）

A　あれはまだ大地震が起こる前、二〇一〇年の終わりのことだ。

B　「日本の若者はこんな不幸な状況に置かれているのに、なぜ立ち上がらないんですか？」

C　ニューヨーク・タイムズの東京支局長マーティン・ファクラーさん（四四歳、アイオワ州）から、こんな質問を受けた。その時ファクラーさんは、日本の世代間格差についての記事を書いていたのだが、日本の若者の気持ちがどうしても理解できないと言うのだ。

D　若年層の多くは非正規雇用者として不安定な生活を余儀なくされている。大学卒業者の内定率も低く、就職浪人をする学生までいる。高齢化がますます進むだろう日本において、現役世代に対する負担はますます重くなる。

E　なぜ日本の若者は、このような不遇な状況に置かれているのに、いっこうに立ち上がろうとしないのか、というのがファクラーさんの疑問だった。僕（二六歳、東京都）の答えは簡単だ。

F　「①なぜなら、日本の若者は幸せだからです」

G　確かにマクロで見た時に、世代間格差をはじめ、日本の社会構造が若年層にとって「不幸な」仕組みになっていることは事実かも知れない。だが、実際の若者の毎日の生活を考えてみた時、彼ら、というか僕らは、本当に不幸なのだろうか。

H　もう日本に経済成長は期待できないかも知れない。だけど、この国には日々の生活を彩り、楽しませてくれるものがたくさん揃《そろ》っている。それほどお金がなくても、工夫次第で僕たちは、それなりの日々を送ることができる。

I　たとえば、ユニクロとＺＡＲＡでベーシックなアイテムを揃え、Ｈ＆Ｍで流行を押さえた服を着て、マクドナルドでランチとコーヒー、友達とくだらない話を三時間、家ではＹｏｕＴｕｂｅを見ながらＳｋｙｐｅで友達とおしゃべり。家具はニトリとＩＫＥＡ。夜は友達の家に集まって鍋。お金をあまりかけなくても、そこそこ楽しい日常を送ることができる。

J　実際、現代の若者の生活満足度や幸福度は、ここ四〇年間の中で一番高いことが、様々な調査から明らかになっている。たとえば内閣府の「国民生活に関する世論調査」によれば、二〇一〇年の時点で二〇代の七〇・五%が現在の生活に「満足」していると答えている。そう、格差社会や

2 日本文化を考える 10

世代間格差と言われながら、日本の若者の七割が今の生活に満足しているのだ。

K この満足度は、他の世代よりも高い。三〇代でこの数値は、六五・一%、四〇代で五八・三%、五〇代では五五・三%まで下がる。若者を心配してくれているだろう上の世代の方々のほうが、よっぽど生活満足度が低いのである。

L また、現在の若者の生活満足度は過去の二〇代と比べても高い。まだ高度成長期だった一九六〇年代後半の生活満足度は六〇%程度。一九七〇年代には五〇%くらいにまで下がった年もある。それが、一九九〇年代後半からは七〇%前後を示すようになってきた。（中略）

M 二〇一〇年の大河ドラマ『龍馬伝《りょうまでん》』で岡田以蔵を演じた佐藤健《たける》（当時二一歳、埼玉県）は、幕末と現代を比べて「生まれ変わるなら、絶対に、幕末より現代のほうがいいです」と言う。それは人を斬らないといけない幕末と違い、今の時代は「一泊二日で友達と千葉にバーベキューに行く幸せ」をかみしめられるからだ。

N 別に坂本龍馬みたいに維新の風を吹かせたいわけでもなく、国のために死んだ英雄と崇《あが》められたいわけでもない。そんなヒロイズムではなくて、佐藤にとって大切なのは「一泊二日で友達と千葉にバーベキューに行く」という小さな幸せなのだ。

O 佐藤の言葉に象徴されるように、若者に広まっているのは、もっと身近な人々との関係や、小さな幸せを大切にする価値観である。「今日よりも明日が良くなる」なんて思わない。日本経済の再生なんてことは願わない。革命を望むわけでもない。

P 成熟した現代の社会に、ふさわしい生き方と言ってもいい。

Q もちろん、だからといって「若者は幸せだ」と単純に言い切ってしまえるほど②事態は簡単ではない。

R 確かに、インフラや生活環境といった面では、現在の若者は過去最強の「豊かさ」の中で暮らしていると言える。

S しかし、ニューヨーク・タイムズのファクラーさんが心配していたように、これからますます世代間の格差は深刻になり、若年層を中心とした現役世代の負担は増えていくだろう。

T 日本の少子高齢化はまだまだ止まる気配がない。出生率が一・三から回復しないからだ。社会保障は、今までは三人の現役世代が一人の高齢者を支えていたが、一五年後にはそれが二人で一人になるという。

U そして、巨額な財政赤字が将来世代へ残されようとしている。国の借金は将来世代が払わなくてはならない。それは、年老いた祖父が、孫のクレジットカードを勝手に使っている「ワシワシ詐欺」のようなものだと主張する人もいる。

V　さらに放射能だだ漏れの原子力発電所という遺産まで、先行世代は残してくれた。事故のあった福島第一原子力発電所の原子炉を廃炉にするのに、周辺のサイト（土地）開放までを考えると、少なくとも数十年の年月がかかるだろう。今の若者が、ちょうど老人になるくらいの年月だ。

W　いくら現代日本の若者が、「幸せ」だと思っていたとしても、その「幸せ」を支える生活の基盤自体が徐々に腐り始めている。そして、このようなある意味「いびつな」社会構造の中で、当の若者が自分たちのことを幸せだと考える③「奇妙な」安定が生まれているのだ。

問一　傍線部①「なぜなら、日本の若者は幸せだからです」と筆者が答える根拠を二百字程度でまとめなさい。

◆**問二**　傍線部②「事態は簡単ではない」とあるが、それはなぜか。五十字以内で答えなさい。

◆**問三**　傍線部③「『奇妙な』安定」とあるが、なぜ筆者は「奇妙な」と言うのか。百字以内で答えなさい。

〔岩手大学　改〕

（◆は本書のオリジナル問題）

素材文　筆者紹介

古市　憲寿（ふるいち　のりとし）　1985年生まれ。社会学者。『絶望の国の幸福な若者たち』（講談社）、『誰も戦争を教えてくれなかった』（講談社）等、現代の日本の若者をテーマにした著作を多く発表。

素材文の読みほどき

■ 講義14 分析型文章＝静かな主張

何かを強く訴えたい時、「だから、こうすべきだ」と声高に言うことが、強い説得力を生むとは限らない。むしろ、力を入れれば入れるほど、聞いている者・読んでいる者は、「押し付けがましさ・くどさ」に辟易《へきえき》としてしまい、場合によっては、「独善的だ」のような誹《そし》りを呼ぶことにもなってしまう。

今回の素材文は、声高な主張を極力排《はい》していることに、注目してほしい。

「だから、こうすべきだ」といった安直な理想論は、一切叫ぶことなく、日本の若者の現状について、日本の将来の見通しについて、冷静に分析を積み重ねる。

A～E：**他者（マーティン・ファクラーさん）の意見**を発端に、

F：**「日本の若者は幸せだからだ」という筆者自身の分析**を述べ、その「筆者自身の分析」を

I：**ユニクロ・ZARA等、日本文化の現状**

J・K・L：**様々な調査結果という数値**

M・N：**佐藤健《たける》の例**

の三つから、具体的に説明補強しているのが前半。

この「日本の若者は幸せだ」と分析した前半を踏まえつつ、「しかし事態は簡単ではない」と、続けていく後半も、

T：**少子高齢化の数値**

U：**財政赤字の現状**

V：**放射能漏れの現状**

と、客観的な情報を並べることに終始する。

結末部でも、この日本社会の現状を「奇妙な安定」と呼んで終わる。「奇妙」とは指摘するが、「奇妙だから、○○のように変えなくてはならない」とは、決して言わない。あくまでも、「奇妙だ」と分析するだけである。

このような冷静・客観的なスタンスは、自分のことを「**僕（二六歳、東京都）**」などと記すところにも表れている。

しかし、ここで大切なのは、「分析も、実は主張を作る」ということである。

日本社会の現状を論じるにしても、「高齢化」「財政赤字」「放射能漏れ」を取り上げるのか、「治安の良さ」「栄養・衛生事情の良さ」「義務教育の充実」を取り上げるのかで、文章・主張の方向性は変わるだろう。

「財政赤字」にしろ「義務教育の充実」にしろ、日本の現状だ。過ちではない。そのどちらを選ぶかは、筆者の自由である。つまり、**何か情報を選び、それを並べるだけで、十分に主張を形作ることが出来るのである。**

そしてその並べあげた現状を「奇妙だ」と分析するか、「適

2 日本文化を考える 10

正だ」と分析するかで、「だから、考え直さなければならない」「だから、この状態を守らなければならない」という筆者の隠れた主張は、十分に滲《にじ》みでる。

声高な主張型文章よりも、分析型文章で静かな主張を感じさせる方が、説得力ある文章になることが多い。これは、君が文章を書く時にも、参考になることなので、心に留めておきたい。

素材文の噛み砕き

■ 幸せ⇔不幸??

筆者は、

「日本の若者は幸せだが、日本の社会構造が若年層にとって『不幸な』仕組みになっていることは事実かも知れない」

という。

この表現の微妙な捻《ねじ》れに気付いただろうか？ 「**幸せ**」の反対語は「**不幸せ**」であり、一方、「**不幸**」の反対語は「**幸福**」だろう。しかし、ここで、きっちりと、対照化した文章にして、

「日本の若者は幸せだが、日本の社会構造が若年層にとって、不幸せな仕組みになっていることは事実かも知れない」

としても、

「日本の若者は幸福だが、日本の社会構造が若年層にとって、不幸な仕組みになっていることは事実かも知れない」

としても、どこか収まりの悪い文章になる。

これはなぜだろう。そもそも「幸せ」と「幸福」とはどう違うのか。いろいろな考え方が出来るだろうが、僕は、次のように考えている。

「しあわせ」とは、語源的には「仕合わせ」である。つまり「何かを**し**て、**あわせ**」ることが出来るものだ。状況に対して、自分が「し、あわせ」て、調和を図る。その調和状況が「しあわせ」である。

一方、「幸福」とは、「幸（さいわい）」であり、「福」である。「さいわいにも、軽い怪我《けが》で済んだ」とか、「福に恵まれた」のように、受身的に「訪れるもの」「恵まれるもの」というニュアンスである。人為の努力は及ばない。

だから、「しあわせを摑《つか》む」といった表現は出来ても、「幸福を摑む」という表現は出来ないのだろう。「しあわせ」は能動的に摑むもの、「幸福」は自然と訪れるもの、これが、両者の根源的な違いだと思われる。

さて、これを素材文に戻して考えてみよう。

「若者達は、たとえ、与えられた環境が『不幸』ではあっても、日々の生活に小さく『し、あわせ』ることで、調和的満足を得ている」

ということだ。

あくまでも、若者自身が、日々の「し、あわせ」に終始しているだけであって、社会の側が、若者に対して「幸福」な状態を与えているのではないということが、よく分かると思う。日本の若者は、「しあわせ」ではあるかもしれないが、「幸福」ではないということだ。

■「今日よりも明日が良くなる」なんて思わない（0）

0段落で、筆者は、

0若者に広まっているのは、もっと身近な人々との関係や、小さな幸せを大切にする価値観である。「今日よりも明日が良くなる」なんて思わない。日本経済の再生なんてことは願わない。革命を望むわけでもない。

と言っている。後半の「日本経済…」や「革命…」という、大きなイメージに紛れて、君は読み飛ばしてしまったかもしれないが、筆者は、「**『今日よりも明日が良くなる』なんて思わない**」とさらりと、しかし、実は、大変なことを述べている。

「今日よりも明日が良くなる」とは、つまり「希望を持つ」ということではないだろうか。「そんなことは思わない」のが日本の若者の現状だと、筆者は述べているのだ。

この筆者の分析は、「あなたは偉くなりたいと思いますか」といった各国青年への調査結果等を見ても、決して的はずれでないことが分かる。日本の青少年のポジティブな回答は、他国に比べて著しく低い。

> 問 あなたは偉くなりたいと思いますか
> 答「強くそう思う」「まあそう思う」の合計数値
> 日本…44・1％　米国…66・1％
> 中国…85・8％　韓国…72・3％
> （（財）日本青少年研究所　二〇〇七年　調べ）

このような状況に、日本の若者の向上心の無さを読み取り、嘆くのも一つの態度かもしれない。

しかし、「子どもは社会の鏡」である。

将来への希望を持てないような環境だから、日々の「し、あわせ」に終始して、満足することぐらいしか出来ない。

そのように、若者を取り巻く環境に対して、問題点を読み解くのも一つの分析だろう。

今回の10講素材文は、「若者がしあわせを感じている」ことから、逆説的に、現状への問題提起を静かに訴えている文章だ。

日々の小さな出来事に「し、あわせる」状況だけが、社会が若者に与えた、せめてもの「幸福」なのかもしれない……そのような悲哀と問題提起が、書名の『絶望の国の幸福な若者たち』からも感じられる。

第三章

現代社会を生きる

11 香山リカ 『「悩み」の正体』
12 藤原新也 「ネットが世界を縛る」
13 平川克美 『経済成長という病―退化に生きる、我ら―』
14 鷲田清一 「現代おとな考」
15 岡　真理 「『文化が違う』とは何を意味するのか?」

11

『「悩み」の正体』

香山リカ

次の文章を読んで、後の設問に答えよ。（解答は別冊14頁）

A 私はときどきテレビの生放送番組でコメンテーターを務める機会があるのだが、それを見た人からよく、「ああいう番組ってどのくらい打ち合わせをするの？　台本とかあるの？」ときかれる。実はどの番組でも台本はないし、打ち合わせらしきものもほとんど行われていない。せいぜい、番組開始の三〇分ほど前から簡単にその日の流れの説明を受けるだけだ。

B それでも本番が始まると、まるで綿密な打ち合わせをしたかのように、司会者、コメンテーターたちの阿吽《あうん》の呼吸で番組が進行していく。誰もがテレビ番組として期待される役割をこなし、自分が期待されている、あるいは視聴者が期待しているだろうと思われる発言を的確に行う。

C 考えてみれば、これは不思議なことではないだろうか。明確な意思をもって管理、支配する人がいるわけではないのに、誰もが自ら進んで目に見えない空気を読み、流れに従おうとしているのだ。逆に考えれば、そこで場の空気を読めず、議論の流れに対立してまでも自分の意見や考えを述べてしまうコメンテーターは、「テレビ向きではない」ということで淘汰《とうた》されてしまうのかもしれない。優先されるのは、自分の意見や考えを主張することではなく、周囲の空気を読みとり、自分に期待されている役割をこなすことなのだ。

D 私が勤める大学で接する、最近の学生たちを見ても、この「場の空気を読む」ということに必死になっているように感じる。誰かが「昨日のあの番組、見た？」と口を開いたときに、次に「見たよ、最高！」と言うべきか、それとも「見たけれどイマイチだったね」と言うべきか。自分が感じたことを言えばよさそうなものだが、学生たちにとって大切なのは、自分の意見を言うことではなくて、相手やまわりの空気の流れを読んで、それを乱さない発言ができるかどうか、なのだ。そして、たとえ自分ではその番組が気に入らなかったとしても、場の空気が肯定的だと感じたら、「おもしろかったよね！」と明るく言わなければならない。そうしなければ、後から「あいつは空気が読めないヤツだ」と言われ、敬遠されてしまう結果にもなりかねないからだ。こうなると、対話もコミュニケーションというよりは〝空気を読み合うゲーム〟になってしまう。

E 日本人にはそもそも「自分の気持ちよりもまわりの秩序を大切にする」という性格特性を持つ人が多い、と言われてきた。精神医学の世界で「メランコリー親和型」と呼ばれるタイプだ。このタイプの人たちは、組織や集団の秩序が保たれているあいだは、まじめに働き自分の能力を発揮することもできるが、いったん和が乱れ予想外の事態となるとガタガタと調子を崩し、ときにはうつ病を発症することさえある。最近は、この「メランコリー親和型」の人は減り、「周囲の和よりも自分の気持ちが先」と考える自分優先、自己中心型の人が増えている、と言われているのだが、どうもそうばかりではないようだ。たしかに①会社や学校など公の場では、「組織への忠誠より自分が大切」と考える人が増えているようだが、同級生や友人といったプライベートな人間関係では、むしろこれまで以上にまわりの雰囲気、空気の流れを気にする人が増えているのではないだろうか。

F　プライベートとはいえ、②完全に私的な親子、恋人、夫婦などの関係の中では、むしろお互い言いたいことを言い合い、ときには暴力で相手を支配しようとするドメスティック・バイオレンスの問題がクローズ・アップされている。つまり、「空気を読み合う」というのは、職場ほど公的でもないが恋人や夫婦ほど私的でもない、「準パブリック」な関係で、とくに目立っているようなのだ。たとえば、テレビの情報番組での「出演者同士」の関係も、そこには見えないもののカメラの向こうにいる「視聴者」と「出演者」の関係も、これに相当するのではないだろうか。また、とくに若い人たちにとっては、「親友でもなければ他人でもない」という大学の同級生、サークル仲間などがこの「準パブリック」な関係に近いのかもしれない。そこで自分がどう見られているか、まわりから浮いていないかに、神経をすり減らしている人が増えているようなのだ。完全にプライベートな友人なら、気心が知れているので、多少の行き違いがあっても修正は可能だ。パブリックな関係なら、そこで評価されているのは〝素顔の自分〟とは違うので、たとえ失敗してもそれほど気にしなくてもすむ。だからこそ、その中間、とりわけ親しいわけでもないが、表面的なつき合いというわけでもない「準パブリック」な関係での評価や見られ方こそが、もっとも重要な意味を持つのだろう。

G　では、この「準パブリック」な関係の中で、人はどうしてこれほどまでに「場の空気」を読み合い、それに自分の行動や発言をすり合わせていくようになったのだろうか。ひとつには、自分だけまわりと違う意見を言ってしまうことで、その場の「少数派」になるのがこわい、という気持ちがあるのだろう。

H　少数派であるということは、「③千万人といえども我往《ゆ》かん」といった言い方にも表れているように、場合によっては個性的あるいは非凡、強さという意味にもつながっていたはずだ。しかし最近、「少数派」には、「負け組」などという言葉が象徴するようなネガティブなイメージがつきまとっている。二〇〇六年一二月、前年の総選挙で郵政民営化に反対票を投じ、自民党を離れた議員たちが復党を許された。その議員たちは復党を許した安倍《あべ》首相を「命の恩人だ」などと感想を述べた。そうした状況を目にして、少数派であることが、いかに惨めで非力であるかを改めて痛感させられた人も少なくなかっただろう。

I 私は、自分が勤めている大学で、「神経難病で呼吸機能が低下したときの人工呼吸器の装着」といった生命倫理に関する問題や、「人身売買」といった日本にはないが外国には存在する社会的問題について、具体的なケースの検討を通して学生たちに考えてもらうことがある。そこで「もしあなただったら、どうしますか」と問うと、ときどき「私はそうなることはまずないと思うので、わかりません」とか「そういう人がまわりにいないので、想像できません」という答えが返ってきて、驚くことがある。いま健康であること、いま平和で豊かな国にいることは、偶然であるかもしれないのに、それがあたかも当然であり、その「安全な多数派」であるという状態がいつまでも続くだろう、と思っているのだ。そして、そうでない人たち、つまり今の自分から見て「少数派」である人たちの気持ちを想像する必要などないではないか、というのが暗黙の了解になっているようなのだ。

J 精神分析学者のH・ドイッチェは、カメレオンのようにその場に自分を合わせて人格構造を作り変えてしまうという人たちに、「かのような人格 (as-if personality)」という名前を与えたが、いまや④「かのような人格」は病理ではなくて、現代人として生き抜くための〝ゲームの基本ルール〟になっているのかもしれない。しかし、「かのような人格」の人はいつからか自らの空虚さに気づき、破綻をきたす、ともドイッチェは指摘している。

K 現代社会で生き延びるためには、「かのような人格」であることを拒否して少数派となってしまうのと、破綻を承知で「かのような人格」を繰り返すのと、どちらが有利なのか。いや、有利な生き方をするために、自分自身のあり方さえ、そのときの流行や状況に合わせて操作しなければならない、ということのほうが、本来は問題ではないのだろうか。そもそも、誰に強制、管理されているわけでもないのに、自ら進んで自由な自分でいること、自分の意見や考えを自由に発言することを放棄し、場の空気を読み合ってまわりに合わせることだけにエネルギーを使っている現代人が目指す⑤『自分にとって有利なゴール』とは、いったい何なのだろう。

〔素材文は北海学園大学より出題〕

◆**問一** 傍線部①で、筆者は、会社や学校など公の場の例を挙げ、傍線部②では、完全に私的な人間関係の例を挙げているが、これらの例は、どのようなことを主張するためのものか。七十字以内で述べよ。

◆**問二**　傍線部③「千万人といえども我往かん」とは、どのような意味か。本文の内容に合うように、言葉を添えながら、五十字以内で説明せよ。

◆**問三**　傍線部④「『かのような人格』は病理ではなくて、現代人として生き抜くための〝ゲームの基本ルール〟になっているのかもしれない」とあるが、筆者がそのように言うのはなぜか。八十字以内で説明せよ。

◆**問四**　傍線部⑤「『自分にとって有利なゴール』」とあるが、ここに筆者は、「　」を付けて述べている。この「　」には、どのような思いが込められているか。本文全体の主旨を参考に、百十字以内で述べよ。

（◆は本書のオリジナル問題）

素材文　筆者紹介

香山リカ（かやまりか）1960年生まれ。精神科医・評論家。立教大学教授。現代社会のストレスの中で、いかに自分を取り戻して生きていくかといったことを論じた著作が多い。また、「メランコリー親和型うつ病」と対照的な新型うつ病として、「五時までうつ（仕事時間だけ「うつ」になる）」という概念を提唱したことでも知られる。

素材文の読みほどき

■ 講義15 筆者独特の用語はキーワードとなる

一般的に通用している語彙ではなく、筆者独特の用語・造語が、本文中に現れることがある。これは、本文中の重要なキーワードだ。筆者が、自分の主張に合うように、あえて、独特で特徴的な言葉を作っているからだ。

11講 素材文では、「**準パブリック**」という語が、それにあたる。

筆者は、職場の人間関係のような完全に公的な関係でもなく、一方、親子・恋人のような完全に私的な関係でもない人間関係を「**準パブリック**」と呼んで、主張の骨子を作っている。

講義9（本冊52頁）で、「つまり・すなわち～のである文」は、最も強い統括力を持つ文だと述べたが、11講 素材文中に、一つだけある「つまり・すなわち～のである文」には、チェックを入れられただろうか。F段落の二文目だ。

F **つまり、「空気を読み合う」というのは、職場ほど公的でもないが恋人や夫婦ほど私的でもない、「準パブリック」な関係で、とくに目立っているようなのだ。**

筆者は、この重要な「つまり～のである文」の中で、「準パブリック」というキーワードを初出させて、その後、幾度となく繰り返している。

独特の用語・造語に出会ったら、重要なキーワードとして、チェックを入れて読んでいく癖を付けよう。

■ 講義16 「　」を読み解く

講義15で述べた「**準パブリック**」という語には、「　」が付されている。この「　」は、「これは造語ですよ」「これはキーワードですよ」というようなマークだと思って良い。

このように「　」が付された語には、他の部分とは違った、何かしらの特徴がある。その特徴に着目して、素材文中の「　」を分類してみよう。

(1) 会話や心話（心の中で思った言葉）であることを示す

「見たけれどイマイチだったね（会話）」（D）
「周囲の和よりも自分の気持ちが先（心話）」（E）

(2) 引用であることを表す

「メランコリー親和型」（E）
「かのような人格（as-if personality）」（J）

(3) 強調を表す

「場の空気を読む」（D）
「少数派」（G）

(4) 造語であることを表す

「準パブリック」（F）

(5) 本来の意味で使っていないということを表す

「自分にとって有利なゴール」（K）

このように、**11講** 素材文の中だけでも、多用な「　」の使い方がある。きっちりと分類しきれないものも多数あるだろう。右に挙げたものの中でも「**かのような人格**」の「　」は、最初は引用を表しつつも、その後、繰り返し使われる中では、強調する「　」としての役割を持っているとも考えられる。また、右に挙げた五つ以外の「　」の用法もあるだろう。

これらの用法の中でも、大切なのは、(3)～(5)である。会話や引用でないのに、「　」が付いた語にあたったら、本文中のキーワードとして、チェックを入れながら読んでいきたい（というか、すでに筆者が「　」というチェックを付けてくれているわけだ）。

(5)の用法について、もう少し詳しく説明しておこう。

例文a 貨幣は、経済の「血液」である。

例文b ちょっとした失敗なのに、反省文を原稿用紙三十枚も書かせるなんて、なんとも「指導熱心な学校」だね。

どちらも、「本来の意味で使っていない」ということを示す「　」であるが、少々、雰囲気が違うのが分かるだろうか。

例文a は、「血液」という言葉を比喩的に用いたことを表す「　」であるのに対し、**例文b** は、「本心ではない、皮肉を込めた言い方である」ということを表す「　」だ。**例文b** の語り手は、「指導熱心な学校」という、本来なら褒め言葉になる言葉を、「生徒を管理し、体裁《ていさい》だけを整えようとする学校」というような、批判的な意味合いで使っている。

素材文のK段落にある「自分にとって有利なゴール」という表現も、この**例文b** の用法に近いだろう。

「自分を殺して、空気を読み合うこと」が、本当に「有利」と言えるのか。本来の「有利」とは何なのか。そのような問題提起を込めて「自分にとって有利なゴール」と、あえて、「　」を付けて表現しているわけだ。

素材文の噛み砕き

■ メランコリー親和型

「メランコリー親和型」とは、どのような意味だろう。

一九六一年に、ドイツの精神医学者のテレンバッハが、その著書『メランコリー』の中で提唱した一つの性格型で、文字通りの意味としては「メランコリー（＝憂鬱《ゆううつ》な気分）」に、「親和（＝なりやすい）」ということである（テレンバッハの原書には、「親和」にあたる語はない。直訳すれば、「メランコリー型」だが、日本では、「メランコリー親和型」という言い方で広まっている）。

この性格型の特徴としては、「几帳面《きちょうめん》で責任感も強く、対人関係にも配慮が行き届いている」ということが言われ、筆者も「自分の気持ちよりもまわりの秩序を大切にする」タイプで日本人に多い性格特性であると述べている。

こう見ると、「メランコリー親和型」の人は、欠点がないばかりか、むしろ周囲からは篤《あつ》い信頼を得る好ましい性格タイプであるように思われる。

しかし、それは、「メランコリー（憂鬱傾向）」に「親和（なりやすい）」性格であるというのだ。

どういうことなのだろう。

メランコリー型の特徴は裏を返せば、

・真面目過ぎて、細かいことにもこだわり過ぎ、「どうでもいいや」と割り切れない。
・周囲を傷付けたり、人に嫌われたりすることを極度に恐れる。

ということでもある。

このような人は、何かのきっかけで失敗や挫折に出会うと、「過度に自分を責め立て、罪悪感に囚《とら》われる」「周囲から評価が落ちたのではないかと、自己嫌悪に襲われる」ということにもなりかねない。これが「メランコリー（憂鬱傾向）」に「親和（なりやすい）」であるということである。そして「失敗を取り返すために、もっと頑張らねばならないと、自分を追い立てるものの、頑張りきれない自分を感じて、また罪悪感・自己嫌悪に襲われる」という悪循環に落ち込み、時には「うつ病」と診断されるような状況にまでなってしまうこともある。これが、「メランコリー親和型うつ病」と呼ばれるものだ。「病」と名前が付くと、特殊なもののようにも思えるが、誰しも、この「メランコリー親和」の傾向は、多かれ少なかれ持っているだろう。

大切なのは、「メランコリー親和」という概念を知ることだと思う。

自分の「メランコリー（憂鬱）」が、何も自分一人が陥っている特殊な苦しみではなく、誰しも陥りかねない「人間としての傾向・社会的な傾向」であると知るだけで、自分の苦しみに対しても、少し距離を持って客観的に眺めることが出来る。

そして、空気を読んで疲れ果てることなく、「かのような人格（その場に応じて自分を変えるような人格）」から、少し自由になることも出来るだろう。

それが、この文章を読んだ価値だと思うし、何かを学んで、より良く、より楽しく、生きることの力になるのだと思う。

12

「ネットが世界を縛る」

藤原新也

次の文章を読んで、後の設問に答えよ。（解答は別冊15頁）

A 二〇一〇年代のコミュニケーションの姿を考える手がかりに、[*1]この十年間のコミュニケーションはどうだったのか、思い巡らせてみた。

B 昨年の四月、東京・六本木のミッドタウンそばにある公園で裸になって逮捕された「ＳＭＡＰ」のメンバー、Ｋさんの事件は、それを考える上でのヒントになるように思う。あの出来事は今のどこにでもいる若い子のコミュニケーションを巡る風景とそっくりじゃないか、と思ったからだ。

C Ｋさんはもともと感じのいい人だったのだと思う。そのいい人が、アイドルとなる過程で①「いい人キャラクター」を記号として演じ続けることになる。その「いい人への過剰適応」の重みに彼は押しつぶされたのではないか。

D 渋谷に越してきて十二年になるが、今の若者にはおしなべてこのＫさん型の「いい子キャラへの過剰適応」が見られる。

E まず会話に「間」がない。相手の言葉を咀嚼《そしゃく》する前にすぐ同調の言葉を発する。周りの雰囲気を壊さないよう、グループからはじき出されないように注意深く会話し、いい子を演じることが身についている。

F 母と子の関係も同じで、口やかましい母の前でずっと「いい子」で通してきた子がある日突然荒れはじめたり引きこもったり、拒食・過食に陥ったりする。そんなある子はセ[*2]ンター街あたりで欠落した愛情の代替行為として援助交際に走ったりもするわけだが、ドロップアウトした子もまじめな子も「いい子過剰適応」という意味で元の根っこは同じだ。

G だが、Ｋさん型の「いい人への過剰適応」は、若い人固有の世界ではなく、大人世界の問題でもある。タレントの人気が「好感度」によって査定されるという、あの不可思議な評価基準。いまやタレントのみならず一般人、企業やマスメディア、政治までもが、その好感度という尺度で査定される。

H その目に見えない風圧にさらされ、いい人を演じて波風の立たない気持ちの良い人間関係を作ることに個々人が腐心する。そこには、相手の言葉や行為を正面から受け止め、たとえ軋轢《あつれき》が生じても自らの思い、考えを投げ返すという、本当の意味のコミュニケーションが希薄だ。

I こういった空気読みの風景は、二〇〇一年の九・一一同時多発テロ事件以降の一般的傾向のように思う。アメリカはあの事件をきっかけに絶対悪、絶対善で世界を二分し、その「踏み絵」を世界政治の前に突きつけた。いまだに②その「空気読み」で世界政治が動いている。

J　そんな時代の空気を作り出したのはネットの影響も大きい。

K　ネットほど便利なものはないが、負の部分は、それが思わぬ監視機構として機能してしまうということだろう。そういう意味で一九九九年の「東芝クレーマー事件」は監視社会の端緒となる出来事だった。

L　製品の修理に関する使用者の苦情に対して東芝側のとった乱雑な応対がすべてネットに録音公開され、不買運動にまで発展したあの事件だ。企業はネットの「恐ろしさ」を痛感し、以降、企業と姿の見えない世間との相互監視が大変強くなった。

M　大人世界がそういった相互監視の風圧に曝《さら》される一方、「学校裏サイト」に見られるように、ケータイやネット環境は監視装置として子供の個人情報や発言をも白日のもとに曝し、子供たちは空気を読んで行動せざるを得なくなった。(中略)

N　そのように相互監視システムがはりめぐらされて、同調圧力の風圧が強まる中、今後のコミュニケーションはどうなるか。

O　ネット社会が臨界に達したときに、ゆり戻しが来るのではないかと期待をしている。そしてその兆候がかすかに見えている面もある。

P　例えばアメリカの人気歌手マドンナが、人と直接に対面するライブやイベントに活動をシフトしたという報が最近あったが、それはネットのダウンロードやユーチューブ[*3]の閲覧でCDが圧倒的に売れなくなったからだ。皮肉にもネットの臨界現象が身体性を復活させている、という前向きな見方も出来る。日本でも人気グループAKB48が全国でマラソン握手会というような汗臭いイベントをやって、そのライブ感が受けている。今後十年それに似た身体性の復活は方々で起きるのではないか。

Q　ネットの体制内での変化も見逃せない。いま急速に広まっている「ツイッター」は一四〇字以内のつぶやきをライブで交信するネットシステムだが、ブログ[*4]がタイムラグのある「文章」ならツイッターはライブで発している「声」や「呼吸」に近い。そういう意味で、これまでのネットメディアにないある種の身体性を感じる。「声」がネズミ算式に一気に広まることを秘めたシステムであることを考えるとき、その声や空気の集積が時代の気分や価値観を作り出す可能性は十分にありうる。

R　だが僕個人は、このツイッターに可能性を感じながら警戒もしている。それは逆に考えると究極の相互監視システムでもあるからだ。あののどかなブログでさえ自分の行動や居場所や思考が不特定多数の人々の目に曝されるわけだ。ツイッターはさらに「タイム・スライス」で刻々と自分の行動が明らかになる。自分の身体をCTスキャンで輪切りにして白日の下に曝すようなものだ。

S ツイッターが新しいメディアにもかかわらずその使用者の中央年齢値が高く、子供や若年層が意外と参入していないのは、「学校裏サイト」などで彼らが死活問題とも言える辛酸をなめているせいかも知れない。

T おじさんおばさん世代が嬉々《きき》としてツイッターにはまっている光景はネット相互監視のダメージの経験のない世代の平和な光景にも見える。

（『朝日新聞』二〇一〇年一月三日付　四ノ原恒憲記者によるインタビュー）

注

＊1 この十年間…このインタビュー記事が新聞掲載されたのは二〇一〇年の一月三日。

＊2 センター街…東京渋谷の著名な繁華街。

＊3 ユーチューブ…個人で動画番組を制作し、配信して楽しむインターネット動画共有サービス。

＊4 ブログ…覚え書きや論評等を記録・公開するウェブサイトの一種。

［素材文は立命館大学より出題］

◆**問一**　傍線部①「『いい人キャラクター』を記号として演じ続けることになる」とは、どのようなことか。五十字以内で説明せよ。

◆**問二**　傍線部②「その『空気読み』で世界政治が動いている」とは、どのようなことか。五十字以内で説明せよ。

◆**問三**　A段落に「二〇一〇年代のコミュニケーションの姿を考える手がかりに、この十年間のコミュニケーションはどうだったのか、思い巡らせてみた」とあるが、これについて、以下の**(1)(2)**の設問に答えよ。

(1)「この十年間のコミュニケーション」について、筆者はどのように述べているか。八十字以内で述べよ。

(2)「二〇一〇年代のコミュニケーション」について、筆者はどのようになると考えているか。百字以内で述べよ。

（◆は本書のオリジナル問題）

素材文　筆者紹介

藤原 新也（ふじわら しんや）１９４４年生まれ。作家・写真家。インド、東京、アメリカ等を対象に、写真とエッセイを組み合わせ、現代社会や現代人を深く洞察する作品を多く発表。１９７７年『逍遙游記』（朝日新聞社）で第３回木村伊兵衛写真賞、１９８１年『全東洋街道』（集英社）で第23回毎日芸術賞を受賞。その他の主な著書に『メメント・モリ』（三五館）、『東京漂流』（朝日新聞出版）等がある。

素材文の読みほどき

講義17 冒頭統括型の文章

まずは、以下の五つの例文を見てみよう。

例文a

今年の夏の甲子園大会に○○県代表として出場する△△高校は、超高校級の投手を二人も擁している。打線も地区予選の平均打率が三割八分と絶好調だ。**投打ともに圧倒的な実力を持つ△△高校は、優勝候補の筆頭だと思われる。**

例文b

今年の夏の甲子園大会の優勝校を占ってみよう。

○○県代表の△△高校は、超高校級の投手を二人も擁している。打線も地区予選の平均打率が三割八分と絶好調だ。**投打ともに圧倒的な実力を持つ△△高校が、優勝候補の筆頭だと思われる。**

例文c

今年の夏の甲子園大会は、○○県代表の△△高校が優勝候補の筆頭だと思われる。なぜなら、△△高校は、超高校級の投手を二人も擁しているし、打線も地区予選では平均打率三割八分と大爆発したということで、投打ともに、他校を寄せ付けない実力を持っているからだ。

例文d

今年の夏の甲子園大会の優勝校を占ってみよう。

優勝候補の筆頭として挙げられるのは、○○県代表の△△高校だ。なぜなら、△△高校は、超高校級の投手を二人も擁しているし、打線も地区予選では平均打率三割八分と大爆発したということで、投打ともに、他校を寄せ付けない実力を持っているからだ。

例文e

八月、今年も球児達の熱い夏が訪れた。

今年の夏の甲子園大会の優勝校を占ってみよう。

優勝候補の筆頭として挙げられるのは、○○県代表の△△高校だ。なぜなら、△△高校は、超高校級の投手を二人も擁しているし、打線も地区予選では平均打率三割八分と大爆発したということで、投打ともに、他校を寄せ付けない実力を持っているからだ。

どの例文も青字部分の「**△△高校が優勝候補筆頭である**」ということを結論としているが、その**結論**の位置や**論題**の提示の位置が違う。

a：末尾に**結論**が置かれている「**末尾統括型**」の文章。

b：**結論**そのもの（△△高校が優勝する）は、末尾であるが、**論題**（優勝を予想する）が冒頭に置かれている。

c：**論題**の提示は省かれているが、**結論**そのものが、冒頭に置かれている。

d：論題の提示が冒頭に、**結論**が冒頭直後に続いている。

となっている。

b・**c**・**d**にはそれぞれ微妙な差異はあるので、細分することも出来るが、ここでは、冒頭に論題や結論が示された「**冒頭統括型**」の文章としてまとめて定義しよう。

eも、冒頭の**論題**提示・**結論**提示の前に、「導入部（球児達の熱い夏…）」が僅かにあるだけなので、これも、「冒頭統括型」の亜種だと考えて良いだろう（この導入部が、もっと長くなれば、「中間統括型」としても良いかもしれないが、ここでは「冒頭統括型」と定義する）。

末尾統括型：a

⇔

冒頭統括型
- **論題のみ提示型：b**
- **結論のみ提示型：c**
- **論題＋結論　型：d**
- **導入＋論題＋結論　型：e**

それでは、今回の12講素材文は、以上の**a**から**e**のうち、どの型と同じか、考えてみよう。冒頭のA段落で、

A二〇一〇年代のコミュニケーションの姿を考える手がかりに、この十年間のコミュニケーションはどうだったのか、思い巡らせてみた。

と論題が提示されている。一方で、その結論はすぐには続かないので、**b**の型と同じ「**冒頭統括型　論題のみ提示型**」であると分かる。

論理の流れが一見つかみにくい文章であっても、**冒頭部に提示された論題をしっかり押さえながら読み進めることで、シンプルに整理出来る**ことが多い。

12講素材文も、A段落の内容から「この十年間のコミュニケーション分析」が文章の前半に、そして「二〇一〇年代のコミュニケーション」が、文章の後半に述べられる組み立てであることを、予想することが出来る。

そして、このAから予想される、二つの論点の分かれ目はどこか。N段落に着目してみよう。

Nそのように相互監視システムがはりめぐらされて、同調圧力の風圧が強まる中、今後のコミュニケーションはどうなるか。

このNが、A段落を受けて、前半と後半とを示す分かれ目、いわば分水嶺《ぶんすいれい》（山に降った水を、山の片側とその反対側とに分ける尾根のこと）になっていることが分かる。

N以前が、「この十年間のコミュニケーション」であり、N以降が、「二〇一〇年代のコミュニケーション・今後のコミュニケーション」を論じているというわけだ。

このように「型」を意識して整理することは、長い論説文の読解に、とても有効に働く手順となる。

■講義18 一対一対応型の解答作成

論述設問で、「傍線部～とはどういうことか、説明せよ」という形式はとても多い。シンプルでぶっきらぼうな設問ではあるが、論述設問の王道でもあり、解答者の実力が最もよく現れる設問だ。このような設問に対しては、「**深い個性的な読解を披露する**」のではなく「**正確で過不足のない処理をする**」という心構えで臨もう。

この「**正確で過不足のない処理**」を行う際に有効な手順が、「**一対一対応型の解答作成**」である。

例えば、

設問「不透明な未来時間に対する漠然とした不安は、敵を見ることの出来ない現在を生きている自分には太刀打ち出来ない厄介なものなのである」とはどういうことか説明せよ。

とあれば、

解答「はっきりと見えない自分の将来に対して抱く、理由の分からない不安は、その不安の正体が分からない今の自分には、決して解決が出来ず、付き合いづらい性質のものだということ」

のように解答してみる方法だ。

どのように解答を作成していったか分かるだろうか。

傍線部「不透明な／未来時間／に対する／漠然とした不安は、／敵を見ることの出来ない／現在を生きている自分には／太刀打ち出来ない／厄介なもの／なのである」

↓

解答「はっきりと見えない／自分の将来／に対して抱く、／理由の分からない不安は、／その不安の正体が分からない／今の自分には、／決して解決が出来ず、／付き合いづらい性質のもの／だ（ということ）」

このように、**傍線部を小さなブロックに細断して、それを一つ一つ、分かりやすい言葉に変換していく。これが一対一対応型の解答作成**である。設問部全体を大きく眺めて、なんとなく説明するより、正確で過不足のない十分な答案が、比較的容易に作れると思う。

一対一対応型解答作成の手順

①傍線部を細分する。
②細分された傍線部を一つずつ変換説明していく。
③変換説明の際は、まずは文中の他の言葉の利用を試みる。
④文中に適切な分かりやすい言葉がなかったら、自分の言葉を利用して変換説明する。
⑤解答を、こなれた表現に最終微調整する。

この手順で、多くの「～とはどういうことか、説明せよ」型の設問には対応出来る。**12講**の**問一**・**問二**も同様な手順で、正確な処理を心掛けて解答を作っていこう。

素材文の噛み砕き

■身体性の復活

「身体性」というのは、現代評論文を読むにあたって頻出するキーワードだ。

十六世紀前半、近代思想の祖とも言われるデカルト（仏）が「我思う故に我あり」と、人間の理性を、人間存在の本質として以来、近代社会は、「理性・精神」を重んじ、常に、合理的なもの、効率的なものを追い求めて進歩してきた。

その過程の中で、不合理なものや、非効率的なものは、前近代的であるとして、見捨てられていく（このあたりのことは、第四章「近代的思考のかたち」で詳しく学ぼう）。

例えば、神話的世界観や宗教的人間観は否定され、「宇宙はビッグバンから始まった」「人間は猿から進化した」といった合理的な考え方が、極限まで追究され尊重される。年賀状を手書きで書くような非効率は見捨てられ、大量印刷、そして今では一斉メールへと、効率化されていく。

身体も見捨てられたものの一つだ。身体は「脳・理性」に従属するものとみなされ、曖昧で不合理なものとして、見捨てられていく。例えば、近代技術社会にあっては、ボロボロのトラックを運転する熟練の技術などは、むしろあってはならない危険な技術であり、「誰でも知識さえあれば運転出来る」ような、個々の身体には関わらない、脳化された技術が優先される。心臓が動いていても、「脳」が死んでいれば、「人の死」として捉えるような考え方も、「身体」が「脳」に従属していると考える最たるものだ。

このような「理性・精神・脳」を最優先に追求する近代思想は、確かに大きな成果を人類にもたらしたが、一方で、環境問題・人間疎外・没個性化・格差社会等々、様々な問題も人間にもたらした。そこで、近代の「脳化した考え方（合理・効率を求める考え方）」で見捨てられてしまったものに、再度、目を向けようというのが現代思想の一つの方向性であり、論説文でも頻出するパターンだ。

例えば、手書きの年賀状の得も言われぬ温かみに、相手の様子（身体）が感じられて、心が和むようなことは、誰でも経験があるはずだ。理屈では説明出来ないような職人芸は、やはり人間のすご味の一つだろう。脳死判定を受けたからと言って、臓器移植という効率的対処に家族が戸惑うのも、決して否定してはならない人間の姿である。そういった部分を復権させていくのが現代思想である。

このような近代思想→現代思想という大きな流れも押さ

えた上で、本文の「身体性の復活」という言葉も再読してみたい。ネットという極限まで効率化したコミュニケーションツールが発展した一方で、ライブ・対面販売といった非効率的にも思える、生身の身体を介したコミュニケーションが復活していっていると、筆者は述べているわけだ。

■ツイッターは相互監視システム

筆者は、ツイッターに関して、「ある種の身体性」の可能性も感じる一方で、究極の相互監視システムとして、大きな警戒も述べている。百四十字以内の短いつぶやきという手軽さによって、刻々と自分の行動を詳細に他者に通知出来るシステムとなるからだ。

この文章は、二〇一〇年に書かれた文章だが、筆者の「今後、ネットによる相互監視システムが究極化する」という指摘は、その後のネット環境を見る限り、まさに慧眼《けいがん》と言わざるを得ない。

二〇一五年現在、全世界で、五億人以上の登録者のいる「LINE」がサービスを開始したのは、二〇一一年の七月である。この文章の書かれた一年半後だ。

「LINE」では、グループを作り、仲間内の情報共有システムを作ることが出来る。さらに、「既読」というツールによって、相手が自分のメッセージを読んだかどうかが、強制的に、発信者の自分にも知らされてしまう。

自分の端末に、「既読」と表示されたのに、相手からなんの返信もなければ、「既読スルー（読んだのに無視）」されたということで、気持ちが良くない。コミュニケーションに波風が立つ。

そのため、メッセージを受け取った側は、送り手から「いい人キャラ」と判定してもらえるように、既読メッセージに対しては、空気を読みながら、返信しなくてはならない。筆者の言う、まさに「相互監視システム」だ。

前問 **11講** 素材文の「準パブリック関係」において、「空気読み」が加速するという指摘も思い出してみよう。親子・夫婦といった私的関係、一方、仕事相手といった公的関係では、返信に、それほど神経をすり減らさない。親子なら、時には「既読スルー」も当然だし、仕事相手に対しては、「いい人キャラ」を演じるより、正確な交渉の方が大切だ。

ちょっとした友人グループといった「準パブリック関係」において、「同調圧力の風圧の強い相互監視システム」が、極められるという側面が「LINE」にはあり、それは、新しいイジメツールとしての様相さえ帯び始めている。

13

『経済成長という病 ―退化に生きる、我ら―』

平川克美

次の文章を読んで、後の設問に答えよ。（解答は別冊16頁）

A　ほとんどあらゆる問題に対する答えが「さらなる経済成長」なのだ。失業率が高まっている――雇用を創出できるのは経済成長だけだ。学校や病院の予算が足りない――経済成長で予算は増額できる。環境保護がふじゅうぶんだ――経済成長で解決できる。貧困が広がってきている――経済成長によって貧しい人々は救われる。収入の分配が不公平だ――経済成長でみんなが豊かになれる。何十年にもわたって、経済成長は過去の世代が夢に見ることしかできなかった可能性を実現するための鍵なのだといわれつづけてきた。（クライヴ・ハミルトン『経済成長神話からの脱却』嶋田《しまだ》洋一訳、アスペクト、二〇〇四年）

B　経済成長それ自体は、良いも悪いもない。文明化が進み、都市化が進み、消費生活が活発になれば総需要は拡大し、生産もそれにつれて拡大して経済は成長する。もし、問題があるとすれば、それは社会の発展プロセスは均一ではなく、まだら模様であり、発展の進捗は地域によって大きな差があるということである。

C　そもそも経済成長とは、何を意味しているのか。話をわかりやすくするために実質国民総生産の増加を経済成長だと定義してみる。要するに市場に供給する生産物、サービスの増加が経済成長だと考えてみる。文明化が一定の水準に達し、消費者の手元に必需品としての生産物がいき届いた時点で、需要は原則としては買い替えのための消費だけになるので、経済は成長することを止めて均衡へと向かう。もし、この段階で人口減少が起これば総需要はさらに減少することになり、経済成長はマイナスの局面に入ることになる。簡単な算術である。

D　しかし、①何故《なぜ》か現実の世の中では、与党の政治家も野党の政治家も、企業家も、経済学者も、メディアも、一般の人々も「経済は成長しなければならない」という観念に支配され続けている。小泉政権下のスローガンは、「改革なくして成長なし」というものであった。

E　二〇〇八年の米国大使館のホームページには、米国国際開発庁長官ヘンリエッタ・フォアの次のようなアナウンスメントを掲載していた。「経済成長は、私たちが推進している分野です。なぜなら、経済成長はほかのすべての活動の基礎であり、貧困の低減の主な原動力になるからです。経済が成長すれば、人々が教育や医療の費用を負担することができ、自らや家族が当事者意識と安定感を感じられる活動にかかわることができます」。

F また、OECDの広報誌「オブザーバー」は、「全体として、ゼロ成長シナリオはすべてに不利に作用する。特に開発途上諸国では失業と環境の悪化が広範囲に広がるだろう」と述べている（一九九九年夏号掲載論文「経済成長は人口問題を解決するか？」）。

G かくして、経済対策も、医療政策も、教育方針も、人口対策も、経済を持続的に成長させるという前提のもとに設計され、施行される。経済成長は、人間の社会が達成しなければならないほとんど唯一の目標となる。ほんとうは、経済が成長するか鈍化するかは人間の社会の様々な要因が生み出す結果であり、成長への期待はただの願望であり、妄信に過ぎないとしてもである。

H しかし、何故か経済がマイナス成長するという前提は、禁忌とでもいうように遠ざけられ、よくとも見て見ぬ振りをされてきたのである。

I 何故、私たちは経済成長という神話から自由になれないのだろうか。

J その理由はいくつか考えられるだろうが、世界中の国家という国家は、一時的な移行的混乱はあるにせよ、文明化、都市化、民主主義化といった歴史を辿《たど》っており、いまだ明確な衰退局面といったものを経験していないということがあるだろうと思う。

K 「軍人はいつも過去の戦争を戦っている」の喩《たと》えどおり、私たちの思考の基底には、すでに経験済みの事象が共同的な記憶として堆積しており、私たちはその既知の堆積物をさまざまに組み替えながら現在の世界観というものを無意識的に構成してしまうのである。私たちは、私たちとその祖先がまったく経験したことのない、未知の事象に関しては、ほとんどうまくイメージすることができない。

L ほんとうは、イメージできないということと、それが私たちの上に到来しないかどうかということとはまったく関係がないにもかかわらず、②私たちはその未知の可能性を勘定に入れて思考することができない。

M 『大地動乱の時代――地震学者は警告する』（石橋克彦《かつひこ》著、岩波新書、一九九四年）によると、日露戦争終結の一九〇五年、東京帝国大学教授の今村明恒は、雑誌『太陽』九月号に東京に五十年以内に大地震が発生する可能性があるとの論文を発表し、その中で地震防災の必要性を訴えたそうである。論文には、火災の発生による死者は十万人以上におよび、それを防ぐために石油灯を全廃し、電気灯に替えるべきだとまで具体的に述べられている。

N この論文は反響を呼ぶが、曲折を経た後に、地震説は根拠のないデマだということになり、事実上封殺されてしまう。この今村論文が、どの程度の科学的根拠に基づいて書かれていたのかに関しては、読んでいないのでわからない。だが、ほんとうの問題はそこにあるのではない。いったんはこの論文がパニックを引き起こし、マスコミもそれを煽《あお》ったが、一般の市民も、政府のしかるべき担当者も、この論文が示した地震の可能性とその対処に関して冷静に対応し、必要な準備をするということはなかった。そして、一九二三年の九月一日に、実際に関東大震災が起こり、十四万人以上の死者・行方不明者を出したのである。

O 地震は、当然のことながらそれ以前にも一定の周期で、日本各地に大きな被害をもたらしていた。だから将来のどこかで、必ず大きな地震災害に見舞われるだろうという可能性については、誰もが考えていたはずである。問題はそれがいつ起こるかであって、起こるか起こらないかということではなかったはずである。

P しかし、誰もがそれが自分の身に及ぶ差し迫った危機であるとは考えず、やがて起こらないだろうという確信を導き出すに至る。その理由のひとつは、人間は多かれ少なかれ、その思考の型というものを、自分の生きてきた時間の中で体験した出来事の枠内で作り上げており、今日の時間は同じように明日も続くだろうという惰性的な予見に支配されているからである。つまり、人間というものは必ず、慣れ親しんだ思考の惰性に囚《とら》われており、自らが経験してきたことが思考のバイアスになるということが見えないのである。さらには、地震など起きてほしくはないという願望がこの経験のバイアスを確信に変えてしまう。

Q 経済成長の鈍化、減少というものも、大地震や洪水といった天災の場合に似ていると考えた方がよいのかもしれない。というのは、経済成長を阻害することになる飽食した市場や、人口動態というものは、人為的にコントロールしうる目標物ではなく、社会が成長し、成熟し、やがて老化してゆくプロセスの中で露呈してくる社会的な現象の断面であり、結果であると考えた方が自然だからである。

R 本書の他の部分でも触れることになるが、世界中のイスラム圏地域の人口動態を調査した、エマニュエル・トッドらの人口学者によれば、地域ごとの民主化の進展と識字率の上昇によって女性の社会進出が旺盛になり、同時に出生率が低下してくることが指摘されている。つまり、③社会の発展と人口減少は密接な相関関係にあるということである。にもかかわらず、人口が減少すれば、総生産力も総需要も減退する、だから人口を増やさなければならない、人口を増やすためには、何が何でも経済成長を維持し、社会不安を払拭してゆかなければならないというのは、まったく本末転倒した話ではないのか。

S 人口が減少する。経済が均衡する。これらは、原因ではなく結果である。すくなくともそのように考える余地を残しておくべきだろう。

T　もし、そうだとすれば、④経済が右肩上がりを止めた後の社会の作り方というものを、冷静かつ具体的に考想しておくべきではないだろうか。私には理論的にも実感としてもそれが自然な考え方であると思われる。経済成長というものを至上の命題として、飽食した市場にさらなる商品を投入し続け、その結果として人々が過剰消費、過剰摂取に明け暮れる光景は滑稽を通り越して悲惨なものがある。

U　卑近な例を挙げるなら、世間にダイエットという言葉が流行しはじめたとき、すでに経済成長はその本来の動機を失いつつあると思うべきではないのか。

V　食料を必要以上に摂取し、肥え太って動けなくなり、何とかしなければならないと思ってスポーツジムに通い、ルームランナーで余分な水分を搾り取るというのは、どう見ても間尺に合わない行動である。しかし、自分がブロイラーのニワトリのような生活をしていてもやがてそれを奇妙だとは思わなくなる。より効果的なダイエット器具が開発され、新しい需要が喚起される。

W　こんなことが永遠に続くと考える方が不自然である。

X　経済成長そのものは、社会の発展プロセスのひとつの様相であり、おそらくは発展段階に起こる様々な問題を解決してゆくだろう。しかし、経済均衡もまた社会の発展プロセスのひとつの様相であるに違いない。その段階においては無理やり経済成長を作り出さなければならないという呪縛から逃れられないことこそ、私たちの思考に取り憑《つ》いた病であると思うのである。

問一　傍線部①「何故か現実の世の中では、与党の政治家も野党の政治家も、企業家も、経済学者も、メディアも、一般の人々も『経済は成長しなければならない』という観念に支配され続けている」とあるが、このことにより、どのような状況が生じているのか。本文に即して百字以内で説明せよ。

問二　傍線部②「私たちはその未知の可能性を勘定に入れて思考することができない」とあるが、これはどういうことか。本文の例に即して百二十五字以内で説明せよ。

問三　傍線部③「社会の発展と人口減少は密接な相関関係にある」とあるが、これはどういうことか。また、このことと「経済成長」とはどのような関係にあるのか。本文に即して百三十字以内で説明せよ。

問四　傍線部④「経済が右肩上がりを止めた後の社会の作り方というものを、冷静かつ具体的に考想しておくべきではないだろうか」とあるが、そのように言えるのはなぜか。本文に即して百二十字以内で説明せよ。

［新潟大学］

素材文　筆者紹介

平川克美（ひらかわ かつみ）1950年生まれ。事業家・文筆家。立教大学MBA特任教授。主な著書に『移行期的混乱』（筑摩書房）等がある。

3 現代社会を生きる 13

素材文の読みほどき

■ 復習 「のである文」「論題提示文の発見」

13講 素材文は、やや難解で長い文章だが、恐れることはない。素材文全体から、「のである文」をピックアップしてみよう。

H しかし、何故《なぜ》か経済がマイナス成長するという前提は、禁忌とでもいうように遠ざけられ、よくとも見て見ぬ振りをされてきたのである。

I 何故、私たちは経済成長という神話から自由になれないのだろうか。

K 「軍人はいつも過去の戦争を戦っている」の喩《たと》えどおり、私たちの思考の基底には、すでに経験済みの事象が共同的な記憶として堆積しており、私たちはその既知の堆積物をさまざまに組み替えながら現在の世界観というものを無意識的に構成してしまうのである。

（N だが、ほんとうの問題はそこにあるのではない。）

（N そして、一九二三年の九月一日に、実際に関東大震災が起こり、十四万人以上の死者・行方不明者を出したのである。）

P つまり、人間というものは必ず、慣れ親しんだ思考の惰性に囚《とら》われており、自らが経験してきたことが思考のバイアスになるということが見えないのである。

Q 経済成長の鈍化、減少というものも、大地震や洪水といった天災の場合に似ていると考えた方がよいのかもしれない。

X その段階において無理やり経済成長を作り出さなければならないという呪縛から逃れられないことこそ、私たちの思考に取り憑《つ》いた病であると思うのである。

このうち N 段落は、地震についての例を述べただけの段落で、そこにある「のである文」も、例について統括した文に過ぎないので、全体の論理の統括という点では、無視して良いだろう。その他の「のである文」を再度、見渡してみると、見事に素材文の骨子を作っていることが分かる。

講義3（27頁参照）では、「論題提示文の発見」ということも論じたが、**I の「のである文」が、「論題提示文」であるし、その結論・解決は、P の「つまり～のである文」という最強統括文が引き受けている。**

今回の設問は、新潟大学で実際に出題されたままの形だが、**問二**の解答は、この「つまり～のである文」を元に、字数を増やして詳しく説明していけば、十分な正解となる。

繰り返すが、素材文を読む時には、必ず「のである文」にはチェックを入れて、特に「つまり・すなわち～のである文」には、思いっきり濃いチェックを入れながら、読んでいってほしい。

■ 講義19 短く作って、上に足していく解答技法

今回の設問は、いずれも百字超の説明問題である。すべて新潟大学の入試問題のままだが、これらのような長い字数の解答を要求する問題に対して、**「短く作って、上に足していく」という解答技法**を紹介しておく。**問一**を例に説明してみよう。

問一 傍線部①「何故か現実の世の中では、与党の政治家も野党の政治家も、企業家も、経済学者も、メディアも、一般の人々も『経済は成長しなければならない』という観念に支配され続けている」とあるが、このことにより、どのような状況が生じているのか。本文に即して百字以内で説明せよ。

このような設問に対して、最初から大きく立ち向かうのではなく、解答の末尾から小さく小さく、丁寧に作り重ねていき、最終的に字数を満たした解答に仕上げていくという方法だ（**青字部分**が、一つ前の解答の「上に足した」部分である）。

解答a「～というような状況が生じている。」

解答b「**人々が過剰消費、過剰摂取に明け暮れる**というような状況が生じている。（三十三字）」

解答c「**すでに市場が飽和しているにも関わらず、さらなる商品を生産し続け、結果として、**人々が過剰消費、過剰摂取に明け暮れるというような状況が生じている。（七十一字）」

解答d「**経済成長の鈍化・減少というものを想定することが出来ずに、**すでに市場が飽和しているにも関わらず、さらなる商品を生産し続け、結果として、人々が過剰消費、過剰摂取に明け暮れるというような状況が生じている。（九十九字）」

aはひとまず、解答の型を、最下部に作ったもので、解答作成の準備段階である。**b**は、**a**で作った型に向けて、最小限の解答を作ったもの。これでも十分にシンプルな正解だ。「三十五字以内で説明せよ」とあれば、満点だろう。後は、設問の要求する字数に向けて、詳しく「上に上に」と、説明を足していけば良い。「八十字以内で説明せよ」なら、解答**c**が満点だし、「百字以内で説明せよ」と要求されたなら、解答**d**まで重ねていけば良い。

素材文の噛み砕き

■ エマニュエル・トッド（仏）

素材文Ⓡ段落で引用される「エマニュエル・トッド」は、世界的に著名なフランスの人口学・歴史学・家族人類学者

である。

トッドが世界に名前を知られるようになったのは、一九七〇年代にアメリカと並んで強大な覇権を誇っていたソビエト連邦について、その崩壊を予言したことによる。

第二次世界大戦以降、西欧諸国では順調に低下していった乳児死亡率が、ソ連においては、一九七一年を境に、再び上昇に転化、加えて、成年男子の変死死亡率も上昇していたことに着目したトッドは、保健衛生状態の退行と、国家暴力の増大という国家としての末期的症状を読み取り、ソ連の共産主義システムの崩壊が始まっていると断言した。実際、ソ連は、トッドの分析の十余年後の一九九一年に崩壊し、予言は現実のものとなる。トッドがこのようなソ連崩壊を論じたのは、まだ三十歳にもなる以前のことである。

また、トッドは家族制度と国家体制との分析でも知られる。宗教や政治・経済体制が国家の特徴を作るのではなく、家族制度こそが社会の価値観や国家体制をも生み出すのだと主張した。『第三惑星——家族構造とイデオロギー・システム』（一九八三）では、全世界の伝統的な家族制度を七つに分類し、それぞれの家族制度の国家について、その歴史や国家体制を分析している。

例えば、日本の伝統的家族型は、権威主義家族（親の規定による婚姻。財産のすべてを一人の子が相続。相続する子が親と同居）に分類される。この家族型では個人が平等の権利を有していないため、そのシステムが先に進めば、自民族中心主義・普遍の拒否が国家的価値観となる。ドイツも権威主義家族型だが、「ドイツのナチズムや日本の第二次世界大戦当時の自己破滅的な外国人嫌いの背後にはこの家族構造が機能している」とトッドは論じる。権威主義家族型の民族は、多民族から成る普遍的な統一国家を作るのが苦手で、小規模な民族国家となるが、実際、日本もドイツも多民族から成る大きな帝国を作るのに失敗している。

共産主義と家族制度との関係もトッドは論じている。外婚制共同体家族（親の規定による婚姻。相続は兄弟で平等。結婚している息子達は親と同居）の地域では、権威主義的で平等主義的な価値観が支配的となるが、共産主義とは、外婚制共同体家族が都市化・近代化により解体していく過程の中で、その価値観が、家族システムから国家システムに移譲されたものであると、トッドは指摘する。事実、ロシア・中国・ベトナム・キューバ等、外婚制共同体家族の地域と共産主義勢力の分布はほぼ一致している。

また、トッドは、素材文Ⓡ段落でも引用されているように、識字率の上昇と女性の受胎調整による出生率の低下とを、民主化・近代化の指標として指摘したことでも知られる。

『帝国以後』（二〇〇二）では、アメリカ合衆国の世界的覇権が崩壊していくシナリオを、識字率や出生率の変化から、トッドは以下のように説き起こしている。

各国の識字率や出生率の変化から見ると、全世界の若年層の識字化は二〇三〇年にはほぼ完了、世界の人口は二〇五〇年には安定する。識字化・近代化によって、世界が広く民主化されれば、それまで民主主義の敵対勢力との対決という正当性によって、覇権を築いてきたアメリカイズムは行きどころを失う。その結果、アメリカは、全世界的テロリズムとの闘いという新たな大義に活路を見出《みいだ》すしかなくなるが、アメリカの好戦的な振る舞いは、かえって、世界からの孤立化・国力の弱体化を招き、アメリカの世界に対するイデオロギー的・軍事的・経済的覇権は失われていく。

これがトッドの描くアメリカ帝国崩壊のシナリオである。『帝国以後』は、二十八か国語に翻訳され、世界的ベストセラーとなっている。

14 「現代おとな考」

次の文章を読んで、後の設問に答えよ。（解答は別冊18頁）

鷲田清一

A わたしたちの生きているこの社会は成熟した社会なのか、それともただの幼稚な社会なのか。ふと考え込んでしまう。

B 耐震偽装問題から偽造メール事件まで、「偽」とその謝罪がつづいている。報道カメラの前で頭を下げて陳謝する（させる）、そういう「みそぎ」の儀式がいつ、どんな理由ではじまったのかにも関心はあるが、いまはおく。

C その会見で、疑惑を指摘された企業や政党の責任ある地位についているひとたちが、子どもだましのような発言と行動をくりかえす。その光景に多くのひとは唖然《あぜん》とした。人を食った発言のあと、まわりに責められてこんどは陳謝する。芝居がかっているのはだれにも透けて見える。「子どもの学芸会じゃあるまいし」とだれもが思う。こんな幼稚なひとがあんな重大な仕事にかかわっていたのか、と。そして、である。テレビの前であきれ、怒ったひとたちも、ことの重大さをさらに問うこともなく、やがて事件そのものを忘れる……。事件を起こしたひとも事件を糾弾するひとも、どこかとても幼稚に映る。

D こんな幼稚なふるまいが通る社会というのはしかし、皮肉にも、成熟しているのかもしれない。とくに何かのわざを身につけることがなくとも、なんとなく生きてゆける。自活能力がなくても、「一人前」にならなくても、まあそれなりに生きてゆける……。大半のひとがそのように感じながら生きてゆける社会は、セイフティネットがほんとうに完備しているのならの話だが、たぶん成熟しているのだろう。とすれば、「一人前」にならなくても政治にかかわれる、経営もできる、みんなが幼稚なままでやってゆける、そんな社会こそもっとも成熟した社会であると、苦々しくも認めざるをえないのだろうか。

E 働くこと、調理をすること、修繕をすること、そのための道具を磨いておくこと、育てること、教えること、話しあい、取り決めること、看病すること、介護すること、看取《みと》ること、これら生きてゆくうえで一つたりとも欠かせぬことの大半を、ひとびとはいま社会の公共的なサービスに委託している。社会システムからサービスを買う、あるいは受けるのである。これは福祉の充実と世間ではいわれるが、裏を返していえば、各人がこうした自活能力を一つ一つ失ってゆく過程でもある。ひとが幼稚でいられるのも、そうしたシステムに身をあずけているからだ。このたびの不正の数々は、①そうしたシステムを管理している者の幼稚さを表に出した。ナイーブなまま、思考停止したままでいられる社会は、じつはとても危うい社会であることを浮き彫りにしたはずなのである。それでもまだ外側からナイーブな糾弾しかしない。そして心のどこかで思っている。いずれだれかが是正してくれるだろう、と。しかし実際にはだれも責任をとらない。

F「われわれは絶壁が見えないようにするために、何か目をさえぎるものを前方においた後、安心して絶壁のほうへ走っている」。②十七世紀フランスの思想家、パスカルの言葉はいまも異様なほどリアルだ。

G サービス社会はたしかに心地よい。けれども、先にあげた生きるうえで欠かせない能力の一つ一つをもういちど内に回復してゆかなければ、脆弱《ぜいじゃく》なシステムとともに自身が崩れてしまう。システム管理者の幼稚さはそのことを知らせたはずだ。「地域の力」といったこのところよく耳にする表現も、見えないシステムに生活を委託するのではなく、目に見える相互のサービス（他者に心をくばる、世話をする、面倒をみる）をいつでも交換できるようにしておくのが、起こりうる危機を回避するためにはいちばん大事なことだと告げているのだろう。

H これ以上向こうに行くと危ないという感覚、あるいはものごとの軽重の判別、これらをわきまえてはじめて「一人前」である。③ひとはもっと「おとな」に憧れるべきである。そのなかでしか、もう一つの大事なもの、「未熟」は、護《まも》れない。われを忘れて何かに夢中になる、かちっとした意味の枠組みにとらわれていないぶん世界の微細な変化に深く感応できる、一つのことに集中できないぶん社会が中枢神経としているのとは異なる時間に浸ることができる、世界が脱臼しているぶん「この世界」とは別のありようにふれることができる、そんな、芸術をはじめとする文化のさまざまな可能性を開いてきた「未熟」な感受性を、護ることはできないのである。

問一　傍線部①「そうしたシステム」とあるが、どのようなシステムか、説明せよ。
（解答欄：縦16・1cm×横1.0cm×2行。目安として65字）

問二　傍線部②「十七世紀フランスの思想家、パスカルの言葉はいまも異様なほどリアルだ」とあるが、筆者は「いま」の社会をどのように捉えているのか、述べよ。
（解答欄：縦16・1cm×横1.0cm×4行。目安として130字）

問三　傍線部分③「ひとはもっと『おとな』に憧れるべきである。そのなかでしか、もう一つの大事なもの、『未熟』は、護れない」とあるが、なぜ「おとな」に憧れなければ「未熟」は護れないのか、筆者の考えに沿って説明せよ。
（解答欄：縦16・1cm×横1.0cm×5行。目安として160字）

［筑波大学］

素材文　筆者紹介

鷲田 清一（わしだ きよかず）１９４９年生まれ。哲学者（臨床哲学・倫理学）。大阪大谷大学教授、大阪大学名誉教授。２０１５年より京都市立芸術大学理事長・学長。１９８９年サントリー学芸賞受賞（『分散する理性』（勁草書房）、『モードの迷宮』（筑摩書房））、２０００年第３回桑原武夫学芸賞受賞（『「聴く」ことの力』（阪急コミュニケーションズ））、２０１２年第63回読売文学賞評論・伝記賞受賞（『「ぐずぐず」の理由』（角川学芸出版））等、受賞歴も多く、２００４年には、紫綬褒章を受章。現代社会や人間に対して、深く洞察した著作を多く発表している。

素材文の読みほどき

■ 講義20 論説文は「ひねくれている」

論説文を読んでいて、「ずいぶんとひねくれているなあ」と思ったことはないだろうか。

「なんで、こんなに文句ばっかり言っているの？」

「なんで、素直な見方が出来ないの？」

そんな風に思ったことがあるかもしれない。

そう、論説文は「ひねくれている」のである。それこそ「ひねくれていない」論説文など、全くないと思って良い。

論説文の「ひねくれ方」は、主に次の二つである。

①人間や社会の現状を肯定的に見るのではなく、問題点を探る。

②常識的な見方・一般的な見方の「隙間や見逃しや偽り」を発見することで、真実を探ろうとする。

つまりは、「現状に文句を付けたがる素直じゃないヤツ」みたいな感じだ。

なんで、こんな風に「ひねくれる」のか。

考えてみれば、当然だ。「人間や社会の現状を『素晴らしい』と全面肯定し、社会の常識を述べ続ける」だけでは、そもそもわざわざ書く価値がない。読者にしても、なんの新しい発見もない文章を読まされるだけのことになる。

問題点の追究があったり、個性的な見方の展開があったりするから、書く価値も、読む価値もある。

したがって、論説文は、そもそも「ひねくれて、なんぼ」のものなのである。

例えば、

「今日は暑いから、さっぱりと、そうめんでも食べよう」

という発想には、なんの面白みもないが、

「今日は暑いから、がっつりスタミナをつけるために、なべ焼きうどんでも食べよう」

となると、なんとも個性的な食卓が出来上がる。

冷房の中、そうめんを食べる図は、面白くも可笑《おか》しくもないが、上半身裸で汗を流しながら、なべ焼きうどんを食べるとなると、写真で撮ったり、ブログで紹介したくなるではないか。見る方も面白いだろう。

論説文も同じだ。個性的な展開があるから、表現する価値・鑑賞する価値も出るということだ。

■ 講義21 逆説的発想

講義20で、「ひねくれ方」を二つに分けたが、このうち、

②常識的な見方・一般的な見方の「隙間や見逃しや偽り」を発見することで、真実を探ろうとする。

という「ひねくれ方」について、もう少し詳しく見ていきたい。

例えば、2講で考えたことを思い出そう。

「ものがあるから、名前が付く」

これが常識的な見方だ。これに対して、筆者は、

「名前が付くから、それが、そのものとなる」

という見方を展開していた。

このような、通常とは逆の発想法を、**「逆説的発想」**と呼ぶ。これは、②の「ひねくれ方」の代表的な発想法なので覚えておこう。

先に述べた「夏になべ焼きうどんを食べる」も逆説的発想だし、身近なところでは、「急がば、まわれ」という言葉が、逆説的発想によるものである。

「急ぐから近道をしよう」という発想は、誰でも思い付く通常の発想で、わざわざ伝える価値もない。「急ぐ時こそ、落ち着いて、ゆっくり行動する。それが、結果的には、物事が速く進むことにもつながる」という発想は、常識的な見方の逆を突きつつ、真実を述べた、見事な「逆説的発想」である。

今回の**14講**素材文では、この「逆説的発想」が、幾重にも張り巡らされ、主張の骨子を作っている。

D こんな幼稚なふるまいが通る社会というのはしかし、皮肉にも、成熟しているのかもしれない。

E 社会システムからサービスを買う、あるいは受けるのである。これは福祉の充実と世間ではいわれるが、裏を返していえば、各人がこうした自活能力を一つ一つ失ってゆく過程でもある。

G サービス社会はたしかに心地よい。けれども、先にあげた生きるうえで欠かせない能力の一つ一つをもういちど内に回復してゆかなければ、脆弱《ぜいじゃく》なシステムとともに自身が崩れてしまう。

H ひとはもっと「おとな」に憧れるべきである。そのなかでしか、もう一つの大事なもの、「未熟」は、護《まも》れない。

これらは、いずれも「逆説的発想」と言える。E段落の「**裏を返していえば**」といった表現は、まさに、そのことをよく表している。

これらの逆説的発想を、通常の常識的発想と対比させて、考えてみよう。

D⇕**d**：幼稚なふるまいが通る社会は、**通常**「幼稚」な社会であり、「成熟している」とは言えない。

E⇕**e**：福祉の充実は、**通常**、好ましいものとされ、「自活能力を失う社会」と、否定的な観点では捉えない。

G⇕**g**：サービス社会が心地良いなら、**通常**、安心して過ごせるはずで、自身が崩れていくはずはない。

H⇕**h**：「おとな」に憧れたなら、**通常**、「未熟」は護るど

ころか、卒業する対象である。

筆者が、**通常の常識的な発想の「逆」をとって、独自の論理を展開している**ことがよく分かる。

この「逆説的発想」という考え方を覚えておこう。論説文の読解にも役立つし、君が小論文を書く際にも、大きな力になる発想法だ。

素材文の噛み砕き

■ 耐震偽装問題・偽造メール事件（B）

耐震偽装問題とは、千葉県の建築事務所の一級建築士がマンションやホテルの耐震力・安全性を示した構造計算書を偽造していたことに端を発する一連の事件。

偽造メール事件とは、民主党の衆議院議員が、国会で、自民党の衆議院選挙にまつわる不透明な金銭の流れを追及したが、その最大の証拠としたメールが、第三者による捏《ねつ》造《ぞう》であった可能性が大きかったという事件。

耐震偽装問題は二〇〇五年、偽造メール事件は二〇〇六年に、世間を騒がせた事件だが、いずれも、国会を巻き込み、関係者の弁明・謝罪が繰り返され、その様子が連日テレビを賑《にぎ》わせた。

現在でも、食品偽装や不透明な政務活動費使用等の問題で、企業の責任者や政治家が、テレビカメラの前で謝罪するような場面は繰り返されている。

■ ひとはもっと「おとな」に憧れるべきである。そのなかでしか、もう一つの大事なもの、「未熟」は、護れない（H）

筆者は最終段落で、そのように指摘し、続けて、

（H）われを忘れて何かに夢中になる、かちっとした意味の枠組みにとらわれていないぶん世界の微細な変化に深く感応できる、一つのことに集中できないぶん社会が中枢神経としているのとは異なる時間に浸ることができる、世界が脱臼しているぶん「この世界」とは別のありようにふれることができる、そんな、芸術をはじめとする文化のさまざまな可能性を開いてきた「未熟」な感受性を、護ることはできないのである。

と述べている。

これはどういうことなのだろう。君の身の回りのことで考えてみよう。

■ われを忘れて何かに夢中になる

例えば、文化祭に向けてバンドの練習に夢中になる。

■ かちっとした意味の枠組みにとらわれていないぶん世界の微細な変化に深く感応できる

例えば、「学校は勉強する場所」というような枠組みに囚《とら》われないからこそ、校舎裏の野花の可憐《かれん》さも目に映る。

一つのことに集中できないぶん社会が中枢神経としているのとは異なる時間に浸ることができる

例えば、授業に集中出来ないからこそ、教室とは異なる窓の外の風景にのんびりと気持ちを向けることも出来る。

世界が脱臼しているぶん「この世界」とは別のありようにふれることができる

例えば、調査書を人質に管理教育をするような学校にいるから、逆に自由を歌うミュージシャンに心酔する。

このような感受性は、社会をかっちりと作り上げていく立場、学校を「勉強する場所」としてきっちり運営しようとする立場からすれば、いずれも「未熟」であるものかもしれない。しかし、それらの感受性は、やはり失ってはならない、「護るべき、未熟な感受性」なのだ。

学校が勉強するだけの場所で、文化祭のバンド演奏も、校舎裏の秘密の場所も、窓の外を見る自由もなかったら、なんと味気のない住みにくい空間だろうか。

しかし、これらの感受性を護るためには、君は「一人前のおとな」に憧れなければならないと筆者は言う。

どのような意味だろうか。

「生きてゆく上で一つたりとも欠かせぬことの大半(E)」を、君が出来ず、なにもかも人任せで、「ものごとの軽重の判別(H)」もわきまえられなかったら、君には、まず、そちらの能力を携えることの方が求められるだろう。バンド練習の時間は、決して護られない。親や教師に取り上げられてしまうだろう。

バンド演奏に夢中になれるのも、つまらない授業中に窓の外を眺めることが出来るのも、自由を歌うミュージシャンの曲に心酔することが出来るのも、それらが許されるのは、君がそれなりに一人前の生徒であり、一人前のおとなになろうという気持ちがあるからである。

そのような自覚を失い、学校が与えるサービスに頼り切り、自分で生きる能力を一つ一つ失っていけば、「未熟だが、大切な感受性」を持ち続ける自由は奪われ、「未熟だが、大切な感受性」が花開く可能性は育たない。「おとなに憧れるなかでしか、未熟は護れない」のである。

15 『文化が違う』とは何を意味するのか？

岡　真理

次の文章を読んで、後の設問に答えよ。（解答は別冊19頁）

A　モロッコの社会学者ファーティマ・メルニーシーがどこかでこんなことを書いていた。西洋社会の人間はアラブ社会は宗教的だと言うが、自分がアメリカで暮らしてみて驚いたのは、アメリカ社会の日常が、キリスト教の宗教的含意によって満たされていたということだ。それを日常として生きている者にはごく当たり前のことであって、ことさらに宗教的であるとは感じないかもしれないが、他文化の者にとっては、アメリカはその日常の細部までキリスト教的含意に満ち満ちた実に宗教的な社会に映ったという。

B　同じことはこの日本社会についても言えるかもしれない。①日本人は宗教心が希薄だと、日本人自身が言うのをよく聴く。たいていの場合、「それに較《くら》べてイスラームの人々は宗教熱心で、私たちとはぜんぜん違う」という言葉があとに続くのだが、でも、そうした日本人自身の意識とは正反対に、日本社会を体験したイスラーム教徒が強調するのは、日本社会がいかに宗教的であるか、ということだ。何十万という人々が神社に初詣に出かけ、柏手《かしわで》を打ったり、何事か祈願して絵馬を奉納したり、おみくじを引いたり、七五三で神社にお参りに出かけたり、仏壇に朝晩供えものをしたり、お盆に坊さんを呼んで法事をしたり……私たちにとってそれは、とりたてて宗教的な行為というわけではなく、親がやってきたから自分も何となく繰り返している日常の一こま、あるいは年中行事のひとつに過ぎないとしても、それはたしかに宗教的な意味に浸潤されている行為なのだ。そして私たちは、それを当たり前の日常として生きているがゆえに、その宗教性は空気のように自然化されてしまっており、ことさらに宗教的な行為とは感じなくなってしまっているだけなのかもしれない。

C　だから、イスラームの社会において私たちの目から見れば、非常に宗教的な振る舞いと見えるものであっても、本人たちはそれをたんに慣れ親しんだ日常の一部として行っている場合もたくさんあるだろう。ムスリム女性の被《かぶ》るスカーフなど、その良い例かもしれない。

D　私たちにとって、イスラーム社会における女性のスカーフ姿は、「イスラーム女性」のシンボルとなっていると言っても過言ではない。私たちにとってスカーフはお洒落《しゃれ》のためのアイテムであり、それ以外の理由ではスカーフを被らない。でも、彼女たちはみな、宗教ゆえにスカーフを被る。「文化の違い」。私たちと彼女たちとの間のこの違い。目に見える違い。「なぜ、スカーフを被るのですか？」と彼女たちに訊《たず》ねればきっと、訊ねられた誰もが、イスラームの教えに従って、と答えるに違いない。中には、コーランやハディース（預言者の言行録）から、信徒のたしなみについて述べた章句や言葉を引用する者もいるだろう。イスラームの教えに従ってスカーフを被る女性たち。私たちはそんなことしない。私たちとは違う彼女たち。個人の服装まで律する厳格な教え。それに従う厳格な女性たち。自由な私たちとはまるで異質な存在……。

E たしかに、ムスリム女性のスカーフには宗教的な根拠がある。しかし、だからといって、すべての女性が熱烈な宗教心の証としてスカーフを被っているわけではないこともまた、たしかだ。都市部と違い地方部では女性がスカーフを被るのが、いまでもまだ当たり前だ。母も祖母も姉も、自分のまわりのすべての女性たちがスカーフを被っている。だから自分も被る。それは女性たちにとってまず、宗教的行為というよりも地域に根ざした生活習慣としてある。私たちにも、とくにその由来を考えることなく、永年の生活習慣として行っている多くの行為があるのではないだろうか。

F 「イスラーム」という「文化」の違いは、女性たちが被るスカーフという実に目に見えやすい形で現象している。その、目に見える違い、つまり「文化の違い」ということがにわかに、現代においてなお人々が厳格に宗教的に生きているイスラーム社会、特殊な社会というイメージを生み出す。「文化の違い」はたしかに、スカーフの有無という可視化される差異として現象しているけれども、たとえば永年の生活習慣としてそれが行われているという点に注目すれば、私たちの社会もまた、現れ方は異なるけれども、同じような態度が見られることに気がつくだろう。

G つまり、私たちと彼らは、実はそんなに違わない、ということだ。少なくとも、同じ人間として理解できないほど違う、というわけでは決してない。そして、このとき「文化の違い」とは、私たちには一見すると、私たちとの異質性を物語るような具体的な違い、②「私たち」と「彼ら」のあいだの可視化された差異について、それが同じ人間としてじゅうぶん理解可能であることを示してくれるものなのだ。

H 「文化の違い」をこのようなものとして考えるならば、「文化が違う」ということは、彼我のあいだの通約不能な異質性を意味するものではなく、反対に、人がそれぞれの社会で生きている現実の細部の違いを越えて、理解しあう可能性を表すものとなる。「理解する」とは、それを丸ごと肯定することとは違う。むしろ、私たちは「理解する」からこそ、そこにおいて、批判も含めた対話が、他者とのあいだで可能になるのではないだろうか。そして、理解することなく「これが彼らの文化だ、彼らの価値観だ」と丸ごと肯定しているかぎり、抹消され、私たちの目には見えないでいる、その文化内部の多様な差異やせめぎあい、ゆらぎや葛藤もまた、私たちが「理解」しようとすることで立ち現れてくるだろう。

Ⅰ 他文化を自分たちとは異質だ、特殊だと決めつける視線、それは、自分たちもまた、形こそ違え、実は彼らと同じようなことをしている、同じように生きている、という、批判的な自己認識を欠いたものである。そして、この、自文化に対する批判的な自己認識を欠落させた視線が、かつて自らの「普遍性」を僭称《せんしょう》し、他文化を「野蛮」と貶《おとし》めたのではなかっただろうか。文化相対主義とはまずもって、そうした自文化中心主義的な態度に対する批判としてあることを私たちは確認しておこう。自文化中心的に他文化を裁断することを戒めるため、自文化をつねに相対化して考えることの大切さ。したがって、そのような文化相対主義は、自文化に対する批判的な認識を欠いて、他文化を自文化とは決定的に異なった特殊なものとして見出す③「文化相対主義」とは、ぜんぜん別物である。

Ｊ いま、「文化」が現代世界を理解するための重要なキーワードとなっている。だが、それはいったい、いかなる「文化」なのか？　「文化の違い」が主張されるとき、それは、何を主張しているのか？　われわれにはわれわれ固有の価値観がある、それはお前たちの価値観とは違うのだ、それがお前たちの目から見て、どんなに間違っていようと、われわれはこれでいいのだ、という自文化中心的な「文化相対主義」の主張は、たんに一文化の独自性の主張にとどまらない。それは、自分たちの「文化」だけでなく、およそ「自文化」というものを、自閉的でナルシスティックに肯定したいこの世界のありとあらゆる者たちの共犯者となって、自らが帰属する社会を、その歴史を、無条件に肯定したいという自己愛に満ちた欲望を支えている。お前たちはそれを侵略といい、虐殺といい、奴隷制という。それはお前たちの価値観、お前たちの歴史だ。われわれにはわれわれの価値観、われわれの歴史があるのだという主張。そして、このような「文化相対主義」に基づいて主張される多文化主義は、アメリカの覇権主義を共犯者として補完するものであって、決して、グローバリゼーションの対抗言説にはなり得ない。

Ｋ したがって、反・自文化中心的な文化相対主義に基づいて、「文化」を、そして「文化の違い」というものを考えること。そのようなものとして、いま「文化」を理解することこそがおそらく、いまだ明かされない新しい普遍性へと世界を、そして私たちを開いていくだろう。

問一　傍線部①「日本人は宗教心が希薄だと、日本人自身が言うのをよく聴く」とあるが、これについての筆者の見解を述べなさい（五十字以内）。

問二　傍線部②「『私たち』と『彼ら』のあいだの可視化

された差異について、それが同じ人間としてじゅうぶん理解可能であること」とはどういうことか、説明しなさい（五十字以内）。

◆**問三**　傍線部③で、筆者は、文化相対主義という語に、あえて「　」を付けて、本来の文化相対主義とは、違うということを際立たせている。それでは、「　」の付された「文化相対主義」と、本来の文化相対主義とはどのように違うのか、説明しなさい（百二十五字以内）。

［一橋大学　改］

（◆は本書のオリジナル問題）

素材文　筆者紹介

岡　真理（おか　まり）　1960年生まれ。現代アラブ文学者。京都大学大学院人間・環境学研究科教授。主な著書に『記憶／物語』（岩波書店）、『アラブ、祈りとしての文学』（みすず書房）等がある。

素材文の読みほどき

■ 講義22 二項対立型の文章

論説文を読んでいると、

「男性は～～であるが、女性は○○である」
「西洋は～～であるが、東洋は○○である」
「戦前は～～であるが、戦後は○○である」

のように、二つの事象を、比較・対立させながら、論述していく文章によく出会う。

これは、**二項対立型（二つの項目を対立させる）の文章**として、長文論説の頻出型である。

そのような文章に出会ったら、「フフン、いつもの二項対立型の文章だな」と、冷静に文章を見据えて、論述内容を、二項に分類整理していくと良い。

今回の**15講**の素材文も、二項対立型の文章である。

前半（E・F・G）では、「日本社会」と「イスラーム社会」とを比較・対立させながら、その違いと共通点を探っている（特に、今回の素材文では、その二項の共通点を探るという視点が特徴的だ）。

後半（I・J・K）では、本来の文化相対主義と、偽物の「文化相対主義」とを、対立させながら、その違いを論じている（講義16（92頁参照）で説明したように、「　」が、「本来の意味では使っていない」ということを示すマークとして、有効に使われているのが、後半の文章だ）。

これらの二項対立を図示してみよう。

▼前半（E・F・G）の二項対立

日本	イスラーム
日本は、イスラーム人にとっては、宗教熱心に見える	イスラームは、日本人にとっては、宗教熱心に見える
（例）初詣・七五三・お盆…	（例）女性のスカーフ
↓	↓
しかし日本人にとってはごくごく日常のことであり宗教的行為というより、当たり前の日常的行為である。	しかしムスリムの女性の中には宗教的行為というより、地域に根差した生活習慣として捉えている場合もある。

↓

つまり、私たちと彼らは、実はそんなに違わない。（G）

▼後半（I・J・K）の二項対立

本来の文化相対主義	「文化相対主義」
他文化は、形こそ違え、実は同じことをしている。	他文化は特殊で異質である。
自文化を相対化して考察、批判的な自己意識 有り。	自文化中心主義、批判的な自己意識 無し。

→ **反・自文化中心的な文化相対主義に基づいて「文化の違い」を考えることが、新しい世界へと私たちを開いていく。**（K）

このように、**「二項対立型」の文章は、対立・対比させられた語彙・文・段落を、「⇔」等のマークを利用しながら、チェック**しつつ、読み進めていくことで、分かりやすく整理することが出来る。

素材文の嚙み砕き

■**お前たちはそれを侵略といい、虐殺といい、奴隷制という。それはお前たちの価値観、お前たちの歴史だ。われわれにはわれわれの価値観、われわれの歴史があるのだ**（J）

右のような主張を、筆者は「自文化中心で、自己愛に満ちたもので、覇権主義を支える」として、厳しく糾弾する。どのようなことだろうか。分かりやすく嚙《か》み砕いてみよう。

戦前、日本はアジア諸国に軍事進攻をした。例えば、この歴史的出来事を「侵略」と呼ぶのか、「進出」と呼ぶのか。軍事的進攻を受けた相手国が「侵略」と考えても、それは相手国の歴史観で、われわれにとっては「進出」である……そう断じて、「互いの歴史観が違うのだから仕方がない」と、「差」を主張するだけで対話をしないとしたら、どうだろうか。そのような態度は、自己愛に満ちた自文化中心主義で、批判的な自己意識の無い、偽りの「文化相対主義」だと筆者は述べている。

過去に起きた国家間の出来事をどう捉えるかというのは、当事国の間で、常に意見の食い違う問題だ。現在でも、日本とアジア各国とで、論争の火種となっている。自己愛

3 現代社会を生きる 15

に満ちた自文化中心主義を、どのように乗り越えていったら良いのだろうか。

示唆的な一つの試みを紹介してみよう。

フランスとドイツは、ナポレオン戦争、普仏戦争、第一次世界大戦、第二次世界大戦と、約百五十年にわたり、四回の戦争を繰り返した交戦国だったが、現在では、過去の過ちを繰り返さないように、関係改善に取り組んでいる。その一つの象徴的なものとして、独仏共通の歴史教科書作成という試みがある。

発端は、二〇〇三年一月。ベルリンに集まったフランスとドイツの高校生達が、共通歴史教科書の作成を提案したことによる。その後、両国の歴史学者達が、議論を重ねながら、教科書を共同執筆し、二〇〇六年には、全三巻のうち、現代史を著した第一巻が刊行される。独仏すべての文部当局が認可したことにより、同年九月の新学期から、両国の高校生達は同じ内容の教科書を、それぞれの言語で勉強することが出来るようになった。

「それぞれ考え方が違うのだから、仕方ない」という自閉的な自文化中心主義から脱却し、互いの歴史観を持ち寄り、すりあわせながら、次代の若者に伝える新たな共通史観を作り上げたこの試みは、世界的にも大きな話題となった。

■偽物の「文化相対主義」は、グローバリゼーションの対抗言説にはなり得ない（J）

グローバリゼーションとは、国境の垣根を越えて「地球規模化」するということである。異文化交流による相互理解、環境問題に対する地球規模的取り組み、人材・資源・技術の共有等、様々な分野が、社会・経済・文化といった肯定的側面がある一方、競争激化による貧富の差の拡大、多国籍企業の影響力増大による国家自治の破壊、生活文化が世界規模で均質化し、地域の固有性が失われる、といったマイナス面も懸念される。

この「地域の固有性の喪失」を呼びかねないグローバリゼーションに対抗して、「ちょっと、待った」をかけられるような言説（主張）は、それぞれの文化を相対的に眺め、その差を尊重しながら、互いを理解しあうきっかけにしていこうとする〝文化相対主義〟である。

しかし、偽物の「文化相対主義」は、「違うものは、違う。あちらは、あちら、我々はこれで良い」という自閉的で自己愛に満ちたものに過ぎず、「地域の固有性の喪失」を呼びかねないグローバリゼーションに対して、「ちょっと、待った」をかけて対抗する正当な言説（主張）にはなり得ない。むしろ、他者を「異質・野蛮」として排斥し、自己の独善的な普遍性を拡大していこうとする、覇権主義を手助けしてしまう考え方だと、筆者は指摘している。

第四章

近代的思考のかたち

16 山崎正和『世紀末からの出発』
17 見田宗介『社会学入門』
18 河合隼雄『イメージの心理学』
19 村上陽一郎『西欧近代科学』
20 阪本俊生『ポスト・プライバシー』

16 『世紀末からの出発』

山崎正和

次の文章を読んで、後の設問に答えよ。（解答は別冊20頁）

A 人類にとって「近代」とは何であり、「現代」とは何であるのか。何が「近代」をそれ以前の時代から区別し、さらにそのなかで、何が「現代」という時代を区別するのか。この問題を考える場合、鍵となるのは、技術という概念であるように思われる。

B 現実に、近代産業が技術の革新とともに発展し、それが近代社会の形成を促した、というだけのことではない。今日の人間が知っているような技術の概念、それにたいする①特異な偏重の思想が生まれたのが、近代であった。現実に、環境を技術的に征服しようとするだけでなく、すべての問題を技術的に考え、技術的に解決するのが正しいという観念が育ったのが、近代であった。一方で、高度の産業機械と工業技術が発達するとともに、社会問題についても、それを設計図とプログラムによってとらえ、合理的に処理することができるという思想が普及した。近代は、圧倒的な自然科学の時代であったが、同時に、革命や社会工学を信じる社会科学の時代でもあった。

C だが、二十世紀の後半にはいって、技術はなお着実な進歩を見せているものの、それにたいする全面的な信頼は揺らぎ始めたようにみえる。近代産業が高度化するにつれて、人びとは逆に技術的でないもの、自然や美にたいする関心を回復させつつあるように見える。大規模産業の生む商品よりも、手仕事の匂いのする個性的な商品へ、非規格的なサービスへと、消費者の要求は静かに移りつつある。それと並行して、政治革命への幻想は色褪《あ》せ、社会工学の全能性への疑いも芽生えて、人びとは社会福祉を否定しないにせよ、もう一度、より自然な市場原理と個人の善意に期待しようとする兆候を示している。

D 明らかに、ここには文明史的な時代の変化が見られるのであり、②近代と一線を画した現代が誕生しつつある、と見ることができる。（中略）

E いま、現代社会はもちろんまだ半ば以上、技術の時代にあり、今後も、人間の社会が技術の思想を完全に捨てることは考えられない。大衆の福祉を前提とするなら、機械による大量生産は不可欠であるし、ある程度の計画にもとづく合理的な社会運営も不可避であろう。だがその一方、二十世紀の後半にはいって、③先進国の文明に重大な変質の兆しが生じ、それが技術の思想に修正を求めて、新しい生活様式を生む可能性が見えるのも事実なのである。

F 第一は、産業構造そのものの変化であり、人間の労働が機械の傍を離れるにつれて、労働における目的と過程、計画と実行の分裂が克服される可能性である。二十世紀の最大の発明のひとつ、機械の自動制御の発達は労働者を単純作業から解放し、サービス、機械管理、技術の発明、デザインといった、より知的で創造的な労働へと移しつつある。ダニエル・ベルによれば、「機械を相手にする労働」が「人間を相手にする労働」へ変わるのであるが、およそ人間を相手とする創造的な仕事は技術的ではありえない。

G アイディアを生み、デザインを作り、他人の満足を求める仕事は、本来の意味での藝術《げいじゅつ》表現に似た営みであって、目的そのものを作り出す仕事である。それは過程のなかで目的を探究し、外界の反作用から教訓を学びとり、積極的に自己を革新することによって成功する仕事である。かつて、この種の仕事は少数者のものであったが、今後はこれが社会の主流を占め、むしろ大衆の労働形態になることも予想される。

H 第二は、大衆の消費行動の変化であって、ここでは余暇の増大と消費物資の一層の均霑《*きんてん》が、「より早くより多く」の衝動を緩和していく傾向が見られる。商品の多様化が消費者の趣味の個性化を招き、量よりは質的な満足を求める新しい消費動向が強まった。(中略)

I 一方、二十世紀後半の社会の特色は、組織の多元化と柔軟化の兆候が見えることであって、政治的にも経済的にも、巨大な階層組織の限界が指摘されていることである。国家の側では、「小さな政府」と「民間化」への転換が唱えられ、市民運動の側でも、政党組織から柔軟な「ネットワーキング」への移行の傾向が見られる。経済分野においても、創造的な労働に適した小集団の意義が評価され、労働組合組織もかつての一元的な支配力を失いつつある。マス・メディアの影響力はなお維持されているが、他方では関心分野ごとのミニ・メディアの隆盛が顕著となり、情報の面でも大衆社会の小集団化を進めている。人間が顔の見える他人を持ち、新しい社交の場所を見いだす可能性は、こうして社会の現実によっても用意されているのである。

J いうまでもなく、これらの変化はすべて可能性への条件であって、そこからただちに明日の社会の姿を読みとることは、難しい。現代社会はいま過渡期にあるというだけではなくて、人間の社会は自然現象とは異なり、可能な条件のもとで、つねに人間が主体的につくりだすものだからである。現代の生活をどう営み、明日の社会をどんなものにするかは、半ば現代人の選択と努力にかかっている。

K しかし、少なくとも明らかなことは、すでに現代人が「近代」という時代を外から眺め、その理想を客観視できる場所に立っている、ということであろう。いいかえれば、現代人は新しく何を作りうるかは知らないまでも、もはや過去の何を繰り返すことはできず、何をそのまま続けることはできないか、を知っているのである。

注　＊均霑……等しく均等に潤うこと。

〔素材文は明星大学より出題〕

◆問一　傍線部①「特異な偏重の思想」とは、どのような考え方か。四十字以内で答えよ。

◆問二　傍線部②「近代と一線を画した現代」とあるが、筆者は「近代」と比較して「現代」はどういう時代であると言っているのか。二十五字以内で答えよ。

◆問三　傍線部③「先進国の文明に重大な変質の兆しが生じ」とあるが、そのような「変質の兆し」を示す例を、

(1)　労働の形の側面

(2)　消費行動の側面

(3)　政治的・経済的・情報メディア的側面

の三側面から、いずれも五十字以内で答えよ。

（◆は本書のオリジナル問題）

素材文　筆者紹介

山崎　正和（やまざき　まさかず）　1934年生まれ。劇作家・評論家・演劇研究者。成熟した個人主義に基づく新しい時代の構築を提唱する。1963年に『世阿彌』で岸田国士戯曲賞を受賞したのをはじめとして、『劇的なる日本人』（新潮社）で芸術選奨新人賞（1972年）、『鷗外　戦う家長』（河出書房新社）で読売文学賞（1973年）、『柔らかい個人主義の誕生』（中央公論社）で吉野作造賞（1984年）を受賞。現代日本を代表する評論家である。

素材文の読みほどき

■講義23 並列電池型文章

まずは簡単な例文を示そう。

例文X

a 僕は昨年から、ずいぶんと変わったと思う。
b 第一に、身体的には、身長が十センチも伸びた。
c 十センチ伸びたことで、ついに父の身長を追い越すことになった。
d 第二の身体的特徴としては、部活の筋肉トレーニングの成果が出て、体脂肪率十パーセント未満という、引き締まった体を手に入れることが出来たことだ。
e 一方、海外大学受験を考え始めたこともあり、英会話塾に通い始めたり、ボランティアを経験したり、短期海外留学をしたりと、いろいろな新しいことにチャレンジし、精神的にも大きく成長した。
f 言うまでもなく、まだまだ僕は発展途上であり、今後も、肉体的にも精神的にも、より成長していきたい。

a〜**f**の六文から成る文章だが、その組み立てを図示すれば、下記のようになるだろう。**a**の「昨年からの変化」について、身長（**b**・**c**）、筋肉（**d**）と肉体的な変化を二つ挙げ、一方で精神面での変化（**e**）の例も加え、それらの具体例を踏まえて、**f**でまとめていく形だ。

▼**例文X**の組み立て

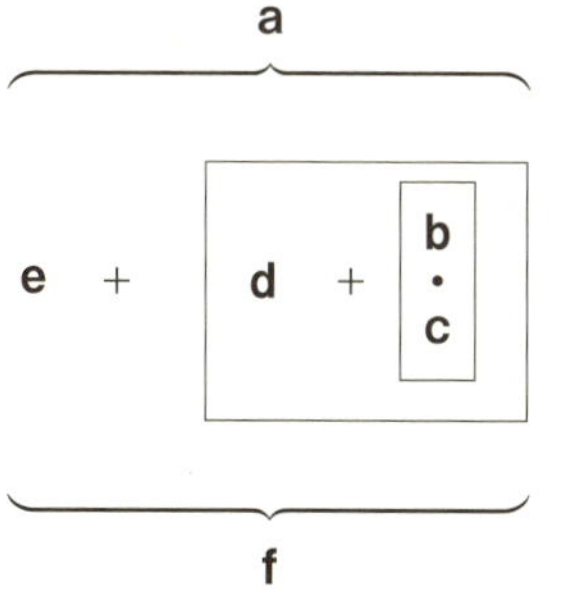

講義12（68頁参照）では、「**直列電池型文章**」について論じたが、一方、このような組み立ては、「**並列電池型**」といって良いだろう。**a**から**f**に向けて、「論理」という電流が、**b・c** & **d** & **e**という並列部を経て、流れていく。

さて、**例文X**では、**a**〜**f**の六文で記したが、それぞれの部分を、複数文で書くことも出来るだろう。

例文Y

a 僕は昨年から、ずいぶんと変わったと思う。中学生気分の抜けなかった幼い僕は、いまはもういない。
b 第一に、身体的には、身長が十センチも伸びた。今まで、一年間で十センチも伸びたことはなかった。
c 十センチ伸びたことで、ついに父の身長を追い越すことになった。百八十センチを超える兄にはまだ足りないが、それもいつか追いつけるかもしれない。

d　第二の身体的特徴としては、部活の筋肉トレーニングの成果が出て、体脂肪率十パーセント未満という、引き締まった体を手に入れることが出来たことだ。割れた腹筋を見ると、嬉《うれ》しくなって微笑《ほほえ》んでしまう。少しナルシストが入っているかもしれない。

e　一方、海外大学受験を考え始めたこともあり、英会話塾に通い始めたり、ボランティアを経験したり、短期海外留学をしたりと、いろいろな新しいことにチャレンジし、精神的にも大きく成長した。この一年間で手に入れたことは、僕の一生の財産になると思う。

f　いうまでもなく、僕はまだ発展途上だ。今後も、肉体的にも精神的にも、より成長していきたい。

この**例文Y**について**a**～**f**の段落ごとの関係を眺めてみても、当然、前頁に記した「**並列電池型**」になっている。それぞれの段落をより長く書いたとしても同様だ。

六つから成る短い文章も、数十から成る長文も、結局は同じことなのだ。

段落相互の関係を見極めながら、長文を読解したり、小論文を作成したりすることは、文章にむかう時の、きわめて重要なポイントである。

だらだらと読まない、だらだらと書かない。シャープに組み立てを見抜く、シャープに組み立てを意識して書く。

ぜひ、そんな意識で文章にむかってほしい。

さて、ここで記した**例文X**・**例文Y**の組み立ては、今回の**16講**素材文のE～Jの組み立てと、全く同じであることに気付いただろうか。

素材文の内容を短く示してみよう。

E 先進国の文明に重大な変質の兆しが生じている。

F 第一は、産業構造・労働形態の変化である。

G アイディアを生産するような仕事が増えた。

H 第二は、消費行動の変化であって、量より質を求めるようなった。

I 一方、政治的にも経済的にも情報メディア的にも組織の多元化と柔軟化の兆候が見える。

J いうまでもなく、これらの変化は、まだ明日の社会の姿への可能性であり、明日の社会をどのようにするかは現代人の努力と選択にかかっている。

例文X・**例文Y**にある変化の三つの具体例は、「**b**・**c**＋**d**」が身体的側面、**e**が精神的側面と分けられるが、素材文でも、「F・G＋H」が、経済活動の側面、Iが組織構造の側面と分けることが出来るのも同様だし、**例文X**・**例文Y**の**e**の中には、「英会話塾・ボランティア・短期留学」の三要素が入っているが、素材文のI段落には、「政治的観点・経済的観点・情報メディア的観点」の三要素が入っていることも、同様である。

▼**16講 素材文E～Jの組み立て**

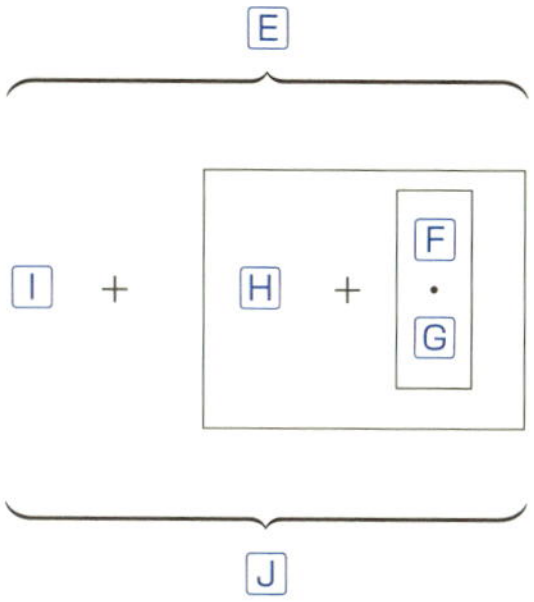

素材文の噛み砕き

■「近代」とはいつのことか？

論説文では、「近代」という言葉が頻出する。「近代社会」「近代技術」「近代科学」「近代思想」「近代文学」……。

そもそも、「近代」とはいつのことだろう？　どうやら、「現代」の一つ前のような時代を指すような感じは分かるが、正確には、西暦にして、どのあたりのことなのか？

そんな疑問を感じたことのある人は、非常に良い知的好奇心を持っていると思う。なんとなく分かっている気になっていて、実はきちんと理解していないことは、非常に多い。そういうことに自覚的になるのは、とても大切なことだ。

近代とは、確かに、「現代」の一つ前の時代で、「近世」とされる時代の一つ後の時代区分である。しかし、その時代区分は、正確に「いつからいつ」という区分ではなく、社会のあり方や人々の意識のあり方まで含めて、広くイメージした括《くく》り方であり、年号のように固定的には決め難い。

地域によっても、「近代」は一致しない。「近代西欧」と言えば、国民国家と資本主義といった社会・経済・国家のあり方が現れた十八世紀末期から十九世紀前半を表すことが多いし、「近代日本」と言えば、明治維新以降を指すのが一般的だ。時代にして、百年程のずれがある。

「まだ近代化が進んでいない地域」のような表現も聞いたことがあるだろう。この表現からも、「近代」とは、ある特定の時代を指すのではなく、「社会や人々のあり方のシステム全般」を表していることが分かる。

歴史学的な定義としては、「国民国家（各国が個別に領域を持ち統治する）」と「資本主義の成立」が、主な特徴とされるが、現代文で頻出する「近代技術」「近代科学」「近代思想」といった言葉の理解には、歴史学的な定義は、あまり役立たない。**現代文の中で論じられる「近代」とは、人々の思考的なあり方と、その結果として実現した社会の状況**

4 近代的思考のかたち 16

を表す言葉であるからだ。

それでは、この「思考的なあり方と、その結果として実現した『近代』」について考えてみよう。

このような「近代」の特徴としては、「**合理性・普遍性・分析性**」とか、これに「**客観性**」を加えるなどして、説明されることが多い。

「**世界や社会や人間の様子を分析し、合理的で、どこでもいつでも通じるような答え・技術を求めて、客観的に考え、その結果を形にしていく**」

といった感じだろうか。

例えば、「人間はアダムとイブから生まれた」という思考法は、「分析的」でもないし、「どこでも通じる考え方（普遍的）」でもない。生物の特徴を細かく「分析」して、客観的・合理的に、「どこでも通じる考え方」として、「人間は猿から進化した」と考えるのが、近代的思考法である。

例えば、「疫病は神のたたりと考えて、魔術で退散させる」という技術は、「合理的」「分析的」「普遍的」ではない。その魔術が、たまたま効いたように見えることもあるかもしれないが、いつでもどこでも常に（普遍的に）、同じ結果を導く「近代技術」ではないのだ。これに対し、「ワクチン注射で、感染症を予防する」というのは、病気を分析した結果、合理的に得られた答えであり、その病気に対しては、普遍的に通じる「近代医療技術」ということになる。

■「近代」の特徴を表す、三つの「つ」

まだ分かりにくいかもしれない。ここで思いっきり、分かりやすい説明をしてみよう。

僕は、「近代」の特徴として、「**三つの『つ』**」というものを考えている。

1　理屈（りく**つ**）
2　効率（こうり**つ**）
3　技術（ぎじゅ**つ**）

の三つだ。

それぞれ具体的に説明してみよう。

1　「神」を中心とした宗教的世界観・宗教的人間観を否定して、「**理屈**」でひたすら、考える。（例：世界は神が作ったのではなく、様々な分子・原子の融合で出来ている。）

2　資源・資本・労働力・情報等の有効活用を考えて、ひたすら「**効率**」を求める。（例：手紙は飛脚が運ぶのではなく、大規模な郵便システムによって輸送する。）

3　「理屈」「効率」を備えた、「**技術**」をひたすら追求して、刷新していく。（例：核分裂理論の理屈と、エネルギーの効率利用を求めて、原子力発電という技術を開発する。）

といった感じである。

理屈のない技術は、「近代技術」ではない。これは「コツ」や「カン」に類するものだろう。

効率の悪い技術も、「近代技術」ではない。一年間でたった一個の時計を仕上げるとしたら、それは、「技術」というより、「工芸的な芸術」に属するだろう。


このように、近代を表す特徴として、「**りくつ**」「**こうりつ**」「**ぎじゅつ**」という「**三つの『つ』**」は、分かりやすいポイントだと思う。

16講の素材文では、このうちの「技術」に焦点を当て、「近代」を論じているわけだ。

■「近代」から「現代」へ

それならば、いつからが「現代」なのだろう。

これも、また地域や分野において様々で、一律に「～年から」と言えるものではない。

歴史学的には、現在の政体や国際社会の時代を「現代」と呼び、その一つ前の時代が「近代」である。

そのため、アジア史では、第二次世界大戦終結（一九四五年）を境にして「近代」と「現代」に分けられているし、ヨーロッパ史では、第一次世界大戦終結（一九一八年）を境にして「近代」と「現代」に分けられていた（近年では一九八九年の東欧革命を境にして「近代」と「現代」を分ける見方も増えている）。

しかし、これもまた、「近代」の始まりと同じように、あくまでも、歴史学的な定義であって、論説文に頻出する「現代思想」「現代医療」「現代文学」等々、様々な「現代〇〇」に通用する括り方とは言えない。


そこで、述べたいのが、「近代」の特徴「三つの『つ』」の限界が見え始めた時代を「現代」として捉える見方だ。**「理屈・効率・技術」優先の考え方から、人々が新しい視野に目覚め始めた時代を「現代」として考える。**この切り口は「現代」を語る上で有効な発想である。

16講の素材文でも、

Ⓒ**二十世紀の後半にはいって、技術はなお着実な進歩を見せているものの、それにたいする全面的な信頼は揺らぎ始めたようにみえる**
Ⓓ**ここには文明史的な時代の変化が見られるのであり、近代と一線を画した現代が誕生しつつある**

と述べ、「近代」と「現代」の境目を論じている。

そして、そのような「現代」を「変質の兆しの見える過渡期」であるとして、そこから、まだはっきりとは見えないものの「**新しい生活様式**（Ⓔ）」「**明日の社会の姿**（Ⓙ）」を、**16講**の素材文では論じているのである。

17 『社会学入門』

見田宗介

次の文章を読んで、後の設問に答えよ。（解答は別冊21頁）

A 異国でいちばん面白いのはバザール、メルカードなどと呼ばれる市場ですが、そこでは人びとがちょっとした値段とか品物のことで、朝から夕方まで飽きることなく交渉し、機知を競い熱弁をふるっています。（中略）売る人と買う人の間で交わされる会話の長さは賭けられている金額のわずかさからみると割に合わないくらいのもので、しかも最後には、相手が気にいったりいらなかったりするみたいなことで、長時間にわたった交渉の成果を惜しげもなく放棄しておまけしてくれたりします。彼らの意識では、たぶん損得にこだわっているつもりらしいが、無意識にはそういう交渉自体を楽しんでいるように見えます。バザールだけでなくてたとえばバスを待つみたいな時間でも、田舎だったら「午前」に一本、「午後」に一本くるというバスを日だまりで待っているうちに、ペルーでこちらが日本人ならフジモリ大統領に似ているとか似ていないとかいう話題で、すぐにみんなで盛り上がってしまう。バスを待つ時間はむだだという感覚はなくて、待つ時には待つという時間を楽しんでしまう。時間を「使う」とか「費やす」とか「無駄にする」とか、お金と同じ動詞を使って考えるという習慣は「近代」の精神で（"Time is money"!）、彼らにとって時間は基本的に「生きる」ものです。そういえばぼくたちでさえ、旅でふしぎに印象に残る時間は、都市の広場に面したカフェテラスで何もしないで行き交う人たちを眺めてすごした朝だとか、海岸線を陽《ひ》が暮れるまでただ歩きつづけた一日とか、要するに何かに有効に「使われた」時間ではなく、ただ「生きられた」時間です。

B インドやラテンアメリカのような世界で、非能率で時間が有効に使われないのに永く生きたみたいな感じがするという矛盾は、①ここでは時間が上滑りしていないこと、時間が「使われる」ものでなく「生きられる」ものであること、だから人生が上滑りしていないということと、関わっているように思います。

C 遠くから自分の社会を見る、という経験のいちばん直接的な形は、異国で日本のニュースを見る、という機会です。ある朝、小さい雑貨店の前の石段に腰をおろして「午前」のバスを待っていると、新聞売りの男の子がきて「日本のことが出ているよ！」という。日本のアゲオという埼玉県の駅で、電車が一時間くらい遅れたために乗客が暴動を起こして、駅長室の窓がたたき割られた、という報道だった。世界の中にはずいぶん気狂《きちが》いじみた国々がある、という感じの扱いだった。ぼくはその中にいた人間だから、朝の通勤時間の五分一〇分の電車のおくれが、ビジネスマンにとってどんなに大変なことか、よくわかる。分刻みに追われる時間に生活がかけられているという、ぼくにとってはあたりまえであった世界が、〈遠くの狂気〉のようにふしぎな奇怪なものとして、今ここでは語られている。

D 近代社会の基本の構造は、ビジネスです。business とは busyness、「忙しさ」ということです。「忙しさ」の無限連鎖のシステムとしての「近代」のうわさ。遠い鏡に映された狂気。ぼくはその中に帰って行くのだ。

E ヨーロッパの都市の中心には時計がある。都市の中心の広場には、教会があり市役所があり、そして必ず大時計がある。ヨーロッパの人たちはいつのころからか、時計を見上げながら〈近代〉を育んできた。

F いつのころからか？ 一四世紀の前半、ミラノ、ボローニャ、フィレンツェのようなイタリアの諸都市で初めて、「公共用時打時計」が設置された。一四世紀の後半から一五世紀にかけて、ドイツ、オランダ、スイス、フランス、ベルギー、イギリスの都市に、ほぼこの順番で大時計が設置される。人々が毎日の生活の中で、時間を計りながら生きる、という時代が始まった。時間、というわくぐみの中に、人間たちの生がおかれた。

G それでもこの時代の時計は、一本針だった。「分針」というものはなかった。「分」という単位は未《ま》だ、生活に必要なかった。②ぼくたちはもう時計といえば、二本針があたりまえです。というか三本針もふつうです。（中略）

H 社会の「近代化」ということの中で、人間は、実に多くのものを獲得し、また、実に多くのものを失いました。獲得したものは、計算できるもの、目に見えるもの、言葉によって明確に表現できるものが多い。しかし喪失したものは、計算できないもの、目に見えないもの、言葉によって表現することのできないものが多い。（中略）

I ぼくたちは今「前近代」に戻るのではなく、「近代」にとどまるのでもなく、近代の後の、新しい社会の形を構想し、実現してゆくほかはないところに立っている。積極的な言い方をすれば、人間がこれまでに形成してきたさまざまな社会の形、「生き方」の形を自在に見はるかしながら、ほんとうによい社会の形、「生き方」の形というものを構想し、実現することのできるところに立っている。

J この時に大切なことは、異世界を理想化することではなく、〈両方を見る〉ということ、③方法としての異世界を知ることによって、現代社会の〈自明性の檻《おり》〉の外部に出てみるということです。さまざまな社会を知る、ということは、さまざまな生き方を知るということであり、「自分にできることはこれだけ」と決めてしまう前に、人間の可能性を知る、ということ、人間の作る社会の可能性について、想像力の翼を獲得する、ということです。

［素材文は麗澤大学より出題］

◆**問一**　傍線部①に「人生が上滑りしていないということ」とあるが、それでは、「人生が上滑りする」とは、どのようなことを言うのか。三十五字以内で説明せよ。

◆**問二**　傍線部②に「ぼくたちはもう時計といえば、二本針があたりまえです。というか三本針もふつうです」とあるが、それは、どのようなことを比喩的に表現したものか。三十五字以内で説明せよ。

◆**問三**　傍線部③「方法としての異世界を知ることによって、現代社会の〈自明性の檻〉の外部に出てみる」とは、どのようなことか。自分の言葉を使って、八十字以内で説明せよ。

（◆は本書のオリジナル問題）

素材文　筆者紹介

見田　宗介（みた　むねすけ）　1937年生まれ。社会学者。東京大学名誉教授。真木悠介の筆名も持つ。主な著書に『時間の比較社会学』（岩波書店）、『現代日本の感覚と思想』（講談社）等がある。1964年には城戸賞を、2012年には毎日出版文化賞を受賞。

素材文の読みほどき

■講義24 止揚《しよう》型の結論

講義22（124頁参照）で、「**二項対立型**」の文章というものを説明した。この「二項対立」という概念に加えて、ぜひ「**止揚**」という思考法を覚えてほしい。

「止揚」とは、「**二つの対立するものを、衝突させながら、両者を発展的に統合させた別のもの、新しいものへと、作り上げる**」といった思考法だ（ドイツ語では「アウフヘーベン」と言い、十九世紀初頭に活躍した哲学者ヘーゲルの提唱した概念である）。

例えば、

・西洋医薬：病根を的確に攻撃し、効果も大きいが、大きな副作用のある場合がある。

・漢方薬：即効性はないが、身体自身の治癒力を高め、体質改善に役立ち、副作用も少ない。

といった二項対立に対して、

・風邪をひいた患者に対して、咳《せき》や熱等の辛《つら》い症状に対しては、西洋医薬で即効的に緩和させるとともに、身体を温めるような漢方薬を処方し、身体自身の治癒力を高める。

といった治療方針を立てる。これが、「西洋医薬」と「漢方薬」とを、「止揚」させたものである。

二項対立型の文章の結論として、この「止揚型の発想」が利用されることは、大変多い。

17講の素材文は、かっちりとした二項対立構図は見えにくいものの、「時間」に対する考え方を軸に、近代的生き方と、前近代的生き方とを比較している文章だ。

インド・ラテンアメリカ等	⇔	近代社会
時間は「生きられる」もの（前近代的生き方）		時間は「使われる」もの（近代的生き方）

そして、この二つの生き方を論じた上で、1段落で、

ぼくたちは今「前近代」に戻るのではなく、「近代」にとどまるのでもなく、近代の後の、新しい社会の形を構想し、実現してゆくほかはないところに立っている。

と、「前近代」「近代」のどちらかを全肯定するわけではなく、新しい別の姿を求めて、結論へと導いていく。

これも一種の「止揚型の結論」と言って良いだろう。

（この素材文では、筆者は「近代」という語を、「現代」の一つ前の時代という意味ではなく、「現代」まで含む語として使用している。「近代化が極められた時代として、

現代を考える」という形だ。このような「近代」「現代」の用法もある。）

素材文の噛み砕き

■精密な時計＝近代化の象徴

「近代化」を推し進めたものの一つとして、「近代」を象徴するものに「時計」がある。

時計なしには、「大量生産のために自動化された機械」といった**技術**も、「天体の運行を精密に観測し理論化する」といった**理屈**も、それこそ「試験問題をどのような時間配分で解くか」といった**効率**も生まれないだろう。

そして、時計が精密になればなるほど、技術も理屈も効率もより緻密《ちみつ》になっていく。もしくは、より緻密な「技術・理屈・効率」のために、より精密な時計が必要になっていったということでもある。

素材文は、この「技術・理屈・効率」のうち、「効率」に重点を置いた文章だ。

B インドやラテンアメリカのような世界で、非能率で時間が有効に使われない

C 朝の通勤時間の五分一〇分の電車のおくれが、ビジネスマンにとってどんなに大変なことか

等、細分化された時間を有効に使うことが、近代化された社会の能率・効率に不可欠であることが語られている。

しかし、極限にまで細分化された時間は、僕達を「時間に追われる存在」へと追いやっていく。僕達が主体になって「時間を過ごす」のではなく、「時間」の方が主体になり、僕達は時間にあわせて、時間に追われて生きるようになるのだ。

a　「寒くなるまでに、セーターを編んでプレゼントしよう」

b　「日が暮れるまでに、買い物を済ませよう」

c　「七時までに、朝ご飯を済ませよう」

d　「五時三十三分発の電車に乗ろう」

aや**b**の生活には、時計は必要ない。**c**の時計は、少し分の表示がずれていても平気だ。しかし**d**には分針まで精密な時計が必要となる。

aから**d**に向けて、どこかセカセカと追い立てられている感じが増しているだろう。君に許される誤差も、どんどん僅少《きんしょう》になっていく。**d**では、ほんの僅かな誤差も許されず、電車は発車してしまう。秒まで指定されたら、それこそ、機械のように正確な生活が求められるだろう。

精密な時計は、近代化には不可欠であったが、その分、「人間が主体となって、時間を生きる」のではなく、「時間にあわせて、人間が動く」というように、「人」と「時間」の関係を逆転させてしまったのである。

■ なぜ、「近代」を批判するのか？

講義20（115頁参照）で「論説文は『ひねくれている』」と説明し、その「ひねくれ方」の一つのパターンとして、

①人間や社会の現状を肯定的に見るのではなく、問題点を探る。

を挙げた。

ここで、よく登場するのが「近代批判」の発想である。環境問題・没個性化・人間疎外（人間が人間らしく生きられないということ）……等、**様々な現代社会の問題を探る時、その問題の根を、一つ前の時代「近代」に求める**という発想だ。

17講 素材文の中でも、

H 社会の「近代化」ということの中で、人間は、実に多くのものを獲得し、また、実に多くのものを失いました。

と述べ、「近代化」の問題点を指摘している。

なぜ、「近代」は批判的に論じられることが多いのか。

それは、例えば、「二学期の成績が落ちた」という、現在直面している問題の根を、一つ前の時期「夏休み」に求めて、「夏休みの自分の生活・考え方を反省する」というようなものだと言えよう。

「三つの『つ』」から考えれば、

・現代では、人間の微妙な感情のようなものが切り捨てられがちである。←近代の「理屈重視」の考え方が原因だ。
・現代では、人間が時間に追い回される存在になってしまった。←近代の「効率優先」の考え方が原因だ。
・現代では、人間の労働が画一的で機械的なものになってしまった。←近代の「技術優先」の考え方が原因だ。

等々の形である。

重い問題であればある程、その要因は、累積的なものとして根が深い場合が多い。

例えば、アイスクリームを食べ過ぎて、お腹《なか》を壊してしまったような問題は、根も深くないし、その解決も早いが、長い期間にわたり、カロリー過多の食事を取り続けて、その結果、生活習慣病になってしまったような場合は、その要因は累積的なものであり、根が深く、解決は難しい。

現代の問題の根を「近代」に求める時、それは、解決の難しい非常に重い問題が現代に課せられているということの証しでもある。

18 『イメージの心理学』

河合隼雄

次の文章を読んで、後の設問に答えよ。（解答は別冊22頁）

A 人間がこの世に生きてゆくためには、いろいろなことをしなくてはならない。自分を取り巻く環境のなかで、うまく生きてゆくためには、環境について多くのことを知り、その仕組みを知らねばならない。このために、自然科学の知が大きい役割を果す。自然科学の知を得るために、人間は自分を対象から切り離して、客体を観察し、そこに多くの知識を得た。太陽を観察して、それが灼熱《しゃくねつ》の球体であり、われわれの住んでいる地球は自転しつつ、その周りをまわっていることを知った。このような知識により、われわれは太陽の運行を説明できる。

B このような自然科学の知は「自分」を環境から切り離して得たものであるから、誰に対しても普遍的に通用する点で、大きい強みをもっている。自然科学の知はどこでも通用する。しかし、ここで一旦切り離した自分を、全体のなかに入れ、自分という存在とのかかわりで考えてみるとどうなるか。なぜ、自分はこのような太陽の運行と関連する地球に住んでいるのか。自分は何のために生きているのか、などと考えはじめるとき、自然科学の知は役に立たない。それは、出発の最初から、自分を抜きにして得たものなのだから、当然のことである。太陽の動きや、はたらきは、自分と無関係に説明できる。しかし、他ならぬ自分という存在と、太陽とは、どうかかわるか。

C 太陽と自分とのかかわりについて、確たる知を持って生きている人たちについて、ユング[*1]は彼の自伝のなかで述べている（『ユング自伝（Ⅱ）』）。ユングが旅をしてプエブロ[*2]・インディアンを訪ねて行ったときのことである。インディアンたちは、彼らの宗教的儀式や祈りによって、太陽が天空を運行するのを助けていると言うのである。「われわれは世界の屋根に住んでいる人間なのだ。われわれは太陽の息子たち。そしてわれわれの宗教によって、われわれは毎日、われらの父が天空を横切る手伝いをしている。それはわれわれのためばかりでなく、全世界のためなんだ」とインディアンの一人は語った。彼らは全世界のため、太陽の息子としての勤めを果していると確信している。これに対して、ユングは次のように『自伝』のなかで述べている。

D 「そのとき、私は一人一人のインディアンにみられる、静かなたたずまいと『気品』のようなものがなにに由来するのかが分った。それは太陽の息子ということから生じてくる。彼の生活が宇宙論的意味を帯びているのは、彼が父なる太陽の、つまり生命全体の保護者の、日毎《ひごと》の出没を助けているからである」

E インディアンたちは、彼らの「神話の知」を生きることによって、ユングが羨望を禁じ得ない「気品」をもって生きている。これに対して、近代人は何とせかせかと生きていることか。近代人は豊かな科学の知と、極めて貧困な精神とをもって生きている。ここで、インディアンたちが彼らの神話の知を、太陽の運行にかかわる「説明」として提出するとき、われわれはその幼稚さを笑いものにすることができる。しかし、それを、自分をも入れこんだ世界を、どうイメージするのかという、コスモロジーとして論じるとき、①われわれは笑ってばかりは居られない。

F 自然科学の知があまりに有効なので、近代人は誤って、コスモロジーをさえ近代科学の知のみに頼ろうとする愚を犯してしまったのではなかろうか。自然科学の知をそのまま自分に「適用」してコスモロジーをつくるなら、自分の卑小さ、というよりは存在価値の無さに気落ちさせられるであろう。自分がいったい何をしたのか「計量可能」なものによって測定してみる。相当なことをしたと思う人でも、宇宙の広さに比べると無に等しいことを知るだろう。特に、死のことを考えると、それはますます無意味さを増してくる。

G このあたりのことにうすうす気づいてくると、自分の存在価値を見出すために、②安易な「神話」でもつくり出すより仕方がなくなって、「若いときには」自分はどうした、こうした、というような③安価な「神話」を語って、近所迷惑なことをする。あるいは、宗教家という人たちも、コスモロジーについて語るよりは、安易な道学者*3になってしまう。つまり、「よいこと」を、これほど沢山している、というくらいのことを誇りとしないと、自分の存在価値を示せないのである。

H 古来からある神話を、事象の「説明」であると考え、未開の時代の自然科学のように誤解したため、神話や昔話などの価値を近代人はまったく否定してしまった。確かに自然科学によって、自然をある程度支配できるようになったが、それと同じ方法で、自分と世界とのかかわりを見ようとしたため、近代人はユングも指摘するように、貧しい生き方、セカセカした生き方をせざるを得なくなったのである。

I もちろん、だからと言ってわれわれはすぐに、プエブロ・インディアンのコスモロジーをそのままいただくことはできない。われわれは既に多くのことを知りすぎている。われわれとしては、自分にふさわしいコスモロジーをつくりあげるべく各人が努力するより仕方がないのである。（中略）しかし、そのことをするための一助として、古来からある神話や昔話を「非科学的」「非合理的」ということで簡単に排斥するのではなく、その本来の目的に沿った形で、その意義を見直してみることが必要であろう。

注

＊1 ユング……スイスの精神科医、心理学者（1875年～1961年）。
＊2 プエブロ・インディアン……メキシコ北部とアメリカ合衆国南西部に居住するインディアン。
＊3 道学者……学を説く人の意味だが、道理にこだわり、世事に暗く人情の機微にうとい人をからかっていう場合にも使う。

〔素材文は東京工科大学より出題〕

◆**問一** 傍線部①「われわれは笑ってばかりは居られない」とあるが、その理由について、八十字以内で述べよ。
◆**問二** 傍線部②や傍線部③にある「安易な『神話』」「安価な『神話』」とはどのようなものか。三十五字以内で述べよ。
◆**問三** 筆者の言う「コスモロジー」とは、どのような概念か。自分の言葉で三十五字以内で述べよ。

（◆は本書のオリジナル問題）

素材文　筆者紹介　→58頁参照

素材文の読みほどき

■ 講義25 黄金統括型の文章

講義25 に入る前に、ちょっとした実験をしてみよう。

左の何の模様もないシャープペンに、一本だけ、横にラインを入れて、いい感じにデザインしたい。

さて、君なら、どのあたりにラインを入れるだろう。

右の文字列の「あ」や「イ」のあたりに、ラインを入れた君は、なかなかいいセンスを持っている。

デザインの世界では、一つの線分を二つに分割する場合に、全体を約「3対5」に分割すると、非常に安定した美しい分割が得られると言われる。これは、「黄金分割」と呼ばれるものだ。数学的には、以下のような定義となる。

黄金分割について

一つの線分を、二つに分割する場合、全体と長い部分の比が、長い部分と短い部分の比に等しくなるような点で分割すること。この分割比は、全体を、ほぼ3対5（≒5対8）に内分する位置となる。

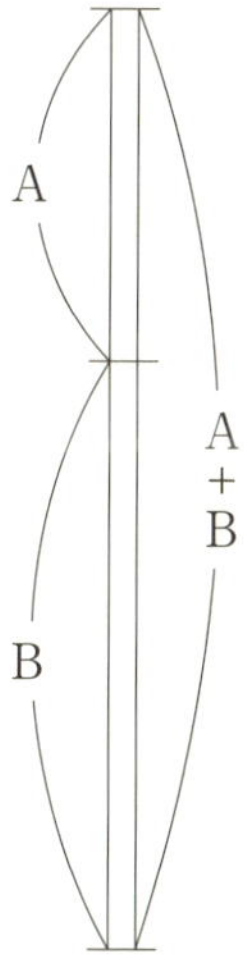

A：B＝B：（A＋B）
＝1：1.618…
≒3：5
≒5：8

◀パリの凱旋門《がいせんもん》
凱旋門の柱には、様々な部分に黄金比が利用されている。

◀ミロのヴィーナス
上半身対下半身の比が、1対1・618…の黄金比になっている。

（写真提供／ユニフォトプレス）

4 近代的思考のかたち 18

このように、僕達は、自然に美しいと思うような形を無意識の中に共有しているのだが、これは、実は、「文章」にも通じることだ。

前置きが長くなったが、ここからが、「講義25 **黄金統括型の文章**」の本題である。

まずは、次のような例文を見てみよう。

＊＊＊

例文X

a 不安とは一体、何だろう。

b 明日の試験のことが心配になったり、一時間後に迫った研究発表や舞台公演がうまくいくかどうかドキドキして、いても立ってもいられなくなるような気持ちになったことのある人は多いだろう。将来への不安で頭がいっぱいになって、夜眠れなくなったことのある人もいるかもしれない。

c 「失敗したらどうしよう」とか、「こうなってしまったらどうしよう」とか、これからの時間の中で起こるかもしれないことを、アレコレと、自分自身で考え込んでしまう。一度、浮かんだ不安のイメージは、なかなか脳を離れない。

d 今、「不安のイメージ」と言ったが、その「イメージ」の正体とは何か。それは、「言葉」である。人間が、言葉を介してしか「ものを考える」ことが出来ない以上、頭をよぎる「不安」のイメージも「言葉によって作られたもの」、さらに言えば、「言葉に過ぎないもの」だ。

e つまり、不安とは、「まだ起こってもいない、言葉だけの妄想」なのであって、そこに、「確実な実体」のようなものは、何もないのである。

f 不意に不安に襲われたら、「まだ起こっていないんだ、言葉だけなんだ」と、その正体を見極めることも必要かもしれない。敵の正体さえ、見極めてしまえば、闘い方も分かる。というか、敵はまだ存在していないのだ。それを確認してしまえば、「敵」に苦しむだけ、精神のロスだということも、気付くことが出来る。

＊＊＊

a文で、「不安とは何か」という論題が提示されている冒頭統括型の文章だが、この論題に対する解答はどこで成されているだろうか。

最終**f**段落ではないことに、着目してほしい。最終**f**段落は、「不安とは何か」という論題の答えではなく、答えを踏まえた上での、発展部分である。

論題の答えは、**e**の部分だ。ずばり、不安の正体について、筆者なりの結論がまとめられている。しかも、「**つまり〜のである文**」のおまけ付きだ。

このように、全体の文章が終わる直前で、結論を統括する文章は非常に多く、最も美しいバランスを持った文章と言える。

これを先に述べた「黄金分割」にちなんで、「**黄金統括型の文章**」と名付けたい。

つまり**例文X**は、**「冒頭統括で論題を提示し、黄金統括で結論を示した文章」**ということだ。

この黄金統括型の組み立ては、例えば、テレビドラマ等にも見られるものだ。一話完結型の推理ドラマを思い描いてみよう。

・まずは何がしかの導入があって、**【導入】**
・やがて事件が起こり、**【論題の提示】**
・あれや、これや、推理され、**【説明部分・本論】**
・犯人が捕まる。**【結論】**

となるわけだが、はたして、ここでドラマは終わるだろうか。犯人が捕まって、すぐに終わる推理ドラマは、あまり見たことがないはずだ。そんなドラマは、終わり方が唐突過ぎて、なんとも余韻のない作品になってしまう。

ほとんどのドラマでは、この**【結論】**の後に五分間程のオマケが付く。例えば、探偵の間抜けな日常の様子等が描かれたり、場合によっては、次の事件を感じさせる**【新展開】**が続く場合もあるだろう。

まさに**黄金統括型**の作劇法である。

例文Xでは、最終**f**段落で、「論題に対する結論（**e**）を踏まえた上での、問題に対する対処法」ということを述べているが、この**f**段落の趣を少し変えて、

f'　そのような妄想に過ぎない「不安」に、僕達は、日々付きまとわれている。この「妄想的不安と生きる」というのも、ストレスの多い現代人の一つの側面かもしれない。

と、感想的な最終段落を付すことも出来るし、

f''　しかし、だからといって、僕達は「不安」から簡単に逃れることは出来ない。僕達が、現在を生きるだけの存在ではなく、近未来をも自分の内側に抱えながら、近未来と共に生きる存在だからだ。

と、新たな論点を提示していくことも出来るだろう。犯人逮捕の後の最後の五分間に、いろいろな作劇法があるのと同様だ。

さて、ここで、**18講**素材文に戻ってみると、この文章も見事な**黄金統括型の文章**であることが分かる。

B　**一旦切り離した自分を、全体のなかに入れ、自分と**

いう存在とのかかわりで考えてみるとどうなるか。なぜ、自分はこのような太陽の運行と関連する地球に住んでいるのか。自分は何のために生きているのか（中略）他ならぬ自分という存在と、太陽とは、どうかかわるか。

といった論題に対して、

H 確かに自然科学によって、自然をある程度支配できるようになったが、それと同じ方法で、自分と世界とのかかわりを見ようとしたため、近代人はユングも指摘するように、貧しい生き方、セカセカした生き方をせざるを得なくなったのである。

と、最終部分の少し手前で、結論を示している。**「譲歩逆接構文（確かに〜しかし構文）」＋「のである文」**という、力強い統括である。

そして、その結論に対して、最終 I 段落で、筆者なりの感想と主張が付け加えられて、文章が締め括《くく》られている。

導入→冒頭統括→黄金統括→発展

というまさに、「黄金パターン」で組み立てられた文章と言える。

素材文の噛み砕き

■ **自然科学の知があまりに有効なので、近代人は誤って、コスモロジーをさえ近代科学の知のみに頼ろうとする愚を犯してしまった（F）**

近代の特徴として、「三つの『つ』」（理屈・効率・技術）を挙げてきた。そして、**16講**では、そのうちの「技術」にポイントを当てた文章を取り上げ、**17講**では、「効率」にポイントを当てた文章を取り上げてきたが、この、**18講**は、「理屈」にポイントを当てた文章である。

18講の素材文では、「理屈」を重視した「近代自然科学の知」が、実は、我々の存在価値を確かめられるようなコスモロジーとはなり得ないと説いている。**「近代批判＝行き過ぎた三つの『つ』批判」**の文章である。

この「行き過ぎた三つの『つ』」の問題を乗り越えるために、**16講**・**17講**・**18講**の文章は、その最終段落で、以下のように述べている。

16講 **K 少なくとも明らかなことは、すでに現代人が「近代」という時代を外から眺め、その理想を客観視できる場所に立っている、ということであろう。**

17講 **J 大切なことは、異世界を理想化することではなく、〈両方を見る〉ということ、方法としての異世界を知ることによって、現代社会の〈自明性の檻《おり》〉の外**

部に出てみるということです。

18講 Ⅰ われわれとしては、自分にふさわしいコスモロジーをつくりあげるべく各人が努力するより仕方がないのである。（中略）しかし、そのことをするための一助として、古来からある神話や昔話を「非科学的」「非合理的」ということで簡単に排斥するのではなく、その本来の目的に沿った形で、その意義を見直してみることが必要であろう。

近代化によって生じてきた累積的で根深い問題に対して、手軽な解決を安易に語ることなどは出来ない。

しかし、三つの文章ともに共通しているのは、「自分達の世界とは違う世界について知ることにより、自分達の世界を外から眺め、客観視する。固定概念に囚《とら》われず、自分達とは違う世界について、簡単に排斥することなく見直す」ということである。

その「知ること」「客観的に視《み》ること」が、「明日の社会の姿（16講）」「ほんとうによい社会の形、生き方（17講）」「自分にふさわしい各人のコスモロジー（18講）」への一助になると、三つの文章は述べている。

19 『西欧近代科学』

村上陽一郎

次の文章を読んで、後の設問に答えよ。（解答は別冊23頁）

A 近代科学は、西欧以外の文化圏には生まれなかった。科学という語は、それ本来の意味では、知識の総体ということである。しかし、現在の慣用的用法によるとすれば、それは、「自然との関わり合い」と同義と考えてよかろう。ギリシア以来の「自然学」〈希 physica〉[*1]の概念が名称として最もふさわしいにしても、現在の「科学」は、「人間と自然との関わり合い」の意味を与えられていると言ってよい。

B しかしながら、「自然との関わり合い」の方式は、決して西欧近代のもののみに限ったわけではあるまい。たとえばインドにはインドの、中国には中国の、日本には日本の、それぞれ「自然との関わり合い」があったはずである。それにもかかわらず、①西欧近代のそれは、みずからを至上のものとして採用することを要求する。

C そうした要求が、もしかして、僭越《せんえつ》なものであるかも知れないということは、すでに気づかれている。いや、そんなことはない、科学は、客観的事実の上に成り立っているのだから、それ以外のあり方は考えられない、という反論は、大いにありそうだが、その反論に対しては、次のように答えたい。実は、次の回答こそ、②私が基本的に貫こうとしている哲学的態度でもあるのである。

D そもそも「客観的事実」とは何か、と再反論してみよう。その前に「事実」とは何か、と訊《き》いてもよい。実は、客観的という形容詞は、「事実」という語の前に使われた場合には、装飾的価値しかもたないのが普通である。「主観的」と「事実」とをつなぎ合わせること自体語義矛盾の感がある。したがって右の二つの問いは、実際上一つのものである。さてこの問いに対して、「事実」とは、あるがまま、観察されたままのことがらである、と答えたとしたら、あまりにナイーヴ[*2]すぎる。

E 第一に、人間の観察は、生理的な限界に縛られている。自然のわれわれへの「現われ」は、われわれの生理的感官の選びとりにほかならない。「もっとほかのようである」かも知れない可能的な自然から、人間の感覚器官は、ある特定の範囲に限局された「現実」を選びとっているにすぎない。しかしこの束縛は、通常の人間にとってアプリオリ[*3]であり、また共通であると言われるかも知れない。あるいはそうであろう。そこにも問題はある。なぜなら、その束縛が「共通」であるか否かは、人間どうしの間の意見伝達《コミュニケーション》に依存しており、コミュニケーションの媒介手段である言語にも、後に述べるような束縛があるからである。しかし、その点は、ここで素通りしておいてもよい。ポイントは、最もプリミティヴ[*4]な意味で、「事実」とは、まず、人間の感官の束縛領域の外に出られない、という点を認めてもらえばそれで充分なのである。

F 第二に、通常の人間の生理的条件が同じだとして、つまり共通の感官に束縛されているとして、その共通性のゆえに、すべての事実は、すべての人間にとって共通であろうか。明らかに、そうではない。健全な視覚を備えた二人の人間がいたとして、その眼前にプロジェクターを通して一枚のスライドが写されている。そのスライドには、美しい紋様が現われている。一方の人間はヴェテランの医師であり、彼は、その紋様を、恐ろしいペスト菌と見ている。もう一方の人間は、顕微鏡や染色技術にはまったくうとい人物で、スクリーン上の紋様を、超現代派の絵画の一種と見ている。この二人の視覚、網膜上の昂奮《こうふん》の状態はあるいはほとんど完全に同じであるかも知れない。しかし、この二人にとって、眼前の「事実」は、明らかに違っている。

G この例は、二つのことを暗示している。第一は、「事実」なるものには、「知識」が影響を与えるということであり、第二には、「事実」には、「コンテクスト」も影響を与える、ということである。第一の点は説明するまでもなかろう。ヴェテランの医師の知識と素人の医学上の知識の相違が、上例の二つの事実の発生する原因である。上例では「事実」は一つしかない、素人の見た「事実」は実は「事実」ではない、と言われる方があるとすれば、それは、私のレトリッ[*5]クにひっかかった方である。その点は、第二の「コンテクスト」の問題に関連する。まったく同じスライドを、美術展覧会場で、プロジェクターをどこかに隠して、額縁のなかのキャンヴァスに投影したとしたらどうなるか。ヴェテランの医師も、素人と同じようにそれを見るかも知れない。つまり、われわれの「事実」は、どのような文脈で観察するか、という点に強く縛られているのである。それでもなお、プロジェクターやスライドやペスト菌にこだわる方は、まさに、そういうおぜんだて（つまりはコンテクスト）があったときには、それを「ペスト菌」であると見る、という「知識」を備えた方なのであり、「事実」が、コンテクストと知識とに厳しく支配されていることを、身をもって示していて下さる方なのである。

H こうして、「事実」は、それを受け取る人間の置かれた「内的状態」すなわち「知識」と、「外的状態」すなわち「コンテクスト」とに依存する。このことは、観察ということが、単に、ある人間の網膜にある刺激が与えられて昂奮が起こった、ということを意味するものとして捉えられるべきではなく、端的にその人間の総体としてしか捉えられない、ということをはっきり示している。（中略）

I 第三には、言語のもつ束縛がある。「事実」は、観察されただけでは、まだ私的体験である。それは、何らかの伝達手段を使って言表されなければならない。その最も精妙な手段が言語であることは言を俟《ま》たない。しかしその伝達手段は、逆に「事実」そのものに鋳型を与え、規制し、束縛することも認めねばなるまい。（中略）

J よく知られている事実だが、語彙の少ないことで著名なイヌイット[*6]には、雪の状態に関して、われわれよりはるかに多くの表現があって、われわれには区別がつかないような微妙な差違を言い表わすことができる。そうしたことばをもったイヌイットとわれわれの間に起こる、雪についての「事実」の相違は、おのずから明らかであろう。

K このように考えてくると、③「事実」というものは、幾重にも、さまざまな枠組みによって束縛されていることがわかるであろう。

L 多少結論めいた言い方をすれば、「事実」とは「事実」の世界への可能性として存在する「自然」から、人間が、さまざまな枠組み、型、鋳型をあてがうことによって選びとり、可能的多様体を現実的単様体へと収斂《しゅうれん》させることによって造り出されるものである。「事実」とは、そうしたやり方で選びとられたものであり、選びとるための枠組み、鋳型に従って、変化するのである。

M この結論は、別段目新しいものではなく、デュナミス[*7]とエネルゲイアを区別したアリストテレスの昔から、繰り返し繰り返し、いろいろな形で語られてきた哲学的態度である。それをあらためてここで確認した理由は、自然科学が「客観的」で、それ以外には「自然との関わり合い方」があり得ない、という反論に対する再反論の根拠をそこに見出したかったからにほかならない。

N つまり、近代自然科学というのは、上に述べた意味で、一つの枠組み、一つの鋳型であって、われわれは、そうした枠組み、鋳型を使って、④可能的多様体としての自然から、一つの「事実」の世界を選びとり、構築し、それを「現実」の世界として、その上に「自然科学的世界像」を打ち建てているのである。

注

＊**1** 希……希臘（ギリシア）の略称。
＊**2** ナイーヴ……単純・無邪気。
＊**3** アプリオリ……発生的意味で生得的なもの。ラテン語の哲学用語。
＊**4** プリミティヴ……原始的、原初的、素朴。
＊**5** レトリック……修辞、美辞、巧言。
＊**6** イヌイット……グリーンランド・カナダ・アラスカ・シベリア東端部の極北ツンドラに居住する民族。
＊**7** デュナミスとエネルゲイア……ギリシア語。可能的なもの（デュナミス）が現実的なもの（エネルゲイア）へと発展すると考えた。

［素材文は立教大学より出題］

◆**問一** D段落からK段落の組み立てを図示した時、次の中から、最も適切なものを選び、記号で答えよ。

ア

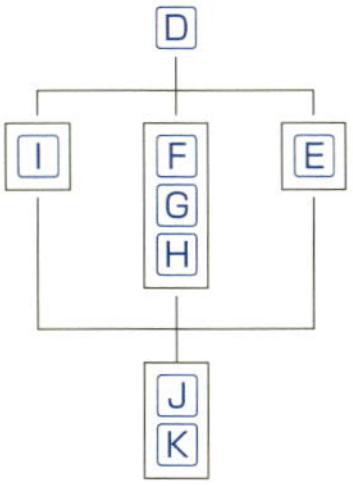

イ

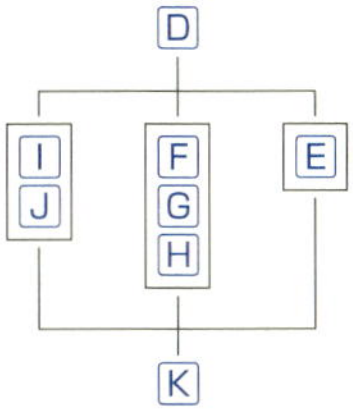

ウ

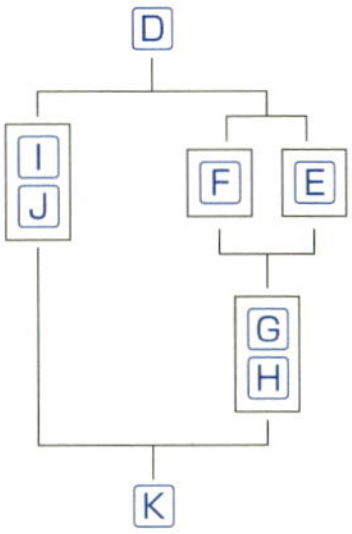

エ

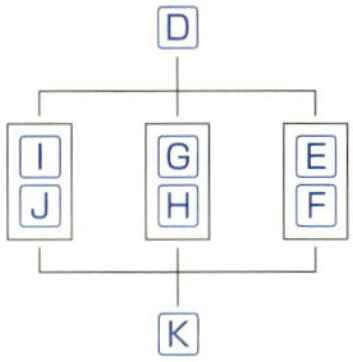

◆**問二** 傍線部①「西欧近代のそれは、みずからを至上のものとして採用することを要求する」とあるが、それはなぜか。六十字以内で説明せよ。

◆**問三** 傍線部②「私が基本的に貫こうとしている哲学的態度」とはどのようなものか。百二十五字以内でまとめよ。

◆**問四** 傍線部③「『事実』というものは、幾重にも、さまざまな枠組みによって束縛されている」とあるが、どのようなことか。百字以内で説明せよ。

◆**問五** 傍線部④「可能的多様体としての自然」とは、どのようなことか。三十五字以内で説明せよ。

（◆は本書のオリジナル問題）

素材文　筆者紹介

村上陽一郎（むらかみ　よういちろう）1936年生まれ。科学史家・科学哲学者。東京大学名誉教授。安全学（社会的・人間的な側面も含めて、安全問題とその対処法を分析する学問）という言葉を作ったことでも知られる。主な著書に『ペスト大流行―ヨーロッパ中世の崩壊』（岩波書店）、『人間にとって科学とは何か』（新潮社）等がある。

素材文の読みほどき

■ 講義26 「のである文」の統括範囲を考える

今回の 19講 素材文に含まれている「のである文」は以下の六文である。

C 実は、次の回答こそ、私が基本的に貫こうとしている哲学的態度でもあるのである。

E ポイントは、最もプリミティヴな意味で、「事実」とは、まず、人間の感官の束縛領域の外に出られない、という点を認めてもらえばそれで充分なのである。

G ①つまり、われわれの「事実」は、どのような文脈で観察するか、という点に強く縛られているのである。

G ②それでもなお、プロジェクターやスライドやペスト菌にこだわる方は、まさに、そういうおぜんだて（つまりはコンテクスト）があったときには、それを「ペスト菌」であると見る、という「知識」を備えた方なのであり、「事実」が、コンテクストと知識とに厳しく支配されていることを、身をもって示していて下さる方なのである。

L 「事実」とは、そうしたやり方で選びとられたものであり、選びとるための枠組み、鋳型に従って、変化するのである。

N つまり、近代自然科学というのは、上に述べた意味で、一つの枠組み、一つの鋳型であって、われわれは、そうした枠組み、鋳型を使って、可能的多様体としての自然から、一つの「事実」の世界を選びとり、構築し、それを「現実」の世界として、その上に「自然科学的世界像」を打ち建てているのである。

いずれも、強い統括（まとめ）を表す文末だが、この六文を比較してみると、文章全体の中で、どの部分を統括しているか、その勢力範囲の大小に違いがある。それぞれの「のである文」について、文章中での役割を確認してみよう。

・C の「のである文」
　…D段落からL段落の内容を、「論題提示」の形で冒頭統括している。

・E の「のである文」
　…E段落で挙げた「第一の例」を末尾統括している。

・G ①の「のである文」
　…F段落で挙げた「第二の例」は、さらにG段落で、二つに細分化されるが、その細分化された、二つ目の例について、統括している。

・G ②の「のである文」
　…F・G段落で述べてきた「第二の例」全体について、末尾統括している。

・L の「のである文」

：D段落で挙げられた「客観的事実とは何か」という問に対する結論として、D～L段落を大きく末尾統括している。

・Nの「のである文」

：B段落で示された「『自然との関わり合い』の方式は、決して西欧近代のもののみではない」という論題に対して、B～M段落で語られてきた内容全体を、最も大きく末尾統括している。

以上を図示してみよう。

このような「マトリョーシカ構造（講義7 42頁参照）」の中で、それぞれの「のである文」が、大小に統括しているわけだ。

Cの「のである文」とLの「のである文」が、冒頭統括と末尾統括の形で、ぴったりと表裏の関係になっていることや、Eの「のである文」と、G②の「のである文」が、それぞれ、第一の例・第二の例を統括した、同じような勢力範囲を持つ「のである文」であること等を確かめてほしい。

そして、以上の全体を大きく、Nの「のである文」が統括しているという形になっている。

■ 復習　並列電池型文章

講義23（131頁参照）で、「**並列電池型の文章**」ということを述べたが、今回の**19講**素材文の、D段落からK段落を利用して、復習してみよう。

段落冒頭の、「第一に（E）」「第二に（F）」「第三に（I）」が、組み立てを見通す指標になっているので分かりやすい。

注意しなくてはならないのは、G段落の中にもある「第一は・第二には」であるが、これは、「Fで述べた第二の例」の下位分類としての「第一・第二」であるので、全体の組み立てを考えると、次頁のようになるだろう。

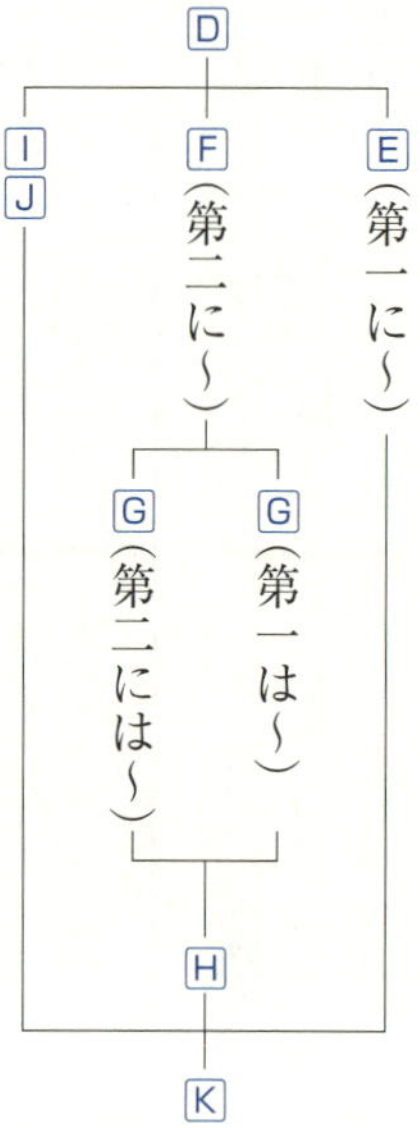

並列型の中に、また小さな並列型が組み込まれている回路である。

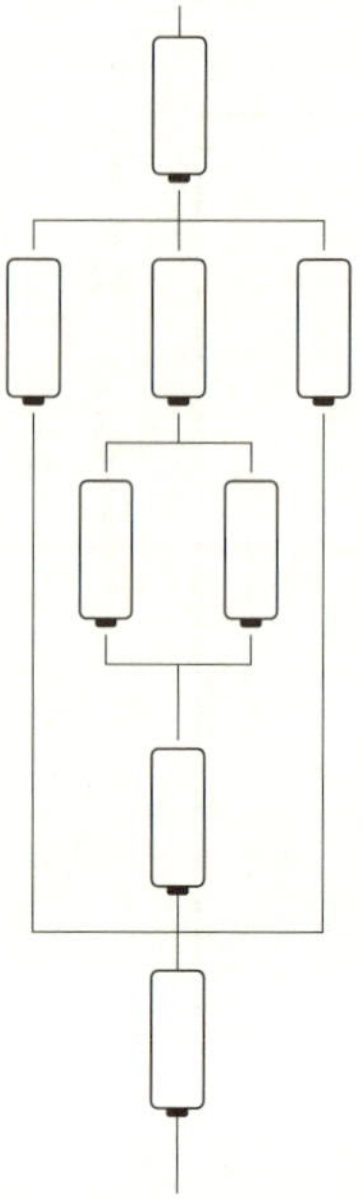

このような組み立てと、講義26（154頁参照）で述べた「のである文」が統括する勢力範囲とを照らし合わせながら、論理の流れをしっかりと摑《つか》むようにしよう。

素材文の噛み砕き

■科学は、知識の総体のことであり、「自然との関わり合い」と同義である（A）

筆者の言う「『科学』が『自然との関わり合い』と同義である」という意味合いが少し分かりにくいかもしれない。これとは逆に、「科学」は「自然」を破壊し、「自然」と対立するものとして捉える見方の方が、良く目にするものだと思う。そのような見方に慣れている諸君は、「『科学』が『自然との関わり合い』と同義である」という表現は違和感を感じたことだろう。

しかし、ここで筆者の言う「自然との関わり合い」の「関わり合い」とは決して「調和」という意味ではない。「自然」をどう捉え、理解するか、といった「関わり合い」であり、「自然」を対象にした知識の体系・技術の体系のことである。

「太陽はどのように運行しているのか」を科学的に理解しようとするのも「自然との関わり合い方」だし、ダムを建築して治水しようとするのも、「自然との関わり合い方」の一つである。

君達が学習している「物理・化学・生物・地学」等は、あわせて「自然科学」と言われるが、この語も、「人間を取り巻く様々な現象＝自然」に対して、「科学的に関わって理解しようとする学問」という意味だ。

■ 近代自然科学は、可能的多様体の自然に対する一つの見方に過ぎない

筆者は、「近代自然科学」を「可能的多様体の自然に対する一つの見方に過ぎない」と述べる。

しかし、そうは言っても、やはり「近代自然科学」の「知」に絶対的な優位を置いてしまう君もいるかもしれない。

一度、徹底的に慣れきってしまった見方からは、なかなか離れがたいし、それ以外の見方は、まるで見えなくなってしまうのが人間の常だ。

例えば、下の**A図**を見てみよう。

何に見えるだろうか？「古い地図かな」「犬が走っている？」「何かの細胞写真？」

いろいろな見え方が出来るだろう。そして、どの見え方も、絶対的な正解ではないし、それらには優劣も正誤もないはずだ。むしろ、**A図**の模様は、一つの見方に限定されない「なにか、もやもやとしたもの」である。

【A図】

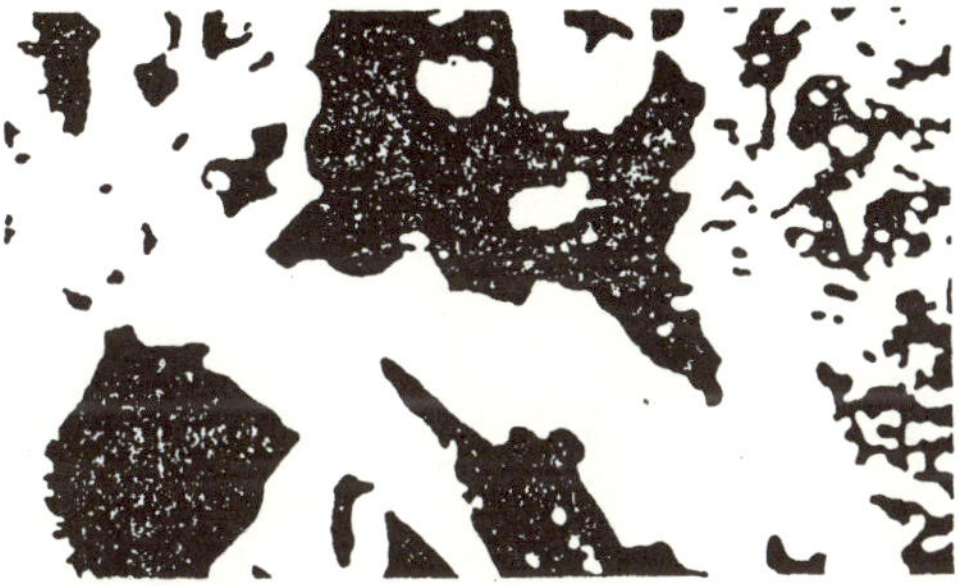

▲『新版　パラダイム・ブック』C＋Fコミュニケーションズ編（日本実業出版社）

この「なにか、もやもやとしたもの」が、筆者の言う「可能的多様体としての自然」だ。

ぜひ、ここで、今、君の見ている「なにか、もやもやとしたもの」のイメージを覚えておいてほしい。

ここで、159頁の**B図**を見てみよう。長い髭《ひげ》を生やした老人のような顔が描かれている。そして、**B図**を見た後に、また、この**A図**に戻ってみよう。

さっきまでは、「なにか、もやもやとしたもの」にしか見えなかった**A図**の中から、はっきりと「長い髭を生やした老人」の姿が見えることだろう。

ここで、僕が言いたいのは、「答えが分かって良かったね」ということでは全くない。むしろ、その逆、「一つの見方しか出来なくなってしまったね」ということだ。

君は、さっきまで見えていたはずの「なにか、もやもやとしたもの」をもはや見ることは出来ないだろう。「古い地図」にも「犬」にも「細胞写真」にも見えない。

あまりに整理整頓された分かりやすい枠組みが鋳型になって、君は、もはやたった一つの見え方しか出来なくなってしまったということだ。

この**B図**が、「近代自然科学的枠組み」だと思えば良い。

A図を、「古い地図のようなもの」とか、「犬が走っているように見える」とか、「いや、もやもやとした模様だ」と見るのと、「髭面の老人だ」と見ることに優劣はないはずだ。

しかし、僕達は「髭面の老人」という見方を、「他より優れた、たった一つの見方」と決め付けてしまいかねない。

このA図を利用して、さらに素材文の他の部分を詳しく説明することも出来る。

筆者は、事実を観察する際には、「**観察者の生理的限界**」や「**観察者の知識・周囲の外的状況（コンテクスト）**」や「**言葉の枠組み**」が影響すると言う（E～H）。

例えば、**A図**を極度に縮小してみる。

【極小A図】

これは、もはやいくつかの点にしか見えないはずだ。「もやもやとした模様」にも「古い地図」にも「髭面の老人」にも見えない。同じ事実（大きさは違うが）が、観察者の視力という生理的限界の影響を受けてしまったということだ。

また、「ここには髭面の老人が描かれている」という知識を持った観察者と、その知識を持たない観察者とでは、同じ**A図**が違って見えるわけだし、知識を持たない観察者であっても、周囲の人間が「髭面の老人が見えるよ。すごいよ」等と言いまくっていたら、ひょんなことから、老人が見えてしまうかもしれない。事実の認識が、観察者の知識や外的要因（コンテクスト）に影響を受けたわけだ。

また、「髭」とか、「老人」とか、「顔」とか、そういう言葉を持たない乳児にとっては、**B図**もまた、単なる「もやもやとしたもの」にしか見えないわけで、となると、いくら**B図**を見た後であっても、**A図**から「髭面の老人」を見出すことは出来ないだろう。「そのものを指す言葉がないと、そのものがあっても見えないことがある」というのは、第一章「言語と思考」でも、述べたことである。「言葉」が、「事実」の観察に影響を与えてしまうということだ。

このように、「**『事実』というものは、幾重にも、さまざまな枠組みによって束縛されていることがわかる**（K）」のである。

■コンテクスト

現代評論に、頻出する語なので、詳しく理解しておこう。

「コンテクスト」とは、場の状況・文脈等、情報（テクスト）に影響を与える外的要因のことである。

例えば、同じ「猫」という語でも、「猫を飼うことにした」と「猫をかぶる」とでは、全く違う意味になる。文脈（コンテクスト）が、「猫」という情報（テクスト）に影響を与えたのである。例えば、同じ「バカ」という言葉でも、恋人同士が、いちゃいちゃしている「場の状況（コンテクスト）」では、ちょっとしたからかい、場合によっては愛情表現にもなるだろうが、恋人同士が大ゲンカしている「場の状況（コンテクスト）」では、相手をののしる怒りの言葉になる。「場の状況（コンテクスト）」が、「バカ」という「情報（テクスト）」に影響を与えたのである。

このように、すべての情報は、コンテクストの影響を受ける。むしろ、コンテクストなしでは、どんな情報も成り立たないと考えた方が良いだろう。

【B図】

▲『新版 パラダイム・ブック』C＋Fコミュニケーションズ編（日本実業出版社）

20 『ポスト・プライバシー』

阪本俊生

次の文章を読んで、後の設問に答えよ。（解答は別冊24頁）

A そもそも、人間はつねに自分が何者であるかを求める存在だともいえる。ただし、近代になるまで、あるいは近代のある時代までは、個人が何であるかは社会によってかなり動かし難く規定されていた。そのような社会では、自分のことを証明する必要はない。だが近代化とともに個々人のあり方の流動性が高まり、個人は自らの存在証明を強く求めざるをえなくなってきた。

B おそらく近代以前の社会では、個々人が自ら〈私づくり〉をすることなどまったく想像もつかなかっただろう。いずれの文化圏でも、前近代の人びとは、生まれやしきたり、世襲などの伝統的な制度や規範、慣習に縛られていて、個人のあり方もかなりの程度は規定されていた。①この時代に生活していた人びとにとって、自らのアイデンティティをつくりだすことには、今日では到底考えられないほどの制約があったに違いない。つまり、個人に〈私づくり〉の*イニシアティヴなど、ほとんど求めようもなかったはずである。

C だが近代になると、個人にとっての〈私〉は、生まれつき決められたものから、自分の手でつくりだすものへと変わっていく。個人のアイデンティティは、生得的なものから獲得的なものになった。個人はそれぞれ自分の手で、自らの個性や人格、イメージやアイデンティティをつくり、それを他人に向けて自己表現として示し、維持しようとするようになった。このとき②個人の自己アイデンティティは、その個人自身の自由裁量の問題、あるいはプライベートな問題となる。

D だがそうなると、今度は個人が自らのアイデンティティを自分の手で守らなければならなくなる。そして、自家製の〈私〉の不安定さや脆弱《ぜいじゃく》さに悩まされるようになった。そのような〈私〉は、いつ他人から否定されるかわからない。これに対抗して、その〈私〉が一定の信頼を獲得するには、個人は自らの一貫性を主張するしかない。自己を特権的に制御できる近代の〈個人〉は、「自己が過去・現在・未来を通じて同じもの＝「この私」でなければならない」のである。

E かくして個人の自分自身に関する超越的な特権性は、個人が自己の一貫性・同一性を引き受けることを意味していた。ところが人間は、現実にはそれほど一貫した行動をとりうるものでもなければ、生き方を変えることさえありうる。その一方で、自己の首尾一貫性のイデオロギーのもとでは、こうしたルールに反すること、つまり個人が矛盾する行動をとったり、生き方や性格を変えたりすることは、個人の自己そのものを揺るがすことになる。このような近代の個人の自己の脆弱性こそが、プライバシーへの希求が生まれてくる産屋となった。そして実際、プライバシー問題の大半は、多かれ少なかれこの自己の脆弱性とかかわってきたのである。たとえば、個人が自らの人生なかばでやり直し（いわば変身）をはかったとき、その人が変わる以前の人生は、その人の現在の自己を揺るがすがためにその人にとってのプライバシーになるのである。

F　イギリスの社会学者アンソニー・ギデンズの言い方を借りれば、私たちが歩む人生のストーリーは、かつては大筋で社会によって決められていた。だが近代になると、私たちは自分自身でそれを考え、また自らの経験や知識、人との出会いなどを通じて、制作していかなければならない存在となった。

G　近代では、私たちそれぞれが自分の人生のシナリオライターとなる。そしてそれが現実のものになるか、途中で変更を余儀なくされるか、あるいはそのつどどのように書き換えていくかは、個人自身の能力や機会、偶然のチャンスや出会いなどにかかっている。そして個人は、そのつど、自らの知識と反省によって、自分自身で自己を再構成しながら人生を歩んでいく。ギデンズはこれを再帰的な自己と呼ぶ。近代で自己とは、いわば再帰的なプロジェクトになったのである。

H　ギデンズは、このような自己について、セラピストのジャネット・レインウォーターの記述をまとめながら次のようにいう。「自己は再帰的プロジェクトであり、個人はその責任を負っている。私たちは私たち自身が現にそれであるものではなく、私たちが私たちから作り上げているものである」。このような自己の感覚は頑強である一方で、脆弱でもある。なぜなら、それは「一つの『ストーリー』にすぎず」、「語りうる他の多くのストーリーが存在するからである」。にもかかわらず、個人は自分が決めた、そのなかのある一つのストーリーを演じきらなければならない。そのためには自己のストーリーとは矛盾するストーリーを隠しておく必要に迫られる。そうでなければ、自己のストーリーそのものに他人からの疑いの目が向けられ、否定されかねないからだ。個人のイメージを損なうようなスキャンダルや私生活の暴露は、その典型例である。

I　これは、単に他人が自分の自己を信じなくなるというだけの問題ではない。近代の自己の脆弱さには、個人自らも自分自身のなかにある複数のストーリーをもてあましてしまうという問題もある。イギリスの精神科医ロナルド・D・レインによれば、「自己のアイデンティティとは、自分が何者であるかを、自分に言って聞かせる物語」である。だが自らが選択した自己のストーリーが否定される社会状況では、他人がそれに対して不信の目を向ける以前に、個人は自分自身でも他人からの不信を意識するようになる。そのために自分が他人に見せるアイデンティティを自分自身に納得させ、自分との折り合いをつけて他人の前に出て行くことに困難を感じたりもする。ベンなどが指摘するように、プライバシー侵害にあった個人の苦悩とは、つきつめれば個人自身の自らへの疑いの苦悩、すなわち自己意識の問題でもあるのだ。

［素材文は早稲田大学より出題］

注 ＊イニシアティヴ……主導権。

◆**問一** 傍線部①「この時代に生活していた人びとにとって、自らのアイデンティティをつくりだすことには、今日では到底考えられないほどの制約があった」とあるが、そのことが分かるような具体例を自分で考え、五十字以内で答えよ。

◆**問二** 傍線部②「個人の自己アイデンティティは、その個人自身の自由裁量の問題、あるいはプライベートな問題となる」とは、どのようなことか。八十字以内で説明せよ。

◆**問三** 近代社会において、「プライバシーの保護」を、人々はなぜ求めるのか。百五十字以内で分かりやすく説明せよ。

素材文　筆者紹介

阪本 俊生（さかもと としお）１９５８年生まれ。南山大学経済学部教授。社会学、経済社会学、消費社会論、プライバシー論を専門とし、多様な個人情報管理の発達と社会生活の変容を研究する。主な著書に『ポスト・プライバシー』（青弓社）、『プライバシーのドラマトゥルギー――フィクション・秘密・個人の神話』（世界思想社）等がある。

（◆は本書のオリジナル問題）

素材文の読みほどき

■講義27　逆接の接続詞の後に注目してみる

以下の二つの例文を見てみよう。

例文a　雨は降りやまなかった。しかし、運動会は決行された。

例文b　運動会は決行された。しかし、雨は降りやまなかった。

どちらも情報量は同じである。「運動会の決行」と、「雨天という天候」の二つの事実が述べられている。しかし、**例文a**と**例文b**では、読んだ後、君に印象に残る情報は全く違うはずだ。

例文aからは、例えば、雨天の中、グラウンドを走り回っている生徒達の姿が思い浮かぶだろう。一方、**例文b**からは、いつまで降るのかなあと残念に思いながら、雨天を見上げる語り手の様子や、暗い空から降る雨粒の様子が思い浮かぶのではないだろうか。

いずれも、逆接の接続詞に続く後半部分が強調されて、読者に届いていることを示している。

逆接の接続詞は、単に「その前半から想定される順当な内容とは、逆の内容が後続部分に続く」ことを表すだけではない。**その後続部分を強調して、読者・聞き手に届ける役割・効果も持っている。**

例えば、それまで、一般的な政治的主張を述べていた選挙候補者が、突然、「しかーし」と、大声で言って、その後に独自の政治的主張を強く訴える、そんな感じだ。

20講素材文では、この逆接の接続詞に着目することが、読解の上で非常に有効な指標となる。本文の中から、**逆接の接続詞**が使われている部分を拾い上げてみよう。

A　だが近代化とともに個々人のあり方の流動性が高まり、個人は自らの存在証明を強く求めざるをえなくなってきた。

C　だが近代になると、個人にとっての〈私〉は、生まれつき決められたものから、自分の手でつくりだすものへと変わっていく。

D　だがそうなると、今度は個人が自らのアイデンティティを自分の手で守らなければならなくなる。

E　ところが人間は、現実にはそれほど一貫した行動をとりうるものでもなければ、生き方を変えることさえありうる。

F　だが近代になると、私たちは自分自身でそれを考え、また自らの経験や知識、人との出会いなどを通じて、制作していかなければならない存在となった。

H　にもかかわらず、個人は自分が決めた、そのなかのある一つのストーリーを演じきらなければならない。

4 近代的思考のかたち 20

[一]**だが自らが選択した自己のストーリーが否定される社会状況では、他人がそれに対して不信の目を向ける以前に、個人は自分自身でも他人からの不信を意識するようになる。**

どうだろう。筆者の主張の骨子が、「**だが・ところが**」の後続部分に展開していることが、よく分かるはずだ。

■素材文の読みほどき　まとめ（第一章〜第四章）

本書の前半を終えるにあたり、講義1〜講義27で述べてきたポイントのうち、特に重要なものを以下にまとめる。どんな文章を読む場合にも、有効な指針となるはずだ。常に意識しながら、文章を読み進めてほしい。

- **「のである文」に着目する。** ⬇最強：「すなわち・つまり〜のである」
- **文章の組み立てを意識する。** ⬇並列電池型文章⟷直列電池型文章
- **マトリョーシカ構造を見抜く。**
  ⬇大きな組み立ての中に、小さな組み立てがある
- **統括の仕方に着目する。** ⬇「冒頭統括型」「黄金統括型」等
- **接続語に着目する。**
  ⬇同格の接続詞「すなわち・つまり」＝短くまとめる
  ⬇逆接の接続詞「しかし・ところが・だが」＝後続部分を強調する
- **譲歩逆接構文に着目する。** ⬇「確かに〜しかし」等
- **一般論に対する異の唱え方に着目する。**
- **二項対立型文章や、止揚型結論に着目する。**
  ⬇逆説的発想（「急がばまわれ」的な発想）等

素材文の噛み砕き

■アイデンティティとは

アイデンティティ（identity）は、「自己同一性」「自我同一性」等と訳されることが多いが、詳しく言えば、「自分が自分であるということ」「自分らしさ」「自分の存在証明」「自分の存在意義」といったニュアンスの語だ。

「現代の若者はアイデンティティの確立が求められる」「現代人はアイデンティティの喪失の危機にある」等の文脈で、現代評論では、頻出する語である。

身分証明書のことを、英語では、「identity card」と呼ぶ。「自分が自分であることを証明する書類」ということだ。

書類等で、君を君として証明するのは、外面的具体的な証明であり、比較的容易だろう。しかし、内面的な心の問題として、「君が君であることの中心」を君自身、確信できるかどうか……これが、アイデンティティの問題である。

アイデンティファイ（identify）という動詞も覚えておこう。「他と区別する」「それがそれであると証明する」「それがそれであると確認する」といった意味だ。

君が、他の誰でもない、君でしかないという確信を持ち、自分に対しても、他者に対してもそれを示す（アイデンティファイする）ことができるかどうか……現代人が直面する問題として、多くの評論文で問われることである。

■ 近代化とアイデンティティの危機

第三章で「現代社会」の諸相を述べた。第四章では「現代社会の問題点の根」として、「近代社会の思考のかたち」について述べた。この二章のまとめに、以下の文章を読んでみよう。入試素材文としては、近畿大学で利用されたものだ。

『感覚の幽い風景』　鷲田清一

電車のなかで半数以上のひとが、だれに眼を向けるでもなく、うつむいて携帯電話をチェックし、指を器用に動かしてメールを打つシーンに、もうだれも驚かなくなった。だれかと「つながっていたい」と痛いくらいにおもうひとたちが、たがいに別の世界の住人であるかのように無関心で隣りあっている光景が、わたしたちの前には広がっている。（中略）

だれかとつながっていたいというのは、じぶんがそのひとに思いをはせるだけでなく、そのひともまたいまじぶんのことを思ってくれているという、そういう関係のなかに浸されていたいということだ。

寂しいから、とひとは言う。だが、寂しいのは、じぶんがここにいるという感覚がじぶんがここにいるという事実の確認だけでは足りないからである。ひとがもっとも強くじぶんの存在をじぶんで感じることができるのは、褒められるのであれ貶《けな》されるのであれ、愛されるのであれ憎まれるのであれ、まぎれもない他者の意識の宛先としてじぶんを感じることができるときだろう。「ムシられる」（無視される）ことでひとが深い傷を負うのは、じぶんの存在がまるでないかのように扱われるからであり、じぶんのこの存在がないことを望まれていると感じるから、そういう否定の感情に襲われるからだ。だれからも望まれていない生存ほど苦しいものはない。老幼を問わず。

唐突にとおもわれるかもしれないが、近代の都市生活というのは寂しいものだ。「近代化」というかたちで、ひとびとは社会のさまざまなくびき、「封建的」といわれたくびきから身をもぎはなして、じぶんがだれであるかをじぶんで証明できる、あるいは証明しなければならない社会をつくりあげてきた。すくなくとも理念としては、身分にも家業にも親族関係にも階級にも性にも民族にも囚われない「自由な個人」によって構成される社会をめざして、である。「自由な個人」とは、彼／彼女が帰属する社会的なコンテクストから自由な個人のことである。そして都市への大量の人口流入とともに、それら血縁とか地縁といった生活上のコンテクストがしだいに弱体化し、家族生活も夫婦を中心とする核家族が基本となって世代のコンテクストが崩れていった。さらに社会のメディア化も急速に進行し、そうして個人はその神経をじかに「社会」というものに接続させるような社会になっていった。いわゆる中間社会というものが消失して、個人は「社会」のなかを漂流するようになった。

社会的なコンテクストから自由な個人とは、裏返していえば、みずからコンテクストを選択しつつ自己を構成する個人ということである。じぶんがだれであるかをみずから決定もしくは証明しなければならないということである。言論の自由、職業の自由、婚姻の自由というスローガンがそのことを表している。けれども、そういう「自由な個人」が群れ集う都市生活は、いわゆるシステム化というかたちで大規模に、緻密に組織されてゆかざるをえず、そして個人はそのなかに緊密に組み込まれてしか個人としての生存を維持できなくなっている。つまり、じぶんで選択しているつもりでじつは社会のほうから選択されているというかたちでしかじぶんを意識できないのだ。社会のなかにじぶんが意味のある場所を占めるということが、社会にとっての意味であってじぶんにとっての意味ではないらしいという感覚のなかでしか確認できなくなっているのだ。そこでひとは「じぶんの存在」を、すこし急《せ》いて、わたしをわたしとして名ざしする他者との関係のなかに求めるようになる。すでに述べたことだが、わたしの存在は他者の意識の宛先となっているというかたちで、もっともくっきり見えてくるものだからである。こうして私的な、あるいは親密な個人的関係というものに、ひとはそれぞれの「わたし」を賭けることになる。近代の都市生活とは、個人にとっては、社会的なもののリアリティがますます親密なものの圏内に縮められてゆく、そういう過程でもある。

現代の都市生活者の存在感情の底にあまねく静かに浸透してきているようにおもわれる「寂しさ」、それが、いま、だれかと「つながっていたい」というひりひりとした疼《うず》きとなって現象しているのではないだろうか。ケータイはその意味できわめて現代的なツールだ。だれかとの関係のなかで傷つく痛みのほうが、身体のフィジカルな痛みよりも、よほどリアルだという、そういう〈魂〉の光景が、そこに映しだされているようにおもう。

第五章

人間を洞察する

21 小坂井敏晶『責任という虚構』
22 日高敏隆「代理本能論」
23 中村雄二郎『哲学の現在』
24 鷲田清一『思考のエシックス—反・方法主義論—』
25 山崎正和『文明の構図』

21 『責任という虚構』

小坂井敏晶

次の文章を読んで、後の設問に答えよ。（解答は別冊25頁）

A 自分のことは自分自身が一番よく知っていると言う。しかしこの常識は事実からほど遠く、一種の信仰にすぎない。次のような簡単な実験を考えよう。靴下の展示スタンドをスーパーマーケットに設置し、通りかかる買物客に声をかけ、市場調査という口実の下に商品の質を評価してもらう。スタンドには見本として靴下が四本吊《つ》るしてある。実は靴下はすべて色・形・寸法・肌触りなどまったく同じものだ。しかしこの舞台裏は買物客に伏せておく。

B 普通に考えるならどの商品も同じ評価になるはずだが、実験では右側の商品ほど高い評価を受けた。さて「最も良質」の靴下が選ばれたところで、その理由を尋ねた。すると、こちらの方が肌触りがいいとか、丈夫そうだなどという、もっともらしい理由は返ってくるが、商品の位置に言及する買物客は皆無だった。選んだ靴下が単に右側にあったからではないかと尋ねても、そんな不合理な理由で選ぶはずがないという返事しか得られない。右側に吊るされた靴下が好まれた原因は不明だが、それはここでの問題ではない。何らかの情報が無意識に判断に影響する事実だけ確認しておこう。虫の知らせとか勘が働くなどと言うが、これも同様の現象だ。外部情報の影響を受けるが、その過程が意識されないために超自然現象と勘違いするのである。

C ①人間の主体性を吟味する意味で、サブリミナル・パーセプション（閾下《いきか》知覚）についても簡単に押さえておこう。一〇〇〇分の何秒という非常に短い時間だけ文字や絵を見せると、被験者は何を見たのかわからないだけでなく、何かを見たという意識さえ抱かない。三人（そのうち二人はサクラAとB）に参加してもらい、非常に短い時間だけ詩を見せるから、詩の作者が男性であるか女性であるかを当てて欲しいと依頼する。しかし実際には詩ではなく、サクラ二人のうちどちらか一人（例えばA）の写真を見せる。その後で、「見せられた詩」（実際にはサクラAの写真しか見ていない）の作者の性別について討論させる。サクラAは詩人が男性に違いないと主張し、サクラBは女性だと答える。タキストスコープ（瞬間露出器）による短時間（一〇〇〇分の四秒）の提示なので、何かを見たという意識さえ生じない。それでも無意識的情報が人間の判断を左右し、サクラAの意見に被験者は影響を受ける。つまり詩だと偽ってサクラAの写真を見せると、Aの言う通り、詩人は男性だと判断する傾向がある（サクラAとBを入れ替えても、詩人の性別を男性と女性を入れ替えても結果は同じ）。

D もう一つ例を挙げよう。簡単な図形Aを一〇〇〇分の一秒間だけ被験者に見せ、それを五回繰り返す。投影時間が短いので何かを見たという感覚さえ被験者には生じない。その後、まだ見せてない図形Bを先ほどの図形Aの横に並べて二枚を同時に今度はゆっくりと一秒間投影する。その上で、どちらの図形を前に見たか判断せよと指示する。当てずっぽうだから、ほとんど当たらない。次に質問内容を少し変えて、二つの図形のうちどちらが好きかと尋ねてみた。すると見た意識さえないのに、初めに見せられた図形Aをより高い確率で選ぶ傾向が現れた。

E　閾下知覚の効果はかなり長い期間持続する。先の図形認知判断で当たる確率は時間の経過につれて低下する。しかし好感度判断に関しては、瞬間的に見た図形（見たことさえ意識していない）を好む傾向が一週間経つと逆により強くなる。好き嫌いという素朴な感情さえも主体性の及ばない次元で起きる。意識されない微妙な体験がひとの感情を絶えず左右している。

F　日常的な判断・行為はたいてい無意識に生ずる。知らず知らずのうちに意見を変えたり、新たに選んだ意見なのにあたかも初めからそうだったかのように思い込む場合もある。過去を捏造《ねつぞう》するのは人の常だ。そもそも心理過程は意識に上らない。行動や判断を実際に律する原因と、判断や行動に対して本人が想起する理由との間には大きな溝がある。というよりも無関係な場合が多い。

5　人間を洞察する　21

G　自らの行動あるいは身体や精神の状態に関しては当然ながら他者よりも本人の方がよく知っている。頭痛を感ずる時、それは幻覚にすぎないと医者や周りの者がいくら説明しても意味がない。身体や心の痛みは本人だけに属する現象だ。他人には痛みを想像し心配はできても痛みを直接感ずることはできない。医者にわかるのは、どういう異常症状が生理的次元で発生しているかだけだ。その異常が原因でどのような苦痛を感じるかという経験則に照らし合わせて患者の痛みを想像するにすぎない。自分の精神および身体の状態に関しては他人よりも本人の方が豊富かつ正確な情報を持つ。しかし心理状態がどのようにして生じるのか、何を原因として喜怒哀楽を覚えるのか、どのような過程を経て判断・意見を採用するのかは本人自身にもわからない。

H　そうは言っても何らかの合理的理由があって行為・判断を主体的に選び取っている印象を我々は禁じえない。急に催す吐き気のような形で行為や判断の原因が感知されることはない。何故《なぜ》か。「靴下実験」に戻ろう。商品の位置に影響されながらも被験者は選択の「理由」に言及する。影響された事実を調査員に対して繕《つくろ》うために嘘《うそ》をつくのではない。被験者はその「理由」を誠実に「分析」して答えたのである。自らがとった行動の原因がわからないにもかかわらず、もっともらしい理由が無意識に捏造される。（中略）

I　自分の感情・意見・行動を理解したり説明する際、我々は実際に生ずる心理過程の記憶に頼っているのではない。ではどのようにして人間は自分の心の動きを理解するのか。我々は常識と呼ばれる知識を持ち、社会・文化に流布する世界観を分かち合っている。ひとは一般にどのような原因で行為をするのかという因果律もこの知識に含まれる。不意に窓を開けたくなったり、商品の単なる位置が好悪判断を規定するという説明は合理的な感じがしない。窓を開けるのは部屋の空気を入れ替えたり、そこから外を眺めるためであり、空腹を覚えたので窓を開けたなどという説明は非常識でしかない。すなわち自らの行動を誘発した本当の原因は別にあっても、それが常識になじまなければ、他のもっともらしい「理由」が常識の中から選ばれて援用される。このように持ち出される「理由」は広義の文化的産物だ。つまり行為や判断の説明は、所属社会に流布する世界観の投影にほかならない。

J 行為・判断が形成される過程は本人にも知ることができない。自らの行為・判断であっても、その原因はあたかも他人のなす行為・判断であるかのごとくに推測する他はない。「理由」がもっともらしく感じられるのは常識的見方に依拠するからだ。自分自身で意志決定を行い、その結果として行為を選び取ると我々は信じる。しかし②人間は理性的動物というよりも、合理化する動物だという方が実状に合っている。

K 人間は外界の情報に強く影響されるにもかかわらず、あたかも自分自身で判断し行為すると錯覚する。③この自律幻想は近代個人主義イデオロギーと深い関連を持ち、アジア人やアフリカ人に比べて西洋人の方が強い。また同一社会内でも一般に社会階層が上昇すればするほど、また学歴が高くなればなるほど、この錯覚は強くなる。とはいえ人間が主体感覚とともに生きる存在である限り、どの社会・時代であろうとも自律幻想が消えることはない。

［小樽商科大学　改］

問一　傍線部①「人間の主体性を吟味する」とあるが、このために挙げたいくつかの実験から、導き出された筆者の見解について、六十字以内で述べよ。

◆**問二**　傍線部②「人間は理性的動物というよりも、合理化する動物だ」とあるが、それはどういうことか。七十字以内で説明せよ。

◆**問三**　傍線部③「この自律幻想は近代個人主義イデオロギーと深い関連を持ち、アジア人やアフリカ人に比べて西洋人の方が強い。また同一社会内でも一般に社会階層が上昇すればするほど、また学歴が高くなればなるほど、この錯覚は強くなる」とあるが、それはなぜか。自分の言葉で、百五十字以内で説明せよ。

（◆は本書のオリジナル問題）

素材文　筆者紹介

小坂井 敏晶（こざかい としあき）１９５６年生まれ。社会心理学者。パリ第８大学心理学部准教授。主な著書に『人が人を裁くということ』（岩波書店）、『社会心理学講義〈閉ざされた社会〉と〈開かれた社会〉』（筑摩書房）等がある。

素材文の読みほどき

■ 復習「黄金統括型の文章」

本書の後半、21講以降では、前半の「講義」で述べたいくつもの発想が、いかに、他の文章でも有効に機能するか、復習を中心に「素材文の読みほどき」を行っていこうと思う。

今回は、「黄金統括」に着目したい。

21講の素材文では、まず冒頭で、

A自分のことは自分自身が一番よく知っていると言う。しかしこの常識は事実からほど遠く、一種の信仰にすぎない。

と、非常に短く筆者の主張が述べられている。「冒頭統括で結論が示された形」だ。

この主張について、実験例A〜Dが挙げられ、その考察E〜Iが行われる。

そこで、Iの後半からJ、そして最終段落Kの前半までを、眺めてみよう。

Iすなわち自らの行動を誘発した本当の原因は別にあっても、それが常識になじまなければ、他のもっともらしい「理由」が常識の中から選ばれて援用される。このように持ち出される「理由」は広義の文化的産物だ。つまり行為や判断の説明は、所属社会に流布する世界観の投影にほかならない。

J行為・判断が形成される過程は本人にも知ることができない。自らの行為・判断であっても、その原因はあたかも他人のなす行為・判断であるかのごとくに推測する他はない。「理由」がもっともらしく感じられるのは常識的見方に依拠するからだ。自分自身で意志決定を行い、その結果として行為を選び取ると我々は信じる。しかし人間は理性的動物というよりも、合理化する動物だという方が実状に合っている。

K人間は外界の情報に強く影響されるにもかかわらず、あたかも自分自身で判断し行為すると錯覚する。

冒頭で示した主張について、長く論じてきた内容を、右に引用した部分で、きっちりとまとめていることが分かる。この部分の冒頭二文には、「すなわち」「つまり」と繰り返されていることも着目に値する。

21講の素材文は、このように、「冒頭統括型」であると同時に、文章全体が終わる直前で、結論がしっかりとまとめられた「黄金統括型の文章」でもある。そして、Kの後半、文章の最終部分では、それまで述べてきた「自律幻想」が、「近代個人主義イデオロギー」と深い関係を持つという、新展開が示されて文章が終わっていく。

一見、難解に見える内容でも、文章の組み立ては、非常に明快でシンプルなので、このような組み立てを意識して、難解な文章も、物怖《ものお》じすることなく、整理してほしい。

▼ 21講 素材文の組み立て

冒頭統括
（A冒頭）
↓
具体例
（A後半～D）
↓
考察
（E～I前半）
↓
黄金統括
（I後半～K前半）
↓
新展開
（K後半）

素材文の噛み砕き

■「右側に吊《つ》るされた靴下が好まれた原因は不明」（B）

筆者はそのように言うが、このような結果になった原因について、少し考えてみよう。

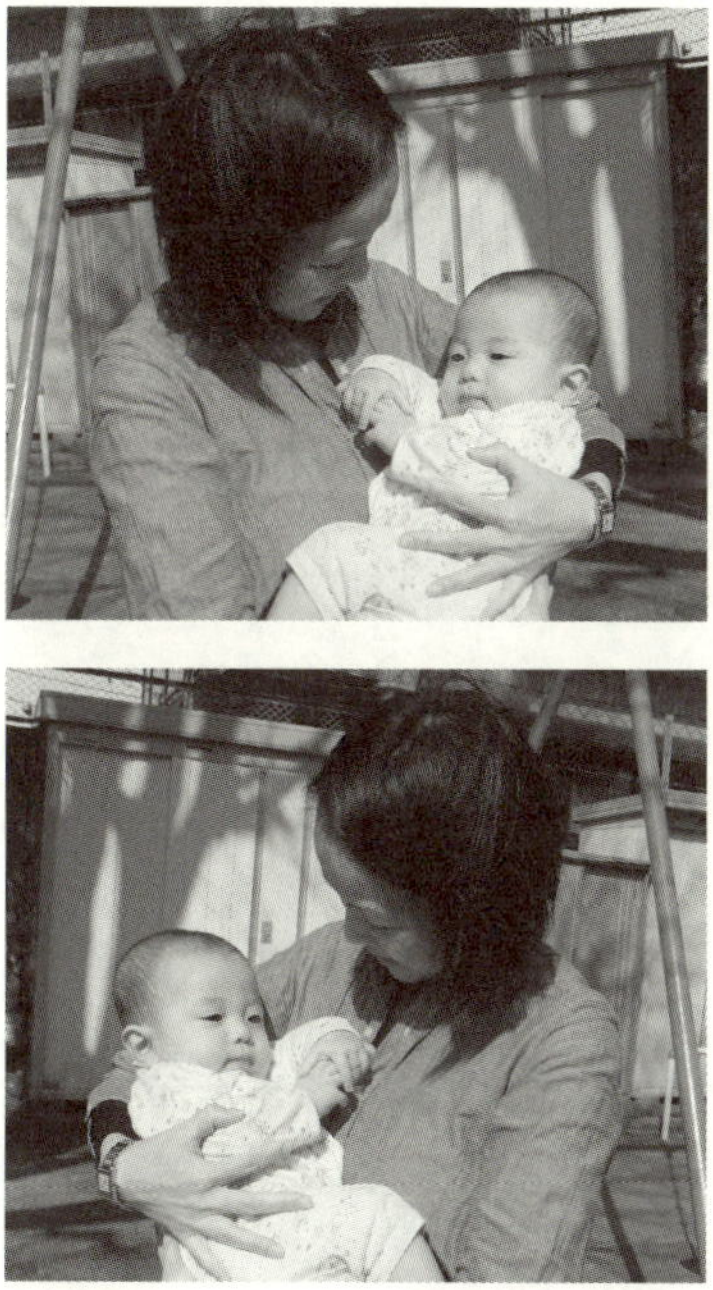

右は赤ちゃんを抱いた母親の写真であるが、二枚の情報量は全く同じ。単に左右を反転しただけである。

どちらが、安定した構図に見えるだろうか。

ちなみに、僕が普段教えている生徒約四百人にアンケートを取ったところ、231対160で、上図の方が、人気があった。

なぜ、こんな結果となったのだろうか。同じような実験

▲『大公の聖母』ラファエロ・サンティ（1505年）（ユニフォトプレス）

だが、ちなみに、検索サイトで、「聖母マリア　母子像」で画像検索してみてほしい。圧倒的に息子のキリストを左胸に抱くマリアを描いたものが多いことが分かるはずだ。前頁の写真で言えば、上図の抱き方である。

なぜ、このような構図が好まれるのか。

母親が自分の左胸の側に子どもを抱く図は、一説には、「母親が子どもに自分の心音を聞かせている」構図だと言われる。胎児は、胎内でずっと聴いていた母親の心音を近くに聞くことによって安心出来る、母親も無意識にそのポジションを選んでいるというのだ。

もしくは、人間が圧倒的に右利きが多いことも影響があるだろう。左手で子どもの体重を支えて、右手はある程度自由にしておき、子どもの世話が出来るような体勢にするのだ。

いずれにしろ、僕達は、そのような子どもの抱き方を見慣れているから、前頁の二枚の写真でも、上の方を安定した構図として、瞬間的に感じてしまうのだろう。

人間は、「心臓側に大事なものを置き、利き手側は自由に動かすことが出来るようにものをあまり置かない」という習性をいつの間にか、歴史的累積として、もしくは、生理的感覚として、身に付けているようだ。

この「左側に大切なものが持たれた構図の方が、見ていて気持ちが良い」ということは、実は商品の対面販売などでも、無意識に利用されていることが多い。

しかも、売り手が商品を左側に持つと、買い手にとっては、商品が自分の利き手である右側に示されることになり、手にも取りやすい。買い手のことを考えた商品の示し方と言える。

さて、ここで、問題の「靴下」である。

靴下の対面販売でも、やはり、売り手が左手で持ち、買い手の右側に差し出す方が自然な図、買い手のことを考えた持ち方となるだろう。この構図の安定感は、売り手がたとえ、人間ではなく、単なる商品棚でも、同様になるのではないか。商品が情報の送り手（＝売り手）の左側、つまり受け手（＝買い手）から見て右側にある構図の方が、買い手にとっては「気持ち良く、手に取りやすい」のだ。このようにして、買物客の右手に吊るされた靴下の方が、「なんだかいい感じ」として高評価を受けたとは考えられないだろうか。

「右側に吊るされた靴下が好まれた原因は不明」という

筆者の疑問に対して、以上の推論が、百パーセントの正解であるかどうかは、分からない。ただ自分の行動や判断に、何か自分でも合理的に説明出来ないものが影響を与えているのではないか、という考え方は興味深いと思う。

君なりに、身の回りの出来事を、そのような観点で、再分析してみるのも面白いだろう。

■「サブリミナル・パーセプション（閾下知覚《いきか》）」（C）

映画等の映像に視聴者が知覚出来ない程度のごく短い映像を挿し入れ、視聴者の心理に影響を与えるというものを、「サブリミナル効果」という。この「サブリミナル効果」が広く知られるようになったきっかけは、一九五七年に米国の映画館で行われた実験による。

一九五七年九月から六週間、ニュージャージー州フォートリーの映画館で、映画の上映中に「コカコーラを飲め」「ポップコーンを食べろ」というメッセージが書かれたスライドを三〇〇〇分の一秒ずつ、五分ごとに繰り返し二重映写したところ、コカコーラについては十八・一パーセント、ポップコーンについては五十七・五パーセントの売上の増加がみられたという。

しかし、その後、この実験の信憑性《しんぴょうせい》は疑われ、例えば、翌年に行われた実験（カナダのテレビ局が、番組の時間を通して三百五十二回にわたり「telephone now〈今すぐお電話を〉」というメッセージを投影させたが、誰も電話をかけてこなかったばかりか、電話をかけたくなったという視聴者の反応も一つもなかったというもの）では、サブリミナル効果は全く認められなかった。

現在では、前者のニュージャージー州の映画館での実験は、その実験の存在自体にも疑義が示されているが、一方で、筆者が挙げるような、サブリミナル効果を認めるような多くの実証報告もある。

以上のようにサブリミナル効果の有無については、議論が分かれるところだが、「サブリミナル効果はあるが、それが出やすい状況と、出にくい状況とがある」というのが、現在の知見であり、米国でも日本でも、サブリミナル効果を狙ったような映像手法は、倫理的ではないとして、映画でもテレビでも、禁止されている。

また、米国で制作され、日本でも大人気となったテレビ番組「刑事コロンボ」（一九六八～二〇〇三年）の中でも、このサブリミナル効果を使った犯罪劇が描かれ（第二十一話「意識の下の映像」）、話題になったこともある。

22 「代理本能論」

日高敏隆

次の文章を読んで、後の設問に答えよ。（解答は別冊26頁）

A 手もとの雑誌や新聞をみると、人間は闘争本能、破壊本能、種族維持の本能、育児本能など、いろいろな「本能」をもっているとされている。戦争の本能なるものも口にされ、さらに「生の本能」はまだよいとしても、「死の本能」ということばも散見する。①はたして人間にはほんとうにそのような「本能」があるのだろうか。

B そもそも本能を定義することはきわめて難しいが、とにかく本能というのは行動と切り離せない概念である。人間をも含めて動物の行動のごく基本的なモデルとして、ロー[*1]レンツの古典的なモデルがある。ここに一個の水槽があり、上からたえず水が流れこんで水槽内にたまる。このたまった水がいわゆる衝動にあたる。水槽の下部には蛇口が一個あり、それに栓がついている。適当な刺激によって、この栓がひっぱられて抜けると、蛇口から水が噴きだす。この水の噴出が行動を示すものとするのである。

C 水が噴出するかどうか、つまり行動がおこるかどうかは、衝動の大きさ（水槽内の水圧）と刺激の強さによって決まる。しかし、どんな型の行動がおこるかは、蛇口の形によって決まる。同じ衝動に基づく同じ種類の行動でも、その型は動物の種類によって違う。つまり、動物の種類によって蛇口の型が違うのである。多くの動物では、蛇口は生まれつき完成されており、その型は遺伝的に決まってしまっていて、同じ種類の動物は、同じ条件のもとではほとんど同じように行動する。学習する必要はほとんどなく、たとえその必要が多少あったとしても、蛇口を少しけずって変型する程度のもので、型の本質的な変更には至らない。このように、種によって一定の、遺伝的に型の決まった蛇口にしたがった行動がおこる場合を本能というのが、動物行動学での共通見解であるようにおもわれる。

D ②このような観点に立って人間をみたら、どうなるであろうか。書店にいくと、育児百科のような本や別冊付録がたくさんある。もし、人間に育児行動のための蛇口が遺伝的に備わっているのなら、こんな手引書はいらないだろう。子供を産んだ女性は、何ひとつ教わらなくとも、本来もっている遺伝的蛇口に従ってすらすらと育児ができるはずだからだ。しかし現実にはそうでない。人間には、動物行動学でいうような育児本能はないのだと考えたほうがよい。あるのは育児衝動だけなのである。

E いわゆる種族維持の本能なるものについても同様である。ほんとうをいえば、種族維持のためには複数の本能が必要なのであるが、ふつういわれているのは性本能だけらしい。しかしこれまた人間ではあいまいなもので、だれでも性衝動はもっているが、その処理については意図された、またはされない性教育が必要なことはもはや明らかなことである。

F　摂食や闘争という個体維持的な行動についてもまた同じである。オオカミどうしが闘うときは、闘いのやりかたばかりでなく、負けたほうが降伏し、勝者がそれを許すルールまで遺伝的に決まっている。人間では時代により人により、まったくさまざまであり、遺伝的なものはありそうもない。「生の本能」となると、生きることすべてを指すことになって、まったくとらえどころがないし、「死の本能」に至ってはどのように死ぬかを生まれつき遺伝的に知っている動物があろうとは考えられない。まして、あくまで個体の生理学に関する問題である本能をもって戦争を説明しつくすのは、論理の誤りもはなはだしい。

G　要するに、人間には本来の意味での本能など、ほとんど存在しないのだと考えられる。一般に動物の脳が発達し複雑になるにつれて、固定化した遺伝的行動型の占める比重は減少し、学習によるものの比重が増す。類人猿でも育児本能がほとんど欠如していることが、実験によって確かめられている。人間について日常安易にいわれている「本能」は、すべて衝動といいかえられるべき性質のものである。このことは、フロイト[*2]の文脈からみても明らかなのであるが、③本能という言葉の魅力は依然衰えているようにはみえない。

H　実際には人間の行動は、遺伝的制約からかなり自由であり、その蛇口の多くは社会や文化の影響のもとにつくられるものと考えられる。その点をみのがして安易に本能という言葉を使っていくと、いつのまにか、この言葉のもつ雰囲気にひきずられて、社会の制約から解き放たれた人間本来の姿という幽霊をつくりあげることになろう。本来的なものはむしろ衝動であり、しかも現実にそれを満たす方法すなわち行動の型のほとんどが社会と文化の中でしか形成されえないものである以上、「社会のくびき[*3]から本能を解放する」ことはたんなる幻想にとどまる。

I　けれど、人間の行動もじつは動物的なレベルからそれほど脱しきっているわけではない。たしかに人間には遺伝的に決まった一定の行動がごく少ない。しかし社会のコミュニケーションという点では、これではいちじるしく不便である。そこで社会的に、とくに支配者の暗示のもとに一定の行動型が設定され、それがしきたり、制度、あるいはいわゆる良識として確立される。すると人間の行動型が遺伝的制約から自由であるという、まさにそのことのために、多くの人々にはいつのまにか④この型の蛇口がはめられてしまう。

J　もちろん思想や発想の形式にも相応する蛇口（良識なるものの大部分はこれであろう）がはめられる。思考と行動の蛇口は相補って、しばしばどちらもきわめて固定的なものとなりがちである。そして人々がこの蛇口を通して行動していることを意識しないという点でも、そこには動物における本能とたいへんよく似た性格があらわれてくる。つまり文明は本能を抑圧するのではなく、本来存在していなかった本能に代わる、代理本能ともいうべきものをつくり出すのである。その結果いささか逆説めいてくるが、⑤人間は文明によって動物から脱するのではなく、むしろ逆に動物のレベルにひきおろされるのである。もしそこから脱却したいと望むなら、ありもしない本能の解放をめざすのではなく、この代理本能とその産物をたえず否定してゆかねばならないであろう。

（『日高敏隆選集Ⅵ　人間についての寓話』より）

注

＊1 ローレンツ……コンラート・ローレンツ（1903年～1989年）。オーストリアの動物行動学者。

＊2 フロイト……ジークムント・フロイト（1856年～1939年）。オーストリアの精神分析学者、精神科医。精神分析の創始者。

＊3 くびき……牛等の家畜が農耕や荷を引く時に、首等に付ける横木のこと。「くびき」が付けられると、家畜の自由がなくなることから、比喩的な意味として、「自由を束縛するもの」の意味になる。素材文では後者の意味。

◆**問一**　傍線部①「はたして人間にはほんとうにそのような『本能』があるのだろうか」とあるが、これに対する解答として、最もふさわしい部分を、一文の形で書き抜け。

問二　傍線部②「このような観点」とは、どのような観点か。五十字以内で答えよ。

◆**問三**　傍線部③「本能という言葉の魅力」とあるが、どうして「本能」という言葉には魅力があると、筆者は言うのか。三十五字以内で説明せよ。

問四　傍線部④「この型の蛇口」とある。これはどのようなものか。四十字以内で説明せよ。

問五　傍線部⑤「人間は文明によって動物から脱するのではなく、むしろ逆に動物のレベルにひきおろされるのである」とある。これはどういうことか。本文に即して百四十字以内で説明せよ。

［広島大学　改］

（◆は本書のオリジナル問題）

素材文　筆者紹介

日高 敏隆（ひだか としたか）1930年～2009年。動物行動学者。日本に動物行動学を最初に紹介した草分け的研究者である。『チョウはなぜ飛ぶか』（岩波書店）で毎日出版文化賞、『春の数えかた』（新潮社）で日本エッセイスト・クラブ賞を受賞した他、多くの著書・訳書がある。

素材文の読みほどき

■ 講義28 同格の接続詞「要するに」

接続詞に注意して読むことを述べ、特に「すなわち・つまり」といった、**それまで述べてきたことをまとめる役割を担う「同格の接続詞」が重要**であることを説明したが、「要するに」という接続詞（正確には副詞の接続詞的用法）も、「すなわち・つまり」同様に、「それまで述べてきたことをまとめる」役割を担う「同格の接続詞」だ。「すなわち・つまり」程に、頻出する接続詞ではないが、役割は全く同様なので、覚えておこう。

22講の素材文でも、G段落の冒頭に「要するに」がある。B～Fまで、長く述べてきた内容に、まさに「スモールライト」を当てた感じだ。「内容は同じまま、小さくした」のである（52頁参照）。

冒頭統括で、

A**はたして人間にはほんとうにそのような「本能」があるのだろうか。**

と示された論題について、

G**要するに、人間には本来の意味での本能など、ほとんど存在しないのだと考えられる。**

と、スモールライトの当たった結論が、読者に示された形である。

■ 講義29「踏み台的論題→最重要論題」型の文章

そうなると、22講は、冒頭統括で示された論題に対して、素材文の後半でまとめられた「黄金統括型」の文章のようにも見えるが、22講は、Gで統括された後の内容「文明は代理本能である」が、非常に重い。推理ドラマで言うところの「犯人が捕まった後に描かれる、探偵の間抜けな日常五分間」のような、「オマケ」として捉えるわけにはいかない。

むしろ、Gまでで述べられたことの方が、「長い導入」であり、この内容を踏み台にして、最も言いたい論題に発展しているという形として考えた方が良いだろう。

- **A～G：踏み台的論題**
  人間には本能があるのか（A）
  人間には、本来の意味での本能は存在しない（G）
  ←
- **H～J：最重要論題**
  つまり文明は本能を抑圧するのではなく、本来存在していなかった本能に代わる、代理本能ともいうべきものをつくり出すのである（J）

後半の論題は、J段落で、「つまり～のである文」という最強統括文でまとめられていること（講義9 52頁参照）

や、筆者独特の言葉「代理本能」が重要なキーワードになっていること（講義15 92頁参照）も復習しておこう。また、「いささか逆説めいてくるが」と、筆者も述べているように、J段落での主張は、「逆説的発想」が利用されていることにも着目してほしい（講義21 115頁参照）。

■ **講義30「出典」の確認は忘れないこと**

この後半の論題が、筆者にとって、いかに重要なポイントであるかは、この素材文の出典・題名が「代理本能論」であることからも自明である。

「出典」の表示は、読み飛ばしてしまうことの多い部分かもしれないが、時に素材文全体の重要ポイントを確認する有効な指標になるので、必ず目を通そう。

素材文の噛み砕き

■ **破壊本能・闘争本能・戦争の本能**

筆者は、「破壊本能・闘争本能・戦争の本能」などと、安易に「本能」という言葉を使うことを強く糾弾する。そのような「本能」などないし、さらには、「戦争」を「本能」の面から論じるのは、「論理の誤りもはなはだしいF」と訴える。

僕も、「破壊本能・闘争本能・戦争の本能」などという言葉は、罪深い言葉だと思う。「本能」という言葉で、あたかも、人間には、そのようなものが生得的に備わっていると決めつけ、「それも人間の自然の姿だ」などと論じることは、「破壊・闘争・戦争」を正当化する言説に使われかねない。戦争を正当化しないまでも、

「人間には、戦争本能があるのだから、それが表面化しないように、武力の均衡で抑え付け、平和を保たねばならない」

というような主張は、よく聞く論理だ。

人間には、本当に「戦争の本能」などといったものがあるのだろうか。平和を守るためには、「戦争の本能」が表面化しないように、強い武力同士で、互いを抑え付けなければならないのだろうか。

■ **要するに、人間には本来の意味での本能など、ほとんど存在しない（G）**

筆者は「人間には本来の意味での本能など、ほとんど存在しない」と言う。さて、それでは逆に、人間に僅かにある「本来の意味での本能＝学習する必要はほとんどなく、人間が、同じ条件のもとでは、ほとんど同じように行動する型C」とは何だろう。

・赤ちゃんが母親の乳首を口に含まされたら、吸い付いて

乳を吞《の》む。

・身体の危険を察知したら、その危険から逃れようとする。

等が思い浮かぶだろう。それ以外は、ほとんどが学ぶことによって、後天的に形作られる行動のように思える。

僕は、ここにもう一つ「まねる」という行動を、「本能」として考えてみたい。

・親の微笑《ほほえ》みをまねる。

・親の声をまねる。

これらも、何も「まねる」ことを強制されたのでも、学習させられたのでもない。

どの赤子も、「親が傍《そば》にいる、親が微笑みかける、親が声をかける」といった同じ条件のもとで、ほとんど同じように行動する型として、「まねる」のだ。

「まねる」ことによって、子どもは、次第に「言語」を習得していく。

「言語」さえ手にしてしまえば、残りの本能は、すべて、「言語による学習」に譲ることが出来る。「育児」も「種族維持」も、「後天的な言語による学習」によって、対応出来るようになるわけだ。人間は、「言語」「言語による学習」というものを手にした時に、多くの「本能」を手放したと言って良いかもしれない。

僕は、ここで、「学ぶ」ことの意義を二重の観点で考えたい。

まず一つ目は、「まねる」ことから続くことである。

「まなぶことは、まねること」という言葉を聞いたことがあるだろう。古語としても、「まねぶ」には、「まなぶ・まねる」の両義がある。

僕は「まねる」ことを、人間の本能の一つであると述べた。その延長で考えれば、「まねる＝学ぶ」こともまた、人間の本能の一つと考えることも出来るのではないだろうか。

もしくは、「言語を介して学ぶ」ことにより、人間が「本能」を手放したと考えるならば、「言語を介して学ぶ」ことこそが、本能の代わりとして、人間の人間らしさを約束する、必須なことなのではないだろうかということだ。

その意味では、「人間が言語を介して学び、作り上げた文明・社会」は、筆者の言うように「人間の自由を束縛するという代理本能」であるかもしれないが、一方で、「人間の人間らしさを、より実現することの出来る可能性も持ったもの」と、考えられるかもしれない。

5 人間を洞察する 22

23 『哲学の現在』

中村雄二郎

次の文章を読んで、後の設問に答えよ。（解答は別冊27頁）

A 高い山の頂きで夜の明けるのを迎えるとき、私たちは一種名状しがたい感じにとらわれる。小鳥たちが妙にざわめいて飛んでゆくなかを、東の空が仄白《ほのじろ》く明けはじめ、拡《ひろ》がりゆく薄明のかなたに太陽が地平線からのぼりはじめる。朝まだ暗く日蝕《にっしょく》のときのような風がそよぐ。そのなかで万物が、森羅万象が、深い眠りから目覚めてくる。歴史も時代もこえた太古のリズム、宇宙のリズムとでもいうべきものが感じられ、伝わってくる。そういうときに私たちが感じるのは決して部分的感覚ではなく、全身的な感覚である。原初的で未分化な感覚であり、神秘的・宗教的な感覚でもある。昔の人々がそういう高い山で迎える日の出を「御来光」とか「御来迎《ごらいごう》」とかといったことばで呼んだのは理由のないことではない。

B ①ふつう私たちは日々の生活のなかでは、そういう全身的な感覚を感じることが少なく、したがってまた忘れていたりもする。が、私たち人間がこの世に生まれて、自分をとりまく世界と向い合ったときに働かしたのは、やはり未分化で全身的な感覚ではなかったろうか。そこにあるのは自己をとりまく世界との一体感である。まわりの世界とのこのような親密な関係は、一人一人の人間の幼児期についても、いわば人類の幼児期としての原始時代についても等しく見られるところだ。そしてこの二つの双方の記憶が重なりつつ残存し、いま私たちのうちにもそのような全身的な感覚が潜在的なものとして保たれているのである。

C このような全身的な感覚は、なにも夜明けの山ばかりではなく、木々が燦々《さんさん》と陽光を浴びて、梢《こずえ》から漏れる光が揺れ動く明暗の斑点を描き出す林の中などでも、また、野原で出会った、雷鳴とどろく夕立のあとのひとときなどにも、ふと私たちに甦《よみがえ》ることがある。そのとき私たちは、木々や光や空や大地を生まれてはじめて見たような感動におそわれる。私たちのまわりの世界との一体感のうちに、それらのものが始源の輝きをとりもどしたのである。

D ところが、通常日々の生活のなかでは、私たちは自分をとりまくもの、まわりにあるものを別のかたちで感じる。別の仕方で感覚の対象とする。それらのものはその一つ一つが個別的に感覚の対象となり、それに応じて感覚の働きそのものもそれぞれの器官のもとに分化する。分化された感覚の働きも実際にはまとめられて一つの知覚として働くのだが、そのときとくに知覚は、行為の対象に対し、実用的な関心に沿って組織されるのである。

E 駅まで歩いていって、そこから電車にのって毎朝通勤している場合、もちろん駅までゆく道順にあるいくつかの曲り角のそれぞれがなんという人の家か、商店ならばなに屋かは、見て知っている。その隣りの家や店ぐらいまでも見て知っているかも知れない。しかしその先となると、曲り角にある家や店と同じような意味でどこまでよく見ているであろうか。駅から乗る電車にしてもそうだ。その駅には普通の電車のほかに急行や準急も停まるので、その区別を知るためにはよく電車を見るだろう。その種類によって車体の色やかたちもちがうのであれば、それらもよく見るだろう。しかしそれ以上のこととなると、一つ一つの電車についてどこまでよく見ているであろうか。

F その毎日通いなれている駅までの道を、ある日曜日に散歩のためにのんびりと歩いてみる。すると、通勤のために歩いているときには気がつかなかった道筋のほんの片隅に山茶花《さざんか》の木が紅白色の美しい花をつけているのが目に入ってびっくりしたり、道筋の或《あ》るところからひらけて見える青空のさわやかさに息を呑《の》んだりする。いったいふだん通勤の途上、歩いていてなにを見ていたのであろうか。通勤のために歩くときには、たとえば関心はむしろ今朝はどういう人たちに出会ったか、どういう人たちを見かけたか、ということに向けられている。どういう人たちを見かけたか、どういう人たちと一緒になったか、ということは、歩いていてその朝がいつもよりも早いのか遅いのか、どの電車に乗れるのかを知るのに役立つわけだ。

G 毎日の生活のなかでも、実用的な関心から離れざるをえないはめになって、意外なものが見えてくるのは病気になったときである。病気になって寝込んだときに、部屋の天井や壁の地がおのずと目に入ってくる。ふだんその天井や壁は部屋に当然あるものとして、あるいはせいぜいデザインや材質や色がその部屋にふさわしいか、ふさわしくないか、という観点から、私たちはそれらを見ている。ところが病気になって寝込むと、否応《いやおう》なしに一日中、ときには何日も何週間も、所在のないまま部屋の天井や壁を眺めて暮らさなければならなくなる。そして見るともなく見ているうちに、ふだんは目に入らなかった天井板や壁の、節や凹凸《おうとつ》やしみのあるその地が細部に至るまで鮮明に見えてくる。部屋の天井や壁としてではなく、物そのもの、表面そのものとして目に入ってくる。裸形《らぎょう》のままで存在が姿をあらわしたようである。そしてその地のなかからいろいろと奇怪なものの像が浮び上ってきてはまた消える。病気のときにものがこのように見えてくるのは天井や壁だけではない。ふだんは何気なく使っていた瀬戸物の食器の皿の表面にかすかに、しかし縦横に走るひびなどが、ひどく鮮明に見えたりするわけだ。

H このようなことから、ふつう私たちはものをかなり大きく選択して見ていること、知覚していることがわかる。ありのままに見たり知覚したりしているのではない。②ありのままに見たり知覚したりするなどということは、ありえない。ただ全体的な感覚印象の中からなにが選ばれ、どういうかたちで知覚のうちにまとめられるか、というちがいがあるだけである。ありのままに、ということがいえるとすれば、それは毎日の生活のなかで実用的関心によって蔽《おお》われ、隠されていたさまざまな姿の総体のことにほかならない。また、知覚以前にそれとはなれて感覚印象はないが、知覚のもつ選択し秩序立てる働き、つまり関心や意識の志向性が、弱められれば、まわりにあるものは不定形で不安定な感覚印象として見えることになるだろう。庭に佇《たたず》んでいてもただ放心状態にあってぼんやりしていれば、すぐ目のまえにある真赤な椿《つばき》の花もそれとして目に入ってこない。緑のなかに点在する赤さの感覚印象として見えているにすぎない。

I　私たちはまわりにあるものを知覚するとき、感覚印象を選択し秩序立てる関心や意識の志向性をいろいろなレヴェルで働かすのである。こうして知覚が判別的になされるにしたがって、そこに判断も入ってくる。といっても判断は感覚印象に外からつけ加わり、働くのではない。そうではなくて、私たちの、まわりのものに対する関係としての知覚、つまりまとまった感覚作用そのもののなかから分化してあらわれてくるのである。いいかえれば、③感覚印象のうちにすでに、選び、比較し、秩序立てる広い意味でのロゴスの働きの萌芽《ほうが》が見られる。

J　感覚印象がそれとして成り立つためにはその対象が必要なことはいうまでもないが、この場合私たちの感覚の器官と作用の性質からいって、対象はどのようなものでもいい、というわけではない。たとえばあまりに明るすぎる光や真暗な闇は、私たちが視覚を使うのを、また大きすぎる音は、私たちが聴覚を使うのを妨げるし、ときにはさらに私たちの視覚や聴覚そのものをだめにし、破壊してしまう。つまり、まず感覚されるものは、ある限度をこえない一定の領域内にあることが必要である。この一定の領域には上限と下限とがあり、その間にある領域内のどこの場所も、それらとの対比や差異をおのずともっている。このように、感覚印象はどんなに無意識的なものであってもすでにそれ自身のうちに対比や差異の知覚を含んでいる。たとえば視覚が赤や緑をまさに赤や緑として感じるのは、つまりとらえ見分けるのは、白や黒との、またそれぞれの隣接した色との対比や差異によるわけである。

K　理性ともことばとも訳されるロゴス（ギリシア語）とは、もともと「集め（選び）」、「比較し」、「秩序立てる」働きのことである。このようなものとしてのロゴスが無意識的な感覚印象そのもののうちにすでに萌芽的にあるために、古来、理性のうちにあるもので感覚のうちになかったものはない、といわれてきたのであり、そのことの意味は決して小さくない。このように私たち人間にあって、思い、考えるということは、その根元においては感じることをも含んでいるのである。

問一　傍線部①「ふつう私たちは日々の生活のなかでは、そういう全身的な感覚を感じることが少なく、したがってまた忘れていたりもする」とあるが、それはなぜか。三十字以内で説明せよ。

◆**問二**　傍線部②「ありのままに見たり知覚したりするなどということは、ありえない」とあるが、それはなぜか。五十字以内で説明せよ。

◆**問三**　傍線部③「感覚印象のうちにすでに、選び、比較し、秩序立てる広い意味でのロゴスの働きの萌芽が見られる」とはどのようなことか。具体的な例を挙げながら、自分自身の言葉を使い、百八十字以内で説明せよ。

〔東京経済大学　改〕

（◆は本書のオリジナル問題）

素材文　筆者紹介

中村雄二郎（なかむら　ゆうじろう）１９２５年生まれ。哲学者。主な著書に『パスカルとその時代』（東京大学出版会）、『感性の覚醒』（岩波書店）、『共通感覚論』（岩波書店）、『術語集』（岩波書店）、『術語集Ⅱ』（岩波書店）、『臨床の知とは何か』（岩波書店）、『かたちのオディッセイ』（岩波書店）、『悪の哲学ノート』（岩波書店）等がある。近代的理性偏重に対抗するものとして、「社会的常識」と「個人の身体感覚」との統合を目指した「共通感覚」という概念を提唱した。

素材文の読みほどき

■ 復習「のである文」

23講 の素材文は、直列電池型の文章（講義12 68頁参照）で、組み立ても整理しにくく、内容もやや難解である。このような時こそ「**のである文**」をチェックしてみよう。

B そしてこの二つの双方の記憶が重なりつつ残存し、いま私たちのうちにもそのような全身的な感覚が潜在的なものとして保たれているのである。

C 私たちのまわりの世界との一体感のうちに、それらのものが始源の輝きをとりもどしたのである。

D 分化された感覚の働きも実際にはまとめられて一つの知覚として働くのだが、そのときとくに知覚は、行為の対象に対し、実用的な関心に沿って組織されるのである。

F いったいふだん通勤の途上、歩いていてなにを見ていたのであろうか。

H ありのままに見たり知覚したりしているのではない。

I 私たちはまわりにあるものを知覚するとき、感覚印象を選択し秩序立てる関心や意識の志向性をいろいろなレヴェルで働かすのである。

I といっても判断は感覚印象に外からつけ加わり、働くのではない。

I そうではなくて、私たちの、まわりのものに対する関係としての知覚、つまりまとまった感覚作用そのもののなかから分化してあらわれてくるのである。

K このように私たち人間にあって、思い、考えるということは、その根元においては感じることをも含んでいるのである。

23講 素材文にある「**のである文**」は以上の九文である（しかも、このうちの五文が段落の冒頭文か、末尾文である。「のである文」が、いかに文章の骨子を作るか、外見的にも確認出来る例と言える）。

さて、「のである文」九文をあらためて読み直してみよう。

- B C ：自然の中で感じる全身感覚の例の統括。
- D F H：日常的感覚が、我々の実用的な関心によって組織化されており、決して「ありのままに知覚してはいない」ということの統括。
- I K ：我々の知覚は、対象を選択し、秩序化しているという時点で、すでに思い、考える、ロゴス（理性）と共にあるということの統括。

となっている。

直列型電池配列と述べたが、三つの電池の内容は、

電池①：「自然の中で感じる全身感覚」についての説明
電池②：日常的感覚についての説明
電池③：知覚、さらには、感覚印象も理性と共にあることの説明

であることも、整理出来るだろう。

素材文の噛み砕き

■ 知覚と感覚印象

素材文を噛《か》み砕くにあたって、筆者の使っている「知覚」と「感覚印象」という言葉を整理しておこう。

筆者は、この二語を同じ意味では使っていない。H段落にある次の二つの表現が分かりやすいだろう。

H①全体的な感覚印象の中からなにが選ばれ、どういうかたちで知覚のうちにまとめられるか
H②知覚のもつ選択し秩序立てる働き、つまり関心や意識の志向性が、弱められれば、まわりにあるものは不定形で不安定な感覚印象として見えることになるだろう

そして、筆者は、「感覚印象」の例として、「放心状態で、庭の椿《つばき》を赤い点として捉えている」状態だと述べている。その例に沿えば、「知覚」のレベルは、「庭の椿を『あ、椿だな』とか、『椿がきれいだな』などと選択し、関心を持って捉えている状態」ということになるだろう。

僕達は、自分達を取り巻く無限にあるものから、絶えず、なんらかの「感覚印象」を受けている。そして、それら多くの「感覚印象」から、何かを選択して、「知覚」とする。例えば、椿の花の根元にあった茶色の点（実は雀《すずめ》）は、「選択」しなければ、ただの感覚印象としての茶色の点だし、「選択」すれば、「雀」という知覚になる、そういう仕組みだ。

一方で、筆者は、

H知覚以前にそれとはなれて感覚印象はない
I感覚印象のうちにすでに、選び、比較し、秩序立てる広い意味でのロゴスの働きの萌芽《ほうが》が見られる。
J感覚印象はどんなに無意識的なものであってもすでにそれ自身のうちに対比や差異の知覚を含んでいる。

とも言っているので、「知覚」と「感覚印象」は紙一重の違いであるとも言えるだろう。

■私たちはまわりにあるものを知覚するとき、感覚印象を選択し秩序立てる関心や意識の志向性をいろいろなレヴェルで働かすのである（Ⅰ）

もう少し分かりやすい例を考えてみよう。

街ですれ違った異性を「あ、すてきな人だな」と思ったことのない人はいないだろう。

しかし、君は、その日もたくさんの異性とすれ違っていたはずである。それら多くの異性も、「感覚印象」としては、君は受け取っていたはずだが、特に「選ばない」し、「他の人にくらべてすてきだ」と差異化して秩序化することもしないから、「知覚」してはいない。

しかし、その人のことだけは、多くの「感覚印象」の中から、君は「選択して」知覚のレベルに上げたのである。「知覚」が、「感覚印象」の中から一つを選択し、「関心」を働かせたものであるという例として、分かりやすいと思う。

Ⅰ感覚印象のうちにすでに、選び、比較し、秩序立てる広い意味でのロゴスの働きの萌芽が見られる。

一方で、筆者は、とも言っている。

これを先の例で考えるなら、実は、無数にすれ違った異性の人についても、実は「選ばなかった」のではなく、「選ばない」という「選択をした」ということである。

知覚のレベルには上がっていなくても、つまり感覚印象のレベルにとどまっていても、実は、「そんなに素敵な人ではない」と、「選び、比較し、秩序立て」ているということである。感覚印象の段階でも、ロゴス（理性）の働きの芽生えがあるということだ。

僕らは無数のものに対する感覚印象の中に生き、それらの一部を選択し知覚して、生きているわけだが、

・選ばれた感覚印象（知覚のレベルに上がったもの）
・選ばれなかった感覚印象（感覚印象のレベルにとどまったもの）

の差異は、紙一重で、実は、「選ばれなかった感覚印象」も、「選ぶほどのものではない」と、理性の働きによって選ばれているということなのである。

■知覚は、実用的な関心に沿って組織される（D）

筆者の言う「実用的な関心」は、通常の「実用的」よりもやや広い概念のように思われる。「実用的」というと、「具体的に役に立つ」のようなイメージがあるが、ここでは、そのような意味ではない。「実用的＝その人のその時の興味・必要に応じて」のように、ゆるやかで広い意味として捉えたい。

例えば、テレビでロケット打ち上げの中継を見ていて、「あのロケット、速そうだな」と感じるのも、筆者の定義する「実用的な関心に沿って組織された知覚」である。しかし、この知覚は、君の日常生活に具体的に役に立つという、文字通りの「実用的な」知覚ではないだろう。

筆者は、このように広い意味で「実用的な関心に沿って知覚は組織され、ありのままに見たり知覚したりすることはできない」と言うが、ここで、157頁の**A図**と、159頁の**B図**を、また利用して考えてみよう。

B図は、世界に対する君の視点を整理してしまう、いわば「実用的な関心」という枠組みである。この枠組み越しに、**A図**を見てしまうから、**A図**は、ありのままの姿を僕達に見せることはない。

筆者の言うように、例えば、病気になって意識の働きが弱まり、何時間もこの**A図**をぼーっと眺めていたら、不意に、元のバラバラで混沌《こんとん》とした「もやもやとしたもの」＝ありのままの姿」が見えるかもしれないが……。

この「実用的な関心」の枠組みが外れた瞬間を、筆者は、Ａ段落で述べ、「自然の中で感じる名状しがたい世界との一体感、全身的な感覚」としている。

この感覚について、非常にリアルに描写した小説の一場面を紹介しよう。現代作家、日野啓三の小説『抱擁』の結末近くにある一節だ。

5 人間を洞察する 23

『抱擁』　**日野啓三**

陽《ひ》ざしがめっきりと明るくなった晴れた朝である。地下鉄の出入口から出て、交叉点《こうさてん》をひとつ渡って会社の玄関の幅広い人造石の階段に一歩片足をかけたとき、眼前《がんぜん》より背後でそれが起こった。目はゆるい階段の上のガラスの壁――それを壁と呼ぶのが適当かどうか知らないが、通りに面した一階の正面の大部分を外部と仕切っている巨大で部厚いガラスを、眺め上げていただけだが、背中がその名状《めいじょう》し難い感覚を痛いほど感じ取った。白々と強烈で、しかも急に自分が透きとおってしまったような冷え冷えと無機質の感覚である。

うしろを振り向くのがこわかった。だが左右を出勤の男女が小走りに駆け上がってゆく。いつまでもそんな石像のような格好をしているわけにゆかない。「どうしたの」と声をかけてゆく顔見知りの女性社員もいた。「忘れものでも気がついたの」

思い切って振り向く。何も起こっているわけではない。朝日に照らされたビルの壁と窓ガラス、歩道を急ぎ足に流れてゆく通勤者たち、車道の車、信号機。だがそれらがばらばらと言うか、それぞれの形に戻ってしまったと言うべきか、ビルは巨大なコンクリートの塊で、人たちは無声映画時代のニュースのように手と足をせかせかと機械的に動かしている自動人形に、車は勝手に動きまわる鉄の部品の集合体に見えた。

　それは漢字の字をしばらくじっと眺めていると、次第に偏やつくりや冠に分かれ、さらにそれが直線や斜線や点のごちゃごちゃした群にしか過ぎなくなってしまうあの感覚にそっくりだった。生き生きとした出勤時の朝のビル街という感じが消えてしまっている。車の車体やビルの窓に反射する光が、目に刺さってくるようで、思わず指先で目頭の部分を押さえる。すると今度は瞼《まぶた》の裏に花火のように光の輪がひろがって飛び散る。

　車の騒音や人たちの靴音、話し声がいっせいにわーんと高まると思うと、急にぴたりとやんで、白っぽい光がぎらぎら照り返る静寂が張りつめる。光は太陽からではなく、宙に浮かんだ強烈な人工光線灯のようだ。胸が人工モーターでも埋めこまれているように、勝手に唸《うな》りをあげていた。

引用文　筆者紹介
——日野　啓三（ひの　けいぞう）１９２９年〜２００２年。小説家。読売新聞社の特派員として、ベトナム戦争中のサイゴンなどに赴任し、その体験が後の創作活動の原点となる。『あの夕陽』で第72回芥川賞受賞。

23講 素材文の筆者が、「自然の中で感じる名状しがたい世界との一体感、全身的な感覚」を述べているのに対し、右の日野啓三の文章では、「大都会の中で感じる名状しがたい世界との断絶感、冷え冷えと無機質な感覚」のようなものが描かれている。
　一見、対照的に思える二つだが、どちらも「実用的な関心」という日常的枠組みが、ふとした瞬間に外れて、世界が「裸形のままの存在」「ありのままの姿」を現したような感覚が描かれている点で、全く同一であるとも言えよう。
23講 素材文の筆者は、「病気になった時に見える天井や壁のしみ」の例を挙げているし、日野啓三は、「漢字をじっと眺めていた時に、不意にバラバラに見えてくる感じ」の例を挙げている。

　漢字を漢字として、「実用的な枠組み」で見ている時、それは、決して「バラバラになる」ことはないだろう。

　しかし、例えば、漢字練習で、ひたすら同じ字を何度も書いている時（場合によっては、上のマスから下のマスまで、一画目だけ書き並べ、次に二画目だけを書き足し、といったような、ズルの練習をしているような時）に、この「枠組みが外れて、漢字が線の塊に見える」ような感覚が生じやすい。

　「ものの裸のままの存在」が見えてしまった瞬間である。

二十世紀を代表する哲学者でもあり小説家でもあるサルトル（1905年～1980年）も、小説『嘔吐《おうと》』の中で、木の根をじっと見つめていると、それが何か、言いようのない醜悪なものに見えて、突然、吐き気を催した感覚を描いているが、この「日常的・実用的な感覚が外れて、ものの裸のままの存在が見えてしまったような感覚」は、多くの文学者の表現対象となっている。

24 『思考のエシックス—反・方法主義論—』

鷲田清一

次の文章を読んで、後の設問に答えよ。(解答は別冊28頁)

A 「生命倫理」について現在なされている議論はほんとうに「倫理」の問題をめぐるものなのか。ヒト受精胚《じゅせいはい》の取り扱いをめぐる現時点の議論のなかで、いちどこのことをきちんと検証しておく必要があるようにおもう。

B クローン技術をはじめ、遺伝子の構成を操作することで難病を克服しようという遺伝子治療や、ヒトの受精胚を用いて皮膚や臓器を造る再生医療などにみられるような、ヒトの発生過程に踏み込む研究や医療の是非をめぐって、「生命倫理」という視点から論議されるとき、その専門家(?)たちは、「人としての生命はいつ始まるか」をまず問題とし、そのうえで「いつまでなら、そしてどのような条件を満たしていれば、その生命過程に操作的に介入することが許されるか」を問う。そのとき「生命倫理委員会」の場では、たとえばES[*1]細胞を「樹立」し「配付」するために「廃棄予定」の「余剰胚」を「使用」するという表現が用いられる。が、わたしに言わせれば、「樹立」「廃棄予定」「余剰胚」「使用」といった、すでに法律や指針において用いられてきた術語への、言いようのないわだかまりや抵抗の感情のなかにこそ「倫理」の問題は潜んでいる。(中略)

C 人間の存在は、それがいかなるものであれ、何かある目的のための手段とされてはならないというのが、おそらくわれわれがもちうる最高の倫理規範(人間の尊厳)である。他方で、われわれはだれしも、幸福を追求する権利を有する。自身のみならず他人の幸福を守る義務を有する。その権利と義務が、先の最高の倫理規範と背馳[*2]《はいち》しないときは問題はない。ところが、現代の生命操作技術、より具体的にはヒト胚研究とその技術的応用をめぐっては、その二つの考えが背馳するような状況が出現する。再生医療への取り組みは、ヒト胚の研究、つまりはヒト胚への操作的介入を前提とするからである。再生医療は難病克服をはじめとしてさまざまの医療上の可能性を開く。これによって多くのひとびとに多大な恩恵がもたらされると、「夢」のように語られる。しかしそれは、ヒト胚の破損や実験目的でのその作成を前提とする。つまり、人間、あるいは人間になる可能性のあるものの手段化ないしは資源化を前提とする。ここでは、①「人間の尊厳」という倫理的要請と、「人間の幸福」への希求《ききゅう》とが、二者択一という対立関係に入るのである。

D 「ヒト胚の取り扱い」をめぐる議論のなかでは、「恩恵」や「有用性」といった言葉がしばしば飛び交う。難病治療や再生医療への寄与、不妊治療における当事者(産みたい人と産ませたい医師)にとってのベネフィット[*3]というかたちでである。しかし、多大なベネフィットやユーティリティ[*4]があるからといって、それは「倫理」を凌《しの》ぐということにはならない。両者は別次元の問題なのである。ここでつけ加えておくと、「有用性」の概念は、それだけでは自立しえない概念である。有用なものは何かある目的にとって有用なのであって、そこには目的概念が入ってこなければならない。医療も目的であろうし、研究も目的たりうる。その目的の高低の考量が、「倫理」のむずかしい問題なのである。あらゆる自覚的行為は目的をもってなされる。ということは、あらゆる行為は別の上位の目的のための手段となりうるということである。そしてもはや何ものの手段ともなりえない目的そのものであるものとして、「人間」の存在がある。それが「人間の尊厳」という考え方である。

E だからこそ、難病治療などの「恩恵」のために「人の生命の萌芽《ほうが》」を研究利用するという方向に動くためには、そういう例外を認めざるをえないということの相当に厳格な理由が要る。そのために、ヒト胚の取り扱いについてきちんとした包括的な議論をしようと、総合科学技術会議に生命倫理専門調査会が設置されたはずであった。出生前診断や着床前診断の是非、あるいは中絶胎児や人体一般の器官や細胞の研究利用のための条件をも含めて、人の生命の研究利用がどのようになされるべきか、またそのチェックの法的整備をどのようにおこなうべきかの検討をおこなうはずであった。ところが、実際の議論はしだいに、(再生医療研究の進展の前提となる)ヒトクローン胚[*5]の作成を容認するかどうかという論点に絞られてゆき、ヒト胚の取扱いについての包括的な議論はなおざりにされる結果になった。そしてその絞られた争点のなかでも、さまざまな問題が浮上してきた。

F ヒトクローン胚から得られるES細胞がほんとうに再生医療に利用しうるのか、その希望的観測が「夢」のように語られるわりには、その科学的根拠はいまだ十分に明らかにされていないというのが、第一点である。じっさい、近年の動物実験ではクローン(核移植)によって核移植ES細胞から正常な細胞の生成が可能かどうか疑われる結果が出ているし、核移植胚から発生・分化する細胞が自己と同一の遺伝子発現ではない可能性すら指摘されている。科学者のあいだでも未決の問題なのである。第二に、現在までの生殖補助医療研究において受精卵の作成・利用が現にどのようにおこなわれてきたか、未受精卵の入手がどのようになされているか、きちんとした実態があきらかにされていない。第三に、未受精卵の提供を受けるにあたって、提供する女性の心身にかかる大きな負担やリスクへの顧慮《こりょ》が足りない。第四に、それは、難病治療という当初の目的を超えて、能力増強といった増進的介入に踏み込み、人体をその技術開発やビジネスの資源とする危険、つまりは人体や生命の資源化にさしたる抵抗もなくスライドしてゆく可能性がある。最後に、これら四点を十分に視野に入れて、ヒト胚の研究利用について厳格な法的チェックをおこなう制度の具体的な設計が、いまだなされていない。

G ところで、生命技術による「恩恵」は、将来「人」になる可能性をもったものを、すでに「人」であるものの救済に役立てるということを含んでいる。ヒト受精胚を「人の生命の萌芽」として規定するのは、潜在的にそうであるものと現にそうであるものとのあいだでいわば〈存在の値踏み〉をするということである。言いかえると、人が別の人の存在価値を決定することを認めるということである（人類が別種の生命の存在価値を決定することについてはすでに人類はそれを認めている）。二つの生命のどちらかをやむをえず二者択一しなければならない状況で、未だ「人の生命」でないものでなく現に「人の生命」であるものを選ぶということはある。が、現に「人の生命」である側の「恩恵」が、やがて「人の生命」となりうる者の生命を奪ってまで実現されてよいかどうかは、「倫理」の問題である。ここで「倫理」ということで絶対的な原則を言っているのではない。②やむをえずどちらかの生命を選ばなければならない状況で、それぞれの重さをどう判断するかというその「落としどころ」の決め方を言っているのである。

H 森岡正博がつとに指摘してきたことではあるが、「人の生命の萌芽」という表現には、たしかに、やがて人になる可能性をもったものを壊すという責めの意識と、それによって他の生命が恩恵にあずかるという、二重の思いが込められている。「人の生命の萌芽」という特別な存在を破壊することに対して、ある種の咎《とが》の念、罪責感は禁じえないが、そのことによって得られるより大きな恩恵のために眼《め》をつむるという事情である。が、これが一つの指針もしくは法律として定着すると、先端医療の技術者の内面で「このことで、失われゆく一つの命が救われるのだからやむをえず」という苦渋はしだいに薄まり、「指針に謳《うた》われているのだから問題はない」というふうに、その行為から「責めを負う」という意識が免除され、倫理について無感覚になってしまいかねない。そしてそれは技術開発やビジネスの問題にさしたる抵抗もなくスライドしてゆく……。そういうかたちで、倫理が科学技術からますます遅れることになるというのが、いまの「生命倫理」のいちばんの問題であるのではないか。

I 「倫理」の「法的手続き」化によって、もやもやした倫理的な責めの意識がすっきり免除されることのほうを、わたしは怖《おそ》れる。要するに、「生命倫理」という言葉とは裏腹に、「生命倫理」と言えば言うほど倫理から遠ざかるという逆説がここにはある。生命技術の進化を前にして「倫理」がはたらかないので、生命「倫理」といってもじっさいには「法」的な手続き論の次元で対応するしかないという状況が。

J「生命倫理」をめぐる法律や指針のなかで用いられる術語への得も言われぬ抵抗感について、はじめに書いた。倫理というものは、人類が痛い経験をくりかえし、ぎりぎりのところでやむをえず落としどころを見いだすというかたちで、時間をかけて形成され、変容してきた。そしてその「やむをえず」の埋め合わせとして、供養や贖《あがな》いといった習俗も生みだしてきた。そういう歴史をきちんと振り返りながら、生命技術の現在への漠然とした抵抗感、それが何であるかをじっくり探ることから、生命「倫理」は開始されるべきだとおもう。

注

＊1 ES細胞……受精卵を培養して作られる万能細胞。胚性幹細胞。様々な異なる細胞に分化し増殖させることが出来るため、再生医療や遺伝子組み換えによる医療への応用が期待されている。その反面、ヒトになりうる受精卵を材料として用いることに対する倫理的な批判も根強い。

＊2 背馳……行き違うこと。反対になること。背き離れること。

＊3 ベネフィット……英語「benefit」で、利益・恩恵・便益のこと。

＊4 ユーティリティ……英語「utility」で、効用・功利のこと。

＊5 ヒトクローン胚……核DNAを除いた未受精卵に、他者（患者）の体細胞の核を移植した胚。ここから作られたES細胞から分化した細胞・組織・臓器は、患者に移植した時に拒絶反応が起きにくいとされる。

◆**問一** 傍線部①「『人間の尊厳』という倫理的要請と、『人間の幸福』への希求とが、二者択一という対立関係に入る」とはどういうことか。百字以内で説明せよ。

問二 傍線部②「やむをえずどちらかの生命を選ばなければならない状況で、それぞれの重さをどう判断するかというその『落としどころ』の決め方」について、「落としどころ」の決定がなされる際にもっとも重要なものは何であると筆者は考えているか、八十字以内で簡潔に説明せよ。

問三 筆者は「生命倫理」と「倫理」との今日的な違いをどのように捉えているか。本文の内容を踏まえて、百字以内で分かりやすく説明せよ。

［岐阜大学　改］

（◆は本書のオリジナル問題）

素材文　筆者紹介 →114頁参照

5 人間を洞察する 24

素材文の読みほどき

■復習「冒頭統括」・「二項対立」・「　」を読み解く

今回の24講 素材文の冒頭段落を見てみよう。

A「生命倫理」について現在なされている議論はほんとうに「倫理」の問題をめぐるものなのか。ヒト受精胚《じゅせいはい》の取り扱いをめぐる現時点の議論のなかで、いちどこのことをきちんと検証しておく必要があるようにおもう。

冒頭で論題が提示された「**冒頭統括型の文章**」（講義17 99頁参照）であることが分かるだろう。また、「生命倫理」と「倫理」とを比較・対立させつつ、論を進める「**二項対立型の文章**」（講義22 124頁参照）であることも、冒頭で予告的に示されている。

この論題に対する筆者の主張は、Hの前半までで詳述され、Hの最終文の

H そういうかたちで、倫理が科学技術からますます遅れることになるというのが、いまの「生命倫理」のいちばんの問題であるのではないか。

という「のである文」で統括されて、I・Jの結論へとつながっていくという組み立てだ。

特に、この「倫理」と「生命倫理」という単語が、対立概念として利用されていることを見逃すと、この素材文は、大変混乱することになるので、その二項対立には、しっかりと注意を働かせながら、読んでいくことが必要だ。

また、**「倫理」「生命倫理」**のように、**「　」付きで、述べられていること**にも注意しよう（講義16 92頁参照）。キーワード化を意味する**「　」**でもあるし、また「生命倫理」という**「　」**付きの表現は、それが本来の意味での「倫理」とは違うのではないか、という意味での、**「　」**としても考えられるだろう。

■復習「のである文」の統括範囲を考える

24講の「のである文」をピックアップしてみる。

C ここでは、「人間の尊厳」という倫理的要請と、「人間の幸福」への希求《ききゅう》とが、二者択一という対立関係に入るのである。

D 両者は別次元の問題なのである。（中略）その目的の高低の考量が、「倫理」のむずかしい問題なのである。

F 科学者のあいだでも未決の問題なのである。

G ここで「倫理」ということで絶対的な原則を言っているのではない。やむをえずどちらかの生命を選ばなければならない状況で、それぞれの重さをどう判断するかというその「落としどころ」の決め方を言っているのである。

H そういうかたちで、倫理が科学技術からますます遅れることになるというのが、いまの「生命倫理」のいちばんの問題であるのではないか。

講義26（154頁参照）で、「のである文」の統括範囲を考えるということを述べたが、F の「のである文」が、非常に小さい範囲の統括をしていることを確認しておきたい。

F の「のである文」は、「ヒトクローン胚の作成をめぐる様々な争点」として挙げられた四つの問題のうち、一つ目の問題を統括しているに過ぎない「のである文」なので、他の「のである文」が、素材文の中でも、非常に大きな骨子になっているのに比べれば、いわば「小骨」である。

このように、**それぞれの「のである文」の統括の大きさもイメージしながら、文章の大骨・小骨に着目していこう。**

■ 講義31 「〜という」型の解答作成 「〜ではなく」型の解答作成

今回の設問「**問二**」について見てみよう。

講義19（109頁参照）で、「**短く作って、上に足していく解答技法**」を説明したが、それに従って、まず最小限の解答を作ると、以下のようになる。

> **解答a**：苦渋の意識を持ち続けること。（14字）

「十五字以内で解答せよ」という設問なら、これで満点だが、やや説明不足の感は否めないので、少し上に足して、詳しい解答にしてみよう。

> **解答b**：「一つの命が救われるのだから、やむをえず行う」**という**苦渋の意識を持ち続けること。（40字）

十分に詳しい立派な解答だ。五十字以内という設問の要求ならば、これで完答と言える。

ここで行ったのが**「〜という」という形で、上に説明を足していく方法**だ。多くの設問に対応可能なので、ぜひ覚えておこう。自然と行っている人も多いと思う。

さて、今回の「**問二**」では、八十字という、さらに多い字数が要求されている。ここで有効なのが、**「〜ではなく」という形を上に足していく方法**だ。

> **解答c**：法的手続き化によって、倫理的な「責めの意識」から免除されるの**ではなく**、「一つの命が救われるのだから、やむをえず行う」という苦渋の意識を持ち続けること。（75字）

いわば、**b**までの解答が「表」から説明した解答なら、そこに「裏」から説明を足したのが、**c**の解答である。

詳しい説明に向けて、有効な手段なので、解答作成に限らず、小論文作成等でも、活用出来る方法である。

素材文の噛み砕き

■出生前診断や着床前診断の是非（E）

出生前診断とは、妊婦の羊水や血液等の検査により、胎児の障害の有無等を診断することである。生まれる以前に障害が分かることで、妊娠中絶を選択することも出来る。出生前診断という技術が開発されたことにより、「障害児を産み育てるという立場に置かれる親の中絶を選択する権利」と、「障害を持つ物言わぬ子どもの生きる権利」とがぶつかり合うことになった。

着床前診断とは、人工授精によって作られた受精卵についてDNA診断することにより、母親の胎内に戻す受精卵を選別するという技術である。先天異常の診断や、男女の産み分けにも利用出来る。日本産科婦人科学会は、着床前診断の適用を重い遺伝病の患者等に限定し、男女産み分けに利用することは認めていない。アメリカでは、着床前診断を規制する法律がないため、男女産み分けも含めて、自由に行われている。

出生前診断も着床前診断も、「生まれる命の選別」という重い倫理的問題をはらんでいる（331頁参照）。

■倫理が科学技術からますます遅れることになる（H）

24講の素材文で扱われている問題も、行き過ぎた「近代化」の歪《ゆが》みの一つとして考えることが出来る。

「近代化」の重要な三本柱「理屈」「効率」「技術」が、倫理を置き去りにしたのである。

筆者は、「ヒトクローン胚」という「人間になる可能性のある命」が「資源化・手段化」されかねない問題を例に論じているが、他の例でも考えてみよう。

例えば「脳死判定」を受けた患者は、心臓が動いていても、もう蘇生《そせい》しないと言われる。肉体が動いて温かい状態でも、「人の死」として、近代科学の「理屈」で判定される。そして「脳死者の臓器を移植して他の人の命を助ける」という「効率」のため、医療の「技術」が開発されていく。

もちろん、その技術は、人類に大きな恩恵も与えるが、「肉体が動いていて温かい状態」の肉親に対して、家族が「死」と判定されることに違和感を感じるのも、人間の自然な「気持ち」として否定することは出来ないだろう。そのような「気持ち」に対する手当てとしての「考え方・倫理」といった精神的柱は、「脳死移植」という技術の進歩に比べて、立ち遅れていると言わざるを得ない。

さて、近代主義は、「理屈」によって、自然や世界や人間を解体していったわけだが、近代以前は、どのような考えが自然や世界や人間を理解する基準であったか。

筆者がJ段落で言う「供養や贖《あがな》い」という言葉がヒントになる。

近代化以前の人々の基準になっていたものは、「宗教」であり、「神」である。

一方、「神」や「宗教」を持ち出すことなく、自然や世界や人間を説明しつくそうというのが、近代科学である。

という構図である。

人間は「神」が作った。（近代化以前の宗教的人間観）
⇔
人間は猿から進化した。（近代自然科学による人間観）

キリスト教的な神や価値観が消滅し、人々の中から超越的なものへの信仰がなくなったことを、十九世紀後半に活躍した哲学の巨人ニーチェ〔独〕は、「神は死んだ」という言葉で述べている。

「理屈」「合理」絶対視の近代科学は、その果てに、人間の自然な気持ち、例えば、脳死判定を受けた肉親を前にして死を受け入れられない家族の気持ちとか、病気の子どもの快癒を願って神仏にお参りするような親の気持ちも、「不合理だ」「効率的ではない」と、否定してしまう側面がある。

ヒトクローン胚の利用についても、効率化が進めば、筆者の言うように「**技術開発やビジネスの問題にさしたる抵抗もなくスライドしてゆく**（H）」ことになりかねない。

僕は、科学と宗教とは、幸福の実現のための両輪でなくてはならないと思う。どちらかが行き過ぎた結果、人間の幸福が阻害されてしまったことは、歴史が証明している。

例えば、行き過ぎた宗教は、独善性を帯び、他宗教への迫害・差別・攻撃、さらには宗教戦争をも引き起こす。

一方で、宗教心を忘れた科学技術は、核兵器をはじめとした大量殺戮《さつりく》兵器を作り、使用することさえ許すのだ。

医学部生が、解剖実習に向かう際、検体された御遺体に向かい手を合わせる。

その手を合わせるという厳かな気持ちが、科学が行き過ぎることに歯止めをかける「人間の知恵」としての「宗教」なのだと思う。祈る人が、信心深いとか、無宗教であるとか、もしくは、祈る方法や主義の違いなどは問題ではない。

思わず、手を合わせてしまう行為の中にある「何か」が、「科学絶対視」に対抗しうる、「宗教」もしくは「人間」の側からのテーゼなのだと思う。

25 『文明の構図』

山崎正和

次の文章を読んで、後の設問に答えよ。（解答は別冊29頁）

A　人間の意識の本来の姿は一本の矢のように直線的な視線ではなく、焦点をめざしながらも、つねにその周囲に滲《にじ》む薄明の部分に広がっているものである。焦点と周囲の滲みとは、たんにゲシュタルト心理学[*1]が言う「模様」と「地」の関係にあるのではなく、滲みそれ自体が薄い「模様」として働きかけてくる。それは、日本の墨絵の余白のようでもあり、音楽のリズムを例にとれば、拍子と拍子のあいだの緊張した空白にも似ている。墨絵の余白もリズムの空白もそれ自体が「模様」と「地」の中間的な存在であり、高まりと迫力をおびて意識を刺激する。意識の側からいえば、それは能動的に焦点をめざすとともに、そのことの反作用として、周囲の滲みに受動的に関わるのが本来の働きだといえる。

B　学問や、その他の合理的な情報が整理されて提供される場合、①この意識の本来の働きのかたちは抽象されて伝えられる。受動的な側面は切り捨てられて、意識の焦点と、それをめざす一本の矢のような能動的な作用だけが示される。情報を合理的に理解し、効率的に使用する立場からいえばそれで十分なのであるが、そこには情報が新しく生まれる創造の構造は現れてこない。意識はそれが結果を生んだ静止的な姿は見せても、現に動いて何かを作りだしつつある姿を見せないのである。

C　精神の創造性の構造についてはわからないことが多く、よい知恵がどうしたら出るかという方法はまだ発見されてはいない。だが、少なくとも明らかなことは、意識が動いていなければ知恵が出るはずはなく、その意識を動かすものは能動的な意識ではない、ということだろう。一本の矢のような意識を動かすものが、もしもう一本の矢だとすれば、その第二の意識を動かすものは何かという、無限遡行《そこう》の疑問が湧いてくる。どうしても矢は何ものかに運ばれて動き、受動的に弾みに乗って進行すると考えるほかはない。

D　そのさい参考になるのは、先に触れたリズムの構造であって、人間はリズムにたいして能動的であるとともに、受動的に関わるという事実である。音楽でもダンスでも、人は拍子を能動的に刻みながら、同時に拍子をつなぐ空白の部分に乗せられて進む。拍子を刻むのは醒《さ》めた理性的な行為であるが、それを正確に刻めば刻むほど、つまり意識が醒めれば醒めるほど、逆にリズムによって陶酔《とうすい》させられるという逆説がなりたつ。おそらく精神を創造的にするとは、それをリズムに乗せ、リズミカルに保つということであるのだろうが、もしそうだとすれば、そこであらためて重要になるのが人間の身体の役割である。

E　なぜならモーリス・メルロ＝ポンティ＊2が言うように、人間の身体はいつも意識の周辺にあって、意識に支配されつつも意識を乗せて運動している。人は手で対象を感じながらも、同時に自分の手そのものを漠然と感じるのであるが、おそらくはこの周辺的な手の感触が意識を活性化するのである。それは、焦点に膠着《こうちゃく》した意識をそこからひきはがし、ずらしたり滑らせたりして意識の視野を拡大する。もちろんその場合、焦点をめざす意識の能動性は失われてはならないのであり、もしそれが失われれば、視野はただ混濁《こんだく》するだけであって、身体が周辺にあるということの意味もなくなってしまう。意識を最大限に覚醒させたままで、しかも身体の発信機能を増すという難しい作業が求められるのである。

F　そのための方法上の具体的な理論はまだないが、多くの人は、この事実の正しさを示唆する経験を知っているであろう。忘れたものを思い出す作業などは好例であって、当然この場合、忘れたものに意識を集中しようとしてもむだである。それよりも、意識は覚醒させたままで、歩きまわったり何かの身振りをしたり、身体を動かしていると不意に記憶が蘇《よみがえ》ってくることが多い。また、散歩をしているときに着想が浮かんだり、話をしているときに自分の肉声につられて話題が新展開を見せることがあるが、これらはすべて、意識が身体に乗せられて動いた例と見ることができよう。

G　ところで、②精神の創造性のために意識を動かすということをいえば、それには第二の、ある意味ではもっと単純な側面がある。要するに、意識の焦点そのものを外的な力で直接に動かすことであって、外界の文字どおり「意外」な刺激に頼ることである。人間は自分の関心にしたがってものを知ろうとするが、関心はそれ自体の能動性によって一本道を進もうとする。多くの場合、それは論理的な脈絡にそって動き、対象の類縁性、因果関係などをたどって移って行く。学問の専門分野というものもこの関心の論理が生みだすのであるが、すでに述べたようにその功罪はあいなかばしている。関心の能動性は人間の知恵を深くはするものの、とかくみずからに縛られて視界を狭くする危険があるからである。

H　この危険を避けるためには、当然、関心の能動性を制限すればよいのだが、制限しすぎれば精神はたんなる無感覚、麻痺《まひ》状態におちいってしまう。ここでもまた、③能動性と受動性の均衡《きんこう》が求められるのであって、意識は意外なものに新鮮に驚きながら、それをただちに一定の脈絡で説明したり、関連づけたりしない状態を保たねばならない。

注
＊1　ゲシュタルト心理学……ドイツにおける心理学の一学派。
＊2　モーリス・メルロ＝ポンティ……1908年〜1961年。フラン

スの哲学者。

［素材文は久留米大学より出題］

◆**問一**　傍線部①「この意識の本来の働きのかたちは抽象されて伝えられる」とあるが、どのようなことか。自分自身の言葉を使いながら、八十字以内で、説明せよ。

◆**問二**　傍線部②「精神の創造性のために意識を動かす」とあるが、そのために有効な方法として、筆者はどのようなことを挙げているか。分かりやすく簡潔に、自分自身の言葉も使いながら、十字〜二十字以内で、二つ挙げよ。

◆**問三**　傍線部③「能動性と受動性の均衡が求められる」とあるが、そのような均衡はなぜ必要とされるのか。自分自身の言葉も使いながら、七十字以内で、分かりやすく説明せよ。

（◆は本書のオリジナル問題）

素材文　筆者紹介　↓130頁参照

素材文の読みほどき

■ 講義32 「合理」「効率」の語は、批判的論点を作る

25講 素材文は、やや難解な内容に思えたかもしれない。確かに、具体的イメージのしにくい、抽象的な概念が続いているが、ここまで学習してきた知見を利用すれば、ポイントはつかめるはずだ。

最も着目してほしいのは、

B 情報を合理的に理解し、効率的に使用する立場からいえばそれで十分なのであるが、そこには情報が新しく生まれる創造の構造は現れてこない。

という一文である。

第四章「近代的思考のかたち」で、「近代化」の三本柱は、「理屈・効率・技術」の「三つの『つ』」であるということを述べた。そして、「この三つを絶対視して、推し進め過ぎた結果、現代社会の様々な部分に軋《きし》みが生じている」という近代批判が、現代評論の重要な論点であるとも述べた。

今回の素材文は、近代批判をテーマにしたものではないが、「合理」「効率」の裏側にあるものが、人間にとって、とても大切であるということを述べている点では、「近代批判」の文章と、軸を一つにするものでもある。

このように、テーマそのものには微妙な違いはあるものの、**現代評論で「合理」とか「効率」などという語が使われた場合、ほとんど「合理」「効率」の裏側・欠点・落とし穴を、論じる流れであることを押さえておこう。**

講義20（115頁参照）で、「論説文はひねくれている」と述べたのを覚えているだろうか。一般的・常識的なことを、わざわざ書く意味はないし、読む価値もない。

「雨が降っているので、傘を持っていこう」

という主張は書く必要はない。面白みはゼロだ。読む価値もないだろう。

「雨が降っているが、泣いているのが誤魔化《ごまか》せるから、びしょびしょに濡《ぬ》れていこう」

これぐらいの発想になると、書き手も書く意気込みが出るし、読み手も「オッ」と胸を摑《つか》まれる感じになる。

同様に、「合理的だから良い」とか、「効率的だから良い」等という「一般的・常識的」なことを、わざわざ書く必要はない。

「合理的なことに何か落とし穴はないか」

「効率を求めるあまり、逆に非効率になるような面はないか」

というような「ひねくれた発想（しかし、どこか胸を摑むような発想）」だけが、わざわざ書く必要のある、そして読む価値のある文章を生んでいくのである。

「合理」「効率」といった「一般的・常識的には良いとされる観点」が、現代評論で使われた場合、それは、多くの文脈で、批判的な視点で論じられていることに着眼しよう。

難解な文章でも「合理・効率の批判」と、狙いをつけるだけで、かなり読みやすくなるはずだ。

25講の素材文でも、「合理的・効率的な意識」ではなく、「身体的な運動・意外な刺激」が創造性を生み出すと言っている。


参考書一つとっても同じことが言える。効率だけを狙った参考書からは「その科目のその知識」しか学ぶことは出来ない。一方、「意外な刺激」にあふれ、一見、無関係に思えるようなことにも視野を広げる参考書からは、創造的な多くのものを学ぶことが出来るだろう。

素材文の噛み砕き

■ ゲシュタルト心理学

ゲシュタルト心理学は、人間が物事を知覚する際、部分や要素の集合としてではなく、全体性や構造に重点を置いて、知覚しているということを言及する心理学である。

例えば、A図を見ても、B図を見ても、君は「ひこうき」と読めると思う。それは、君が、これらを「全体性や構造に重点を置いて知覚している」からであって、一つ一つの部分に着目して知覚していたら、単なるにょろにょろとした線の集合（A図）や、角ばった幾何学《きかがく》的模様（B図）にしか見えないはずだ。

A図

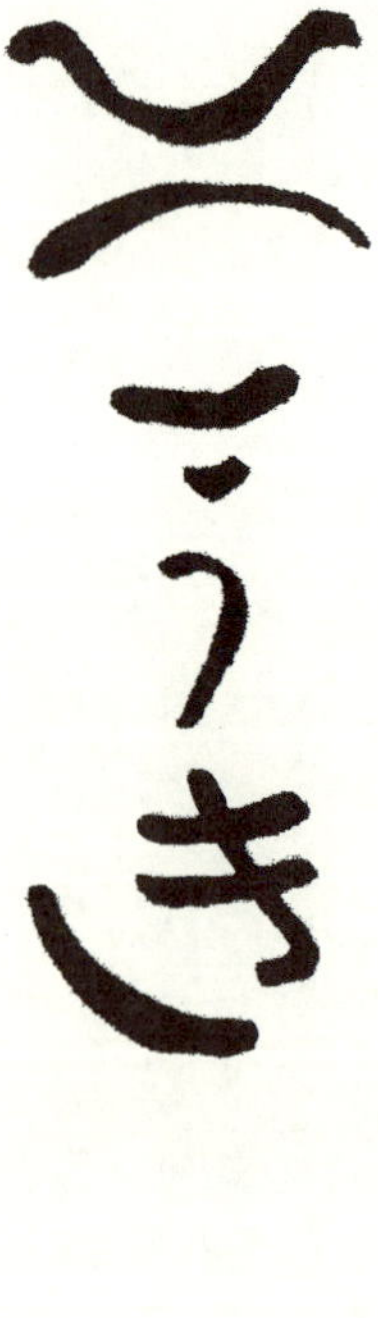

B図

君に、これらを「ひこうき」と読ませた「全体性に対する概念・枠組み」のようなものを、ゲシュタルトと呼ぶ。

このゲシュタルトがない場合（例えば、平仮名を知らない外国人）には、A図とB図が、同じ文字の連続だとは絶対に認識出来ない。どこからどこまでが、一文字であるかさえ、分からないはずだ。

　また、たとえ、平仮名を知っていたとしても、「ひこうき」という語（ゲシュタルト）を知らなければ、やはり、ここから、「ひ・こ・う・き」という四文字を知覚することは出来ないはずだ。

　続けて、人の顔を描いた簡単なイラストを見てみよう。

C図

中年の男性が満足そうに微笑《ほほえ》んでいる感じだ。
しかし、この絵に、

D図

と、コーヒーカップのイラストを足すと、上のイラストも、突然、「こうひい」と読めるようになるではないか。

　実は、この「こうひい」は、A図の中の「ひ」「こ」「う」の文字を、僅かに傾けただけで、そのままの形で使っている。A図では見えたはずの「ひ」「こ」「う」であるにも関わらず、C図の中からは、ほとんどの人が、それを発見出来ない。

　なぜだろうか。

　僕が、C図を示した際に、「人の顔を描いた簡単なイラスト」と紹介したことにより（申し訳ない、イジワルでした……）、君の中で、「顔のイラスト」というゲシュタルトが強すぎて、「こうひい」という「文字列としてのゲシュタルト」が手に入れられなかったということだ。

　しかし、D図で、「コーヒー」というゲシュタルトが与えられると、「こうひい」が浮かび上がって見えてくる。

いかに、僕達の知覚が、ゲシュタルトの影響を受けているか、よく分かると思う。

157頁で紹介した模様が、髭面《ひげづら》の老人に見えてしまうのも、もちろんゲシュタルトの影響である。

一方、一度手にしていたはずの「全体性に対する概念・枠組み」が、不意に壊れてしまう状態は「ゲシュタルト崩壊」と呼ばれる。

190頁でも説明したが、漢字をじっと見つめていると、何やら訳の分からない線の塊に見えてしまうことがあるが、これが、「ゲシュタルト崩壊」の現象だ。

189頁に挙げた日野啓三の『抱擁』は、世界に対するゲシュタルトが崩壊してしまった感覚をリアルに表現したものだとも言えよう。

■モーリス・メルロ＝ポンティ

素材文に引用されたモーリス・メルロ＝ポンティ（1908年～1961年）は、フランスの哲学者である。

デカルト（1596年～1650年）は、「我思う故に我あり」と人間存在の本質を「理性」に置き、「精神」と「物質」とを明確に分ける「物心二元論」を唱えた。それ以来、西洋近代哲学では、物質である「身体」と、精神である「心」とを別物として捉え、精神を中心に、身体は精神に従属するものとして人間を説明してきた。

これに対し、メルロ＝ポンティは、人間の知覚は、心と身体が密接に関係する両義性のあるものであると考え、人間を「物心二元」に分けることは出来ないと考えた。

■身体論

メルロ＝ポンティを始めとした「物心統合」の考え方は、「身体論」として、現代思想の一角を成すようになる。

例えば、僕達は、どうやって自転車の運転を覚えるのだろうか。

左に傾いたら右にハンドルを切って、右に傾いたら左にハンドルを切って…というように「理性」で学習し、それに応じて、練習し習得していくのだろうか。そうではない。

僕達は、理屈も何もなく、練習を重ねるうちに、いつの間にか、先のようなハンドルさばきを身に付ける。そして、身体が手に入れた「知」を、後から理性的に分析して、「左に傾いたら右にハンドルを切り、右に傾いたら左にハンドルを切る」という風に言語化するのだ。もしくは、「言われてみれば、確かにそんな風に運転しているな」と、身体の「知」を、後から、頭で理解することになる。

僕は、趣味でギターを弾くが、アドリブ（楽譜通りでなく、自由に弾く）の場合、指の方が勝手に動いて、思いもよらぬメロディーを奏でることがある。そして、そのメロディーに触発されて、「続きはこんな感じかな」と理性で考えて、さらにメロディーが出来上がり、指がそれを奏でていく。

デカルトの物心二元論では、

「心」→「身体」

として、「身体」は「心」の命じることを実現する装置でしかなかったが、今、述べた自転車の例は、

「身体」→「心」

の順だし、ギターの例では、

「身体」→「心」→「身体」

といったダイナミズムが確認出来る。

25講 素材文でも、「身体」を動かすことによって、「意識」が刺激を受けて、新しい創造を生むということが、語られているが、これも「身体論」の発想である。

「身体論」は、「理屈」に重きを置き過ぎて、人間を見誤ってしまった側面のある「近代的思考」に対抗するものとして、現代思想の中でも期待されている言説の一つと言えよう。

■外界の文字どおり「意外」な刺激に頼ることである（G）

筆者は「**精神の創造性のために意識を動かす**（G）」ための第二の方法として、「**『意外』な刺激に頼る**（G）」ということを挙げている。

筆者独特の難解な言い方であるが、「**意外なものに新鮮に驚く**（H）」とか、そうしないと「**視界を狭くする危険がある**（G）」とも述べているので、「精神の創造性のために、意識を動かす方法として、『意外』な刺激に頼る」とは、簡単に言えば、「**直接、問題につながるかどうかはともかく、見るもの、聞くもの、感じるものに対して、豊かな感受性を持つ**」といったことだろうと思われる。

パックのヨーグルトを食べたことのある人は多いと思うが、最近のヨーグルトパックの蓋に、ほとんどヨーグルトが付かないのに気付いているだろうか。

これは、「蓋の裏に、ヨーグルトがべったりと付いて、もったいないし、洗うのも大変」という長年の問題を解決した新素材の蓋《ふた》だが、この開発者は、社屋の隣地にあったハスの葉が、水を弾《はじ》いてコロコロと玉にする様子を見て、それをヒントに、ハスの葉の表面にあるような細かい凹凸をヨーグルトの蓋に施すことを思い付いたのだという（このパッケージを開発した森永乳業は、「第二十五回デュポン

5 人間を洞察する 25

パッケージング賞」という国際賞を受賞している）。

　このように、発明や発見のきっかけに、「ふと、○○を見ていたら、ピンとくるものがあった」のような逸話は、よく聞くと思う。筆者の言うように「『意外』な刺激」が、創造的な問題解決につながったという具体例である。

第六章 人生について

26 内田　樹『街場の現代思想』
27 長田　弘『失われた時代―1930年代への旅―』
28 黒井千次『働くということ』
29 酒井邦嘉『科学者という仕事』
30 茂木健一郎「生と死の不良設定問題」

26 『街場の現代思想』

内田　樹

次の文章を読んで、後の設問に答えよ。（解答は別冊30頁）

A　私たちの人生はある意味で一種の「物語」として展開している。「私」はいわば「私という物語」の読者である。読者が本を読むように、私は「私という物語」を読んでいる。すべての物語がそうであるように、この物語においても、その個々の断片の意味は文脈依存的であって、物語に終止符が打たれるまでは、その断片が「ほんとうに意味していること」は読者には分からない。

B　それは、「犯人がなかなか分からない推理小説」を読んでいる経験に似ている。怪しい人間が何人も登場するが、どれが犯人かさっぱり見当がつかず、プロット[*1]はますます錯綜《さくそう》してきて、こんな調子で果たして残された紙数でちゃんと犯人は言い当てられ、不可解な密室トリックのすべては明かされるのか、読者は不安になる。しかし、その不安は本を読む楽しみを少しも減殺するものではない。それは、どれほど容疑者がひしめきあい、どれほど密室トリックが複雑怪奇であっても、「探偵が最後には犯人をみごとに言い当てること」についてだけは、読者は満腔《まんこう》の確信を持って物語を読んでいるからである。

C　結末がまだ分からないにもかかわらず、私たちは「いかにも結末らしい結末」が物語の最後に私たちを待っているであろうということについては、いささかの不安も感じていない。私たちが物語を楽しむことができるのは、仮想的に想定された「物語を読み終えた私」が未来において、現在の読書の愉悦を担保してくれるからである。もし、終章で探偵が犯人を名指して、すべての伏線の意味を明らかにすることなしに小説が終わってしまう「かもしれない」と思っていたら、私たちは推理小説を愉《たの》しむことはできないだろうし、そもそも、そんな小説を手に取りさえしないだろう。

D　私たちの人生もそれと同じく、「犯人がまだ分からない推理小説」のように構造化されている。けれども、①それにもかかわらず私たちが日々のどうということもない些末《さまつ》な出来事をわくわく楽しめるのは、それが「巨大なドラマの伏線」であったことを事後的に知って「なるほど、あれはそういうことだったのか」と腑《ふ》に落ちている「未来の私」を想定しているからである。私たちの日々の散文的な、繰り返しの多い生活に厚みと奥行きを与えるのは、今生きている生活そのもののリアリティではない。そうではなくて、「私の人生」という物語を読み終えた私である。

E　ジャック・ラカン[*2]はこのような人間のあり方を「人間は前未来形で自分の過去を回想する」という言い方で説明したことがある。「前未来形」というのは、「明日の三時に私はこの仕事を終えているだろう」というような文型に見られるような、未来のある時点においてすでに完了した動作や状態を指示する時制のことである。

F 私たちが自分の過去を思い出すとき、私たちはむろん②「過去に起きた事実」をありのままに語っていない。私たちが過去の思い出話を語るとき、私たちは聴衆の反応に無関心であることはできないからだ。ある逸話について聴き手の反応がよければ「おお、この種の話は受けがいいな。では、この線で行こう」ということになるし、ある逸話についての反応がかんばしくなければ「おっと、この手の自慢話はかえって人間の値打ちを下げるな」と軌道修正を行う。私たちが自分の過去として思い出す話は、要するにその話を聞き終わったときに、聴き手が私のことを「どういう人間だと思うようになるか」をめざしてなされているのである。話を聴き終わった未来の時点で、聴き手から獲得されるであろう人間的な信頼や尊敬や愛情をめざして、私は自分の過去を思い出す。このような人間の記憶のあり方をラカンは「前未来形で語られる記憶」と称したのである。

G それと同じことが、私たちが私たち自身の現在を物語として「読む」ときも起きている。私たちは、今自分の身に起きているある出来事（人間関係であれ、恋愛事件であれ、仕事であれ）が「何を意味するのか」ということは、今の時点で言うことができない。③それらの事件が「何を意味するのか」は一〇〇％文脈依存的だからである。

H 「その事件が原因で私はやがてアメリカに旅立つことを余儀なくされたのであった」とか「その恋愛事件がやがて私の身に思いもよらぬ悲劇を引き起こそうとは、そのときは誰一人知るよしもなかった」とか「結果的にはそのとき病気になって転地したことが幸いして私は震災を免れたのである」とかいうナレーションは、物語を最後まで「読んだ私」にしか付けることができない。

I 私たちは④その「ナレーション」をリアルタイムでは聞くことができない。

J しかし、それにもかかわらず、私たち自身が恋愛事件のクライマックスや喧嘩《けんか》の修羅場を迎えているときに、その場の登場人物の全体を＊3俯瞰《ふかん》するカメラアイから自分を含む風景を見下ろし、そこに「ナレーション」がかかり、BGMが聞こえているような「既視感」にとらわれることがある。というか、そのような既視感にとらわれることがなければ、私たちはそもそも自分が「クライマックス」に立ち会っているとか、「修羅場」に向かっているというような文脈的な位置づけをすることさえできないはずである。

注
＊1 プロット……小説や脚本等の筋書き、構想。
＊2 ジャック・ラカン……1901年〜1981年。フランスの哲学者・精神分析医。
＊3 俯瞰……見下ろすこと。

［素材文は早稲田大学より出題］

◆**問一**　傍線部①「それにもかかわらず」とあるが、ここでいう「それ」とは、どのようなことを指すか。三十字以内で答えよ。

◆**問二**　傍線部②「『過去に起きた事実』をありのままに語っていない」とあるが、それは、どのようなことか。三十五字以内で説明せよ。

◆**問三**　傍線部③「それらの事件が『何を意味するのか』は一〇〇％文脈依存的だからである」とあるが、それはどのようなことか。自分の言葉を使いながら、百字以内で説明せよ。

◆**問四**　傍線部④「その『ナレーション』」とあるが、ナレーションの具体的な例について、自分で考え、五十字以内で答えよ。

◆**問五**　波線部「私たちの人生はある意味で一種の『物語』として展開している。『私』はいわば『私という物語』の読者である」とあるが、なぜ、そのように言えるのか。六十字以内でまとめよ。

（◆は本書のオリジナル問題）

素材文　筆者紹介

内田 樹（うちだ たつる）1950年生まれ。哲学者。神戸女学院大学名誉教授。主な著書に『寝ながら学べる構造主義』（文藝春秋）、『呪いの時代』（新潮社）、『日本の身体』（新潮社）等がある。護憲派であり、共著『9条どうでしょう?』（毎日新聞社）で、日本人にとっては、あいまいな憲法のままで良いという独自の憲法論を展開した。

素材文の読みほどき

■ 復習　論説文「ひねくれ方」の確認

講義20（115頁参照）で「論説文はひねくれている」と述べたが、さて、今回の素材文では、どのようにひねくれているのか。

そのひねくれ方を考えてみよう。

> **ひねくれ定型「○○は、普通、◎◎と考えるが、ここでは、●●であると考えている点」**

のような形で、二つほど考えてみてほしい。

一つ目は、A段落。冒頭として読み手のことを惹《ひ》き付けられるように、「ひねくれ」が施されている。

A段落の「ひねくれ方」は、右の「**ひねくれ定型**」に当てはめれば、

「『人生はある意味、物語として展開している』という場合、普通は、『自分は、物語の主人公である』と考えるが、ここでは、『自分は、物語の読者である』と考えている点」

という形だ。

二つ目は、D段落以降の内容だ。

文章の後半部に、本論として大きく施された「ひねくれ方」は、

「普通は、人は、『今』を生きていると考えるが、ここでは、『未来の私』を想定して生きていると考えている点」

という形である。

このように「**ひねくれ定型**」に当てはめるような形で、それぞれの素材文の「ひねくれ方」を確認するようなトレーニングをすると良い。

さらに、この定型の中に、

> 「急ぐ場合には、普通、近道をすれば良いと、考えるが、ここでは、**逆に**、遠回りをするぐらいの気持ちで、落ち着いて行う方が良いと、考えている点」（＝「急がばまわれ」）

のように、「**逆に**」という語が入れられるような発想が、講義21（115頁参照）で述べた「**逆説的発想**」という「ひねくれ方」になるのである。

素材文の噛み砕き

■「ナレーション」がかかる

筆者は、J段落で「**その場の登場人物の全体を俯瞰《ふかん》するカメラアイから自分を含む風景を見下ろし、そこに『ナレーション』がかかり、BGMが聞こえているような『既視感』にとらわれることがある**」と述べているが、君もそのような感覚に襲われることがあるだろうか。

独特の言い回しで語られているため、特異な感覚のように思うかもしれないが、実は、誰でも感じたことのある感覚だと思う。

例えば、受験勉強をしながら、大学合格後の晴れ晴れとした生活を思わない人はいないと思う。そして、想像の中で大学生になっている自分が、今の受験勉強中の君を思い出して、「あの時は大変だったよなあ」と、感慨にふけっているような、そんなイメージを持ったことのある人もあるはずだ。

このように、今の自分は、「将来の自分」から思い返される「自分」でもある。時間を越えた複相的な自分のイメージを、いくつも抱きながら、僕達は日々を生きている。

シンガーソングライター中島みゆきの代表作の一つに、「時代」（1975年）という曲がある。有名な曲なので、知っている人も多いと思う。その中にこんな歌詞がある。

> **時代**
>
> そんな時代もあったねと
> いつか話せる日が来るわ
> あんな時代もあったねと
> きっと笑って話せるわ
> だから今日はくよくよしないで
> 今日の風に吹かれましょう

まさに、この詞の語り手も、今の自分の状態について、未来の自分が思い起こしているイメージを抱きながら、「今日の風に吹かれましょう」と、今を生きているわけだ。

しかし、この未来にいる自分の声（ナレーション）が、まるで聞こえなくなることがある。今の問題にのみ囚《とら》われて、近視眼的に視野が狭くなっているような場合だ。

筆者は、「**『私の人生』という物語を読み終えた私**」からの視点が、「**私たちの日々の散文的な、繰り返しの多い生活に厚みと奥行きを与える**（D）」と言っている。

「人生という物語を読み終えた私」と言っても、何も死んだ時の「私」のことを言っているのではない。ほんの少し先でも良い。今の自分を取り巻く出来事にそれなりの決着がついた地点の「私」を想定し、そこから、現在の自分を考えてみる。それが人生に厚みと奥行きを与える。

今の問題にのみ囚われ、近視眼的に視野が狭くなっているような場合は、そんな未来からの自分の声に耳を傾けてみると良いかもしれない。

27

『失われた時代―1930年代への旅―』

長田　弘

次の文章を読んで、後の設問に答えよ。（解答は別冊31頁）

A　「おまえはじぶんが生きなければならないように生きるがいい」という言葉が、好きだ。ロシア革命直前のモスクワの貧民街に生きる人びとの真実を生き生きとえがきだしたロシアの作家レオニード・レオーノフの最初の長篇《ちょうへん》『穴熊』の第一部にでてくる、名もない老帽子屋がポツンと呟《つぶや》く印象的な言葉だ。

B　この帽子屋は、生涯一日に一個の帽子をつくりつづけてきた。「おれはもう老いぼれだ、どこへゆくところがあろう？　慈恵院へも入れちゃくれねえ……おら血も流さなきゃ、祖国を救いもしなかったからなあ。しかも目の奴《やつ》あ――畜生め――針を手にとりあげてみても、針もみえねえ……糸もみえねえ。だからさ、な、若《わけ》えの、おら役にもたたぬところをいつも無駄に縫ってるんだ……①ただこの手、手だけがおれを欺《だま》さねえんだ……」（一九二五年、邦訳三二年、新潮社／世界文学全集）。

C　そして帽子屋は、レーニンの軍隊がクレムリン砲撃をはじめる前日のきびしく冷めたい真夜中に「ふるくなった帽子のように」誰にも知られず、石造の粗末なアパートの隅でひっそりと死んでゆく。

D　ポーランドの小さな町オシフィエンツムからはじめた、失われた時代の、失われた人びとの、失われた言葉へのひとりの旅をつづけるあいだ、いつもわたしの胸の底にあったのは、若いレオーノフが感傷をまじえずに書きこんだ、その無名のロシアの帽子屋の生きかたの肖像だった。この帽子屋の生死には、②生きることをじぶんに引きうけた人間に特有の自恃《じじ》と孤独が、分かちがたくまざっていた。その「じぶんが生きなければならないように生きる」一個の生きかたこそ、わたしたちがいま、ここに荷担《かたん》すべき「生きる」という行為の母型《ぼけい》なのだと、わたしにはおもえる。

E　生きることをじぶんにとっての〈生きるという手仕事〉として引きうけること――帽子屋の手は、かれがどんなに老いぼれて目がみえなくなってしまっていても、その仕事をいっしんに果たしつづけた。それは、かれの仕事が、ほんとうは日に一個ずつ帽子を完成することそれ自体にではなく、日に一個ずつ帽子をつくるというしかたで、その手をとおしておのれの〈生きるという手仕事〉をしとげてゆく、ということにあったからだった。生きるとは、そのようにして、日々のいとなみのうちにみずからの〈生きるという手仕事〉の意味を開いてゆくという、わたしの行為なのだ。

F　それがどんなにいかなる政治体制のもとに圧されて果たされる生であるようにみえ、また「血も流さなきゃ、祖国を救いもしない」生にみえようと、ひとがみずからの生を〈生きるという手仕事〉として引きうけ、果たしてゆくかぎり、そこにはけっして支配の論理によって組織され、正統化され、補完されえないわたしたちの〈生きるという手仕事〉の自由の根拠がある、というかんがえにわたしはたちたい。〈生きるという手仕事〉は、それがどんなにひっそりと実現されるものであろうと、権力の支配のしたにじっとかがむようにみえ、しかもどんな瞬間にもどこまでも権力の支配のうえをゆこうとするのだ。

G 一九三〇年代の日本をもっともよく生きた詩人のひとりだった伊東《いとう》静雄は、敗戦後、復員してすぐ軍服のままたずねてきた若い作家が、戦争中右翼的なことを強く主張し指導者面をしていた連中が早くもアメリカ仕込みの民主主義の指導者面をしていることにたいする不快感を述べると、人間はそれでいいのですよ、共産主義がさかんな時は共産主義化し、右翼がさかんな時は右翼化し、民主主義が栄えてくれば民主主義になるのが本当の庶民というもので、それだからいいのですと、その軍服姿を戦争中のいやな軍部の亡霊をみたように不快がって、若い作家をおどろかせた、といわれる。

H その挿話《そうわ》はわたしにはとても印象的な記憶としてのこっているが、しかしこの伊東静雄のような「庶民」のとらえかたは、わたしにはまさに「本当の庶民」像の倒錯《とうさく》にすぎないようにおもわれた。わたしのかんがえは、ちがう。「本当の庶民」ということをいうならば、共産主義の時代がこようと右翼がさかんな時世がこようと民主主義の世の中がこようと、人びとはけっして「共産主義化」も「右翼化」も「民主主義化」もせず、みずからの人生を、いま、ここに〈生きるという手仕事〉として果たしてゆくにほかならないだろうからだ。

I 〈生きるという手仕事〉を果たすという生きかたは、だから、③そのときそのときの支配の言葉をひさいで生きのびてゆく生きかたを、みずから阻《はば》んで生きるわたしの生きかたなのだ。

J 生きることをみずからの〈生きるという手仕事〉としてとらえかえすということは、ひとりのわたしを他の人びとのあいだで自律的につかみなおすこと、そうしてみずからの生きかたを、日々の布地《ぬのじ》に刺し子として、不断に刺縫いしてゆくということだ。『穴熊』の帽子屋のように一日一個ずつ帽子をつくってゆく行為でさえ、それが〈生きるという手仕事〉のいとなみを手離さなかったかぎりにおいて、その行為は意識的にせよ無意識にせよ、④社会の支配をささえるようにみえながら同時に社会の支配をみかえす無名の行為のひとつとして、社会の支配のついにおよばない自由を生きる本質をふかくそなえていたはずだ。

K ある詩人が正確に書いたように、ひとの生はI was

bornという受け身にはじまる。すなわち、ひとは偶然に生まれて、ほんとうに死ぬ存在である。こうした生のありようを、わたしたちは正しくうけいれるべきだ。なぜなら、それがわたしたちの歴史だからだ。

L　そうでなければ、なぜ一所懸命に、ひとは生きて、死ぬのか。いま、ここにじぶんが生きているという事実をまっすぐに引きうけることができないかぎり、わたしたちは、ほんとうに死ぬものとしてのじぶんをもみうしなってしまうだろう。「おまえはじぶんが生きなければならないように生きるがいい」という言葉が、好きだ。生きてゆくというのは、生のもつあいまいさ、貧しさ、複雑さを、つまりわたしたちの世界にはなにかしら欠けたものがあるという酸っぱいおもいを切りかえし、切りかえしして生きてゆくことであり、それは、一見どんな怯懦《きょうだ》に、また迂遠《うえん》にみえようと、支配することをせずに、しかも支配の思想をこえる途をつつみもつひとりのわたしの生きかたをみずからの〈生きるという手仕事〉のうちにつらぬいてゆくことだ。

M　失われた時代の、失われた人びとの、失われた言葉への旅をとおして、わたしがじぶんの目とじぶんの足で確かめたかったのは、〈生きるという手仕事〉を自覚してじぶんに引きうけた人たちの生きかたが、わたしたちのいま、ここに遺《のこ》した未来だ。遺されたその未来にむけて、わたしは、「おまえはじぶんが生きなければならないように生きるがいい」というロシアの老帽子屋の言葉を、「⑤おまえは希望としての倫理によってではなく、事実を倫理として生きるすべをわがものとして、生きるようにせよ」というふうに、あらためていま、ここに読みかえることで、その言葉を、さらに今後に記憶しつづけてゆきたいのである。

問一　傍線部①はどういうことを言っているのか、分かりやすく説明せよ。
（解答欄：縦14㎝×横1㎝×3行。目安として85字）

問二　傍線部②を、帽子屋のいとなみに即して分かりやすく説明せよ。
（解答欄：縦14㎝×横1㎝×3行。目安として85字）

問三　傍線部③を分かりやすく説明せよ。
（解答欄：縦14㎝×横1㎝×3行。目安として85字）

問四　傍線部④のように帽子屋のいとなみを捉えることが出来るのはなぜか、その理由を述べよ。
（解答欄：縦14㎝×横1㎝×5行。目安として140字）

問五　傍線部⑤の「希望としての倫理によって」生きることと「事実を倫理として生きる」ことの違いを分かりやすく説明せよ。
（解答欄：縦14㎝×横1㎝×6行。目安として170字）

［京都大学］

素材文　筆者紹介

長田 弘（おさだ ひろし）１９３９年～２０１５年。詩人。『私の二十世紀書店』（中央公論社）で毎日出版文化賞（１９８２年）を受賞したのを始め、『森の絵本』で講談社出版文化賞（２０００年）、『幸いなるかな本を読む人』で詩歌文学館賞（２００９年）、『世界はうつくしいと』で三好達治賞（２０１０年）、『奇跡―ミラクル―』で毎日芸術賞（２０１３年）等を受賞。詩集、エッセイ・評論集等、数多くの著作がある。

6 人生について 27

素材文の読みほどき

■ 復習 「のである文」をチェックする

27講 の素材文は、直列電池型の随筆的論説文だが、このように、やや文学的雰囲気の漂う文章でも、「**のである文**」をチェックすることで、全文の見通しが良くなる。ピックアップしてみよう。

E 生きるとは、そのようにして、日々のいとなみのうちにみずからの〈生きるという手仕事〉の意味を開いてゆくという、わたしの行為なのだ。

F 〈生きるという手仕事〉は、それがどんなにひっそりと実現されるものであろうと、権力の支配のしたにじっとかがむようにみえ、しかもどんな瞬間にもどこまでも権力の支配のうえをゆこうとするのだ。

I 〈生きるという手仕事〉を果たすという生きかたは、だから、そのときそのときの支配の言葉をひさいで生きのびてゆく生きかたを、みずから阻《はば》んで生きるわたしの生きかたなのだ。

M 遺されたその未来にむけて、わたしは、「おまえはじぶんが生きなければならないように生きるがいい」というロシアの老帽子屋の言葉を、「おまえは希望としての倫理によってではなく、事実を倫理として生きるすべをわがものとして、生きるようにせよ」というふうに、あらためていま、ここに読みかえることで、その言葉を、さらに今後に記憶しつづけてゆきたいのである。

長文の素材文の中に、「のである文」は以上の四文だけである。それぞれの「のである文」が、全文の中でどのような役割を占めているかを考えてみよう。

E の「のである文」は帽子屋の例の統括。
F の「のである文」は〈生きるという手仕事〉と社会の支配構造との関係を論ずる冒頭統括。
I の「のである文」は〈生きるという手仕事〉と社会の支配構造との関係を論じた末尾統括。
M の「のである文」は全文の末尾統括。

いずれも、重要な大骨の統括を作っていることが分かる。

特に、**F の「のである文」と、I の「のである文」は、同じ論点を冒頭と末尾で統括した、表裏一体の関係である**（I の「のである文」に傍線が引かれ、「わかりやすく説明せよ」とあるので、当然、F の「のである文」が解答の指針となるわけだ）。

素材文に付けられた設問は、通常、長文のうち些末《さまつ》な部分ではなく、重要な部分に付けられる。となると、**「のである文」の内容が解答の大きな指針となるか、「のである文」**

そのものに傍線が引かれるか、どちらかの場合が多い。

長文を初読する際には、必ず「のである文」に自動的にチェックするような癖を付けよう。

素材文の噛み砕き

■ I was born（K）

27講 素材文の筆者が「ある詩人が正確に書いたように」として、「I was born」という言葉を引用しているが、これは、吉野弘《ひろし》の以下の詩のことであると思われる。有名な詩なので、全文を引用しておこう。

I was born　　**吉野　弘**

確か　英語を習い始めて間もない頃だ。

或《あ》る夏の宵《よい》。父と一緒に寺の境内を歩いてゆくと　青い夕靄《ゆうもや》の奥から浮き出るように　白い女がこちらへやってくる。物憂げに　ゆっくりと。

女は身重らしかった。父に気兼ねをしながらも僕は女の腹から眼《め》を離さなかった。頭を下にした胎児の　柔軟なうごめきを　腹のあたりに連想し　それがやがて　世に生まれ出ることの不思議に打たれていた。

女はゆき過ぎた。

少年の思いは飛躍しやすい。その時　僕は〈生まれる〉ということが　まさしく〈受身〉である訳を　ふと諒解《りょうかい》した。僕は興奮して父に話しかけた。

――やっぱり I was born なんだね――

父は怪訝《けげん》そうに僕の顔をのぞきこんだ。僕は繰り返した。

――I was born さ。受身形だよ。正しく言うと人間は生まれさせられるんだ。自分の意志ではないんだね――

その時　どんな驚きで　父は息子の言葉を聞いたか。僕の表情が単に無邪気として父の眼にうつり得たか。それを察するには　僕はまだ余りに幼なかった。僕にとってこの事は文法上の単純な発見に過ぎなかったのだから。

父は無言で暫《しばら》く歩いた後　思いがけない話をした。

――蜉蝣《かげろう》という虫はね。生まれてから二、三日で死ぬん

6 人生について 27

だそうだが　それなら一体　何の為《ため》に世の中へ出てくるのかと　そんな事がひどく気になった頃があってね――

僕は父を見た。父は続けた。

――友人にその話をしたら　或日　これが蜉蝣の雌だといって拡大鏡で見せてくれた。説明によると　口は全く退化して食物を摂《と》るに適しない。胃の腑《ふ》を開いても入っているのは空気ばかり。見ると　その通りなんだ。ところが　卵だけは腹の中にぎっしり充満していてほっそりした胸の方にまで及んでいる。それはまるで目まぐるしく繰り返される生き死にの悲しみが　咽喉《のど》もとまで　こみあげているように見えるのだ。淋《さび》しい　光りの粒々だったね。私が友人の方を振り向いて〈卵〉というと　彼も肯《うなず》いて答えた。〈せつなげだね〉。そんなことがあってから間もなくのことだったんだよ、お母さんがお前を生み落としてすぐに死なれたのは――。

父の話のそれからあとは　もう覚えていない。ただひとつ痛みのように切なく　僕の脳裡《のうり》に灼《や》きついたものがあった。

――ほっそりした母の　胸の方まで　息苦しくふさいでいた白い僕の肉体――。

（『吉野弘全詩集』（青土社）より）

引用文　筆者紹介

吉野 弘（よしの ひろし）１９２６年～２０１４年。詩人。平易な言葉で人生の真実を優しく鋭く言い刺すような散文詩が多い。

受け身で始まった「生」を、僕達は、いかにして受け入れ、生きることを自分に引き受けていくのか。**27講**の素材文とともに、紹介しておきたい。

6 人生について 27

28 『働くということ』

次の文章を読んで、後の設問に答えよ。（**解答は別冊33頁**）

黒井千次

A　かつて、一人の農村の青年がぼくにこんなことを言った。——俺はこの頃になって、自分の仕事が百姓だとようやく人に言えるようになれた。今までは恥かしくてそれが出来なかったんだけどね、と。

B　彼の発言の裏にはこういう事情がある。彼は、高校を卒業すると若い人々の多くが都市へ向けて流れ出て行く風潮に抗《こう》し、あえて農村に踏みとどまり、養蚕《ようさん》と酪農を中心にした新しい農業をはじめようと試みるグループの一員だった。彼の強力な主張により、父親の躊躇《ちゅうちょ》や危惧《きぐ》をのり切って、田がつぶされ桑が植えられた。つまり、彼は主導権を握って養蚕を中心に据える農業へと一歩を踏み出したところであったのだ。その気負いと自信とが、彼の中から「百姓」という職業にまつわりついていた劣等感に似た感情を拭い去ったのであったろう。俺は百姓だ、と彼は胸を張って公言出来る気分になれたわけである。その時彼に目覚めた意識を、「職業意識」と呼んでいいはずである。

C　職業に貴賤《きせん》はない、とはいっても、それは依然として建前の域にとどまっている。口には出さないまでも、心の中のどこかでは職業に上下をつけ、優劣の差を考えているのがわれわれの本音であるだろう。それがあるために、一人の農村青年は自分が「百姓」であることを恥じていた。もしその状態を不幸であったとするならば、職業を訊《たず》ねられて「会社員」「サラリーマン」としか答えられない人々は、彼より幸福であったといえるのだろうか。彼には自らの劣等感をテコに不幸を逆転してそこに新しい職業意識を生み出す可能性があったのだが、「会社員」「サラリーマン」にその可能性はあるのだろうか。「会社員」「サラリーマン」が、自分の職業は「百姓」より幸せだ、ともし考えるのだとしたら、確固とした仕事の形を持ち得ぬ事態に気がついていない分だけ、本当は彼等《かれら》の方が農村の青年より一層不幸なのだ、といわねばなるまい。彼等には、劣等感さえ持つことが出来ないからである。

D　「私は教師です」「私は警察官です」「私は店員です」「私は運転手です」「私は守衛です」「私は看護婦です」と答える時、たとえ優劣さまざまの気分をひきずらざるを得ないことがあったとしても、その答えの内には否応《いやおう》なしに職業の意識が含まれて来てしまう。社会に向けた一つの顔を持ってしまう以上、彼等は自分に対して少くとも最低の能力と責任を要求するだろう。私は給料をもらうために働いているだけなのだから、仕事の方はどうでもかまわないのだ、といってはすまされない。その地点に、外に対して感じる責任と、内に対して覚える仕事の手応えとの結びついた意識、つまり職業意識が生れる。そしてこの職業意識から最も遠く離れて存在しているのが、「会社員」意識、「サラリーマン」意識なのである。

E　それが実情ではあったとしても、会社で働いている人間が自分の「職業」はなんであるかと考えた時、①「サラリーマン」と自答してはならない。「会社員」と答えてはならない。もしそう答えるなら、彼は自らの置かれている状況をすべてそのまま認め、一切の異議申し立てをせず、ただ命じられたことを唯々諾々《いいだくだく》と受け入れて働く存在に過ぎなくなるだろう。一見、その方が安易な暮しに思われるかもしれないが、実はそうではない。実際に会社で働いてみればすぐわかることだが、人間に意志があり、感情があり、感覚があり、意識がある以上、決してそのように生きることは出来はしないのである。

F　としたら、たとえ困難であろうとも、「会社員」は会社の中でなんとかして自分の職業を探すべく努めねばならない。職業は名刺の肩書の上にのっているのではない。部屋のドアに書かれているのでもない。日々の具体的な仕事の中にしかありようはないのである。二年、三年という短期間で担当業務が変ってしまうとしても、それを通り過ぎねばならぬ通路や階段のように考えるのではなく、その時現在の仕事のうちに職業を求めるべきだろう。求めれば与えられるという保証はどこにもない。しかし、求めて得られないのと、求めずに得られないのとではなにかが違う。求めても得られなかった②失望や諦めの底には、彼の希求したものの影がネガフィルムの像のように眠っているはずである。そのネガがある限り、彼は人間であることまでも諦めてしまったという事態に陥る危険は免れるのだといえよう。

◆**問一**　本文を、「導入としての例を挙げた序論」と「本論」の二つに分ける場合、「本論」はどこから始まっていますか。その始まりの五文字を書きぬきなさい。

問二　傍線部①について、「『サラリーマン』と自答してはならない。『会社員』と答えてはならない」のはなぜですか。（九十字以内）

問三　傍線部②について、「失望や諦めの底には、彼の希求したものの影がネガフィルムの像のように眠っているはずである」とはどのようなことですか。（七十字以内）

〔東京経済大学　改〕

（◆は本書のオリジナル問題）

素材文　筆者紹介

黒井千次（くろい せんじ）1932年生まれ。小説家。「内向の世代」の作家の一人と呼ばれる。1970年に『時間』（河出書房新社）で芸術選奨新人賞を受賞したのを始め、1984年に『群棲』（講談社）で谷崎潤一郎賞、2006年に『一日 夢の柵』（講談社）で野間文芸賞等を受賞。現代日本の純文学を代表する作家の一人。

素材文の読みほどき

■ 復習 論題提示文を探す

講義3（27頁参照）で、「**論題提示文を探す**」ということを述べたが、**28講**の素材文も、「論題提示文」に着目することにより、全体の組み立てがすっきりする。

28講の素材文では、まず冒頭に「農村の青年」の例が述べられるが、これは、「職業意識」について論じる「導入」として用意されたものに過ぎない。素材文の主題は、「農村の青年の職業意識の芽生え」ではない。

主題は、「農村の青年の職業意識」の話を導入とした「『サラリーマン・会社員』の職業意識」の問題である。そこが本論だ。

それでは、導入部分（序論と言ってもいいだろう）から、本論へと、橋を渡っていく（ブリッジ部分）のはどこか。C段落で、「会社員」「サラリーマン」という単語が初出する部分の前後を見てみよう。

C それがあるために、一人の農村青年は自分が「百姓」であることを恥じていた。もしその状態を不幸であったとするならば、職業を訊《たず》ねられて「会社員」「サラリーマン」としか答えられない人々は、彼より幸福であったといえるのだろうか。

いま、二文引用したが、一文目は、導入部の農村青年のことを述べた文だが、二文目は、そこから発展して、本論の「会社員・サラリーマン論」へと展開しているのが、よく分かる。

そして、この二文目「**もしその状態を不幸であったとするならば、職業を訊ねられて『会社員』『サラリーマン』としか答えられない人々は、彼より幸福であったといえるのだろうか。**」が、本論の「論題提示文」として、この後の内容を「冒頭統括（結論までは示さないが、論題は提示している型。99頁参照）」しているという組み立てだ。

しかも、「のだろうか」と「のである文」になっていることにも着目してほしい。

「のである文」を、ピックアップしていくことで、論題提示文が発見出来るし、導入部と本論とのブリッジ部分も見通せる文章になっている。

28講の素材文には、「のである文」が十か所見受けられる。自分で発見して、チェックしてみよう。それぞれの段落の重要部分、全体の重要部分に「のである文」が出現していることが確認出来るはずだ（231頁参照）。

素材文の噛み砕き

■職業を訊ねられて「会社員」「サラリーマン」としか答えられない人々は、彼より幸福であったといえるのだろうか（C）

右のように、筆者は厳しく糾弾《きゅうだん》するが、ここで間違えてはいけないのは、「会社員」「サラリーマン」そのものを「不幸」な職業としているのではないということだ。

E「職業」はなんであるかと考えた時、「サラリーマン」と自答してはならない。「会社員」と答えてはならない。

とあるように、自分の職業について「サラリーマン・会社員」としか答えられない意識を「不幸」と言っているのだ。

例えば、同じように、会社につとめて、サラリー（給料）を貰《もら》っている人でも、

「お客さまセンターで、相談窓口の管理をしています」

とか、

「自社の製品の良さを広く分かってもらえるように広報の仕事をしています」

等のように答えられるとしたら、それは、**「外に対して感じる責任と、内に対して覚える仕事の手応えとの結びついた意識（D）」**として、十分に筆者の言う「職業意識」たり得るものだろう。

しかし、「会社員」「サラリーマン」という答えには、具体的な職業に対する「責任・手応え」がないと筆者は言う。

確かに、「会社員」「サラリーマン」という返答は、「会社に勤めています」「給料を貰っています」ということをのみ伝えるだけで、その人の職業人としてのアイデンティティの一切が、「会社」「給料」にしかないことを、自答するようなものだ。仕事の内容は、自分の職業人としてのアイデンティティを作っていないということを自ら宣言してしまっているのに等しい。

そのような意識を筆者は厳しく糾弾するのである。

■「サラリーマン」とはだれのことか？

素材文で述べられる「会社員」「サラリーマン」という言葉は、あらためて考えてみると、不思議な言葉である。どちらも全く職種は示していない。

特に「サラリーマン」という言葉は、奇妙だ。「会社員」なら、「有限会社・株式会社等、会社形式の仕事場に勤めている人」と定義出来るだろうが、「サラリーマン」とは、どのように定義するのか。「サラリー（給料）を貰っている人」という意味なら、「公務員」「教師」「勤務医」「弁護士事務所に勤める弁護士」等、すべて「サラリーマン」であるが、一般的には、そのような職種の人々は、「サラリーマン」とは言わないだろうし、日雇いの労働者や、学生ア

ルバイトも、「サラリー（給料）」を貰っているが、世間一般の「サラリーマン」というイメージではないだろう。

この「サラリーマン」という単語について、考察した文章を以下に引用するので、「サラリーマン」という言葉のあいまいさや、言葉と社会との関係についても考えてみてほしい。

一九九一年に書かれた文章だが、ここで述べられている問題は、現在でも通じる古くて新しい問題である。

「サラリーマン」とはだれのことか？　伊井直行

神戸市の高校生中村千夏さん（一八歳）は、二十歳以上の学生の国民年金加入を呼びかけるテレビのコマーシャルで、学生に「お父さん、お母さん、よろしくね」と言わせているのは、いかにも親のスネかじりという印象で不快だとする投書を朝日新聞に寄せている。「私の父は普通のサラリーマンです。私を大学に行かせてくれるために父が一生懸命稼いだお金を使っているのだと思うと、ありがたくて申し訳なく思っています」中村さんは、二十歳になったときには、自分の年金ぐらい自分でアルバイトして払おうと考えている健気《けなげ》な高校生なのである。

さて、私は、ここで年金のことやテレビのコマーシャルについての話をしたいわけではない。中村千夏さんがこの投書で用い、世間でごく一般的に流通している「サラリーマン」なる言葉について考えてみたいのである。私は、ここ数年、若い男性会社員を主要な登場人物とする小説を書く試みを行なってきたが、「サラリーマン」という言葉は、自分では使わないことに決めていた。というのも、「サラリーマン」という語にはきちんとした定義がなく、時に、世間の人を欺くために使われる場合もあると考えていたからである。

「サラリーマン」の最も広い定義は、私の知る限りでは、その当の言葉を党名の一部とする某政党[*1]によってなされた。私は、数年前、物好きにも「サラリーマンとは、誰のことを言うのですか」とその党に電話してきいてみたのである。すると、サラリーという言葉は、ローマ時代、兵士の給料を塩で払ったことから来ていると英和辞典に載っているというような説明をしたあと、次のように語った。

「とある駅前で遊説を行っていたところ、日雇い労働者と思われる人たちから、サラリーマンなんて俺たちには関係ないや、と野次《やじ》られた。それで、私は彼らにこう言った。あなたがたに賃金を払っているのは、会社や役所などでしょう。組織から給料をもらっている人は、みんなサラリーマンといえるのです。つまり、私たちは、あなたがたのための党でもあるのですよ、と」

ここまで範囲を広げるとおかしいと思う人が多いだろうが、サラリー（＝月給）をもらって働いている人をサラリーマンと呼ぶとすれば、日本の労働者の大半はそれに該当することになるだろう。事実、そのような理解も一方にはある。過日、テレビ朝日でサラリーマンに関する二時間番組を放送した際には、「[*2]厚生年金対象者＝サラリーマン」という定義もなされていた。ちなみに、現在では、従業員五人未満の零細《れいさい》な事務所にも厚生年金が適用される。しかし、次のような文章を読むとき、私たちは、やはり多少の違和感をいだくのではないだろうか。

「大阪西成区の鉄工所で[*3]フライス盤を二年近く動かしたのが最初の職歴である。また、現在に至るまで、サラリーマン生活を経験したのはこの時期だけである」（『別冊宝島・ヤクザという生き方2』後藤正治氏の文章）

ここで感じる違和感の原因は、私たちがサラリーマンという言葉からまず思い浮かべるのが、会社に勤める背広にネクタイの男性だからである。事実、テレビ朝日の番組でも、取り上げられたのは、いわゆる[*4]ホワイトカラーに属する人々だった。しかし、「ホワイトカラー＝厚生年金対象者」という等式は成り立たない。

つまり、サラリーマンという言葉は、同時に二つの意味を担っているのである。「月給をもらって働いている勤労者一般」と「ホワイトカラーの会社員」と。（中略）

「サラリーマン」という言葉は、複数の意味を担って融通《ゆうずう》無《む》碍《げ》[*5]に使われることで、実質上の「害悪」を世間に及ぼしている点で罪が深い。「害悪」の一つは、背広にネクタイの会社勤めの人間こそが日本の平均的な労働者であると多くの人に思い込ませたことである。（神戸市の中村千夏さんはどうだろう？）実際のところ、そのような会社員＝ホワイトカラー層は全勤労者中の少数派である。一九八九年四月七日付け「朝日ジャーナル」の「日本社会の階層変容に迫る」という記事中の直井優氏によって作成された表によれば、「サラリーマン・会社員」に属する職業階層は全体の一六・八パーセントに過ぎない。

そして、もう一つの罪は、「サラリーマン」という一語によって、官庁や銀行などによる「世論調査」が可能になったことである。マスコミを通して「サラリーマンの平均貯蓄」だの「サラリーマンの平均的な小遣いの額」だのが発表されることがある。そして、それが、実際には一部上場企業の社員を対象に調べた数値であったとしても、私たちは、何となく全勤労者の平均のように思ってしまうのである。あるいは、「サラリーマン減税」とか「サラリーマンにも必要経費を」とかいう時、このサラリーマンとは、いったい誰のことを指して言っているのか？　しかし、大抵はサラリーマンと言われただけで分かったような気になってしまい、疑問をいだくことさえしない（できない？）のである。

注

＊1 某政党……一九八三年に正式結党した政党「サラリーマン新党」のことを指すと思われる。「サラリーマン新党」は二〇一五年現在でも、書類上は存続しているが、国会議員・地方議員ともに、議席数はない。

＊2 厚生年金……政府が保険者となり、民間企業の労働者を対象とした公的年金保険制度。

＊3 フライス盤……刃物を回転させ、金属の表面を削って仕上げる工作機械。

＊4 ホワイトカラー……定義はあいまいだが、一般には「頭脳労働者、もしくは背広ネクタイ姿で仕事をする者」のことを言う。対義語は、「ブルーカラー」で、「作業服を着た現場の作業員等現業系や技能系の職種で、主に肉体労働が主体である者」のことを指す。

＊5 融通無碍……考え方や行動が何物にもとらわれず、自由であること。

引用文　筆者紹介

伊井 直行（いい なおゆき）１９５３年生まれ。小説家。１９８３年「草のかんむり」で第26回群像新人文学賞を受賞して小説家デビュー、『さして重要でない一日』（講談社）で１９８９年に第11回野間文芸新人賞受賞、『進化の時計』（講談社）で１９９４年に第22回平林たい子文学賞受賞、２００１年に『濁った激流にかかる橋』（講談社）で第52回読売文学賞受賞。

28講の素材文にある「のである文」は以下の十文。

・B段落　四文目・五文目。
・C段落　四文目・五文目。
・D段落　最終文。
・E段落　最終文。
・F段落　一文目・二文目・三文目・最終文。

6 人生について 28

29 『科学者という仕事』

酒井邦嘉

次の文章を読んで、後の設問に答えよ。（解答は別冊34頁）

A 研究に限らず、大事業の成功に必要な三要素として、日本では昔から「運・鈍・根」ということが言われている。科学者の伝記を読むと、その人なりの「運・鈍・根」を味わうことができる。

B 「運」とは、幸運（チャンス）のことであり、最後の神頼みでもある。「人事を尽くして天命を待つ」と言われるように、あらゆる知恵を動員することで、逆に人の力の及ばない運の部分も見えてくるようになる。人事を尽くさずにボーッとしているだけでは、チャンスを見送るのが関の山。①運が運であると分かることも実力のうちなのだ。

C 次の「鈍」の方は、切れ味が悪くてどこか鈍いということである。最後の「根」は、もちろん根気のことだ。途中で投げ出さず、ねばり強く自分の納得がいくまで一つのことを続けていくことも、研究者にとって大切な才能である。論文を完成させるまでの数々の自分の苦労を思い出してみると、「最後まであきらめない」、という一言に尽きる。山の頂上をめざす登山や、ゴールをめざすマラソンと同じことである。

D それでは、なぜ「鈍」であることが成功につながるのだろうか？ 分子生物学の基礎を築いたM・デルブリュック*1（一九〇六〜八一年）は、「限定的いい加減さの原理（the principle of limited sloppiness）」が発見には必要だと述べている。

E もしあなたがあまりにいい加減ならば、決して再現性のある結果を得ることはなく、そして決して結論を下すことはできません。しかし、もしあなたがちょっとだけいい加減ならば、何かあなたを驚かせるものに出合った時には……それをはっきりさせなさい。

F つまり、予想外のことがちょっとだけ起こるような、適度な「いい加減さ」が大切なのである。このように少しだけ鈍く抜けていることが成功につながる理由をいくつか考えてみよう。

G 第一に、「先があまり見えない方が良い」ということである。頭が良くて先の予想がつきすぎると、結果のつまらなさや苦労の山の方にばかり意識が向いてしまって、なかなか第一歩を踏み出しにくくなるからである。

H 第二に、「頑固一徹」ということである。「器用貧乏」や「多芸は無芸」とも言われるように、多方面で才能豊かな人より、研究にしか能のない人の方が、頑固に一つの道に徹して大成しやすいということだ。誰でも使える時間は限られている。才能が命じるままに小説を書いたりスポーツに熱中したり、といろいろなことに手を出してしまうと、一芸に秀でる間もなく時間が経《た》ってしまう。私の恩師の宮下保司《やすし》先生（脳科学）は、「頑固に実験室にこもる流儀」を貫いており、私も常にこの流儀を意識している。

[I] 第三に、「まわりに流されない」ということである。となりの芝生はいつも青く見えるもので、となりの研究室は楽しそうに見え、いつも他人の仕事の方がうまくいっているように見えがちである。それから、科学の世界にも流行《はやり》廃りがある。「自分は自分、人は人」とわり切って他人の仕事は気にかけず、流行を追うことにも鈍感になった方が、じっくりと自分の仕事に打ち込んで、自分のアイディアを心ゆくまで育てていけるようになる。

[J] 第四に、「牛歩や道草をいとわない」ということである。研究の中では、地味で泥臭い単純作業が延々と続くことがある。研究は決して効率がすべてではない。研究に試行錯誤や無駄はつきものだ。研究が順調に進まないと、せっかく始めた研究を中途で投げ出してしまいがちである。成果を得ることを第一として、スピードと効率だけを追い求めていては、傍らにあって、大発見の芽になるような糸口を見落としてしまうかもしれないのだ。寺田寅彦《とらひこ》*2は、晩年に次のように書いている。

[K1] 所謂《いわゆる》頭のいい人は、云《い》わば脚の早い旅人のようなものである。人より先《さ》きに人の未《いま》だ行かない処《ところ》へ行き着くことも出来る代りに、途中の道傍《みちばた》或《あるい》は一寸《ちょっと》した脇道にある肝心なものを見落す恐れがある。頭の悪い人脚ののろい人がずっと後からおくれて来て訳もなく其《そ》の大事な宝物を拾って行く場合がある。（中略）

[K2] 頭のいい人は批評家に適するが行為の人にはなりにくい。凡《すべ》ての行為には危険が伴うからである。怪我《けが》を恐れる人は大工にはなれない。失敗を怖がる人は科学者にはなれない。（中略）

[K3] 頭がよくて、そうして、自分を頭がいいと思い利口だと思う人は先生にはなれても科学者にはなれない。人間の頭の力の限界を自覚して大自然の前に愚な赤裸の自分を投出し、そうして唯々《ただただ》大自然の直接の教にのみ傾聴する覚悟があって、初めて科学者にはなれるのである。併《しか》しそれだけでは科学者にはなれない事も勿《もち》論《ろん》である。矢張り観察と分析と推理の正確周到を必要とするのは云う迄《まで》もないことである。

[K4] ②つまり、頭が悪いと同時に頭がよくなくてはならないのである。

[L] あえて「鈍」に徹して失敗を恐れないことが、科学者には必要なのだ。科学とは、「未知への挑戦」という最大の冒険なのだから。

注

*1 M・デルブリュック……マックス・ルードヴィヒ・ヘニング・デルブリュック（1906年～1981年）。アメリカ合衆国の生物

物理学者。1969年度、ノーベル生理学・医学賞受賞。
＊2 寺田寅彦……1878年〜1935年。戦前の物理学者、随筆家。日本の近代科学思想に大きな影響を与えた。

［素材文は青山学院大学より出題］

◆問一　傍線部①「運が運であると分かることも実力のうちなのだ」とはどのようなことか。四十字以内で説明せよ。

◆問二　傍線部②「つまり、頭が悪いと同時に頭がよくなくてはならないのである」とはどのようなことか。七十字以内で説明せよ。

◆問三　全文の内容を、百八十字以内で要約せよ。

（◆は本書のオリジナル問題）

素材文　筆者紹介

酒井 邦嘉（さかい くによし）1964年生まれ。脳生理学者。東京大学教授。『言語の脳科学』（中央公論新社）で毎日出版文化賞受賞。チョムスキー言語学と脳科学を統合し、人間の脳が言語を生み出す仕組みを解明している。

素材文の読みほどき

■ 講義33 文章の設計図を見通す（多講　復習）

右に「文章の設計図」と記したが、建築の設計図と少々違う点があるので、まずはその点を説明しよう。

建築の設計図は、細部にわたるまで、事前に正確・詳細に用意され、実際の建築にあたっては、その設計図に則《のっと》って、建築が進められる。

しかし、文章の設計図は、事前に正確・詳細に用意されたというより、

「結果として示されてしまった文章の組み立て図」

と考えた方が良いものである。

もちろん、前もって、組み立てを準備していることもあるだろう。例えば、「まず」「次に」「最後に」といった、並列電池型組み立て等は、筆者が前もって準備したものだろう。

しかし、書いている中で、自然と、出来上がっていく柱もある。

例えば、思わず重要なところに置いてしまった「のである文」などは、筆者が準備した「意図」としての設計図と考えるより、いつのまにか無意識に出来上がった設計図と考えた方が良い。

どこまでが「前もって準備した設計図」で、どこからが「無意識に出来上がった設計図」であるかは、重要ではない。**準備されたものか、無意識に出来上がったものかはともかく、「結果として、そこに示されている設計図」を見通すことが大切だ。**

そのために、今まで講義してきたものを、最大限利用出来るようになってほしい。

今回の 29講 素材文の「**結果として、そこに示されている設計図**」を見通すのには、以下の講義が有効なので、全文の中で、どこにそのようなポイントがあるか、示してみよう。

【29講を読み解く重要なポイント】

- 講義1「のである文」
- 講義3「論題提示文を探す」
- 講義8「形式段落の冒頭一語・冒頭一文」
- 講義9「つまり・すなわち〜のである文」
- 講義17「冒頭統括型の文章」
- 講義20「論説文はひねくれている」
- 講義21「逆説的発想」
- 講義23「並列電池型の文章」
- 講義29「踏み台的論題→最重要論題型の文章」

講義32　「『合理』『効率』の語彙は批判的論題を作る」

▼以下に素材文全文を再掲する。青字部分が講義ポイントであり、（　）内に記した番号が講義番号である。

Ａ**研究に限らず、大事業の成功に必要な三要素として、日本では昔から「運・鈍・根」ということが言われている**（8・17）。科学者の伝記を読むと、その人なりの「運・鈍・根」を味わうことができる。

Ｂ**「運」とは**（23）、幸運（チャンス）のことであり、最後の神頼みでもある。「人事を尽くして天命を待つ」と言われるように、あらゆる知恵を動員することで、逆に人の力の及ばない運の部分も見えてくるようになる。人事を尽くさずにボーッとしているだけでは、チャンスを見送るのが関の山。**運が運であると分かることも実力のうちなのだ**（1）。

Ｃ**次の「鈍」の方は**（8・23）、切れ味が悪くてどこか鈍いということである。**最後の「根」は**（23）、もちろん根気のことだ。途中で投げ出さず、ねばり強く自分の納得がいくまで一つのことを続けていくことも、研究者にとって大切な才能である。論文を完成させるまでの数々の自分の苦労を思い出してみると、「最後まであきらめない」、という一言に尽きる。山の頂上をめざす登山や、ゴールをめざすマラソンと同じことである。

Ｄ**それでは、なぜ「鈍」であることが成功につながるのだろうか？**（1・3・8・17・29）分子生物学の基礎を築いたM・デルブリュック（一九〇六〜八一年）は、「限定的いい加減さの原理（the principle of limited sloppiness）」が発見には必要だと述べている。

Ｅもしあなたがあまりにいい加減ならば、決して再現性のある結果を得ることはなく、そして決して結論を下すことはできません。しかし、もしあなたがちょっとだけいい加減ならば、何かあなたを驚かせるものに出合った時には……それをはっきりさせなさい。

Ｆ**つまり、予想外のことがちょっとだけ起こるような、適度な「いい加減さ」が大切なのである**（1・8・9）。**このように少しだけ鈍く抜けていることが成功につながる理由をいくつか考えてみよう**（3）。

Ｇ**第一に**（8・23）、「先があまり見えない方が良い」ということである。頭が良くて先の予想がつきすぎると、結果のつまらなさや苦労の山の方にばかり意識が向いてしまって、なかなか第一歩を踏み出しにくくなるからである。

Ｈ**第二に**（8・23）、「頑固一徹」ということである。「器用貧乏」や「多芸は無芸」とも言われるように、多方面で才能豊かな人より、研究にしか能のない人の方が、頑固に一つの道に徹して大成しやすいということだ。誰でも使える時間は限られている。才能が命じるままに小説を書いたりスポーツに熱中したり、といろいろなことに手を出してしまうと、一芸に秀でる間もなく時間が経《た》ってしまう。私の恩師の宮下保司《やすし》先生（脳科学）は、「頑固に実験室にこもる流儀」を貫いており、私も常にこの流儀を意識している。

I **第三に**（8・23）、「まわりに流されない」ということである。となりの芝生はいつも青く見えるもので、となりの研究室は楽しそうに見え、いつも他人の仕事の方がうまくいっているように見えがちである。それから、科学の世界にも流行廃《はや》りがある。「自分は自分、人は人」とわり切って他人の仕事は気にかけず、流行を追うことにも鈍感になった方が、じっくりと自分の仕事に打ち込んで、自分のアイディアを心ゆくまで育てていけるようになる。

J **第四に**（8・23）、「牛歩や道草をいとわない」ということである。研究の中では、地味で泥臭い単純作業が延々と続くことがある。研究は決して効率がすべてではない。研究に試行錯誤や無駄はつきものだ。研究が順調に進まないと、せっかく始めた研究を中途で投げ出してしまいがちである。**成果を得ることを第一として、スピードと効率だけを追い求めていては、傍らにあって、大発見の芽になるような糸口を見落としてしまうかもしれないのだ**（1・21・32）。寺田寅彦《とらひこ》は、晩年に次のように書いている。

K1 所謂《いわゆる》頭のいい人は、云《い》わば脚の早い旅人のようなものである。人より先《さ》きに人の未《いま》だ行かない処《ところ》へ行き着くことも出来る代りに、途中の道傍《みちばた》或《あるい》は一寸《ちょっと》した脇道にある肝心なものを見落す恐れがある。頭の悪い人脚ののろい人がずっと後からおくれて来て訳もなく其《そ》の大事な宝物を拾って行く場合がある。（中略）

K2 頭のいい人は批評家に適するが行為の人にはなりにくい。凡《すべ》ての行為には危険が伴うからである。怪《け》我《が》を恐れる人は大工にはなれない。失敗を怖がる人は科学者にはなれない。（中略）

K3 頭がよくて、そうして、自分を頭がいいと思い利口だと思う人は先生にはなれても科学者にはなれない。**人間の頭の力の限界を自覚して大自然の前に愚な赤裸の自分を投出し、そうして唯々《ただただ》大自然の直接の教にのみ傾聴する覚悟があって、初めて科学者にはなれるのである**（1・20）。併《しか》しそれだけでは科学者にはなれない事も勿論《もちろん》である。矢張り観察と分析と推理の正確周到を必要とするのは云う迄《まで》もないことである。

6 人生について 29

K4 つまり、頭が悪いと同時に頭がよくなくてはならないのである（1・9・21）。

L あえて「鈍」に徹して失敗を恐れないことが、科学者には必要なのだ（1）。科学とは、「未知への挑戦」という最大の冒険なのだから。

どうであろうか。青字部分と講義番号を確認することで、「**結果としてそこに示されてしまった設計図**」が、よく見通せると思う。

要約文を作る時等は、例えば建築物をそのまま縮小模型にするのと同様に、「**結果としてそこに示されてしまった設計図**」を参考に、全体を縮小コピーするような感じで、元の組み立てを維持したまま、小さく縮小していくのも有効な方法である。

素材文の噛み砕き

■ 26講・27講・28講・29講のまとめとして

第六章「人生について」では、ここまで、四つの素材文を扱ってきたが、それぞれの主張する内容が、時にぶつかり合っていることに気付いただろうか。

例えば、26講では、日々の生活に厚みと奥行きを与えるのは、今生きている生活そのもののリアリティではなく、「未来の私を想定すること」であると言っているが、一方で、29講では、「先があまり見えない」ような「鈍さ」が大切だとも言っている。

27講では、「生きなければならないように生きる」ことを述べ、「希望としての倫理」ではなく、「事実としての倫理」で生きること、そして、受け身で与えられた自分を引き受けることを述べているが、一方で、28講では、「自らの置かれている状況をすべてそのまま認め、唯々諾々と受け入れて働く存在」になってはならないし、そのように生きることは、意志ある人間には出来ないとさえ言っている。

それぞれ、正反対のことを述べているようで、やはり、それぞれが人生を生きる上での大きな知恵であることも間違いない。

思えば、「早起きは三文の得」という格言がある一方で、「果報は寝て待て」というように、逆のことを述べた言葉もある。

大切なのは、多くの言葉のレパートリーを持つことだ。その時々の自分の問題に対して、最も自分を後押ししてくれるような言葉が、自分の心の引き出しの中にあるか、どうか。それを見つけて、自分に贈ることができるか、どうか。そんな豊かさ・柔らかさが必要なのだろう。

今の問題にばかり捉われて、考えが堂々巡りしていたら、

「将来の自分からの声」に耳を傾けることが必要だし（26講）、一方で、先のことばかりに過度に捉われて、今の時間を無駄にしてしまうのはもったいない（29講）。

「これも違う、これも違う」と、今の自分を認めず、あくせくと、違う自分ばかりを探す生き方は、決して豊かな自分を作ることはないだろう（27講）。しかし、一方で、今の自分に飽き足らず、失望しても諦めても、「求める」「希求する」ことが必要なのは、言うまでもない（28講）。

いつからか、「いい加減」という意味は、「だらしない」「無責任」というネガティブな意味で使われることが多くなってしまったが、僕は、この「いい加減」という言葉は嫌いではない。

29講でも、「適度ないい加減さが必要だ」と「いい加減」の大切さを述べているが、「いい加減」は、本来「良い加減」のことだ。

一見、正反対に見えるような、人生の知恵やメッセージを、厳しく捉え過ぎることなく、「良い加減」に自分の中で咀嚼《そしゃく》し、そして、「良いタイミング」で取り出して、自分の後押しとする。

そんな「いい加減」さが、困難な長い人生を渡っていく上で大切なのではないかと、僕は思う。

6 人生について 29

30 「生と死の不良設定問題」

茂木健一郎

次の文章を読んで、後の設問に答えよ。（解答は別冊35頁）

A 先頃、富山県の病院で末期患者の呼吸器が医師によって取り外されていたという疑惑が表面化した。患者本人や家族の同意を得ていたのか、判例などで認められた適切な手続きを経ていたのかどうかなどの点が取り沙汰されている。

B いわゆる「尊厳死」や「安楽死」を巡る問題は、何年かに一度は表面化し、議論される。その度に、その要件や解釈が蒸し返されるが、どうもすっきりしない。他の社会的問題と違って、いつまで経っても納得がいかない点が残る。半永久的に落ち着きどころが見つかりそうもないという印象があるのである。

C そもそも、人間にとっての「生」や「死」の意義を正面から問いかける問題に、すっきりと割り切れるような解答を用意することは果たして可能なのだろうか？　死は、人間にとって最も直視するのが難しい問題である。生きている人間にとって、死は恐ろしいものであり、できるだけ考えずに済ませたい。容易には直視できない問題に、うまい答えが見つかるはずもない。

D 人間の致死率は一〇〇％である。どうせ死ぬならば、人間としての尊厳を保った形で、そして苦痛をできるだけ感じない形で死にたい。そうは思っていても、死に至るプロセスについて考えること自体が、人間にとっては強烈なタブーである。死は、そもそもの出発点からして、「①<u>不良設定問題</u>」なのである。

E フランスの文学者、アルベルト・カミュ[*1]に、『シーシュポスの神話』という寓話《ぐうわ》がある。一人の男が神から、坂道で岩を持ち上げるという罰を受ける。一番上まで運んで行くと、岩が転げ落ちてしまって、最初からやり直しになってしまう。大変な重荷を引き受けている中で、ある時、男は、今置かれている状況こそが避けることのできない宿命であり、それを離れて自分の生はないのだということを悟る。そのような覚醒を通して、男は、この上なく不自由にも思える境遇の中にこそ、無限の自由があると感じるのだ。

F カミュの記した神話は、私たち人間にとっての②<u>真実性</u>を内包するからこそ、印象的である。どんなに苦しい思いをしていたとしても、それが自分の人生の宿命であり、引き受けるしかないと思い詰める。そのような「覚悟」から、私たちは困難を生きる力を引き出してきたのではなかったか。

G 生きることは、人間にとってあらゆる価値の上に立つ「メタ[*2]」な意義を持つ。どんなことも、自分が生きていなければ経験することができない。耐え難いと思えるほどの苦痛でさえも、生きていればこそ体験できる。苦痛を感じている自分を消してしまいたいというのは誰でも思うことだが、その苦痛が消えてしまった世界に、もはや「私」はいない。意識を持ってしまった人間にとって最大の恐怖は、痛みを感じること自体ではなく、そのような苦しみを引き受ける「私」がいなくなってしまうことではないか。

H たとえ、周囲の状況から、「尊厳死」や「安楽死」が避けることのできない選択肢であるように思われる時でも、どこかに割り切れない思いが残るのは、とにかく一秒でも長く「生きる」ということが、いずれは死んでいくしかない人間にとっての至上命題だからだろう。

I どんな場合でも、カミュの覚悟をもって生きるしかない。尊厳死や安楽死など想定したくない。私は、とりあえずはそのように考える。

J もっとも、自分や家族、大切な人たちが、末期患者となり、耐え難い苦痛に襲われた時、「あくまでも生にしがみつく」という態度を取り続けることができるかどうか、自信があるわけではない。

K 精神分析を通して広大な無意識の領域を発見したジーク[*3]ムント・フロイトは、晩年、顎にガンができて、繰り返し手術を受けた。ついには苦痛に耐えかねて、モルヒネによる安楽死を選択した。フロイトの死は、現代的な意味での「安楽死」や「尊厳死」の要件も満たしていたのかもしれない。それでも、あれほどの人が、と割り切れない思いが残る。

L 自分の魂の奥底を見つめた時、誰が、後ろめたさなしに死を選択した患者本人、家族、あるいは医師を非難することができるだろうか。今後も、人が人である限り、死の作法を巡る「事件」は後を絶つことはないだろう。カミュやフロイトといった、人類第一級の知性でも扱いかねた死というエ[*4]ニグマ。その不良設定問題を、私たちは生き遂げるしかない。

注
＊1 アルベルト・カミュ……1913年〜1960年。
＊2 メタ……高次。
＊3 ジークムント・フロイト……1856年〜1939年。精神科医。
＊4 エニグマ……なぞ。

◆問一 A段落からD段落までの組み立てについて説明したものとして、適切なものを以下の選択肢の中から選び、記号で答えよ。

ア 具体例を導入にして、そこから導き出される問題を提示し、その問題に対する筆者なりの考えを述べている。

イ まず一般論を提示し、そこに筆者なりの主張を対立させ、二者を止揚するような結論を述べている。

ウ まず論題を提示し、続いて筆者なりの結論を述べ、後から、そのように考える具体的な根拠を示している。

エ 一般論と筆者なりの考え方との違いを、具体例を挙げることによって説明し、結論を導いている。

オ 身近な話題から導入し、一般的抽象論へと発展させ、特に筆者なりの見解は示すことなく、終えている。

問二 傍線部①について次の問に答えよ。

(1) 傍線部①の具体的な内容を五十字以内（句読点含む）で記せ。

(2)「不良設定」と評価しながらも、筆者はひとつの答えを出している。それは何か。

（解答欄：縦13・2cm×横2.6cm。目安として50字）

問三 傍線部②の具体的な内容を、四十五字以内（句読点を含む）で記せ。

◆**問四** 全文の要旨を、二百字以内で要約せよ。

〔和歌山大学　改〕

（◆は本書のオリジナル問題）

素材文　筆者紹介

茂木 健一郎（もぎ けんいちろう） 1962年生まれ。科学者・作家。脳と心の関係を研究し、一般読者向けの解説書の執筆も多数。『脳と仮想』（新潮社）で小林秀雄賞、『今、ここからすべての場所へ』（筑摩書房）で桑原武夫学芸賞を受賞。

素材文の読みほどき

■講義34　難解な言い回しは、必ず再説明される

論説文を読む際、大切なことは、「筆者との信頼関係」である。「難しい言い方は、必ず、再説明されるはずだ」という信頼で、文章を読み進めよう。**筆者も「ちょっと、これは、分かりにくいかな」と心配しているのである。必ず、言葉を変えて説明したり、具体例で説明したり、読者に向けて、理解してもらえるように、配慮する。**

難解な言い回しに出会ったら、必ず、「再説明があるはずだ」と、筆者を信頼して読み進めてみよう。

今回の**30講**素材文では、例えば、

F カミュの記した神話は、私たち人間にとっての真実性を内包する

といった表現が難解だ。実際の和歌山大学の入試でも、この「真実性」の説明が求められている（**問三**）。

「私たち人間にとっての真実性」とは何か。特に、「真実性」という難解な単語で語られたものについては、筆者は必ず説明するはずだ。

筆者も「真実性」という、難解なイメージの単語で語ってしまったことについて、読者に伝わるかどうか不安なのだ。なるべく早く再説明したいと思うのが、当然だろう。

ここでは、直後の、

F どんなに苦しい思いをしていたとしても、それが自分の人生の宿命であり、引き受けるしかない

という部分が、「真実性」の具体的な説明となっている。

■講義35　「のである文」同士の響きあい

C そもそも、人間にとっての「生」や「死」の意義を正面から問いかける問題に、すっきりと割り切れるような解答を用意することは果たして可能なのだろうか？

右のようにC段落で、「のである文」の形で、大きな論題が提示される。それでは、この論題に対して、結論を示した部分はどこか？

D 死は、そもそもの出発点からして、「不良設定問題」なのである。

C段落の「解答を用意するのは可能なのだろうか」という問いに対して、D段落で、「『不良設定問題』（解答を用意することの出来ない問題）なのである」と、ずばり結論を述べている。

「**〜のだろうか**」という論題提示に対して、「**〜のである**」ときっちり結論をまとめ上げた形だ。

このように、「のである文」同士が、響きあって文章の骨子を作ることも非常に多い。

復習 筆者独特の言葉はキーワードとなる 黄金統括

今回の30講素材文では、その他にも、

講義15「筆者独特の用語はキーワードとなる」（92頁参照）
講義25「黄金統括型の文章」（145頁参照）

等が実践課題となる。例えば、

・講義15「筆者独特の用語はキーワードとなる」

については、「不良設定問題」「真実性」「至上命題」等がキーワードとして挙げられる。いずれも、造語というほどの語彙ではないが、密度の濃い独特の単語であることは感じるだろう。

どの語も、本文の骨子となっているため、「設問」として利用されるか、「解答」として利用することの出来る部分となっている（設問は、枝葉末節は問わない。本文の重要部分を問うのが王道である）。

・講義25「黄金統括型の文章」

については、H・Iが、本文の最大主張の統括部分であることに着目しよう。Iで、多少戸惑いは含めつつも、

と「答えはこれです」と、**「私は、とりあえずはそのように考える。」**と、はっきりと述べている。まさに黄金統括の形だ。そして、これに続くJ・K・Lでは、その戸惑いについて補足する形になっている。

筆者が言う通り、「死」については、「うまい答え」「すっきりする答え」など、求められるはずもない。一つの答えを独善的に述べれば、それは、かえって説得力をなくすだろう。

だから、筆者は、自分の信じる結論であっても「とりあえずは」という控えめな限定を付けているし、そこで統括した後は、最終部分で、自分の「ゆれ・ぶれ」について、あえて正直に言い及ぶ。

生き死にの問題は、人間・人生の最大のテーマだと言っても良いだろう。最大のテーマでありながら、決して答えの出ない難問だ。

この難問の前に、自分だけが答えを見つけたような言い振りで語ることなど出来ないし、常に、自分の答えに対して、「本当にそれで良いか？」と反問をぶつけ、「ゆれ・ぶれ」を抱く姿勢こそ、人間や人生に対する視線として、最も誠実なものなのではないかと思う。

素材文の噛み砕き

■ 尊厳死・安楽死

そもそも「尊厳死」「安楽死」とは、どのような意味か。現代社会では頻繁に聞かれる言葉となったが、その正確な定義となると、なかなか難しい。

「尊厳死」は「安楽死」の一つの形なので、まずは、「安楽死」から説明してみよう。

安楽死とは、「回復の見込みがない患者を、耐え難い苦痛から解放するために、医師等が、患者の死期を早めること」を言うが、その「行為の様態」により、「消極的安楽死」と「積極的安楽死」とに分けられる。

【行為の様態による区分】

a 消極的安楽死
：いたずらな延命治療をやめ、自然に死にいくことに任せること。

b 積極的安楽死
：薬剤投与等によって、患者を死に至らしめること。（日本では殺人罪に問われる）。

また、決定のプロセスに着目することにより、三種に分けることが出来る。

【決定のプロセスによる区分】

α 自発的安楽死
：患者本人の意向による場合。

β 非自発的安楽死
：患者本人に意向を表明することが出来ない状態において、家族の意向によって決定がなされる場合。

γ 反自発的安楽死
：患者本人に対応能力があるにも関わらず、意向を問わずに、あるいは意向に反して決定される場合。

これらを組み合わせると、「安楽死」には2×3＝6の六種類のパターンがあるわけだが、例えば、**bγ**などは、殺人罪に問われるだろうし、**bα**などは、自殺幇助《ほうじょ》の罪にあたる。

「尊厳死」は、このうち、aαのパターン「いたずらな延命治療をやめることを、患者本人自らの意志で選ぶこと」を指すことが多い。

日本では、**aα**（尊厳死）や、**aβ**の安楽死は、実際の治療現場でも行われている。

一方、下記の国・地域では、**b**の積極的安楽死も法制化されている。（ ）内は法制化された年である。

・スイス（一九四二）・アメリカ オレゴン州（一九九四）・

オランダ（二〇〇二）・ベルギー（二〇〇二）・ルクセンブルク（二〇〇八）・アメリカ ワシントン州（二〇〇九）

以上、あえて、機械的に分類を行ったが、「消極的安楽死」なら良い、「積極的安楽死」は悪いと、簡単に決められるものではない。

消極的安楽死のうちでも、「新たな治療を差し控える（例：患者の呼吸を助け、死期も延ばすが、生理的苦痛を伴う『気管内挿管』という施術を行わない）」というのと、「現在、行っている延命治療を中止する（患者の呼吸を助けていて、命を保っている酸素供給装置の電源を切る）」というのとでは、また意味合いが違ってくるだろう。前者の方は、患者にいたずらに苦痛を与えない行為として、現在の医療現場では、家族の承諾のもとで広く認められている方向にあるが、後者の方は、「積極的安楽死」に近い行為として、倫理的に認められないとする考え方が強い。

「安楽死」の問題は、30講素材文の筆者の言うように、「半永久的に落ち着きどころがない」問題だろうし、たとえ、法律的な落ち着きどころがあったとしても、24講素材文の筆者の言うように「『倫理』の『法的手続き』化によって、もやもやした倫理的な責めの意識がすっきり免除されることのほうを、わたしは怖《おそ》れる」という観点もある。

30講素材文の筆者が苦渋の中で述べる「一秒でも長く『生きる』ということが、いずれは死んでいくしかない人間にとっての至上命題」という言葉は分かりやすく力強い。24講素材文の筆者の「倫理というものは、人類が痛い経験をくりかえし、ぎりぎりのところでやむをえず落としどころを見いだすというかたちで、時間をかけて形成され、変容してきた」という言葉も説得力がある。

しかし、どんな言葉も、百パーセントの正解にはなり得ない。命の問題の前では、「正解のない難問の前で、悩み続けること」しか我々には許されていないのだろう。そのことを、30講素材文の筆者は「死というエニグマ。その不良設定問題を、私たちは生き遂げるしかない」と告げて、本文を締めくくっている。

■シーシュポスの神話

アルベール（アルベルト）・カミュ（1913年〜1960年）は、『異邦人』（1942）、『ペスト』（1947）などで知られるフランスの作家である。人生の不条理と、それに理性的に向かう人間の姿を描き続け、一九五六年には、ノーベル文学賞を戦後最年少の四十三歳で受賞している。本文に引用された「シーシュポスの神話」は、一九四二年に発表された、カミュ初期の随筆である。

カミュの作品は、象徴的で難解な作品が多く、この「シーシュポスの神話」もまた、安易な一通りの解釈を受け付けない作品である。

▲アルベール・カミュ
（AFP ＝時事）

坂道で岩を持ち上げるという罰、しかも一番上まで運んで行くと、岩が転げ落ちてしまって、最初からやり直しになるという無限の繰り返しの中、不自由にも思える境遇の中にこそ、無限の自由があると感じるという寓話《ぐうわ》に、違和感や疑問を覚えた読者も多いと思う。

一つの解釈を受け付けない作品であるとわきまえつつ、シーシュポスが感じた自由について、あえて説明を加えてみようと思う。

僕達の人生は、努力に正比例して、成果が訪れるだろうか。そんなことはない。「努力は裏切らない」という言葉もあるが、努力しても報われないという人生の不条理も、残念ながら、往々にしてある。

「努力すれば必ず報われる」と思いながら努力する人と、「努力しても報われないかもしれない」と思いながらも努力を止めない人と、どちらが強い精神の持ち主だろうか。

さらには、不幸にも「努力に応じた結果」が訪れなかった時に、その不幸に堪え、また次の一歩を踏み出せる力を持った人間は、どうだろう。

シーシュポスは、「努力しても報われない」という人生の不条理を、完璧に体感していながらも、次の闘争を止めない人物である。

シーシュポスの行為は、人生の不条理に理性をもって立ち向かい、結果がどうであろうとも、自分のあり方が左右されることのない大きな自由を抱いた行為なのではないだろうか。

30講 素材文の筆者が言うように、人生の結末は、みな決まっている。人間の致死率は百パーセントである。岩は必ず転げ落ちてしまうのだ。

それを直視しつつも、その時その時の「岩運び」に、懸命に立ち向かう。これが、人間の日々の生き様のようにも思われる。「死」という宿命に屈しない無限の自由が、そこにはある。

「シーシュポスの神話」には、難解ながらも人生の重大な秘密について考えさせられる言葉が多い。

例えば、

「これほどおびただしい試練をうけようと、私の高齢と私の魂の偉大さは、私にこう判断させる。すべて、よしと」という章句は、**30講** 素材文で論じられた「安楽死・尊厳死」に対して、「NO」と屹然《きつぜん》と立ち向かう言葉のようにも思われる。

また、人生を終える瞬間に、「すべて、よし」という言葉を抱けるかどうか、そんな恐ろしい難問も、僕達に突き付けてくる。

「シーシュポスの神話」は次の二文で終わる。

「頂上を目がける闘争ただそれだけで、人間の心をみたすのに充分たりうるのだ。いまや、シーシュポスは幸福なのだと思わねばならぬ」

チャレンジするもののない不幸ほど、不幸なものはないだろう。結果を手にすることが「幸福」なのではない。「目がける闘争」があることが「人間の自由・人間の幸福」なのだと、カミュは訴えているのではないだろうか。

受験勉強に即してみれば、「教育の機会均等」が保障され、「闘争出来る」環境の方が、戦争状態で教育もままならない環境よりも、どれほど幸福なことか。

安楽死の問題に戻してみれば、「最後まで闘う」ことを疑う余地のない大前提とすることが、「人間の自由・人間の幸福」を約束するのだと、「シーシュポスの神話」を引用することで、**30講** 素材文の筆者は訴えているのだと思われる。

＊「シーシュポスの神話」の訳については、新潮文庫『シーシュポスの神話』（清水徹 訳）を利用した。

第七章

芸術・思想と人間

31 粟津則雄『日本洋画22人の闘い』
32 中村眞一郎『記憶の森』
33 原　研哉『白』
34 外山滋比古『省略の詩学—俳句のかたち—』
35 米原万里『心臓に毛が生えている理由《わけ》』

31 『日本洋画22人の闘い』

粟津則雄

次の文章を読んで、後の設問に答えよ。（解答は別冊36頁）

A 油絵の持つ強固で精密な再現力はきわめて新鮮な魅力をもって、たちまち人びとをとらえたが、これは、すでにあったさまざまな手法にもうひとつ、きわめて効果的な新しい手法が加わったということではなかった。たとえば油絵具《えのぐ》の、次々と塗り重ねることによって、それ自体強固な物質を形作るという性格、そのような物質化した色面が集まって作り出す厳密な画面構成、そういったものはまさしく嘆賞すべき油絵の特質にはちがいないが、一見普遍的一般的なものに見えるそのような特質も、実はヨーロッパ独特の物質感覚、空間感覚に根ざし、そこから生まれ出たものである。ア油絵は、ヨーロッパという特殊を普遍と思い誤りかねないほどの魅惑力をふるっていたが、たとえばわが国の場合、その魅惑力に身を委ねながらも、長い美術の伝統によって培われてきた繊細精妙な美的感覚が、われわれのなかの奥深いところで、それに反抗した。もちろん、そのようなことはまったく意識せず、楽天的に油絵に身を委ねているだけの画家も、数多くいたであろうが、すぐれた画家であれば、それをどれほど明瞭に意識しているかは人によって異なるとしても、油絵という表現に反抗する何かを、鋭い痛みのように感じていたはずなのである。

B たとえば、風景に対する姿勢にしても、われわれの風景観には、風景とわれわれとが互いに浸透しあっているところがある。風景を他者として外部に眺めるのではなく、われわれが風景のなかにいることを好むようなところがある。十数年前、パリで暮していたとき、私はよほど風がひどくないかぎり、アパルトマンの窓を開け放していたものだ。別に大したものが見えるわけではないが外の眺めが見え、外の空気が入りこんでくるだけで楽しかったのである。ところが、訪ねて来るフランス人たちは、ほとんど例外なく窓があいていることを気にした。ちらちらと窓の方を眺めたあげく、とうとう我慢出来なくなって、「失礼だけど、窓をしめてもいいだろうか」と言い出す男もいた。自分の生活を他の人間にのぞかれたくないと言えば言えようが、窓に対する彼らのこだわりかたには、それだけでは片付かぬところがあった。そこには、おのれと他人との区別を、またおのれと外部との区別を明確にし、おのれをよりいっそう閉じることによって、外部をよりいっそう外部として定立するという彼らの思考形式が、おのずから反映しているようなところがあった。もちろん、ヨーロッパにも内外合一という思想はある。だが、それは、内外の厳密な区別という彼らにとって本質的な思考形式を踏まえたうえでのことだ。それは、たとえば、カール・バルト*の危機神学などにおいては、われわれの内部は、超越的他者としての神には絶対に出会いえぬというまさしくそのことによって神と出会うという、文字通り危機的なかたちをとるに至るのである。私はパリでの些細《ささい》な経験を通して、彼らのそういう思考形式を改めて痛感した。若年期からヨーロッパの文学や芸術に親しんできた私にとって、それはごく身近なものになってはいるのだが、にもかかわらず日常生活におけるその現われにこのような違いがあることが、私にはいかにも面白く思われたものだ。油絵をおのれの仕事としたわが国の画家たちも、当然、さまざまなかたちでこれに類したことを経験したに違いないのである。油絵具によって表現した風景は、その強い物質感と立体的な空間性とによって、彼らを喜ばせたであろうが、その効果があざやかなものであればあるほど、そういうことに**イ**或《あ》るよそよそしさを感じる意識の動きも鋭く自覚されたはずだ。そして、このようなことから、わが国の洋画家たちの複雑な工夫が生まれたと考えていいのである。

C　もちろん私は、油絵という手法と日本的感性との、単純な和洋折衷を云々《うんぬん》するつもりはない。その種の試みも数多くあったであろうが、まずたいていは、いわゆる和洋折衷住宅同様、凡庸でたいくつな代物にすぎぬ。単なる思い込みの産物である「日本的感性」なるものと、油絵の手法とを、和風の建物に洋風の客間をくっつけたようにあいまいに共存させているにすぎないからである。かくして、「日本的感性」は、題材の特殊性によりかかった一種の雰囲気に堕《だ》する。一方、油絵という手法も、物質と空間に対するそのおどろくべき追求力を失う。両者ともにその危険な牙を抜かれ、中途半端な妥協によって、束の間の和合を楽しむだけなのである。

D　油絵という手法と、われわれに固有な意識や感性の動きとを真に結びつけるという厄介な仕事が、**ウ**このような及び腰の姿勢で成就されるはずがない。こういう仕事を成就するには、油絵を、それがはらむすべての危険をふくめて、全体的に受け入れる必要があるだろう。そのことがわれわれのなかに生み出すさまざまな亀裂や解体の画家それぞれにおいて異なる独特のありようをはっきりと見定め、長く困難な忍耐と刻苦とを通して、**エ**この亀裂や解体そのものを、進んでおのれの表現の動機にまで鍛えあげる必要があるだろう。そのときはじめて、油絵とわれわれの意識や感性との、切迫した、だが強固な結びつきが成就されるのである。このことが、明治以来のわが国の洋画家たちに、ヨーロッパの画家の知らぬ苦痛や不幸を強いたことは確かだが、このような苦痛や不幸に際しての複雑な工夫を通して、はじめて油絵がわが国に根付いたとも言いうるのである。

注　＊カール・バルト……Karl Barth（1886年～1968年）。ドイツの神学者。

問一　「油絵は、ヨーロッパという特殊を普遍と思い誤りかねないほどの魅惑力をふるっていた」（傍線部**ア**）とあるが、どういうことか、説明せよ。

（解答欄：縦14cm×2行。目安として60字）

問二　「或るよそよそしさを感じる意識の動き」（傍線部**イ**）とは、どういうことか、説明せよ。

（解答欄：縦14cm×2行。目安として60字）

問三　「このような及び腰の姿勢」（傍線部**ウ**）とあるが、どういうことか、説明せよ。

（解答欄：縦14cm×1行。目安として30字）

問四　「この亀裂や解体そのものを……必要があるだろう」（傍線部**エ**）とあるが、どういうことか、分かりやすく説明せよ。

（解答欄：縦14cm×2行。目安として60字）

〔東京大学〕

素材文　筆者紹介

粟津　則雄（あわづ　のりお）１９２７年生まれ。フランス文学者、文芸評論家。１９７０年『詩人たち』（思潮社）、『詩の空間』（思潮社）で藤村記念歴程賞を受賞したのを始め、１９８２年『正岡子規』（朝日新聞社）で亀井勝一郎賞、２０１０年『粟津則雄著作集』（思潮社）で鮎川信夫賞特別賞を受賞。１９９３年紫綬褒章、１９９９年勲三等瑞宝章、２０１０年日本芸術院賞・恩賜賞を、受賞・受章。文学・美術・音楽を対象に幅広い評論活動を行っている。

素材文の読みほどき

■ 講義36 単語の持つ「評価・色合い・傾き」を見抜く

まず、二つの例文を比較してみよう。

a ずいぶんと高給取りになった。
b こんな薄給ではやってられない！

さて、aの語り手の言った「高給」と、bの語り手の言った「薄給」は、例えば、いくらぐらいだろう。

a「高給」＝月給五十万円
b「薄給」＝月給二十万円

ぐらいかなあと、考えた人もあるかもしれない。

少なくとも「高給」の方が「薄給」よりも高い額だと思ったのではないか。

しかし、本当にそうだろうか？

例えば、aを「アルバイトとして勤め始めた苦学生が、ようやく正式採用され、初任給を貰《もら》った時の喜び」、bを「過酷な残業で、毎日終電帰りになってしまう、大企業に勤める中堅社員の愚痴」として捉えたらどうだろう。

a「高給」＝二十万円
b「薄給」＝五十万円

という考えも出来るのではないか。

つまり、「高給」と「薄給」との違いは、「事実としての額の違い」ではないということだ。

「高給」も「薄給」も、その金額そのものを言う言葉ではなく、語り手が「どう感じたか」、もしくは、「どう感じたと相手に対して伝えたいか」を表現した言葉だ。

したがって、場合によっては、十万円でも「高給」だろうし、百万円でも「薄給」になってしまう。

このように、単語には、「語り手がどう評価しているか」という「色合い」の付いた言葉がある。

語り手が、語っていきたい方向性を感じさせる言葉という意味では、「傾きの付いた言葉」と言ってもいいだろう。

「ネガティブで、マイナスの雰囲気の言葉」なのか、「ポジティブで、プラスの雰囲気の言葉」なのか、その色合いや傾きを感じ取れば、筆者の論旨の向かう先を、あらかじめ読み解くことも出来るというわけだ。

今回の**31講**素材文のC段落に着目してみよう。

例えば「**代物**」という言葉。単に「もの」というのではなく、「**代物**」といった瞬間に、すでに、筆者の「**皮肉めいた、否定的評価**」が込められているのが分かるだろう。

たいていは、いわゆる和洋折衷住宅同様、凡庸でたいくつな代物にすぎぬ。

という文を眺めると、「**代物**」が、最も特徴的な「**マイナスの色合いの語**」だが、「**たいていは**」「**折衷**」「**凡庸**」「**退屈**」「**すぎぬ**」等、どれもこれも、「**マイナスの色合い**」の語が並んでいる。

この「**マイナスの色合い**」の言葉を「プラスの色合い」の言葉に変換して作文してみると、例えば**β**文のようになるだろう。

α　「たいていは、いわゆる和洋折衷住宅同様、凡庸でたいくつな代物にすぎぬ」

⇔

β　「その多くが、和洋の文化を止揚合一させ、広く一般的に人々の心に響く、安定感のある作品である」

α文と、**β**文とで、解説された芸術作品群は、違う作品群である必要はない。同じ作品群に対して、**α**も**β**も、十分に成り立つ。

要は、それを、どのような方向性で論じていくのか、その筆者の傾き、方向性が、小さな語彙の選択に表れているということだ。

Ⓒ段落には、その他にも「**思い込み**」「**あいまい**」「**よりかかった**」「**堕する**」「**牙を抜かれ**」「**中途半端**」「**妥協**」等、「**ネガティブ・マイナスの色合い**」を感じさせる言葉が多用されている。筆者が論じていきたい方向性が、このⒸ段落で述べられた内容とは逆向きであることが、非常によく分かる単語の選択となっている。これだけ羅列されれば、さすがに分かりやすいが、ふっと使われた小さな単語の「色合い・傾き」を敏感に感じ取ることで、難解な文章の方向性が見えることもある。

「単語の持つ色合い・傾き」に敏感になり、時に「+」「-」等のマークでチェックを書き加えながら、長文を読み進めていってほしい。

■講義37　段落の中にある「黄金統括」

文章には、

・冒頭統括
・末尾統括

といった基本パターンに加えて、「黄金統括」といった重要パターンがあることは、講義25（145頁参照）で述べた。

この考え方は、文章全体に対してだけではなく、個々の段落内での文章の組み立てを見る上でも有効だ。

今まで読んできた文章の中でも、形式段落の冒頭で、段落の内容を統括した「段落内容の冒頭統括型」や、形式段落の末尾で、段落の内容を統括した「段落内容の末尾統括型」は多く出会ってきたはずだ。

そのような意識で、今回の**31講**素材文のⒷ段落に着目

してみよう。まずは冒頭で、「たとえば〜」と例を語るところから始まるが、B段落の五分の四程のところにある、

油絵をおのれの仕事としたわが国の画家たちも、当然、さまざまなかたちでこれに類したことを経験したに違いないのである。

の「**のである文**」が、長らく「たとえば〜」と例示してきた内容を統括していることが分かる。

Bそして、この後は、次段落で語る内容に向けて「新展開」を語り始める形になっている。

B段落の最終文は、

そして、このようなことから、わが国の洋画家たちの複雑な工夫が生まれたと考えていいのである。

と、これも「**のである文**」だが、これは、続くC・Dに向けて、冒頭統括の役割を果たした「**のである文**」である。

素材文の噛み砕き

■ **おのれと他人との区別を、またおのれと外部との区別を明確にし、おのれをよりいっそう閉じることによって、外部をよりいっそう外部として定立するという彼らの思考形式（B）**

自分と他者との区別、もしくは連続については、8講素材文で述べられていたことを思い出そう。

8講の素材文で、

「日本人にとって、自然と人とは連続しているのである。もともと自然というものを自分たちの対象として客観化してとらえてはいないのである（中略）自然を客体化して観《み》るという伝統は日本文化にはなかったのである。人と自然は未分化の世界を形成している」（66頁）

と述べられていた。

日本的感性と西欧的感性の比較で、自分と対象との関係や自分と他者との関係を論ずる際、この「連続性と断絶性」については、常に論点となり得る問題である。

日本的感性＝自分と他者、自分と対象が連続
⇔
西欧的感性＝自分と他者、自分と対象が断絶

7 芸術・思想と人間 31

という二項対立の図式である。
31講の素材文では、この「自分と対象との関係の取り方の違い」を、「日本的美的感性」と「油絵的感性」とのぶつかり合いとして論じているわけだ。

■ カール・バルトの危機神学

二十世紀前半に活躍した神学者カール・バルト（独）は、デカルト（十七世紀前半。206頁参照）以来、人間の理性を絶対視してきた人類の文明について、「人間の理性は信頼出来ない。人間の言葉も信頼出来ない。それにも関わらず、人間は理性と言葉によって、社会を構築していかなくてはならない。人知の力を超えた超越的な『何か』があることを知り、その『何か』に対する畏敬の念を持つことで、人類が破滅の道を回避出来る可能性が生まれる」と訴えた。（31講の素材文「**われわれの内部は、超越的他者としての神には絶対に出会いえぬというまさしくそのことによって神と出会う**（B）」という表現について、噛《か》み砕けば、「人間の不完全な理性・言葉では、絶対的な存在である神を理解し、語りきることは出来ないが、その人間の不完全性を十分に承知した時に、初めて、人知の及ばない神の存在を認識である」というような意味になるだろうか。）

二十世紀初頭、理屈・技術・効率を絶対視した近代的志向が、いつか人間の幸福を実現すると信じられていた中、まさに、その考え方が生まれた西欧で、一九一四年、人類史上初の世界規模の戦争が起こる。この第一次世界大戦は、人間の理性を絶対視する「西欧近代的、楽園幻想」を根底から木端《こっぱ》微塵《みじん》にした。

そんな思想的危機の中で、バルトは、「人間の不完全な理性・言葉」に対する疑問を呈し、それを超えた絶対的存在への畏敬を論じたのである。

「神」と言うと、君には、何か迷信めいた、非科学的で古臭いものに思えるかもしれない。しかし、バルトの思想は、現代の問題を読み解く上での大きなヒントになるものでもある。

例えば、東日本大震災の際、福島第一原発が津波による壊滅的な機能不全に陥り、今なお解決の出来ない放射能汚染の問題を残したが、これは、「理屈・技術・効率」を絶対視し、それが、人類の幸福を実現すると信じていた、その幻想が砕かれてしまったものとも言えるだろう。

このことに対して、例えば、

「人間の『理屈・技術』が未熟だった」

と考えるのは、近代的思考の延長線上にある「人知絶対視」の発想である。一方、

「人間の『理屈・技術』は、どこまでいっても不完全である。そのことを弁《わきま》えて、人知を超える『何か』に対する畏敬の

念を持つことでのみ、人類は破滅を逃れられる」

と考えるとしたら、それは、バルトの「危機神学」の発想である。

「何か」を「神」と捉えると、どこか宗教じみて、違和感を感じてしまう諸君もいるかもしれないが、この「何か」を「自然の力」と捉えるとしたら、どうだろうか。

バルトの危機神学を、

「人間はどこまでいっても不完全な生き物である。『自然』は、不完全な人間にとって決して征服しうるものではなく、人知を超えた『自然の力』に対する畏敬の念を持って、共存していかねばならないものである」

と読み換えた時、現代の諸問題に対する鋭い警句となる。

「神学」といった難解でなじみにくい分野だが、僕達の社会が抱える問題にもリアルに繋《つな》がる大問題を論じているものでもあると言えよう。

32 『記憶の森』

中村眞一郎

次の文章は「椿《つばき》の主題による工芸的文明論」の一節である。これを読んで、後の設問に答えよ。（解答は別冊37頁）

A 椿を主題とする、漆器や彫金、木彫や陶磁器、染織《せんしょく》や絵画、そうしたものの安土、桃山から江戸にかけての様ざまな作品の写真を繰りかえし眺めているあいだに、私はおのずとそうしたものが作られた文明の雰囲気のなかへ自分が溶け入って行くのを感じていた。

B それは確実にひとつの純粋な文明の雰囲気であり、そして二十世紀の現在の日本文明とは異質の世界である。しかしその雰囲気が現代と異なっているといっても、決して私の感受性に対して異和感を与えるものではなく、むしろ逆に、ア私の心を優しく和ませてくれる。そしていつか幼い頃にこのなかで静かに眠ったことがあるという、快い思い出のような匂いを伴った世界なのである。

C そこにはこちらの認識力を鋭くとぎ澄まそうと迫ってくるような、作者の個性的な主張、また独自な観察眼によって、今まで私たちに気付かれていなかった、椿という植物の意想外な形姿、というようなものはない。

D 現実的な観察と、それにもとづいた個性的な描写という、近代芸術の手法は、私たちを不安にさせる。それは対象と私たちとのあいだに長いあいだに出来あがっていた、ある型のようなもの——それが心に平和をもたらすのだが——を、対象から引き剝《は》いで、それを全く新しいイメージとして、改めて突きつけてくるからである。私たちは従来知っていた——この場合には椿という花——とは別な何かに眼《め》覚めさせられ、私たちが今まで椿だと決めこんでいた映像は、偽のものに過ぎなかったのだ、と宣言しているように思われるからである。

E 近代というのはそうした時代であり、近代芸術は私たちのまわりから、長い時間が作りだしてくれていた、心を安めてくれる型を、いちいち破壊して、もう一度、イ虚無のなかから現実像を発見し直すように私たちを強要する。

F そうして、人々は近代芸術に慣れ親しむにつれて、自分の感受性が寸断され、自分が孤独な存在として世界のなかに宙吊《ちゅうづ》りになっている、という悲痛な思いに捉えられるのである。

G しかし、そのように私たちを孤独にするものだけが芸術なのではない、とこれらの漆器や彫金は、私たちに語りかけてくれる。

H たとえば椿を尾長鳥がくわえて飛んでいる釘隠《くぎかく》しであるが、この鳥の左右に拡《ひろ》げた双称的な翼と、また下へ向って垂直にのびた長い尾との作りだす形の安定は、その羽根の並びの規則的な重なりと相いまって、見る人の心を快い落ちつきに誘ってくれる。

I ここでは鳥が空気を裂く運動や、その空気の抵抗が羽根に与える毛ばだちや、といった、近代的なレアリスムの感覚は、多分、芸術的な気品のなさとして、作者の視線のなかであらかじめ整理され切り捨てられている気配がある。そのような生《なま》なものをそのままこうした工芸品に持ちこまないことが、芸術家の心ばえであるという、**ウ**倹《つつ》ましい古風な信念がそこに感じられて、私たちをのびやかにさせてくれる。

J しかしそれはそうした生のものにはじめから工芸家が鈍感であったというのとはちがう。その証拠には翼のしたに深くまげられた鳥の頸《くび》の勁《つよ》さは、まさにその運動の瞬間において、工人がこの全体のイメージを捉えたのだということを、明らかに示していて、それが私たちに芸術的な快さを与えてくれるのである。この鳥はたしかに生きていて、椿の枝をしっかりとくわえているのだ。彫刻家ののみの粗放さによって危うく枝を切りおとしそうな印象を与えることなどあり得ないのだ。

K もし、今にも椿の枝が地面に落下しそうに、不出来に仕上っているとしたら、このデザインは釘隠しという実用的な用途には不向きだということになる。不向きであろうが何だろうが、見たままを造形化するのだ、という近代的な写実主義的な**エ**強情さは、この工人とは無縁である。

問一 「私の心を優しく和ませてくれる」（傍線部**ア**）とあるが、それはなぜか、理由を説明せよ。
（解答欄：縦13・7cm×2行。目安として55字）

問二 「虚無のなかから現実像を発見し直す」（傍線部**イ**）とはどのようなことか、分かりやすく説明せよ。
（解答欄：縦13・7cm×2行。目安として55字）

問三 「倹ましい古風な信念」（傍線部**ウ**）とはどういう信念か、分かりやすく説明せよ。
（解答欄：縦13・7cm×2行。目安として55字）

問四 「強情さ」（傍線部**エ**）とあるが、この表現には筆者のどのような感情がこめられているか、文章全体から判断して説明せよ。
（解答欄：縦13・7cm×2行。目安として55字）

〔東京大学〕

素材文 筆者紹介

中村眞一郎（なかむら しんいちろう）1918年〜1997年。小説家、文芸評論家、詩人。1974年に『この百年の小説』（新潮社）で毎日出版文化賞を受賞したのを始めとして、1978年『夏』（新潮社）で谷崎潤一郎賞、1985年『冬』（新潮社）で日本文学大賞、『蠣崎波響の生涯』（新潮社）で藤村記念歴程賞（1989年）、読売文学賞（1990年）を受賞。評論・小説・翻訳ほか、多方面にわたり、多くの著作を遺した。

素材文の読みほどき

■ 復習 二項対立型の文章・止揚型の結論・近代批判等

講義22（124頁参照）で、「**二項対立型の文章**」というものを説明したが、この**32講**の素材文も、日本の伝統工芸品にある感性と、近代芸術にある感性とを、対立させながら、文章を進めていく「**二項対立型の文章**」である（前問**31講**素材文も、同様の二項対立型の文章である）。

32講素材文の二項対立については、Ⓑ段落の「**のである文**」とⒻ段落の「**のである文**」が、分かりやすく統括しているので、引用してみよう。

Ⓑ**（伝統的工芸品の世界は）そしていつか幼い頃にこのなかで静かに眠ったことがあるという、快い思い出のような匂いを伴った世界なのである。**

⇔

Ⓕ**（近代芸術の世界は）そうして、人々は近代芸術に慣れ親しむにつれて、自分の感受性が寸断され、自分が孤独な存在として世界のなかに宙吊《ちゅうづ》りになっている、という悲痛な思いに捉えられるのである。**

さて、こういった二項対立型の文章において、筆者はどのように結論を導いていくのだろう。

例えば、二項対立型の文章から、「**止揚型の結論**」（講義24 139頁参照）に発展していったのが、前問**31講**素材文である。

31講Ⓓ**この亀裂や解体そのものを、進んでおのれの表現の動機にまで鍛えあげる必要があるだろう。そのときはじめて、油絵とわれわれの意識や感性との、切迫した、だが強固な結びつきが成就されるのである。**

ここでは、油絵的感性と日本的感性とが強固に結び付いたものを強く訴えている。

まさに「**二つの対立するものを衝突させながら、両者を発展的に統合させた別のもの、新しいものへと、作り上げる**」といった止揚型の思考である。

一方、**32講**素材文では、対立を止揚させるというより、いわば、片側に軍配を上げる形で結論に導いている。典型的な「**近代批判**」の文章のパターンである。

最終Ⓚ段落では、「近代的な写実主義的な強情さ」という表現で近代的感性の独善性を批判し、「その強情さ・独善性」とは「無縁」の伝統工芸品の世界の「倹《つつ》ましさ」に、筆者は安らぎを見出すのである。

素材文の噛み砕き

■椿《つばき》を主題とする工芸品・芸術品

32講の素材文で言及される世界観を感じさせるような、作品を挙げてみよう。君なりに鑑賞してほしい。

▲小出楢重《こいでならしげ》（1887年～1931年）の油絵「静物（乙女《おとめ》椿とレモン）」（1920年）（神奈川県立近代美術館蔵）。細密な描写と、濃厚な色使いで、独特な世界観が迫ってくる。

▲九谷焼（石川県南部）の湯飲み茶わん。単純化された椿の花の模様が、「個性的な表現」ではなく、どこかで見たような懐かしい「伝統的な型」を感じさせる。

■異化効果

C段落に、

Cそこにはこちらの認識力を鋭くとぎ澄まそうと迫ってくるような、作者の個性的な主張、また独自な観察眼によって、今まで私たちに気付かれていなかった、椿という植物の意想外な形姿、というようなものはない。

とあるが、「今まで見たことのないような表現で、対象の全く新しい姿を提出し、それによって、より濃密でリアルな世界を感じさせる」ような表現方法を**異化効果**と呼ぶので、覚えておこう。

例えば、

a　その町の路地は、とても入り組んでいた。

ならば、通常の描写表現だ。

これに比喩を加えて、

b　その町の路地は、迷路のように入り組んでいた。

としてみよう。工夫は施されたものの、使い古されて見慣れた（もしくは、見飽きた）表現に過ぎない。「迷路のような路地」と言われても、君の前に、新しいリアルな世界は広がらないだろう。

しかし、次の表現はどうだろう。

c　ごてごてした通りがメロンのしわみたいに地表にしがみついていた。（村上春樹『羊をめぐる冒険』）

入り組んだ道の様子を「メロンのしわみたいに地表にしがみついていた」と表現するのは、全く使い古されていない、作者独自の比喩だが、なんともイメージ豊かで、一瞬にして路地の入り組んだ町の様子が、目の前にリアルに広がる。

このように、独特な表現法で、僕達の日常的な感覚にクサビを打ち込むように、リアルな世界を眼前に広げさせるのが「**異化効果**」である（310頁参照）。

素材文の筆者は、このような表現方法について、

D 対象と私たちとのあいだに長いあいだに出来あがっていた、ある型のようなもの——それが心に平和をもたらすのだが——を、対象から引き剝《は》いで、それを全く新しいイメージとして、改めて突きつけてくる

と述べている。

確かに、このような表現方法には、筆者の言うように「心を優しく和ませてくれる」ような懐かしさ、安定感はない。しかし、一方で、このような新しい表現の試みが、芸術の様々な可能性を広げていったことも間違いないだろう。

33 『白』

原 研哉

次の文章を読んで、後の設問に答えよ。（解答は別冊38頁）

A 白は、完成度というものに対する人間の意識に影響を与え続けた。紙と印刷の文化に関係する美意識は、文字や活字の問題だけではなく、言葉をいかなる完成度で定着させるかという、情報の仕上げと始末への意識を生み出している。白い紙に黒いインクで文字を印刷するという行為は、不可逆な定着をおのずと成立させてしまうので、未成熟なもの、吟味の足らないものはその上に発露されてはならないという、暗黙の了解をいざなう。

B 推敲《すいこう》という言葉がある。推敲とは中国の唐代の詩人、賈《か》島《とう》の、詩作における逡巡《しゅんじゅん》の逸話である。詩人は求める詩想において「僧は推す月下の門」がいいか「僧は敲《たた》く月下の門」がいいかを決めかねて悩む。逸話が逸話たるゆえんは、選択する言葉のわずかな差異と、その微差において詩のイマジネーションになるほど大きな変容が起こり得るという共感が、この有名な逡巡を通して成立するということであろう。月あかりの静謐《せいひつ》な風景の中を、音もなく門を推すのか、あるいは静寂の中に木戸を敲く音を響かせるかは、確かに大きな違いかもしれない。いずれかを決めかねる詩人のデリケートな感受性に、人はささやかな同意を寄せるかもしれない。しかしながら一方で、堆すにしても敲くにしても、それほどの逡巡を生み出すほどの大事でもなかろうという、微差に執着する詩人の神経質さ、器量の小ささをも同時に印象づけているかもしれない。これは**ア**「定着」あるいは「完成」という状態を前にした人間の心理に言及する問題である。

C 白い紙に記されたものは不可逆である。後戻りが出来ない。今日、押印したりサインしたりという行為が、意思決定の証《あかし》として社会の中を流通している背景には、白い紙の上には訂正不能な出来事が固定されるというイマジネーションがある。白い紙の上に朱の印泥を用いて印を押すという行為は、明らかに不可逆性の象徴である。

D 思索を言葉として定着させる行為もまた白い紙の上にペンや筆で書くという不可逆性、そして活字として書籍の上に定着させるというさらに大きな不可逆性を発生させる営みである。推敲という行為はそうした不可逆性が生み出した営みであり美意識であろう。このような、**イ**達成を意識した完成度や洗練を求める気持ちの背景に、白という感受性が潜んでいる。

E 子供の頃、習字の練習は半紙という紙の上で行った。黒い墨で白い半紙の上に未成熟な文字を果てしなく発露し続ける、その反復が文字を書くトレーニングであった。取り返しのつかないつたない結末を紙の上に顕《あらわ》し続ける呵責《かしゃく》の念が上達のエネルギーとなる。練習用の半紙といえども、白い紙である。そこに自分のつたない行為の痕跡を残し続けていく。紙がもったいないというよりも、白い紙に消し去れない過失を累積していく様を把握し続けることが、おのずと推敲という美意識を加速させるのである。この、ウ推敲という意識をいざなう推進力のようなものが、紙を中心としたひとつの文化を作り上げてきたのではないかと思うのである。もしも、無限の過失をなんの代償もなく受け入れ続けてくれるメディアがあったとしたならば、推すか敲くかを逡巡する心理は生まれてこないかもしれない。

F　現代はインターネットという新たな思考経路が生まれた。ネットというメディアは一見、個人のつぶやきの集積のようにも見える。しかし、ネットの本質はむしろ、不完全を前提にした個の集積の向こう側に、皆が共有できる総合知のようなものに手を伸ばすことのように思われる。つまりネットを介してひとりひとりが考えるという発想を超えて、世界の人々が同時に考えるというような状況が生まれつつある。かつては、百科事典のような厳密さの問われる情報の体系を編むにも、個々のパートは専門家としての個の書き手がこれを担ってきた。しかし現在では、あらゆる人々が加筆訂正できる百科事典のようなものがネットの中を動いている。間違いやいたずら、思い違いや表現の不的確さは、世界中の人々の眼《め》に常にさらされている。印刷物を間違いなく世に送り出す時の意識とは異なるプレッシャー、良識も悪意も、嘲笑《ちょうしょう》も尊敬も、揶揄《やゆ》も批評も一緒にした興味と関心が生み出す知の圧力によって、情報はある意味で無限に更新を繰り返しているのだ。無数の人々の眼にさらされ続ける情報は、変化する現実に限りなく接近し、寄り添い続けるだろう。断定しない言説に真偽がつけられないように、その情報はあらゆる評価を回避しながら、エ文体を持たないニュートラルな言葉で知の平均値を示し続けるのである。明らかに、推敲がもたらす質とは異なる、新たな知の基準がここに生まれようとしている。

G　しかしながら、無限の更新を続ける情報には「清書」や「仕上がる」というような価値観や美意識が存在しない。無限に更新され続ける巨大な情報のうねりが、知の圧力として情報にプレッシャーを与え続けている状況では、情報は常に途上であり終わりがない。

H　一方、紙の上に乗るということは、黒いインクなり墨なりを付着させるという、後戻りできない状況へ乗り出し、完結した情報を成就させる仕上げへの跳躍を意味する。白い紙の上に決然と明確な表現を屹立《きつりつ》させること。不可逆性を伴うがゆえに、達成には感動が生まれる。またそこには切り口の鮮やかさが発現する。その営みは、書や絵画、詩歌、音楽演奏、舞踊、武道のようなものに顕著に現れている。手の誤り、身体のぶれ、鍛錬の未熟さを超克《ちょうこく》し、失敗

7 芸術・思想と人間 33

への危険に臆することなく潔く発せられる表現の強さが、感動の根源となり、諸芸術の感覚を鍛える暗黙の基礎となってきた。音楽や舞踊における「本番」という時間は、真っ白な紙と同様の意味をなす。聴衆や観衆を前にした時空は、まさに「タブラ・ラサ*」、白く澄みわたった紙である。

I　弓矢の初級者に向けた忠告として「諸矢《もろや》を手挟《たばさ》みて的に向かふ」ことをいさめる逸話が『徒然草《つれづれぐさ》』にある。標的に向かう時に二本目の矢を持って弓を構えてはいけない。その刹那に訪れる二の矢への無意識の依存が一の矢への切実な集中を鈍らせるという指摘である。この、**オ**矢を一本だけ持って的に向かう集中の中に白がある。

注　＊タブラ・ラサ……tabula rasa（ラテン語）何も書いていない状態。

問一　「『定着』あるいは『完成』という状態を前にした人間の心理」（傍線部**ア**）とはどういうことか、説明せよ。
（解答欄：縦13・4㎝×2行。目安として55字）

問二　「達成を意識した完成度や洗練を求める気持ちの背景に、白という感受性が潜んでいる」（傍線部**イ**）とはどういうことか、説明せよ。
（解答欄：縦13・4㎝×2行。目安として55字）

問三　「推敲という意識をいざなう推進力のようなものが、紙を中心としたひとつの文化を作り上げてきた」（傍線部**ウ**）とはどういうことか、説明せよ。
（解答欄：縦13・4㎝×2行。目安として55字）

問四　「文体を持たないニュートラルな言葉で知の平均値を示し続ける」（傍線部**エ**）とはどういうことか、説明せよ。
（解答欄：縦13・4㎝×2行。目安として55字）

問五　「矢を一本だけ持って的に向かう集中の中に白がある」（傍線部**オ**）とはどういうことか。本文全体の論旨を踏まえた上で、百字以上百二十字以内で説明せよ（句読点も一字として数える。なお採点においては、表記についても考慮する）。

［東京大学］

素材文　筆者紹介　→74頁参照

素材文の読みほどき

■ 講義38 形式段落最終文への着目

形式段落の最終文は、その段落のまとめとして機能するとともに、次の段落への橋渡し（ブリッジ）としての役割を担うことも多い。例えば、テレビの連続ドラマで、その回の最終場面が翌週の内容の予告になっているような感じだ。

形式段落最終文への着目は、「**のである文**」への着目と同様に、頭に留《とど》めておこう。

以下に、今回の33講素材文の前半A～Eにつき、**形式段落最終文**と「**のである文**」をピックアップしてみる。

A白い紙に黒いインクで文字を印刷するという行為は、不可逆な定着をおのずと成立させてしまうので、未成熟なもの、吟味の足らないものはその上に発露されてはならないという、暗黙の了解をいざなう。

Bこれは「定着」あるいは「完成」という状態を前にした人間の心理に言及する問題である。

C白い紙の上に朱の印泥を用いて印を押すという行為は、明らかに不可逆性の象徴である。

Dこのような、達成を意識した完成度や洗練を求める気持ちの背景に、白という感受性が潜んでいる。

E紙がもったいないというよりも、白い紙に消し去れない過失を累積していく様を把握し続けることが、おのずと推敲《すいこう》という美意識を加速させるのである。この、推敲という意識をいざなう推進力のようなものが、紙を中心としたひとつの文化を作り上げてきたのではないかと思うのである。もしも、無限の過失をなんの代償もなく受け入れ続けてくれるメディアがあったとしたならば、推すか敲《たた》くかを逡巡《しゅんじゅん》する心理は生まれてこないかもしれない。

それぞれ直前の段落の最終文が、次の段落への橋渡し（ブリッジ）になっているのが感じられると思う。また、右の引用部は、前半部の要約として、十分な内容になっていることも分かるはずだ。

特に、B段落の最終文や、D段落の最終文（傍線部）は、設問として、その説明を求められている。「のである文」に傍線が引かれるのと同様、「重要なことを尋ねる」という設問の王道が実践されているということである。

「のである文」や段落最終文は、設問として扱われるか、もしくは、解答の骨子となるか、その傾向が強くなるのである。

素材文の嚙み砕き

■「推敲」の出典

素材文で引用されている「推敲」の原文は、『唐詩紀事』(唐代の詩人について、その詩や小伝、逸話等を収めた書)の巻四十一の中にある。以下に引用しておこう。

『唐詩紀事』巻四十一　原文

賈島赴挙至京、騎驢賦詩、得「僧推月下門」之句。欲改推作敲。引手作推敲之勢未決。不覚衝大尹韓愈。乃具言。愈曰、「敲字佳矣」。遂並轡論詩。

書下し文

賈島《かとう》挙に赴きて京《けい》に至り、驢《ろ》に騎《の》りて詩を賦《ふ》し、「僧は推す月下の門」の句を得たり。推を改めて敲《こう》と作《な》さんと欲す。手を引きて推敲の勢ひを作すも、未《いま》だ決せず。覚えずして大尹韓愈《たいゐんかんゆ》に衝《あた》る。乃《すなは》ち具《つぶさ》に言ふ。愈曰《いは》く、「敲の字佳《よ》し」と。遂に轡《くつわ》を並べて詩を論ず。

口語訳

賈島は、科挙を受けるために都に到着した。ロバに乗りながら詩を考えていたところ、「僧は推す月下の門」という句を思いついた。

この「推す」を「敲(たた)く」に改めてみようかと思った。手でその様子を演じてみたが、まだ決まらなかった。

そのうちに、思いがけず大尹(都の長官)であった韓愈の列に、衝突してしまった。そこで、(賈島は)列に突っ込んでしまった理由をくわしく説明したところ、

韓愈が言うことには、「敲という文字の方がいい」と。ついには二人で乗り物を並べ、進みながら詩について論じていた。

推敲におけるデリケートな感受性・微差に執着する詩人の神経質さ（B）

本文では、「推（おす）」と「敲（たたく）」で、迷う詩人の話が引かれているが、このような細部への執着は、文学者の本能でもあるだろう。

日本近代文学の傑作『人間失格』（太宰治）の結末近くに、以下のような一節がある。精神病院に入院させられてしまった主人公の葉蔵が自分の半生を省みて、告解する部分である。

> 神に問う。無抵抗は罪なりや？
> 堀木のあの不思議な美しい微笑に自分は泣き、判断も抵抗も忘れて自動車に乗り、そうしてここに連れて来られて、狂人ということになりました。いまに、ここから出ても、自分はやっぱり狂人、いや、廃人という刻印を額に打たれることでしょう。
> 人間、失格。
> もはや、自分は、完全に、人間で無くなりました。

自伝的小説、太宰治の遺書とも言われる『人間失格』であるが、この一節の中に記された「人間、失格。」という表現に着目してみよう。

自分の半生を振り返り、恥多い人生であったと痛切に思った葉蔵は、ここで「人間」と呟《つぶや》き、一呼吸置いた後に「失格」と、自ら決着をつける、この、「人間」と「失格」の間に打たれた「、」は、葉蔵の苦悩を、息苦しい程に読者に訴えてくる。なんとも、重い「、」だ。

この部分、作者の太宰治の自筆原稿では、

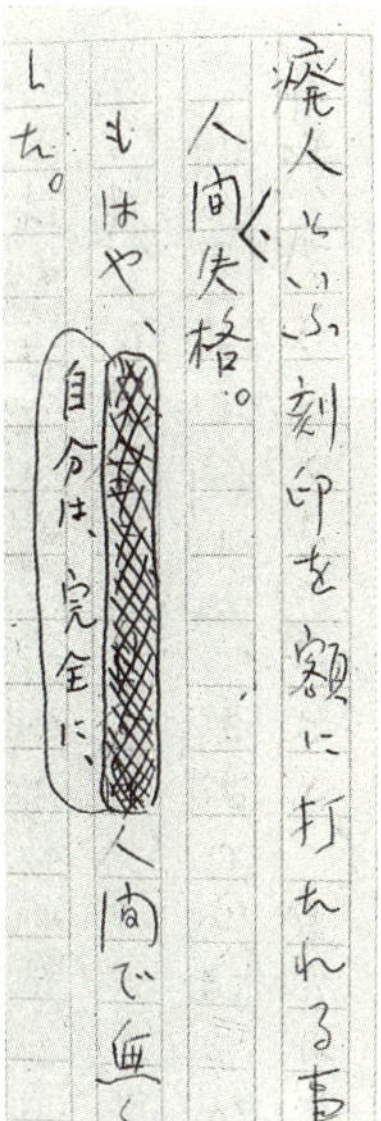

（写真提供／日本近代文学館）

となっている。作者、太宰治が、推敲の段階でこの「、」を加筆していることが分かる。

推敲における文学者のデリケートな感性、微差に執着した執念を感じさせるものだろう。

7 芸術・思想と人間 33

■ 徒然草　第九十二段

素材文で引用されている『徒然草』の逸話は、有名な話なので知っている読者も多いと思われるが、以下に全文を引用しておこう。

『徒然草』第九十二段　原文

ある人、弓射る事を習ふに、諸矢《もろや》をたばさみて的にむかふ。師のいはく、「初心の人、二つの矢を持つ事なかれ。後《のち》の矢を頼みて、始めの矢になほざりの心あり。毎度ただ得失なく、この一矢《ひとや》に定むべしと思へ」と言ふ。わづかに二つの矢、師の前にて、一つをおろかにせんと思はんや。懈怠《けだい》の心、みづから知らずと言へども、師これを知る。このいましめ、万事にわたるべし。

道を学する人、夕《ゆふべ》には朝《あした》あらんことを思ひ、朝には夕あらんことを思ひて、かさねてねんごろに修せんことを期《ご》す。いはんや一刹那《せつな》のうちにおいて、懈怠の心ある事を知らんや。何ぞ、ただ今の一念において、ただちにする事のはなはだかたき。

口語訳

或《ある》人が、弓射る事を習ったところ、二つの矢を手に挟み持って的に向かった。師が言うことには、「初心の人は、二つの矢を持ってはならない。二本目の矢をあてにして、はじめの矢をいい加減に思う心が生じる。毎度、ただ、当たり外れを考えず、この一本の矢で決めようと思え」と言う。僅かに二つの矢である、師の前で、そのうちの一つをおろそかにしようと思うだろうか、そんなことはないだろう。しかし、怠る心は、自らは気付かないと言っても、師はこれを見抜いている。この戒めは、万事のことに通じるだろう。

道を志す人は、夕には次の朝があるようなことを思い、朝には夕方があるようなことを思って、その時に重ねて丁寧に修行しようと心掛ける。そのような姿勢であるから、ましてや、ほんの一瞬の中に、怠る心があることを、自ら知るだろうか、知っているはずがない。どうして、ただ今の一瞬において、ただちに行うことがはなはだ難しいことか。

34

『省略の詩学—俳句のかたち—』

外山滋比古

次の文章を読んで、後の設問に答えよ。（解答は別冊39頁）

A 近代芸術といわれるものには添削の思想が欠如している。

B 近代芸術がロマンティシズムに根ざしているからであろう。西欧的ロマンティシズムは宗教の崩れた形であって、天上の神の存在を疑い地上の人間に神の片影を認めようとした。これが文芸においては作者の神格化になる。作者は絶対であり、テクストの自律性も当然のこととされる。いかなる解釈、批評よりも作者の意図が優先する。しかし、これは近代芸術の神話である。①文学の研究もこういう神話に奉仕することを求められて、すでに二百年になろうとしている。神話はようやく真実となりつつあり、いやしくも作者の原稿、初案を破壊するような添削の原理などが入りこむ余地はない。

C 欧米の文芸思想に照らして俳句をいくらか低い芸術のように視《み》る傾向はいまだに尾をひいているように思われるが、作者の自我を絶対視する近代芸術が、かえって閉された小宇宙の中で思い上っているのは皮肉である。そういう意味なら、②近代芸術に非《あら》ずといわれることはむしろ名誉ですらある。

D 作者の小さな自我を打ち破る道はいろいろ考えられるけれども、添削がもっとも徹底した手段であるのは疑うことができない。りんごの木は放っておくと無闇に伸びるが、大きな実はならない。剪定《せんてい》が必要である。りんごは主体性を口にしないから、どんな剪定にも黙して服する。そして、みごとなりんごをならせるのである。

E 作者の意図を尊重するのはもちろん結構である。創造の自由を大切にするのもよろしいが、野放図になって、抑制を失ってしまい、真の美果を得ることを忘れることがあっては遺憾である。この点、近代芸術に対していささかの反省を求めることは許されるように思う。

F 添削の思想は初案絶対の考え方の否定の上に立っている。試験のときに、はじめに書いた答の方が正しく、あとで書きなおしてかえって誤ることがある。初案がすぐれている例だが、いつもそうとばかりいい切れないのは、推敲《すいこう》ということが重んじられていることでもわかる。初案には荒いところがある。夾雑物《きょうざつぶつ》が混入している。それを精錬するのが推敲である。芭蕉《ばしょう》は「舌頭に千転」させよといっている。

G イギリスの詩人ワーズワースは「詩は静謐《せいひつ》の間に回想された情緒なり」とのべ、表現の形を与えないうちに、情緒そのものに推敲を加えるべきことを暗示した。

H 推敲には、また、ある時間的経過が必要らしいこともこの詩人のことばは示唆している。なまの情緒をそのまま表現することが詩になりにくいと同じように、できた作品をその場ですぐ推敲するよりも、しばらくたってからの方がよい。推敲は、時間の軸において作者自らの行なう添削にほかならない。初案に対して推敲の結果得られる表現は異本の性格をもっている。

I　他方、作者以外の手による異本形成のもっともはげしい形式が添削である。③推敲は時間の軸における異本であるが、添削は空間的な横の関係における異本化の作用である。できたばかりの作品をその場で添削しても、決して早すぎることはない。ただ、添削者は作者からある程度心理的に離れた立場にあることが望ましいであろう。「近いものは近いものに影響を与えることができない」からである。

J　異本は原本のテクストの乱れたものであるとしてこれを毛嫌いするのが、近代芸術の嫡子《ちゃくし》である文献学的研究である。もちろん推敲によってでき上った作品そのものを初案の異本であるなどとはいわない。しかし、推敲や添削を考えるならば、原稿よりすぐれた異本の存在の可能性はただちに容認される。異本は本文の乱れなどではなくて、表現の普遍化、いいかえれば古典化へ向う一里塚のようなものである。異本恐怖症は捨てなくてはならない。

K　人々は作者の意図こそ作品の至上絶対の意味なりとする考え方を遵奉《じゅんぽう》して疑うことをしないが、芸術の歴史を見れば、作者の意図も一つの意味にすぎず、作品の運命はしばしばより大きな力によって決定されることを示す事例がいくらでもあることに気づく。

L　「岩鼻やここにもひとり月の客」について、作者の去来が「又一人の騒客*を見付けたる」を作意としたのに対して芭蕉が「ここにもひとり月の客と、己と名乗り出でたらんこそ、幾ばくの風流ならん。ただ自称の句となすべし」とたしなめ、去来もこれに感じ入った。この話は師に対する遠慮などということではなく、作者の自解が最上のものでないことを伝えているところが興味ぶかい。

M　この場合、芭蕉は去来の句の姿を変える添削はしていないが、④句の心をいわば逆転させることで添削に準ずる批評を行なった。添削とはもっとも痛烈な批評の形式であることを知るのである。添削の思想を拒むことは批評そのものを否定しようとするもので、そういう芸術が小さな自我をあからさまにするのはともかく、おおらかな円《まろ》やかさをもつことは難しいといわなくてはならない。近代芸術に古典的性格と相容《あいい》れない面がある所以《ゆえん》であろう。

N　海中にあった蛸壺《たこつぼ》を床の間にすえ、花をいける。この見立ての美学が壺のつくり手のものでないことは明らかである。花をいけるために焼いた壺ではないが、花をいけた蛸壺は美しい。この転換を行なう心が添削の思想にも通ずる。もし壺をつくるのが創造であるならば、それを花瓶と見立てるのもりっぱな創造である。

O この二次的創造は、脚色、翻案などで実際的承認をうけてはいるものの、一般には、はじめてものをつくる一次的創造の価値のみが注目されて、創造とは考えられない。添削の思想が注意される必要があるのもこのためである。

P 現代の風潮として、検閲、検定が嫌われている。表現の自由を守れという。規制されるべきであるようなものが横行しているが、これはすぐれた表現を生むためのやむを得ない犠牲だというのであろうか。

Q 芸術は元来、すこしくらいの障害や抵抗ではくじけないたくましさをもっているものである。むしろ、逆流に向って泳ぐことを好む魚類のようなところがある。添削の思想をうけ入れない芸術は病める弱き芸術であるというべきであろう。そういうところから⑤真の古典が生れることは難しいのではあるまいか。

注 ＊騒客……詩人・文人・風流人。

［素材文は摂南大学より出題］

◆問一 傍線部①「文学の研究もこういう神話に奉仕することを求められて」とあるが、「こういう神話に奉仕する文学研究」とはどのような研究か。三十字以内で簡潔に答えよ。

◆問二 傍線部②「近代芸術に非ずといわれることはむしろ名誉ですらある」とあるが、それはなぜか。四十字以内で説明せよ。

◆問三 傍線部③「推敲は時間の軸における異本であるが、添削は空間的な横の関係における異本化の作用である」とはどのようなことか。百字以内で説明せよ。

◆問四 傍線部④「句の心をいわば逆転させる」とあるが、この「逆転」について、「岩鼻やここにもひとり月の客」という去来の句に応じて、具体的に百字以内で説明せよ。

◆問五 傍線部⑤「真の古典」とあるが、筆者の言う「真の古典」とはどのようなものか。本文全体の内容を参考に、八十字以内で答えよ。

（◆は本書のオリジナル問題）

素材文 筆者紹介

外山 滋比古（とやま しげひこ） 1923年生まれ。英文学者、言語学者。読者による作品構築の方法論を述べた『修辞的残像 読者の方法』（垂水書房）をはじめとして、言語論・教育論・ジャーナリズム論など、幅広い分野にわたる著作が多数ある。

素材文の読みほどき

■ 講義39 論説文は「一般論・常識」に対して、異を唱える（講義20の復習）

講義20（115頁参照）で、「論説文は『ひねくれている』」と説明し、その「ひねくれ方」について、次の二つに分類した。

①人間や社会の現状を肯定的に見るのではなく、問題点を探る。

②常識的な見方・一般的な見方の「隙間や見逃しや偽り」を発見することで、真実を探ろうとする。

現状を肯定し、高らかにほめて、みんなが知っている見方を繰り返すのでは、わざわざ論説文を書く意味がないということだ。

さて、今回の34講の素材文では、このうちの②**「常識的な見方・一般的な見方の『隙間や見逃しや偽り』を発見することで、真実を探ろうとする」**といったパターンを確認しておきたい。

筆者が繰り返す「芸術作品について、作者の意図を絶対視することへの批判」について、君はすんなり理解出来ただろうか。

やはり、君の中でも、

「夏目漱石《そうせき》は『こころ』をどんな気持ちで書いたのか、それを解明するのが、文学研究ではないの？」

「レオナルド・ダ・ヴィンチは、どんなことを表現しようとして『モナリザの微笑』を描いたのかを考えるのが、美術研究ではないの？」

といったように、作者の意図を絶対視する見方が強いのではないか。

これが、まさに「**常識的な見方・一般的な見方**」である。

K段落を見てみよう。

K 人々は作者の意図こそ作品の至上絶対の意味なりとする考え方を遵奉《じゅんぼう》して疑うことをしないが、芸術の歴史を見れば、作者の意図も一つの意味にすぎず、作品の運命はしばしばより大きな力によって決定されることを示す事例がいくらでもあることに気づく。

K段落冒頭で、筆者は「**人々は**〜」と書いている。人々の常識的見方・一般的見方を再確認した上で、その常識に対して、反論していく形をとっているのである。

この筆者の反論については、次の「素材文の嚙《か》み砕き」で、より詳しく考えていくが、論説文が、「一般論・常識に対して、異を唱える」ということを基本構造として持っていることが、このK段落からもよく分かると思う。

素材文の噛み砕き

■作品の持つ可能性と作者の意図

さて、筆者の言う「作者絶対視に対する批判」とはどのようなものなのだろうか。

そのヒントになるかもしれないので、僕が、大学一年の時のことを話そう。

近代文学大好き青年（少年?）だった僕は、大学に入学してすぐに、昭和文学を研究するゼミに入った。そこでは、丁度、近代文学の中でも僕が愛して止まなかった、太宰治について研究している真っ最中だったのだが、文章の細部にわたり、根ほり葉ほり、縦横無尽に分析していくその方法に、僕は、

「そんな細かい複雑なことまで、太宰が考えて書いているはずないじゃないか。なんて意味のないことをやっているんだ。そんなことよりも、もっと太宰治の人間像と、そこから生まれる作品世界について、議論してほしい」

と、大いに不満に思ってしまった（まさに、作者絶対視、作者の意図最優先の考え方だ）。

生意気な僕は、その時のゼミ長の四年生（女性）に、

「そんなことまで、作者が考えて書いているとは思えないんですけど」

と質問してみた。その時のゼミ長の答えがこうだった。例えば、

「作品は、作者の意図に限定されないと思うの。作者が意図していなくても、無意識に、思わず書いていたこともあるかもしれないし。君だって、何から何まで計算して書いているわけじゃないでしょ。作者がどう思っていたかはともかく、結果として出来上がった作品に秘められた可能性的な世界を探るというのが、作品研究の一つなのよ」

生意気な反面、なんとも素直（?）だった僕は、その女性ゼミ長の言葉にカウンターパンチを食らってしまった。

「**作者が無意識に感じていたかもしれないものを掘り起こす**」

「**結果として出来上がった作品に秘められた可能性的な世界を探る**」

「作者の意図こそ絶対」と思っていたそれまでの僕は、まるで、狭い部屋の中で古びた落とし物を探していただけのように思えた。作者の意図を超える作品の可能性があり、それを掘り起こすのが、読者である自分達の役割……。そう思うと、文学研究も、単に作者の後を追う作業ではなく、自分自身で切り開く創造的なものに感じた。

というわけで、純粋きわまりない（?）二十歳前の文学青年だった僕は、それ以来、どんな芸術作品に向かう際にも、

「作者が意図的に作り上げた狙い」

ということよりも、

「作品の中に結果として出来上がった効果」

ということを優先して考えるようになったというわけである。

■ 作品には、作者の思いも寄らなかった効果が潜む

大学一年の時に、ゼミ長の言葉に出会わなければ、僕は、それから何年も、「作者という閉ざされた狭い小宇宙の中で、作者の意図を絶対視」しながら、作品に向かっていたかもしれない。

そんな僕だから、僕自身、高校生の時に、この 34講 の素材文を読んだとしたら、「作者の意図は作品の意味の一つに過ぎない、作品には作者の意図を超える世界がある」という考えには、納得がいかなかったと思う。

この「作者の意図を超える作品の世界」という考え方をもう少し分かりやすく述べるために、具体例を挙げてみよう。

明治時代に活躍した俳人、正岡子規に、

「柿くへば　鐘がなるなり　法隆寺」

という有名な俳句がある。

例えば、この俳句に対して、

「初句の『かきくへば』にある『カキク』という、カ行音の連続が、柿を噛んだ時の固い歯ごたえを感じさせる」

と分析批評を加えたとしたらどうだろう。

「そんなことまで、正岡子規は考えていない」

ということで、この批評は「誤り」となってしまうのだろうか。子規にそのような意図があったかどうかだけで、この批評の価値が決まってしまうとしたら、なんとももったいないことだと感じないだろうか。

子規の意図・作意とは、全く離れて、この「カキクの連続が、柿の固い歯ごたえを感じさせる」という批評は、十分に魅力的な分析だと思う。そして、その分析が、作品の世界をより豊かなイメージで再構築している。

このようなことが、「作者の意図とは無関係に、作品が内包する世界、作者の意図を超える作品の世界」だ。

正岡子規が生きていて、この批評を聞いたら、どのように答えるだろうか。

「そんなことを考えて作った句ではないから、あなたの批評は誤りだ」

と憤るだろうか。

「なかなか、良いところに気付いたね。実は、それが狙いだったんだよ」

としたり顔をするだろうか。

「なるほど、自分でも気付かなかったけれど、そんな感じがするね」

と微笑《ほほえ》みながら頷《うなず》くだろうか。

たぶん、子規は、自分の作品の可能性をより深めてくれた発見として、先の批評をおおらかに受け止めるのではないかと思う。

■実作者の一人として補足すると

この参考書のプロフィールにもあるように、実は僕は、「榊邦彦《さかきくにひこ》」という名前で、作家として作品を発表している。

編集者の方や読者の方と話していると、この「作者の意図を超えた作品の可能性の再発見」などということは、ちょくちょく思い知らされる。

「なるほど、そういう風にも読めるな」

「自分でも気付かなかったけれど、そういう可能性も潜んでいるな」

そんなことを感じる瞬間は、とても嬉《うれ》しい瞬間である。

「そんなつもりで書いたんじゃないですよ」

というようなケチなことは、言わないようにしている。

作品は作者の意図の小宇宙の中でしか存在しないものではなく、読者に読まれて初めて作品として成立する。

一たび、僕の手を離れて、世の中に送り出した後は、読者の読み込みによって、様々な付加価値が付けられ、人々の総合知によって育っていくものなのだと思う。

■「岩鼻やここにもひとり月の客」（L）

最後に、本文に引用されている「岩鼻やここにもひとり月の客」という去来の句についての、去来とその師匠である芭蕉《ばしょう》とのやり取りを記した『去来抄』のくだりを引用しておこう。

『去来抄』　原文

岩鼻やここにもひとり月の客　　去来

先師上洛《じやうらく》の時、去来曰《いは》く「酒堂はこの句を『月の猿』と申し侍《はべ》れど、予は、『客』勝りなん、と申す。いかが侍るや」。

先師曰く「猿とは何事ぞ。汝《なんじ》、この句をいかに思ひて作《な》せるや」。

去来曰く「明月に乗じ山野吟歩し侍るに、岩頭また一人の騒客を見付けたる」と申す。

先師曰く「ここにもひとり月の客と、己と名乗り出づらんこそ、幾ばくの風流ならん。ただ自称の句となすべし。この句は我も珍重して、笈《おひ》の小文に書き入れける」となん。

予が趣向は、なほ二、三段もくだり侍りなん。先師の意を以て見れば、少し狂者の感もあるにや。

口語訳

岩鼻やここにもひとり月の客　去来*1

先師*2（＝芭蕉）が京に上られた折、私が「酒堂（＝芭蕉の弟子の一人）は、この句の下五文字を『月の猿』とするのがよいと申しますが、私は、『月の客』の方が優っているだろうと、申しました。いかがでございましょうか」と尋ねたところ、

先師が「猿とは何事だ。お前はこの句をどのように思って作ったのか」と言われたので、

私は「明るい月に誘われて、山野を句を案じながら歩いていますと、岩の端に一人の風流人を見つけたという意味です」と申し上げた。

先師は、「『ここにもひとり月の客として、私がいる』と名乗り出ているような趣意の方が、どれほど風流であるかしれない。直接自分のことを読んだ自称の句とするのがよい。この句は私も珍重して『笈の小文』*3に書き入れておいた」と言われた。

私の趣向は、先師の考えに比べれば、やはり二、三等も劣っているでしょう。先師の解釈によって考えると、いささか風狂人（＝世俗から脱し、風流で自由な精神の者）の趣もあるだろうか。

注

*1 去来……松尾芭蕉の弟子である向井去来（1651年～1704年）。『去来抄』は、去来が著した俳論集で、師芭蕉とのやりとりや、蕉門の俳人達との談義をまとめたもの。

*2 先師……松尾芭蕉（1644年～1694年）。蕉風と呼ばれる芸術性の極めて高い句風を確立し、後世にも大きな影響を与えた。

*3 『笈の小文』……芭蕉撰《せん》の蕉門の俳人達の俳諧紀行文とされるが、伝存しない。

35

『心臓に毛が生えている理由《わけ》』

米原万里

次の文章を読んで、後の設問に答えよ。（解答は別冊41頁）

[A] 黄色い薔薇《ばら》の花束を差し出すと、ガリーナさんは、溜息《ためいき》とも感嘆とも取れる声を漏らし、空色の瞳を薔薇の花びらに注いだまま立ちすくんだ。上背のあるスラリとした銀髪の婦人。ハッとするような優雅さに、若い頃はさぞやと想像して胸に痛みが走った。＊1スターリンによる粛清《しゅくせい》が最高潮に達した一九三七年、彼女はまさに花の盛りの二〇歳の時に、スパイ容疑で逮捕銃殺された男の妻であるという。ただそれだけの理由で、ラーゲリ（強制収容所）に五年間も閉じこめられている。夫の容疑が事実無根だったと国が認めたのは銃殺後三〇年も経ってから。

[B] 「あら、ごめんなさい」

[C] 「我に返って消え入りそうな声で言い訳をした。

[D] 「花にはからきし弱くて……」

[E] ラーゲリには花が全く無かった。だから釈放されて居住が許された町にたどり着き、駅前広場で花を目にした瞬間、その場を動けなくなって日が暮れるまで見とれていたという。町に到着後八時間以内に管轄の警察署に出頭して届け出なくてはならない身分だったというのに。

[F] 昨年一〇月に上梓《じょうし》した小説『オリガ・モリソヴナの反語法』を書くため女囚専用ラーゲリに関する資料に目を通しているうちに、私は女囚たちの手記に心奪われ、段ボール二箱分は読破した。直接会って確認したい点があったことも確かだが、とにかく彼女たちが愛《いと》おしくて何としても傍に行きたくなった。しかし、多くの元女囚たちはすでに鬼籍に入るか病床にある。ガリーナさんは、数少ない面会可能な生き残りだった。

[G] 「へえ、①団子（ピロシキ）より花なんですねえ」思わず感嘆して、あわてて「花より団子」という日本の諺《ことわざ》の説明をした。「ちょうど『ウグイスを＊2寓話《ぐうわ》では養えない』というロシア語の諺に相当するんですよ」

[H] すると、ガリーナさんは、空色の瞳を細めて控えめに微《ほほ》笑《え》んだ。

[I] 「それがね、②寓話無しには生きていけないんですのよ」心なしか声が弾んでいる。「本当よ、寓話のおかげで生き延びたんですよ、私たち」

[J] ラーゲリ生活で最も辛《つら》かったのは、一日一二時間の過酷な重労働でも、冬季の耐え難い寒さでも、蚤《のみ》シラミの大群に悩まされ続けた不潔不衛生でも、来る日も来る日もひからびた黒パン一枚と水っぽいスープという貧弱な食事のために四六時中ひもじかったことでもない、というのだ。

[K] 「それは恐ろしく辛かったけれど、そんな中でも人間には何とか生きよう、生き延びようとする力が湧き出てくる

ものなんです」

L 力の湧き出る根元を絶ち、辛くも残った気力を無惨にそぎ落として行ったのは、ラジオ、新聞はおろか肉親との文通にいたるまで外部からの情報を完全に遮断されていたこと、そして何よりも本と筆記用具の所持を禁じられていたことだった。

M 「それが一番辛かった」とガリーナさんは言う。「家畜みたいだった」と。彼女は逮捕された当時、鉄道大学の学生、技師の卵だった。人文系の人ではない。

N そういう状態に置かれ続けた女たちが、ある晩、卓抜なる解決法を見いだす。日中の労働で疲労困憊《こんぱい》した肉体を固い寝台に横たえる真っ暗なバラックの中で、俳優だった女囚が『オセロ』の舞台を独りで全役をこなしながら再現するのである。一人として寝入る女はいなかった。

O それからは毎晩、それぞれが記憶の中にあった本を声に出してああだこうだと補い合いながら楽しむようになる。かつて読んだ小説やエッセイや詩を次々に「読破」していく。そのようにしてトルストイの『戦争と平和』やメルヴィルの『白鯨』のような大長編までをもほとんど字句通りに再現し得たと言う。

P 「あんな悲惨な境遇にいた私たちが、アンナ・カレーニナに同情して涙を流し、イリヤ・イリフとエウゲーニー・ペトロフの『十二の椅子』に抱腹絶倒《ほうふくぜっとう》していたなんて、信じられないでしょうね」

Q 肩をすくめて、ガリーナさんは静かに笑う。

R 夜毎《よごと》の朗読会は、ただでさえ少ない睡眠時間を大幅に侵食したはずなのに、③不思議なことが起こった。女たちに肌の艶や目の輝きが戻ってくる。娑婆《しゃば》にいた頃心に刻んだ本が彼女らに生命力を吹き込んだのだ。

S このエピソードを小説に取り入れたのは言うまでもない。

注

＊1 スターリン……1879年～1953年。本名、ヨシフ・ビサリオノビッチ・ジュガシビリ。スターリンは別称で「鋼鉄の人」を意味する。ロシア革命を経て、レーニン没後、党と政府を独裁的に掌握した。

＊2 寓話……通常は、「人間生活になじみ深いことを、人間以外の存在を登場させて物語的に展開するたとえ話。例：〈イソップ寓話〉」といった意味だが、ここでは、より広く、「お話」「物語」「文学作品」といった意味で使われている。

［素材文は近畿大学より出題］

◆問一 傍線部①「団子（ピロシキ）より花」とあるが、どのような意味か。F段落までに述べられた例を引用しながら、百字以内で説明せよ。

◆問二 傍線部②「寓話無しには生きていけない」とあるが、ガリーナさんは、どのような経験を踏まえて、そのように述べているのか。百字以内で説明せよ。

◆問三　傍線部③「不思議なこと」とはどのようなことか。本文全体の内容を踏まえながら、百字以内で答えよ。
（◆は本書のオリジナル問題）

素材文　筆者紹介

米原　万理（よねはら　まり）１９５０年〜２００６年。ロシア語同時通訳・エッセイスト・ノンフィクション作家・小説家。１９９５年『不実な美女か貞淑な醜女か』（徳間書店）で第46回読売文学賞随筆・紀行賞を受賞した他、『魔女の１ダース』（読売新聞社）で第13回講談社エッセイ賞、『嘘つきアーニャの真っ赤な真実』（角川書店）で第33回大宅壮一ノンフィクション賞等を受賞。

素材文の読みほどき

■ 復習 逆説的発想

講義21（115頁参照）で、「**逆説的発想**」ということを述べた。逆説的発想とは、「**通常の常識的な見方の逆をつくことで、物事の真実を鋭く射抜くような発想**」のことである。

この35講の素材文では、

「**団子（ピロシキ）より花**」

「**寓話《ぐうわ》無しには生きていけない**」

という、本文全体を貫くテーマが、逆説的発想と言えよう。

どちらも、

「**花より団子**」

「**ウグイスを寓話では養えない**」

という日本語・ロシア語の諺《ことわざ》の逆をとっている。

もちろん、諺も、人々が積み重ねてきた生活の知恵であり、人生の真実の一側面を述べる発想ではある。しかし一方で、使い古された、新鮮味のないありふれた発想であることも間違いない。

この「ありふれた発想」の裏側に、思わぬ独創的な真実が見えることがある。素材文も、「花より団子」「ウグイスを寓話では養えない」の真逆をとって、「人間が生きる上で、花や寓話が、どれほど大切なものか」という、普段、我々が見過ごしている独創的な考えを述べた文章である。

講義21では、「急がばまわれ」という言葉を、「逆説的発想」の説明として述べたが、実は、この「急がばまわれ」も、慣用句という意味では、もはや使い古された新鮮味のない発想だ。

逆説的発想を含む「急がばまわれ」という考え方だが、さらにその逆をとって、「急ぐなら最短経路を何も考えずに突き進め」という発想も、文脈によっては、独創的で力強い「逆説的発想」として展開出来るだろう。

素材文の噛み砕き

■ 物語は力を持つか

「花より団子」なのか、「団子より花」なのか。

「寓話（物語）では、ウグイスを養えない」のか、「寓話（物語）なくしては、生きられない」のか。

素材文で投げかけられるこの問題は、実は、古くから、多くの思想家・文学者によって問われ続けた大きな問題だ。

この問題に対する、三つの言葉を以下に述べて、35講素材文で述べられた問題を深める手立てとしたい。いずれも、

「文学・言葉」と「食べる・命を養う」ということについて問うものである。

「飢えた子どもに文学は有効か」

「飢えた子どもに文学は有効か」という言葉は、二十世紀の中頃から後半にかけて活躍した、フランスの文学者・哲学者のサルトルの遺《のこ》したものだ。

戦争や災害や貧困に苦しむ世の中で、自分が小説を書き、哲学を論ずることが、いったい何の役に立つのか。どんな実効力・有効性を持つのか。その疑問を、サルトルは、「飢えた子どもに文学は有効か」

という問いで、自分に対して、そして同時代人に対して突き付けている。

確かに文学では、物理的に命を救うことは不可能だ。しかし、朽ちていく魂を、文学は救うことが出来るかもしれない。

文学の言葉は、広く人々に考えさせる力も持っているだろう。しかし、自分が書斎で文章を書いているその一瞬一瞬にも、世界ではかけがえのない命が刻々と奪われていく。

そのような煩悶《はんもん》の末に生まれたのが、「飢えた子どもに文学は有効か」

という痛烈な言葉である。

「人はパンのみにて生くるにあらず」

新約聖書の中にある「マタイによる福音書」には、「人はパンのみにて生くるにあらず」

という有名な章句がある。「パンのみにて生きるにあらず」ばかりが有名になってしまった感はあるが、これに続く部分には、「人は、神の口から出る一つ一つの言葉で生きる」とある。

「人はパンのみにて、生くるにあらず。神の口から出る一つ一つの言葉で生きる（マタイによる福音書第四章四節）」

この章句等も、**35講** 素材文で投げかけられた問題への一つの考え方を示すものだろう。

実際に肉体の保全を目的とするものだけで、人間は生きるのではない。精神を満たし、精神の支えとなるような「言葉」によって、人は生きる力を手に入れるということを、聖書の言葉は述べている。

「食《くら》ふべき詩」

「食ふべき詩」というのは、歌人石川啄木《たくぼく》の言葉で、「食べることの出来る詩」という意味だ。

生活に困窮し、人間関係に苦しみ、実を結ばない自分の詩業に絶望しかけた石川啄木が、最後に辿《たど》り着いたのが、この「食ふべき詩」という境地である。以下に、「食ふべき詩」について記した啄木の文章を引用する。

やがて、一年間の苦しい努力の全く空《むな》しかつた事を認めねばならぬ日が来た。

自分で自分を自殺し得《う》る男とはどうしても信じかね乍《なが》ら、若《も》し万一死ぬ事が出来たなら……といふ様な事を考へて、あの森川町の下宿屋の一室で、友人の剃刀《かみそり》を持つて来て夜半潜《ひそ》かに幾度《いくたび》となく胸にあてゝ見た……やうな日が二月《つき》も三月も続いた。

さうしてる間《うち》に、一時脱《のが》れてゐた重い責任が、否応《いやおう》なしに再び私の肩に懸つて来た。

色々の事件が相ついで起つた。

「遂にドン底に落ちた。」斯《か》ういふ言葉を心の底から言はねばならぬやうな事になつた。

と同時に、ふと、今迄《まで》笑つてゐたやうな事柄が、すべて、急に、笑ふ事が出来なくなつたやうな心持になつた。

さうして此《この》現在の心持は、新らしい詩の真《まこと》の精神を、初めて私に味はせた。

「食《くら》ふべき詩」とは電車の車内広告でよく見た「食ふべきビール」といふ言葉から思ひついて、仮に名づけたまでゝある。

謂《い》ふ心は、両足を地面《ぢべた》に喰《く》つ付けてゐて歌ふ詩といふ事である。実人生と何等《ら》の間隔《かんかく》なき心持を以《もっ》て歌ふ詩といふ事である。珍味乃至《ないし》は御馳走《ごちそう》ではなく、我々の日常の食事の香の物の如《ごと》く、然《しか》く我々に「必要」な詩といふ事である。――斯ういふ事は詩を既定の或《あ》る地位から引下す事であるかも知れないが、私から言へば我々の生活に有つても無くても何の増減のなかつた詩を、必要な物の一つにする所以《ゆゑん》である。詩の存在の理由を肯定する唯《ただ》一つの途《みち》である。

（「弓町より」）

啄木は、「詩」を「日常の食事の香の物のごとく（お新香のように）、珍味・御馳走ではなくても、生活に必要なもの」でなくてはならないとした。食べることが出来なければならないというのである。

啄木の歌には、

大といふ字を百あまり
砂に書き
死ぬことをやめて帰り来《き》れり

友がみなわれよりえらく見ゆる日よ

花を買ひ来て
妻としたしむ

はたらけど
はたらけど猶《なほ》わが生活《くらし》楽にならざり
ぢつと手を見る

（『啄木全集　第一巻　歌集』（筑摩書房）より）

等のように、人生の悲哀を痛切に感じさせる歌が多い。

このような言葉の一つ一つは、啄木にとって「人生に不可欠な歌」であり、その歌の数々は、読む人々にとっても、心を慰められ、時に勇気付けられるような「食ふべき詩＝人生・生活に不可欠な詩」として、長く世に残っていったと考えて良いのではないだろうか。

■このエピソードを小説に取り入れたのは言うまでもない（S）

35講 素材文の最終行に、「このエピソードを小説に取り入れたのは言うまでもない」と記されている。

筆者の米原万理は、なぜ、このガリーナさんから聞いた「強制収容所での朗読会」の話を、自分の小説の中に取り入れたのかを最後に考えてみよう（もちろん、34講で学んだように、「作者の意図」に縛られた狭い視点の問いとしてではなく）。

当然、ガリーナさんから聞いた話が、ドラマチックで感動的な内容であったからであるのはたしかだが、それ以上に、

「文学を志し、物語を紡ぎだすことの意義」

を作家自ら、確信出来たエピソードだったからではないだろうか。

自分の仕事の力を確認・確信出来るということは、自らの存在の確認・確信でもある。

自らのアイデンティティを承認出来た、このガリーナさんのエピソードが、筆者の小説の中に取り入れられたのは、もはや自明のことであっただろう。

＊＊＊＊

以上で、第七章「芸術・思想と人間」の章、そして第一章から述べてきた「論説文の読解」についての章を終えるが、最終第八章では、この35講で考えたことも踏まえた上で、「文学」について考えてみたい。

第八章 文学

36 江國香織「デューク」
37 南木佳士『ダイヤモンドダスト』
38 山田詠美「微分積分」
39 小川洋子『アンネ・フランクの記憶』
40 榊　邦彦『100万分の1の恋人』

36 「デューク」

次の文章を読んで、後の設問に答えよ。（解答は別冊42頁）

江國香織

歩きながら、私は涙がとまらなかった。二十一にもなった女が、びょおびょお泣きながら歩いているのだから、他の人たちがいぶかしげに私を見たのも、無理のないことだった。それでも、私は泣きやむことができなかった。

デュークが死んだ。

私のデュークが死んでしまった。

私は悲しみでいっぱいだった。

デュークは、グレーの目をしたクリーム色のムク毛の犬で、プーリー種という牧羊犬だった。わが家にやってきた時には、まだ生まれたばかりの赤んぼうで、廊下を走ると手足がすべってぺたんとひらき、すーっとお腹《なか》ですべってしまった。それがかわいくて、名前を呼んでは何度も廊下を走らせた。（そのかっこうがモップに似ていると言って、みんなで笑った。）たまご料理と、アイスクリームと、梨が大好物だった。五月生まれのせいか、デュークは初夏がよく似合った。新緑のころに散歩につれていくと、匂やかな風に、毛をそよがせて目をほそめる。すぐにすねるたちで、すねた横顔はジェームス・ディーン[*1]に似ていた。音楽が好きで、私がピアノをひくと、いつもうずくまって聴いていた。そうして、デュークはとても、キスがうまかった。

死因は老衰で、私がアルバイトから帰ると、まだかすかにあたたかかった。ひざに頭をのせてなでているうちに、いつのまにか固くなって、つめたくなってしまった。デュークが死んだ。

次の日も、私はアルバイトに行かなければならなかった。①玄関で、みょうに明るい声で〝行ってきます〟を言い、表にでてドアをしめたとたんに涙があふれたのだった。泣けて、泣けて、泣けて、泣きながら駅まで歩き、泣きながら改札口で定期を見せて、泣きながらホームに立って、泣きながら電車に乗った。電車はいつものとおり混んでいて、かばんをかかえた女学生や、似たようなコートを着たおつとめ人たちが、ひっきりなしにしゃくりあげている私を遠慮会釈なくじろじろ見つめた。

「どうぞ」

無愛想にぼそっと言って、男の子が席をゆずってくれた。十九歳くらいだろうか、白いポロシャツに紺のセーターを着た、ハンサムな少年だった。

「ありがとう」

蚊のなくような涙声でようやく一言お礼を言って、私は座席にこしかけた。少年は私の前に立ち、私の泣き顔をじっと見ている。深い目の色だった。私は少年の視線にいすくめられて、なんだか動けないような気がした。そして、いつのまにか泣きやんでいた。

　私のおりた駅で少年もおり、私の乗りかえた電車に少年も乗り、終点の渋谷までずっといっしょだった。どうしたの、とも、だいじょうぶ、とも聞かなかったけれど、少年はずっと私のそばにいて、満員電車の雑踏から、さりげなく私をかばってくれていた。少しずつ、私は気持ちがおちついてきた。

「コーヒーごちそうさせて」

　電車からおりると、私は少年に言った。

　十二月の街は、あわただしく人が往《い》き来《き》し、からっ風がふいていた。クリスマスまでまだ二週間もあるのに、あちこちにツリーや天使がかざられ、ビルには歳末大売り出しのたれまくがかかっていた。喫茶店に入ると、少年はメニューをちらっと見て、

「朝ごはん、まだなんだ。オムレツもたのんでいい」

ときいた。私が、どうぞ、とこたえると、うれしそうににこっと笑った。

　公衆電話からアルバイト先に電話をして、風邪をひいたので休ませていただきます、と言ったのを聞いていたとみえて、私がテーブルにもどると、

「じゃあ、きょうは一日ひまなんだ」

　少年はぶっきらぼうに言った。

　喫茶店をでると、私たちは坂をのぼった。坂の上にいいところがある、と少年が言ったのだ。

「ここ」

　彼が指さしたのは、プールだった。

「じょうだんじゃないわ。この寒いのに」

「温水だから平気だよ」

「水着持ってないもの」

「買えばいい」

　自慢ではないけれど、私は泳げない。

「いやよ、プールなんて」

「泳げないの」

　少年がさもおかしそうな目をしたので、私はしゃくになり、だまったまま財布から三百円だして、入場券を買ってしまった。

　十二月の、しかも朝っぱらからプールに入るような酔狂は、私たちのほか誰もいなかった。おかげで、そのひろびろとしたプールを二人で独占してしまえた。少年はきびきびと準備体操をすませて、しなやかに水にとびこんだ。彼は、魚のようにじょうずに泳いだ。プールの人工的な青も、カルキ[*2]の匂いも、反響する水音も、私にはとてもなつかしかった。プールなど、いったい何年ぶりだろう。ゆっくり水に入ると、からだがゆらゆらして見える。

　とつぜんぐんっと前にひっぱられ、ほとんどころぶようにうつぶせになって、私は前に進んでいた。まるで、誰か

が私の頭を糸でひっぱってでもいるように、私はどんどん泳いでいた。すっと、糸をひく力が弱まった。あわてて立ちあがって顔をふくと、もうプールのまんなかだった。三メートルほど先に少年が立っていて、私の顔を見てにっこり笑った。私は、泳ぐって、気持ちのいいことだったんだな、と思った。

　少年も私も、ひとことも言わずに泳ぎまわり、少年が、

「あがろうか」

と言った時には、壁の時計はお昼をさしていた。

　プールをでると、私たちはアイスクリームを買って、食べながら歩いた。泳いだあとの疲れもここちよく、アイスクリームのあまさは、舌にうれしかった。このあたりは、少し歩くと閑静な住宅地で、駅のまわりの喧騒《けんそう》がうそのようだった。私の横を歩いている少年は背が高く、端正な顔立ちで、私は思わずドキドキしてしまった。晴れたま昼の、冬の匂いがした。

　地下鉄に乗って、私たちは銀座にでた。今度は私が〝いいところ〟を教えてあげる番だった。裏通りを十五分も歩くと、小さな美術館がある。めだたないけれどこぢんまりとした、いい美術館だった。私たちはそこで、まず中世イタリアの宗教画を見た。それから、古いインドの細密画[*3]を見た。一枚一枚、たんねんに見た。

「これ、好きだなぁ」

少年がそう言ったのは、くすんだ緑色の、象と木ばかりをモチーフにした細密画だった。

「古代インドはいつも初夏だったような気がする」

「ロマンチストなのね」

　私が言うと、少年はてれたように笑った。

　美術館をでて、私たちは落語を聴きにいった。たまたま演芸場の前を通って、少年が落語を好きだと言ったからなのだが、いざ中に入ると、私はだんだんゆううつになってしまった。

　デュークも、落語が好きだったのだ。夜中に目がさめて下におりた時、消したはずのテレビがついていて、デュークがちょこんとすわって落語を見ていた。父も、母も、妹も信じなかったけれど、ほんとうに見ていたのだ。

　デュークが死んで、悲しくて、悲しくて、息もできないほどだったのに、知らない男の子とお茶をのんで、プールに行って、散歩をして、美術館をみて、落語を聴いて、私はいったい何をしているのだろう。

　だしものは、〝大工しらべ〟だった。少年は時々、おもしろそうにくすくす笑ったけれど、②私はけっきょく一度も笑えなかった。それどころか、だんだん心が重くなり、落語が終わって、大通りまで歩いたころには、もうすっかり、悲しみがもどってきていた。

　デュークはもういない。

デュークがいなくなってしまった。

大通りにはクリスマスソングが流れ、うす青い夕暮れに、ネオンがぽつぽつつきはじめていた。

「今年ももう終わるなぁ」

少年が言った。

「そうね」

「来年はまた新しい年だね」

「そうね」

「今までずっと、僕は楽しかったよ」

「そう。私もよ」

下をむいたまま私が言うと、少年は私のあごをそっともちあげた。

「③今までずっと、だよ」

なつかしい、深い目が私を見つめた。そして、少年は私にキスをした。

私があんなにおどろいたのは、彼がキスをしたからではなく、彼のキスがあまりにもデュークのキスに似ていたからだった。ぼうぜんとして声もだせずにいる私に、少年が言った。

「僕もとても、愛していたよ」

淋《さび》しそうに笑った顔が、ジェームス・ディーンによく似ていた。

「それだけ言いにきたんだ。じゃあね。元気で」

そう言うと、青信号の点滅している横断歩道にすばやくとびだし、少年は駆けていってしまった。

④私はそこに立ちつくし、いつまでもクリスマスソングを聴いていた。銀座に、ゆっくりと夜がはじまっていた。

注　＊1 ジェームス・ディーン……1931年〜1955年。アメリカの映画俳優。

＊2 カルキ……「クロルカルキ」の略。水の消毒等に用いる薬剤。

＊3 細密画……細かい描写で精密に対象を描いた絵。

［素材文はセンター試験より出題］

◆**問一**　傍線部①「玄関で、みょうに明るい声で〝行ってきます〟を言い」とあるが、この時の「私」の気持ちについて、六十字以内で説明せよ。

◆**問二**　傍線部②「私はけっきょく一度も笑えなかった」とあるが、それは、なぜか。八十字以内で説明せよ。

◆**問三**　傍線部③「今までずっと、だよ」と、少年は前の会話を繰り返しているが、それはなぜか。七十字以内で説明せよ。

◆**問四**　傍線部④「私はそこに立ちつくし、いつまでもクリスマスソングを聴いていた」とあるが、この時の「私」の気持ちについて、五十字以内で説明せよ。

（◆は本書のオリジナル問題）

素材文　筆者紹介

江國香織（えくに かおり）１９６４年生まれ。小説家、児童文学作家、翻訳家、詩人。２００２年『泳ぐのに、安全でも適切でもありません』（ホーム社発行／集英社）で第15回山本周五郎賞、２００４年『号泣する準備はできていた』（新潮社）で第130回直木賞、２０１２年「犬とハモニカ」で第38回川端康成文学賞を受賞。

素材文の読みほどき

講義40 小説の読解＝書かれていない説明を想像して答える

第七章までは、「論説文」の読解を述べてきたが、最終の第八章では、小説作品を素材に「文学的文章」の読解を説明しよう。

論説文と小説の読解は、ある意味、正反対の部分がある。

論説文の読解が、

「書かれていることを、正確に読み解いて答える」

ことであるのに対し、小説の読解は、

「書かれていないことを、想像して答える」

ことだからだ。よく、現代文の読解で、

「現代文の問題の答えは、必ず素材文の中に書いてある」

のように言う人がいるが、これは論説文を素材にした一部の設問の場合で、小説では、多くの場合当てはまらない。講義4（32頁参照）では、「論を説明する」のが論説文であるとも書いたが、小説では、むしろ、「説明されない」のが普通だ。むしろ、「説明しすぎの小説」は、興《きょう》醒《ざ》めでさえある。

少し、例を挙げてみよう。

中学入試の合格発表日。合格者の受験番号が並んだ掲示板の前で、自分の番号がないのを見た息子（和也《かずや》）と、その横に立つ父親（僕）という場面である。

例文a

和也は、数秒ほど、自分の番号のない掲示板を見つめていたが、少し長い瞬《まばた》きをすると、視線を落とした。唇をかみしめ、じっとしている和也に、僕は声をかけた。

「まあ……これも、あれだな」

そっと、掌《てのひら》を和也の細い肩に乗せた。和也の肩が小さく震えているのが分かった。

「寿司《すし》でも食いに行くか」

僕は、少し明るく言った。頷《うなず》いた和也の瞳から、ぽろぽろと涙がこぼれた。

どうだろう。ほとんど心理描写はされていないが、和也の様子の描写や、僕の行動・会話から、それぞれの気持ちが感じられることだろう。設問としては、

- **なぜ、和也は、数秒ほど、掲示板を見つめていたのか。**
- **なぜ、和也は、少し長い瞬きをしたのか。**
- **唇をかみしめて、じっとしている時の和也の気持ちは、どのようなものか。**
- **「まあ……これも、あれだな」という「僕」の言葉から、どのような「僕」の気持ちが感じられるか。**
- **なぜ、「僕」は、和也の肩に掌を乗せたのか。**

・なぜ、和也の肩は震えていたのか。
・「寿司でも食いに行くか」という「僕」の言葉から、どのような「僕」の気持ちが感じられるか。
・なぜ、「僕」は「少し明るく言った」のか。
・頷いて涙を流している和也の気持ちは、どのようなものか。

といったものが考えられる。それらの答えは、すべて、「想像」するしかなく、文中には書かれてない。

　これらの設問の答えを説明するように、先の **例文a** に加筆すると、以下のような文章になる（**太字**が加筆部分）。

例文b

　和也は、**自分の番号がないことを何度も確かめるため、**数秒ほど、掲示板を見つめていたが、**涙を抑えるように、**少し長い瞬きをすると、**残念そうに**視線を落とした。

　ふがいなさ、悔しさ、悲しみをこらえ、唇をかみしめ、じっとしている和也に、僕は声をかけた。

「まあ……これも、あれだな」

　どう言葉をかければいいか分からずに、それでも、「人生には、いろいろあるから、気にするな」と言うような意味を込めて、言ったつもりだった。和也のことを慰めたかった。そっと、掌を和也の細い肩に乗せた。和也の肩が小さく震えているのが分かった。**涙をこらえているのだろう。元気づけようと、**

「寿司でも食いに行くか」

　僕は少し明るく言った。頷いた和也の瞳から、ぽろぽろと涙がこぼれた。**我慢していた悲しみが溢《あふ》れたようだった。**

　どうだろう。非常にくどい説明的な描写になってしまい、なんとも興醒めではないだろうか。

　小説家は、この **例文b** の**太字部分**を、出来る限り書くことなく、描写・行動・会話から、それぞれの人物の気持ちが、生き生きと読者の中で再現されるように書く。

　そのようにして残された部分（**例文b** の細字部分）を元に、出題者は、削られた**太字部分**を、解答者に逆算させて説明させるような問題を作る。

　だから、小説を素材にした問題については、

・答えは素材文中に書かれていない。
・説明されていない。
・想像して答える。

ということになるのである。

　今回の素材文に付した四つの設問も、それぞれ、「人物の様子の描写」や「行動」や「会話」に、傍線が引かれ、その時の登場人物の気持ちを尋ねる設問となっている。

　いわば、**例文b** の細字部分に傍線が引かれ、**太字部分**を説明させる問題になっているということだ。

素材文の噛み砕き

■ ストーリーも説明し過ぎない

前頁までの「素材文の読みほどき」では、「説明されない登場人物の気持ちについて、想像して答える」ということを述べたが、今回の素材文は、「ストーリーもまた、説明が極力抑えられている」という特徴がある。

死んだ愛犬のデュークの化身であるかのような少年が登場して、「私」の悲しみを癒やして去っていくが、この少年が、果たして、本当に「デュークの化身」だったのか否か、それは最後まで明かされない。

少年とデュークとの共通点のうち、「落語好き」「キスの仕方」「ジェームス・ディーンの横顔」等は、かなり具体的に示されるが、精読すると、他にも少年とデュークの共通点が、細部に、ひっそりと示されていることが分かる。

たまご料理、アイスクリームが好きだったデューク。
←
喫茶店でオムレツを頼む少年。プールを出てアイスクリームを食べる少年。

初夏が良く似合ったデューク。
←
美術館で「古代インドはいつも初夏だったような気がする」と言う少年。

これらの情報は説明され過ぎることなく、出来事の描写の中にさらりと置かれ、読者の想像を待つ形になっている。

■ ジェームス・ディーン

ジェームス・ディーンは、1931年2月8日生まれ1955年9月30日没の、アメリカの俳優。『エデンの東』（1955）『理由なき反抗』（1955）で主役を演じ、アカデミー主演男優賞にノミネートされる等、若くして評価を得た。一九五〇年代の若者の鬱屈した感情や反抗を演じ、人気を博したが、二十四歳の時、自身の運転する車で交通事故に巻き込まれ、早逝した。

大人や社会の既成の価値観に抗《あらが》い、悩む若者の象徴として、今も語り継がれる永遠の青春スターである。

素材文中に「横顔はジェームス・ディーンに似ていた」とあるが、例えば、『エデンの東』のワンシーンでもある下の写真は、非常に有名なものだ。

切なげで孤独を湛《たた》えた表情が、「デューク」の世界にも、深い味わいを添えている。

▲ジェームス・ディーン
（ユニフォトプレス）

37 『ダイヤモンドダスト』

南木佳士

次の文章を読んで、後の設問に答えよ。（解答は別冊43頁）

【登場人物の説明】
●和夫……高原の町立病院に勤める三十代前半の看護師。妻の遺《のこ》した息子と、父の松吉と暮らしている。
●松吉……和夫の父。脳卒中の再発で、和夫の勤める病院に入院していたが、先日、退院した。入院中は、マイク・チャンドラーと同じ病室で療養していた。
●香坂……都会から、この高原の病院に赴任してきた四十代前半の医師。妻と二人の息子と暮らしている。先日、家族に囲まれ、和やかな雰囲気の中、自転車に乗る練習をしていたところを、和夫に見られている。
●マイク・チャンドラー……四十五歳のアメリカ人宣教師。すでに、香坂より、癌《がん》の告知を受けている。

香坂が松吉の退院を急がせたのは、夏のピーク時で病室のやりくりができなくなったためではなく、実はマイクの病態の悪化が予想されたためらしいと気づいたのは、一週間ほどあとになってからのことだった。和夫が病室に姿を見せても、マイクはベッドに横になったまま背を向けていることが多くなった。手のつけられていない夕食のけんちん汁や塩ジャケを見ると、異国で不治の病を得てしまったアメリカ人としてのマイクが哀れに思えて、和夫はかける言葉がなかった。

病棟のカンファレンス[*1]では、香坂がマイクの死の近いことを告げていた。化学療法に抵抗力を獲得した細胞が急速に増殖し、彼の右肺はすでに換気能力を失い、左の気管支にタンでもつまればそれで最期だろう、と。

「この人はアメリカに帰る気がないようだ」

と、香坂は付け加えた。

「万一亡くなられたときは、どなたが引き取るのですか」

という婦長の質問には、

「宣教師の会の代表がいて、その人が来てくれるそうだ。オレゴンの妻子というのはベトナム戦争から帰ってすぐに離婚した人たちらしい。それ以上は聞いていないが」

と、香坂らしく、感情を表に出さない乾いた口調で応えた。

それから数日して、和夫が夜勤の夜、マイクの部屋からナースコールがあった。和夫は妙な胸さわぎがして、受話器を取る前に走り出した。勢いよくドアを開けると、マイクはベッドの上にあぐらをかいて肩を大きく上下させていた。カーテンを開け放してある広い窓は、深い森の闇への入口に見えた。就寝用の小灯だけがともる病室の入口に立つと、マイクがそのままの姿勢ですべるように森の闇に消えて行くような錯覚にとらわれた。たしかに、マイクの背中は驚くほど小さく、軽そうだった。

「どうしました」
①和夫は窓とマイクの間に割り込んだ。
「ああ、あなたでよかった」

マイクは蒼白《そうはく》な顔に、口の周囲だけシワを寄せた。話をすると、肉の落ちた目の縁を眼鏡がすべり落ち、一瞬、完璧な老人の顔になった。

「星を見ていたら、たまらなく誰かと話がしたくなったのです。ご迷惑ではありませんか」

マイクは眼鏡を右手で押さえながら、頭を下げた。

ベッドの脇の丸椅子に座った和夫は首を振り、窓越しに夜空を見上げた。峠の稜線《りょうせん》から視線を上げていくと、黒いシルエットとなって立ち並ぶ森の唐松の木によじ登れば手の届きそうなところに、白く冷えた星の群れが静止していた。

「ファントム[*2]で北ベトナムの橋を爆撃したときの話ですけど……戦争の話、嫌ですか……」

マイクは自分の左肩に頬をあずけて、力よわく笑った。毛糸の帽子が耳までずり落ちた。

和夫は、どうぞ続けて下さい、というふうに右手を前に出した。

「私のファントムは対空砲火を受けて燃料が漏れ、エンジンにもトラブルを起して仲間から遅れたのです。北ベトナムに降下すれば、ゲリラのリンチにあうと教えられていましたから、とにかく海をめざして飛んだのです。トンキン湾沖で待つ母艦まではとても無理でしたけれど、海にさえ出ればなんとかなる、と思って必死でした。日は暮れて、周囲は深い闇でした。燃料がゼロになったとき、座席ごと脱出しました。パラシュートが開いてから、ふと上を見ると、星がありました。とてもたしかな配置で星があったのです」

マイクは落ちてくる眼鏡をいく度も右手で押し上げていたが、やがて高い鼻の先端にとどめたままにし、顔をのけ反らせて夜空を仰いだ。

「誰かこの星たちの位置をアレンジ[*3]した人がいる。私はそのとき確信したのです。海に落ちてから、私の心はとても平和でした。その人の胸に抱かれて、星たちとおなじ規則でアレンジされている自分を見出《みいだ》して、心の底から安心したのです。今、星を見ていて、あのときのやすらかな気持を想《おも》い出したかったのです。誰かに話すことで想《おも》い出したかったのです」

話し終えると、静脈の浮くマイクの細い首から、タンのからむ嫌な音が聞こえ始めた。

和夫は肩を支え、マイクをベッドに横たえた。掌《てのひら》に背骨が直接触れる背を、静かにさすり上げた。

「②とてもいいお話ですね。こんな感想しかないのが申し訳ないくらい、とてもいいお話ですね」

　呼吸の荒さがおさまってきたのを見て、和夫はマイクの背から手を放した。

「検査の技術が進歩して、癌患者の予後が正確に分かるのに、治療が追いついていない。このアンバランスはきっと、星のアレンジをしている人が、自分勝手に死さえも制御できると思いあがった人間たちに課している試練なのだと思います。今、とても素直な気持でそう思う……思いたいのです」

　マイクは気管の奥に落ちついたタンを再び騒ぎ出させないように、とてもひくい声を用いていた。

「よく分かる気がします。どうですか、眠れそうですか」

　和夫も声をおとした。

「ありがとう。おかげで休めそうです。ところで、松吉さんは水車を造っていますか」

　マイクは眼鏡を取り、毛糸の帽子で目隠しをした。眠ろうとしているらしい。

「みんなで大きいやつを造っていますよ」

　和夫はマイクに松吉が水車を造ると言い出したわけを聞きたかった。

　眠りにおちそうなマイクに遠慮して和夫が質問できないでいると、マイクは帽子で目を隠したまま語り始めた。


「松吉さんの運転する電気鉄道の一番電車が、高原のツツジの原を走っていると、月が火山の上に出ていて、その月が沈むまで見ていられたのだそうです。ゆっくり走る電車だったのですね。森の香につつまれて電車を運転する時間を松吉さんはとても大事にしていたのです。脱線しても誰もケガをしないスピードの電車を、体の一部のように愛していたのです。だから、松吉さんは廃止の噂《うわさ》の出た鉄道になんとかたくさんの客を呼ぼうとして、森のすべての駅に水車を造ろうと提案したのです。実現していたら、今でもたいした人気でしょうねえ。でも、県境の駅に造り始めた水車が完成する寸前に鉄道は終わったのだそうです。水車の回る駅から、松吉さんの運転する電車に乗って、ツツジの原の上に出る月をながめて、ながめてみたかった……」

　マイクの語尾が次第に消え入るとともに、浅い寝息に変わっていった。

　和夫は窓のカーテンを引かずに、そっと病室をあとにした。その夜、彼は二時間おきにマイクの病室をのぞき、彼の寝息が窓の外の強い吸引力を秘めた闇にからめとられていないかと耳をすませた。

　マイクの病状は日ごとに悪化し、酸素吸入が始められた。回診に和夫が付いたとき、香坂は流暢《りゅうちょう》な英語でふたつの質問をした。

「いざというときに人工呼吸器を用いますか」

香坂は見おろす自分の目の位置が耐えられないのか、③腰をかがめてマイクの枕もとに顔をもっていった。

「No.」

マイクは肩をすくめてみせようとして激しく咳《せき》こんだ。

「十分に闘いましたか」

香坂はマイクの咳がやむのを待って、洗練された微笑を浮かべた。

「Yes. Thank you.」

握手を求めて差し出されたマイクの骨と皮だけの手首を、指の長い香坂の手がつかんだ。

しばらく握り合っていた手を放すと、香坂は窓の方を向いて、大きく口を開いて音を殺したため息をついてから、病室を出て行った。あの男はまだ自転車に乗れないのかも知れない、と和夫は何の脈絡もなく思った。

「もうすぐ水車が回ります」

和夫はマイクの耳もとでささやいた。

「それはいい。松吉さんはいいなあ」

マイクが初めて涙を見せた。

「マイクさんも早くよくなって、見に来て下さいよ」

④和夫は折り曲げた腰を伸ばし、軽くマイクの胸もとに手を置いた。

「⑤とてもいいなぐさめを、ありがとう」

和夫が耳で聞き、掌に感じたマイクの最後の言葉だった。

注

＊1 カンファレンス……治療等に関する会議。
＊2 ファントム……ベトナム戦争で使われた米軍の戦闘爆撃機。
＊3 アレンジ……配置、配列。

［素材文は清泉女子大学より出題］

◆問一　傍線部①「和夫は窓とマイクの間に割り込んだ」とあるが、この行動から、和夫のどのような思いが感じられるか。八十字以内で説明せよ。

◆問二　傍線部②「とてもいいお話ですね。こんな感想しかないのが申し訳ないくらい、とてもいいお話ですね」とあるが、このように述べた和夫の思いについて、七十字以内で説明せよ。

◆問三　傍線部③・傍線部④から分かるように、香坂も和夫も腰をかがめて、マイクと会話している。そのように行動する思いについて、八十字以内で説明せよ。

◆問四　傍線部⑤「とてもいいなぐさめを、ありがとう」とあるが、この言葉に込められたマイクの思いについて、七十字以内で説明せよ。

（◆は本書のオリジナル問題）

素材文　筆者紹介

南木 佳士（なぎ けいし）　1951年生まれ。医師として医療に携わる一方、小説家としても活躍する現代作家。1989年「ダイヤモンドダスト」で第100回芥川賞、2008年『草すべり　その他の短編』（文藝春秋）で泉鏡花文学賞、2009年芸術選奨文部科学大臣賞を受賞。

素材文の読みほどき

■ 復習 単語の持つ「評価・色合い・傾き」を見抜く

講義36（253頁参照）で「単語の持つ『色合い』」に敏感になることによって、筆者の論じていきたい方向性が分かることを説明したが、ここでもう一度復習してみよう。

例えば、「笑う」という動作について、最も中立的な描写をすると、

a 「彼は笑った」

というような表現になるだろう。

しかし、これが、

b 「彼は嘲笑した」

となるとどうだろうか。

「彼は笑った」と「彼は嘲笑した」との違いは、一見、彼の笑い方の違いのようにも思われるが、正しくは、彼の笑いそのものの違いではなく、「そのように表現しようとする語り手の意識の違い」である。いわば、**b**を正確に言うなら、「彼は嘲笑したように見えた」というわけである（この「語り手」という観点を詳しく論ずると、専門的に過ぎるので、このあたりでやめておくが、要は「**どのように表現したいかが、表現の細部に表れる**」ということだけは押さえておこう）。

「彼は失笑した」「彼は爆笑した」「彼は微笑した」「彼は苦笑した」「彼は冷笑した」「彼は哄笑《こうしょう》した」

彼の笑いについて、語り手がそれぞれ、どのようなものとして表現したいか、違っているのが分かると思う。

「笑った」が無色透明で中立的な表現だとすれば、これらは、いずれも、なんらかの「色合いや傾き」が付いた言葉だと言えよう。

このような「色合いや傾きの付いた言葉」は、つまり「そのように表現していこうとする語り手の方向性」のにじみ出たものである。単語の持つ「色合い」「傾き」に敏感になることで、「隠れた文章の狙い」が見えてくるというわけである。

例えば、今回の素材文の傍線部①、

和夫は窓とマイクの間に割り込んだ。

に着目してみよう。

和夫は、「窓とマイクの間に**座った**」（中立的表現）のではなく、「窓とマイクの間に**割り込んだ**」のである。

この「座った」と「割り込んだ」との違いは、動作そのものの違いではない。その動作を、和夫が「どう捉えているか」の違いだ。

「割り込んだ」という「傾きのある言葉」に、和夫の心理が表れるというわけである。

「窓とマイクを遮《さえぎ》って、マイクの命が窓の外の闇に消えて行かないようにしたい」という思いがあるからこそ、「座った」ではなく、「割り込んだ」という「傾きのある表現」となって、動作が描写されるということだ。

このように、色合い・傾きのある言葉に敏感になることで、文章の細部の狙いを読み取ることが出来る。小説読解の方法の一つとして、押さえておきたい。

素材文の噛み砕き

■ そう思う……思いたいのです

マイクは、和夫に対して、

「検査の技術が進歩して、癌《がん》患者の予後が正確に分かるのに、治療が追いついていない。このアンバランスはきっと、星のアレンジをしている人が、自分勝手に死さえも制御できると思いあがった人間たちに課していする試練なのだと思います。今、とても素直な気持でそう思う……思いたいのです」

と述べているが、この最後の部分で、「そう思う……思いたいのです」と、ためらうように言い換えていることについて、考えてみたい。

あえてそのように言い換えたマイクの思いとはどのようなものだろうか。

マイクは、「死期が分かりつつ、治療法がない病を自分が患ってしまったこと」について、本当に「星のアレンジをした人から与えられた試練」として、素直に受け入れているのだろうか。

「思いたい」と最後に言い換えたところに着目すれば、「素直にそう思いたいものの、素直にそう思いきれない」という複雑な思いが読み取れるだろう。一方、それでも、なんとか「そう思おうとする」ことで、安らかに死を迎えようとしているマイクの思いも読み取れる。

「死の恐怖」を与える一方で「癒やしの方法」を与えてくれないという矛盾を、「世界をアレンジした人」に対する不信ではなく、これもまた、「世界をアレンジした人の意志」であると信じることで、なんとか安らかな気持ちで死にいきたいというマイク。そこには、死を恐れる「人間としてのマイク」と「世界をアレンジした人の意志を信じようとする宗教家としてのマイク」とのせめぎ合いが感じられる。

■ 脱線しても誰もケガをしないスピードの電車

マイクの言葉の中には、「脱線しても誰もケガをしないスピードの電車」というものもある。ここにはどのような思いが込められているだろう。

このような言葉をあえて使ったことの意味を考えよう。

この表現には、「脱線したら人がケガをするスピードの電車」が思考の前提になっていることが必要だ。そのような危険なものが想定されて、初めて、「脱線しても誰もケガをしないスピードの電車」という表現が成り立つ。

「脱線したら人がケガをする電車」、つまり「一つ間違えば、大きな人災を呼ぶ科学技術」ということであろう。

前項で分析したマイクの言葉にも「(医療技術で)死さえも制御できると思いあがった人間」という表現がある。これらのマイクの言葉は、科学技術の発展と人間の幸福とのアンバランスを指摘している言葉とも捉えられよう。

私達が住む現代社会を支える科学技術のほとんどは、「ひとたび脱線したら人の幸福を根底から奪い去る可能性のあるもの」でもあることを考えさせられる言葉である。

■あの男はまだ自転車に乗れないのかも知れない

最後の診察を終えて病室を出て行く香坂の様子を見て、和夫は、

「あの男はまだ自転車に乗れないのかも知れない」


と思う。

この時の、和夫の思いの変化をたどってみよう。

香坂の病室での様子から、どうして和夫の想像は、香坂の日常へと移行したのか。

素材文の冒頭周辺で、

「香坂が松吉の退院を急がせたのは、夏のピーク時で病室のやりくりができなくなったためではなく、実はマイクの病態の悪化が予想されたためらしいと気づいたのは、一週間ほどあとになってからのことだった。」

とある。この文章から、和夫が香坂に対して、「病院のやりくりのため、自分の父親の退院を急がせた」という不信を持っていたことが分かるだろう。また、カンファレンスでの香坂の様子についても、和夫は、

「香坂らしく、感情を表に出さない乾いた口調」


と感じている。

これらのことから、和夫は、都会から訪れた香坂という医師に対して、「ビジネスライク(仕事と割り切って能率的に対処する様子)な冷たさ」を感じているように思われる。

香坂に対して、「あの男」とやや突き放したような言い方で表現することも、和夫の同様な思いの表れだろう。

しかし、最後の場面では、

「香坂は見おろす自分の目の位置が耐えられないのか、腰をかがめてマイクの枕もとに顔をもっていった。」

と、香坂の行動の心情について、自分にも通じるもの(和夫自身も腰を屈《かが》めている)として、共感して捉えている。

また、

「しばらく握り合っていた手を放すと、香坂は窓の方を向いて、大きく口を開いて音を殺したため息をついてから、病室を出て行った。」

という描写にも、香坂のマイクへの思いやりや医師としての心痛を、和夫が感じとった様子が描かれている。

　このような香坂の様子に、和夫は今まで自分が感じていた「ビジネスライクな冷たさ」とは違った、香坂の人間的な温かさを感じ、かつて垣間《かいま》見た、「家族に囲まれた香坂の和やかな様子」を不意に思い出したのではないだろうか。

■どこまで作者は考えているか

　以上、36講・37講では、登場人物の行動や会話を中心に、書かれていない心理を「想像して説明する」ことを中心に読解してきた。

　別冊に示した解答例や、「噛《か》み砕き」の読解例を読んで、「こんなことまで考えて、作者は書いているのかな」と疑問に思った人があるかもしれない。

　この、「作者の意図」と「読解」については、276頁で説明したことを思い出してほしい。

　僕は、「作者の意図」と「作品の持つ可能性」については、同価値ではないと思う。作者の意図を探ることが作品の読解なのではなく、「作品の持つ可能性」を再発見していくことが、「読解」である。

　となると、文学作品の読解を求めた記述問題に関して、「可能性」として認められる範囲ならば、どのような解答であっても、正解となるのだろうか。

　そうとも言えるし、そうとも言えない。

　要は、文中にちりばめられた証拠を元に、どれだけ説得力ある「可能性的世界」を読み解き、説明するか。

　その証拠立てと、説得力の構築、これが十分であるか否かが、分かれ目であると言えよう。

38

「微分積分」

山田詠美

次の文章を読んで、後の設問に答えよ。（解答は別冊44頁）

夕食の時に父が話した、年老いたホームレスの光景が、ずっと頭から離れない。通勤ラッシュ時で混み合う駅のコンコースに、その男は座り込んでいたと言う。そして、大きな紙に赤のマジックで、何かを書き付けていたのだそうだ。

「それがね、覗《のぞ》き込んでみたら、微分積分の方程式なんだよ。たぶん、あれは、カレンダーの裏じゃないかな。そこに、一心不乱に書き続けてるんだ。驚いたね、浮浪者があんな高等数学を。通り過ぎる人たちは、みんな、ぎょっとして逃げるように立ち去って行ったけど、お父さんは、しげしげと見ちゃったよ。かなり高度なやつを解いてるから、つい感心しちゃってね」

そう言う父は信託銀行に勤務している。数字や記号を素通り出来ないのは職業柄か。

「なんか、可哀想《かわいそう》ね」

母の言葉に頷《うなず》いて、父は言った。

「どこで人生狂ったのかは知らないけど、あれは、完全に頭がいかれちゃってたね。それなのに、昔取った杵柄《きねづか》だけが残ってるってのがなんとも哀《かな》しいね」

「勉強し過ぎたのかしら。順ちゃんも気を付けてね」

「何、言ってるんだ、お母さんは。そうやって、順也《じゅんや》を甘やかすから二浪もする破目になるんじゃないか。今、勉強し過ぎないで、いつするんだ」

夕食のテーブルでの夫婦の会話は、いつも同じところに着地する。そこに行き着くのを辛抱強く待って、ごちそうさま、と言い、ぼくが自分の部屋に戻るのも同じだ。背後から母の声が追いかけて来る。お夜食はどうするの？

机に向かう気などはなからなく、ぼくは、ベッドに横になった。目を閉じると、駅の片隅に座るホームレスの姿が脳裏に浮かぶ。自分が見て来た訳でもないのに、その輪郭は鮮明だ。足早に移動する人々の中、そこだけが、静寂を獲得している。雑踏の作る単色が支配する中、彼の書き付ける赤いものだけが増殖して行く。方程式を解いているというより、黙々と写経をしているかのようだ。いったい、どういう経過を辿《たど》って、そこに行き着いたのか。赤のマジックインキが紡ぎ出すものは何を積み重ねて来た結果なのか。ぼくは、彼について想像することに取り付かれ始めている。

ぼくは、予備校に通い、毎日、勉強に励んでいることになっている。確かに、休むことなく授業を受け、ノートを取り、テストも受けている。けれど、何の勉強もしていないのは自分で解《わか》っている。興味の持てない事柄を頭の中に詰めて行くだけのことを勉強とは呼ばないだろう。今、①ぼくの脳みそは、引っ越し屋が扱う段ボール箱のような状態になっている。他人の私物を手際良く梱包《こんぽう》して行く。そんな感じ。後で、どのように荷を解くのか、さっぱり予想も出来ない。

いくら予備校生だからといって、楽しみのすべてを我慢することはないだろう、と周囲には人間関係の構築に精を出す奴《やつ》らが大勢いる。ぼくも何度か声をかけられカフェや居酒屋に誘われた。二、三度、惰性《だせい》でつき合ったが、彼らの言う気分転換とやらが性に合わなくて、それっきりにした。内輪の冗談をキーワードにして連帯を深めて何がおもしろいのか。②自分たちの半径五メートル以内の話題に終始するばかりで、そこに他人を入れようとしない彼らの距離の取り方が姑息《こそく》に思えた。そんなぼくの心の内は、やはり態度に表われるらしく、新しく登録された番号が携帯電話を鳴らすこともなくなった。けれど、少しも気になりはしない。ここで作った友人が、将来、ぼくの力になってくれることなど、絶対にないに決まっている。

いつのまにか帰宅したらしい、兄の笑い声が隣から聞こえて来る。最近、新しい女が出来たらしく、いつも電話で話している。手放しで女を誉《ほ》め、歯の浮くようなお世辞を言っているのに耳を澄ますと、心が落ち着くから不思議だ。優秀と言われ続けて来た彼にも、こんな愚かしい部分があるのか、と思うと安心するのだ。ぼくにも馬鹿に出来る余地がある。そんなふうに、ほっとして、一流大学に現役で合格した彼を、ようやく好きになれる。血を分けた兄弟であるのを許すことが出来る。

兄は小さな頃からずば抜けて勉強が出来たため、かえって、ぼくは比較されずにすんだ。お話にならないという訳だ。人が困難だと考えるものを何の苦もなくやりこなす人が皆そうであるように、彼も、屈託を持たない、誰からも好かれる人間だった。他人を故意に馬鹿にすることなど一度もなかった。何しろ、劣等感の欠片《かけら》もないのだから、いじけ方も解らない。比べたくなるような同レベルの者が側《そば》にいないので、蔑《さげす》みという感情を持つ機会もないのだった。

達也《たつや》がいるから我家も安心ね、と母は口癖のように言った。それを聞いて、兄は、たとえば、こう返す。

「あー、無理無理、おれ、成績いいだけのへたれだもん」

「何よ、へたれって」

「へなちょこってこと。いざとなったら、おれなんかより、案外、順也の方が役に立ったりするんだって」

「そうかしら」

「そうそう。だけど、おれも、気持だけは、いっつもオカンの味方、という訳で、今晩、鮨《すし》とか取らねえ？」

「もう！　調子いいんだから」

何がオカンだ、とぼくは思う。いかにも気安い母子の仲を演出して媚《こび》を売る。関西人でもないくせに、母親をオカンと呼ぶ奴《やつ》が、ぼくは大嫌いだ。案外、役に立ったりするだと？　案外とは、どういう意味だ。兄のような人間は、言葉のはしばしに、微妙な選民意識を醸《かも》し出す。意識せずにそうしているなら鈍感だし、意識してしているとすれば巧妙だ。（中略）

それでも、高校を卒業するまでは、何とか自分をなだめて来られた。家族とうまが合わないのは、ぼく自身のせいもあるかもしれない、と謙虚になることも、しばしばだった。つき合っていた女の子によるところも多かった。彼女に、素直になりなよ、と諭されると、依怙地《いこじ》な気持が溶けて、思いやりに似たものすら湧いて来た。ぼくが合わせてやるべきなのかもしれない、と思ったりもした。出来の悪い、けれども、愛すべき次男坊としての役割を果たして可《か》愛《わい》がられる。それも、また、ひとつの親孝行なのではないか。

しかし、上手《うま》くは行かなかった。いや、彼らが行かせなかった。明るく振る舞おうとするぼくのぎこちなさは、常に、家族の失笑を誘っていたのだ。

大学受験に失敗してからは失笑すらされなくなった。意味のない笑いは、ぼくの勉強の妨げになると家族全員で決めたかのようだった。家の外に他愛《たわい》ない笑いを求めようとしたが、高校に数人いた気の許せる友人は、皆、就職して、大人の世界に行ってしまい、ぼくを捨てた。つき合っていた女の子は、偶然、会った兄をうっとりと見詰めたので、ぼくから捨てた。そして予備校の人間たちは、まるで、ぼくの趣味に合わない。今、ぼくは、自分の気に染まないものしか残っていないこの世界など消えてしまえ、と願っている。その思いがよぎるたびに、殺意が芽ばえる。でも、誰を殺して良いのか解らない。この世の中は、ぼくよりも強い人間に満ちている。

高校時代の教師がホームルームの時間に教えてくれた。ぼくたちが、まだ子供の頃、中学生が連続殺人事件を起したそうだ。その時、大人たちは、こんな命題を突き付けられたという。もし、我子に、何故《なぜ》、人を殺してはいけないの？　と尋ねられたら、どう答えるか。

その教師は、その後、命の尊さについて延々と語った。人の命は地球より重いと言った人がいる、と続けた。馬鹿じゃないのか、と感じた。地球の方が重いに決まってるじゃないか。何故、人を殺しちゃいけないのかって？　後が面倒臭いから、だろ？　そう推測がつくから、ぼくは、自分より弱い人間を見つけても、殺したりなんかしないのだ。

再び、父の見かけたホームレスの男について考える。彼が、今、弱い立場にいるのは間違いがない。けれども、彼の書き付ける高度な方程式に、③強者の過去の積み重ねが見える。ざまあみろ、とぼくはせせら笑う。おまえは、いったい、どれだけのものを失って来たのだ。仕事か。家族か。財産か。強者の過去は、おまえを、駅の雑踏に座り込ませるための布石でしかなかったのだ。赤い文字で写経しながら守り続けるのは、とうに使い道のなくなったプライドか。惨めだと思わないか。ぼくは、思う。だから、代わりに泣いてやる。泣いて、④幸福に浸り切ってやる。（中略）

ぼくは、ベッドから降り、壁際に立った。そして、そこに掛かっている大判のグラビアアイドルのカレンダーを一枚引きちぎった。たちまち、ぼくの今月と来月が消え失《う》せる。

その後、それを持って兄の部屋のドアを叩《たた》くと、どうぞ、という彼の声がする。ぼくの姿を見るやいなや、かけ直すからと相手に断って、彼は、携帯電話を閉じ、こちらに向かって目で問いかける。

達ちゃん、とぼくは子供の頃のように呼んでみた。そして、おう、と返す兄に引きちぎったカレンダーの白紙の面を差し出した。彼は、怪訝《けげん》な表情を浮かべる。

「達ちゃん、微分とか積分とか得意？」

「当り前だろ。誰に、もの言ってんの？」

「じゃ、教えてよ。ここに、うんと長い方程式、書いてみて。これで」

ぼくは、赤のマジックを手渡した。

「へえ？　ようやく順もやる気になったか。よっしゃ、うーんとハードなやつ解いてやるよ。見ててみな」

兄は、床に座り込み、カレンダーの裏側に、どんどん方程式を書き進めて行った。ぼくの頭の中のどこを捜しても欠片もない、数字と記号の群れだ。それらの赤が白紙を侵略して行く様を、ぼくは凝視していた。⑤胸の動悸《どうき》が急激に速くなる。これ、おまえには解んないとは思うけど、と兄が笑う。鼓動に、今、加速度がついた。

［素材文は愛知大学より出題］

◆**問一**　傍線部①「ぼくの脳みそは、引っ越し屋が扱う段ボール箱のような状態になっている」とあるが、この比喩表現は、どのようなことを表しているのか。五十字以内で説明せよ。

◆**問二**　傍線部②「自分たちの半径五メートル以内の話題に終始する」とあるが、この比喩表現は、どのようなことを表しているのか。五十字以内で説明せよ。

◆**問三**　傍線部③「強者の過去の積み重ね」とあるが、この表現は、どのようなことを表しているのか。四十字以内で説明せよ。

◆**問四**　傍線部④「幸福に浸り切ってやる」とあるが、ここでいう「幸福に浸り切る」とはどのようなことか。五十字以内で説明せよ。

◆**問五**　傍線部⑤「胸の動悸が急激に速くなる」とあるが、

この時の「ぼく」の思いについて、百字以内で説明せよ。

（◆は本書のオリジナル問題）

素材文　筆者紹介

山田　詠美（やまだ　えいみ）１９５９年生まれ。小説家。１９８５年『ベッドタイムアイズ』（河出書房新社）で第22回文藝賞を受賞してデビュー。１９８７年には『ソウル・ミュージック・ラバーズ・オンリー』（角川書店）で第97回直木賞、１９８９年には『風葬の教室』（河出書房新社）で第17回平林たい子文学賞、２００５年『風味絶佳』（文藝春秋）で第41回谷崎潤一郎賞等、多数受賞している。

素材文の読みほどき

■ 講義41 「説明」の代わりに「比喩」が用いられる

文学的文章では、論説文とは違い、「説明」はむしろ避けられ、「描写」「行動」「会話」等が、「説明」の代わりになると述べてきたが、もう一つ、「説明」の代わりとして頻出するのが、「**比喩表現**」である。

例文を示してみよう。

例文a

彼の言葉は、針が風船の表面を薄く掻《か》くように、僕の心の表面を走った。何本も何本も細い傷を付けて、去っていく。もう少し力が入れられれば、破裂するのに、その寸前の力で、すっと逃げては、また線を残しにやってくる。

説明的表現は極力排して、比喩満載の文章を書いてみた。爆発寸前の「僕」の心と、巧妙にいやらしく攻め続ける「彼」の言葉の雰囲気が良く伝わると思う。

設問としては、

- **「針が風船の表面を薄く掻くように」とはどのようなことか。**
- **「何本も何本も細い傷を付ける」とはどのようなことか。**
- **「もう少し力が入れられれば、破裂する」とはどのようなことか。**
- **「その寸前の力で、すっと逃げる」とはどのようなことか。**
- **「また線を残しにやってくる」とはどのようなことか。**

等**「比喩」を、「説明」に戻すようなもの**が考えられる。

ちなみに、**例文a**から比喩を排して、説明満載の文章に戻してみよう。

例文b

彼の言葉は、僕の心を繰り返し傷付けた。一つ一つは、小さな傷だが無数の傷だ。僕が耐えかねて爆発する寸前まで、僕を痛めつけては、ギリギリのところで言葉を止める。そして、また傷付けるような言葉を僕に向けてくる。

例文bの文章のどの部分が、**例文a**の文章のどの部分に対応するか、確認してみよう。いわば、これが、それぞれの設問の答えになるわけだ。**例文b**の文章は分かりやすくなったが、**例文a**に比べて、味わいの薄い文章になってしまったのを感じてほしい。膨らんだゴム風船の上を針が薄く走るような生理的不愉快さや、破裂寸前の逼迫《ひっぱく》感等は消え、単純な説明だけが残っている。

このように、文学的文章では、「説明」の代わりに「比喩」

が用いられることも多い。設問では、この「比喩」を、分かりやすい「説明」に戻すことが求められる。

今回の素材文に付した設問も、**問一**から、**問四**までは、いずれも、「比喩」の説明問題だと思って良い。

素材文の噛み砕き

■ 使い古された比喩と、イメージの喚起力の強い比喩

「比喩」も、使い古されてイメージの喚起力のないものと、息を呑《の》むような新しい力を持った比喩とがある。

例えば、次のような二文を比べてみよう。

a　迷路のような路地が、あたり一面に交叉《こうさ》して入り乱れていた。

b　ごてごてとした通りがメロンのしわみたいに地表にしがみついていた。

どちらも、ごてごてとした路地の入り組む町の様子について、比喩を利用して表現したものだが、**a**の「迷路のような路地」という比喩は、もはや使い古されて日常語にも近い。そのような聞き慣れた表現であるから、「迷路のような路地」と聞いても、どこにでもあるような路地にしか感じられず、イメージの喚起力は弱い。

それに対して、**b**の「メロンのしわみたいに」という新奇な表現は、一瞬にして、その町の路地の様子を、独特な「その町のイメージ」として、読者の中に喚起する（見たこともないような新しい表現によって、逆にリアルに、物事のイメージが喚起されることを「異化効果」と呼ぶ。261頁参照）。

このような比喩表現に優れた現代作家として、高い評価を得ているのが、村上春樹[*1]である。上段の**b**も、村上春樹の『羊をめぐる冒険』の一節だ。

デビュー作『風の歌を聴け』からも、一つ例を挙げてみよう。

「夏の香りを感じたのは久し振りだった。潮の香り、遠い汽笛、女の子の肌の手ざわり、ヘヤー・リンスのレモンの匂い、夕暮の風、淡い希望、そして夏の夢……。
しかしそれは**まるでずれてしまったトレーシング・ペーパーのように**、何もかもが少しずつ、しかしとり返しのつかぬくらいに昔とは違っていた。」

トレーシング・ペーパーというのは、図や絵を書き写すために、元の紙面に乗せてなぞる半透明の紙である。一度ずれると、なかなか元通りの位置には戻らない。微妙にぶれた感じになる。

そのイメージを利用して、現在と過去の思い出との懐か

しい近似性と、僅かに、しかし、決定的に違ってしまった疎遠性とを見事に表現している。

■なぜ、人を殺してはいけないのか

38講 の素材文「微分積分」は、二〇一〇年の五月に雑誌『文學界《ぶんがくかい》』に掲載されたのが初出である。その十三年前（まさに登場人物の「ぼく」が子どもの頃）、一九九七年の二月～五月にかけ、神戸で児童の連続殺傷事件が起こり、六月末に男子中学生が犯人として逮捕され、世間を震撼《しんかん》させた。

同年の夏、終戦記念日にちなんで、テレビ放映された高校生と大人との討論番組の中で、一人の高校生が大人達に何気なく「なぜ、人を殺してはいけないのか」という問いを投げかけ、そこにいる大人達がこれにうまく答えられなかったという出来事が起こる。

それ以来、同年の連続殺傷事件のこともあり、「なぜ、人を殺してはいけないのか」という問いに対して、多くの言論がなされるようになった。

作家、大江健三郎は、

「私はむしろ、この質問に問題があると思う。まともな子供ならそういう問いかけを口にすることを恥じるものだ。（中略）人を殺さないということ自体に意味がある。どうしてと問うのは、その直観にさからう無意味な行為で、誇りのある人間のすることじゃないと子供は思っているだろう。」（朝日新聞一九九七年十一月三十日）

と述べ、それに対し教育学者の滝谷美佐保は、同紙上で、「彼らの問いかけに対し、こちらの思いこみを先に立てて真の想像力を働かさず、そこにおりてゆこうともせずに子供たち若者たちの危機や世界の危機を嘆く」態度を批判し、「大人自身が自分の命の問題、生き方の問題としてとらえなおす努力を真摯にやってゆくことによってしか、彼らと心を通わせることはできない」（朝日新聞一九九八年一月十二日）と反論した。

哲学者、永井均《ひとし》は、その著書『なぜ人を殺してはいけないのか』（河出書房新社）の中で、純粋に独我論的な視点から、「私はだれを殺しても良い。しかし、私は殺されてはならない。私が殺されたら、世界は消えて、殺したものも消えてしまう。だから私は殺されてはならないが、そのような『私』が、それぞれ存在するから、誰も人を殺してはならない」というような哲学的思考を展開する。

東大大学院教授の鄭《てい》雄一は、著書『東大理系教授が考える道徳のメカニズム』（ベストセラーズ）の中で、この問いについて、

「『人を殺してはいけない』とすると、戦争や死刑の問題が矛盾する。『仲間を殺してはいけない』というのが、正確な言い方であって、この『仲間』の範囲は、社会・文化・

状況によって、様々変化する」
と述べている。

倫理学者でもある内田樹《たつる》は、『下流志向』（講談社）の中で、「自分が殺される側におかれる可能性を勘定に入れていないから、このような想定外の質問ができる」としたうえで、「答えることのできない質問には答えなくてよい」と述べ、すべての質問に無理矢理に答えようとすることは、気に入る答えの有無で行動を決めるような「等価交換をする子供たち」を生み出してしまうと論じている。

いくつか紹介してきたが、どの考え方も、それなりに説得力がある一方で、「なぜ、人を殺してはいけないのか」という問いに対して、ずばり真正面から返答しているようには思えない。

僕は、ここで二つの考え方を述べておきたいと思う。

まず一つ目は、純粋に遺伝的な観点だ。より適したものやシステムが次世代に残っていくという見方である。

「人を殺しても良い」というルールを持っている社会と、「人を殺してはいけない」というルールを持っている社会とでは、果たして、どちらが社会として継続性を持つか。

「人を殺しても良い」というルールを持っている社会は、「人を殺してはいけない」というルールを持っている社会に比べて、当然、次世代人口は減る。また、自分の命を守ることにあくせくとするばかりで、経済も文化も発展しないだろう。従って、結果として、そのような社会は、世代を超えた継続性に欠け、やがては滅びる運命にある。当然、「人を殺しても良い」というその社会のルールも、社会が滅びると同時に滅びて、継承されない。

「人を殺してはいけない」というルールを持った社会の方が、より良く次世代を残し、文化・経済も発展し、継承されていくということだ。当然、結果として、「人を殺しても良い」というルールは消え失《う》せ、社会の中で禁忌となるし、一方、「人を殺してはいけない」というルールは社会の継続と共に、継承されていく。

当然の理屈と言えば、当然である。しかし、このような考え方は、純粋に、遺伝理論的な考え方であって、道徳的観点ではないかもしれない。

最後に、紹介したいのが、写真家・文章家である藤原新《しん》也《や》（12講参照）の考え方だ。藤原新也は、二〇〇〇年に書いたエッセイ「顔がない」の中で、この問題を取り上げ、

「少年の問いには、『顔』がない。この世には『ヒト』という抽象的な存在はいない。それぞれ固有の名前や年齢や家族や、そして彼ら固有の人生というものがあるのだという想像力が働いたなら、少年はその『顔のある人』を殺そうとする時、その代償として多くの心の痛みを伴うはずだ」
と論じている。

「なぜ、人を殺してはいけないのか」

という問いの「人」の部分に固有名詞を入れて考え、そのおぞましさに震えることでしか、この問いの答えはないとする考え方は、具体的で説得力を持つのではないだろうか。

■リーマン・ショック

「微分積分」の初出が、二〇一〇年五月であることは、前項でも述べたが、当時は、二〇〇八年秋に起こったリーマン・ショック[*2]の影響により、日本経済も打撃を受け、景気も低迷していた時代である。

有効求人倍率[*3]は、リーマン・ショック前の二〇〇六年には1・06、二〇〇七年には1・04と高率であったが、二〇〇八年以降下降を続け、二〇一〇年には、0・52と低迷している。大卒者の就職内定率[*4]も、リーマン・ショック前の二〇〇八年春には、96・9％であったものが、二〇一〇年には、91・8％と5ポイントも下落している。

企業の倒産件数も、リーマン・ショック以後急増し、二〇〇八年度の上場企業倒産件数は、四十八件と戦後最大の数にのぼった。

このような低迷する社会状況を押さえた上で、素材文中の「微分積分の高等数学方程式を写経のように書き続けるホームレス」の置かれた環境や、「二浪中のぼく」の将来への不安等を読解してみるのも、良いだろう。

注

＊1 村上春樹……1949年生まれ。一九七九年『風の歌を聴け』で群像新人文学賞を受賞しデビュー。アメリカ文学に影響を受けた文体で都会生活を描いて注目を浴びる。一九八七年発表の『ノルウェイの森』（講談社）は上下四百三十万部を売る大ベストセラーとなった。現代で最も人気のある作家の一人。

＊2 リーマン・ショック……二〇〇八年九月十五日に、アメリカ合衆国の投資銀行であるリーマン・ブラザーズが破綻し、世界的金融危機・世界的不況の大きな引き金となった。リーマン・ブラザーズ破綻以降の金融危機・不況を指して、リーマン・ショックと呼ばれる。

＊3 有効求人倍率……求人数（雇用者が求める新規労働者の数）を、求職者数（仕事を探している人の数）で除した数。この数値が1以上だと、仕事を探している人、一人につき、一つ以上の求人があることになる。

＊4 大卒者の就職内定率……内定率とは、就職希望者のうち、就職が決まった人の割合のこと。進学等で就職を希望しない者は母数に入っていない。

39

『アンネ・フランクの記憶』

小川洋子

次の文章を読んで、後の設問に答えよ。（解答は別冊45頁）

作家小川洋子は、アンネ・フランク（1929年〜1945年。『アンネの日記』の著者。ナチス・ドイツによるユダヤ人迫害の下、隠れ家での生活を描いた同書は、世界的ベストセラーとなっている）の足跡を訪ねる旅に出る。旅の最大の目的はフランク一家の支援者であり、『思い出のアンネ・フランク』の著者でもあるミープ・ヒースに会うことだった。しかし取材の申し入れは出版社との契約を理由に断られ、何度かの交渉の後にアンネ・フランク財団の許可を得て、ようやく取材が実現することになった。

「さあ、何がお聞きになりたいの？」

椅子に腰掛けると一番に、ミープさんはおっしゃった。

「はい。契約の問題があることはわたしにもよく理解できました。そんななか、こうしてお時間を取っていただきまして、なんとお礼を申し上げてよいか……。ですからもう、わたしとしましては、お目にかかれただけで満足でして……」

もぞもぞわたしが言っていると、

「何でもお聞きなさい。お答えしましょう」

こちらが戸惑うくらいきっぱりと口にした。わたしの目をじっと見つめていた。ここまでくるいきさつから、細かい質問はさせてもらえないだろうと覚悟していたので、思わぬうれしい申し出だった。あわてて日本で下調べしてきたノートを取り出す。

「まず、一九四四年の八月四日、みんなが連行された直後、ミープさんは隠れ家へ入って、フランク夫婦の寝室の床に散らばっていたアンネの日記を、ベップさんと一緒に拾い集めましたね。混乱した状況のなかで、どうしてとっさに日記を救い出そうと思われたのですか。今ここで一番価値があるものは日記だと、なぜそう判断なさったのですか」

本当は『思い出のアンネ・フランク』に書かれていた事柄について、順番に聞いていくつもりだったのだが、契約にふれるのを遠慮して、とにかく一番聞きたかったことから質問する。

「価値……というようなことは考えませんでした。計算など何もせず、自動的に起こしたアクションでした。アンネが帰ってきた時、またこの書くという喜びを戻してあげたい、そう思っただけです」

「アンネが書くことにどれだけ喜びを感じていたか、気づいていらしたんですね」

「はい。日記はアンネの命そのものでした」

当然のことながら、当時まだそれは一少女が書いたささやかな日記にすぎなかった。誰一人中身を読んだ人はいなかった。なのにミープさんは、秘密警察によって目茶苦茶に踏み荒らされた隠れ家の中から、①最も重要な意味を持つものを、迷わず選び取ることができた。非常に適切な、真実の判断をした。この事実が、ミープさんの人間性を最も顕著に証明していると思われる。

日記を命と同じに扱ってくれる人がそばにいて、その点においては、アンネは幸せだった。日記の中の有名な一節――わたしの望みは、死んでからもなお生きつづけること！――この心の叫びがかなったのだから。命はナチスの犠牲になったけれど、その魂はミープさんによって救われ、永遠に存在し続けている。

「格子模様の日記帳をはじめ、アンネの文字が残るノートや用紙を、全部まとめてご自分のデスクの引き出しにしまいますが、結局、中身に目を通さないままでしたね」

「アンネが帰ってくると、信じていましたから。無断で読むわけにはいきません。彼女にも人格があります」

ミープさんがアンネを大人とみなしていたことが分る。アンネは子供扱いされるのを極端に嫌がっていた。彼女が大人たちに対して反抗心をむき出しにするのは、たいてい、一人前の人間として扱ってもらえない時だ。天国でアンネは、日記に接するミープさんのこの態度に、さぞかし感謝しているだろう。

「フランク氏から潜行の計画を打ち明けられ、援助を頼まれた時、即座にイエス、と答えられましたね。このご本の中でも、あそこは最も心に残る場面の一つでした。なぜ他人のために、自分の命を危険にさらすことができたんでしょうか」

「人間として当然のことをしただけです。あの時代、あの状況に置かれた時、なさねばならないことをしたのです。②時代が私にやらせたのです」

「例えば、ミープさんはフランク一家が潜行する朝、マルゴーを隠れ家まで案内していますね。それ一つとっても、大変に危険な任務です。しかしミープさんは躊躇《ちゅうちょ》なく、しかも立派に務めを果たされた……」

「あの朝は、雨が降っていたので幸運でした。みんな雨に気をとられていましたから、雨が私たちを助けてくれたんです」

「わたしが想像するに、あの時代、自分が生きていくだけで精一杯で、他人を助ける余裕などないのが普通じゃないでしょうか」

「そうかもしれません。しかし、それは私の問題じゃありません。私は自分が考えるところの当たり前の行動をしただけです」

ミープさんはゆったりと腰掛け、肘掛けに腕をのせ、気負いなく淡々と話す。誰か他者を――例えばナチス・ドイツや、戦争や、ファシズムや、ユダヤ人を密告した人々を——非難することによって、自分の正義を押しつけようとはしない。どんな聞き方をしてもただ、当然、を繰り返すだけだ。しかし一語一語には、意志の強さが込められている。③その強さが他人を攻撃するためのものでなく、自分自身を支えるためのものになっている。

しかしそれにしても、当時のミープさんの生活ぶりを読むと、当然というにはあまりにも苛酷な重労働をこなしている。まず、家庭の主婦であり、職業婦人でもあった。現代の日本では、これだけで十分大変なことだとみなされているが、ミープさんはここからが本当の闘いだった。

朝、誰よりも先に出勤し、隠れ家へ上がって買物のメモを受け取る。夫婦二人分プラス、隠れ家の住人七人分（のちに八人分）の買物をする。これは次第にものが不足してくるにつれ、時間と体力を要する日課となる。何軒もはしごし、方向違いの地区にも足をのばし、長時間並んで、どうにか全員にゆきわたるだけのものを手に入れようと努力する。誕生日や祭日のお祝いの会を開き、ちょっとしたプレゼントを用意する。住人たちの愚痴に耳を傾け、彼らを励まし、外の世界の情報を伝える。何かトラブルが発生したら、先頭に立って解決してゆく。

これだけのことをしたうえで、さらに驚くことに、自宅には抵抗運動で警察に追われている大学生カレルをかくまっていた。そして、こうした生活の根底には、いつ捕まるか、という恐怖が消えることなくつきまとっていた。

どんな時代にあっても、④人間として当然なことを、ちゃんと見抜けるかどうか、それが問題なのだ。

◆**問一**　傍線部①「最も重要な意味を持つもの」とあるが、なぜ「日記を最も重要な意味を持つ」と考えるのか。百字以内で説明せよ。

問二　傍線部②「時代が私にやらせた」とあるが、それは、どのようなことか。六十字以内で説明せよ。

問三　傍線部③「その強さが他人を攻撃するためのものでなく、自分自身を支えるためのものになっている」とは、どのようなことか。百字以内で説明せよ。

◆**問四**　傍線部④「人間として当然なことを、ちゃんと見抜けるかどうか」とあるが、「人間として当然なことを、ちゃんと見抜く」とは、どのようなことか。七十字以内で説明せよ。

〔京都産業大学　改〕
（◆は本書のオリジナル問題）

素材文　筆者紹介

小川　洋子（おがわ　ようこ）　1962年生まれ。小説家。1988年「揚羽蝶が壊れる時」で海燕新人文学賞を受賞し、デビュー。その後、1991年「妊娠カレンダー」で芥川賞を受賞、2004年『博士の愛した数式』（新潮社）では読売文学賞、本屋大賞を受賞し、ベストセラーとなった。現代日本を代表する女性作家の一人。

素材文の読みほどき

■講義42「少ない説明」を読み解く

文学的文章では、「説明」は極力排され、登場人物の「行動」「会話」や、「描写」「比喩」が、「説明」の代用となると述べてきたが、もちろん、文学的文章にも「説明」部分はある。登場人物の心理が直接表現されることもある。

しかし、それは「説明し過ぎない」ことが、常に意識された「最小限の説明・心理描写」であるとも言える。

例えば、37講の『ダイヤモンドダスト』の次の部分を考えてみよう。

しばらく握り合っていた手を放すと、香坂は窓の方を向いて、大きく口を開いて音を殺したため息をついてから、病室を出て行った。あの男はまだ自転車に乗れないのかも知れない、と和夫は何の脈絡もなく思った。

太い青字部分は、和夫の心理描写だが、最小限の心理描写である。例えば、これが、

しばらく握り合っていた手を放すと、香坂は窓の方を向いて、大きく口を開いて音を殺したため息をついてから、病室を出て行った。その様子を見ると、和夫は、普段は冷たく見える香坂も、本当は、人間的な温かい心を持っていたのだと感じた。和夫は、いつか見た、香坂の家族に囲まれた光景を思いだした。自転車に乗る練習をしていた香坂は、とても温かい笑顔を浮かべていた。

などとあったらどうだろう。**太い黒字部分**が、たっぷりと足された説明部分だ。なんとも説明し過ぎで、興醒《きょうざ》めではないだろうか。

38講の「微分積分」の結末でも確かめてみよう。

それらの赤が白紙を侵略して行く様を、ぼくは凝視していた。胸の動悸《どうき》が急激に速くなる。これ、おまえには解んないとは思うけど、と兄が笑う。鼓動に、今、加速度がついた。

太い青字部分も、やはりこれも最小限の表現に切り詰められている。これに、たっぷりと「説明（**太い黒字部分**）」を足すと、例えば、

それらの赤が白紙を侵略して行く様を、ぼくは凝視していた。いつも強者を誇る兄が、実は、ホームレスという弱者と同じ行為をしているのかと思うと、胸の動悸が急激に速くなる。これ、おまえには解んないとは思うけど、と兄が笑う。兄が、ぼくのことをさげすめばさげすむほど、兄が誇る優秀さや強さも、結局は、いつ崩れるかもしれないはかないものなのだと思うと、鼓動に、今、加速度がついた。

といった感じになるだろうか。なんとも、無粋な文章と

なる。

このように、作者は、たとえ「心理描写」や「説明」をする場合でも、出来る限り少ない表現で、読者の中で想像が広がるように手配する。

従って、設問としては、**逆に、「少ない心理描写・説明」を「詳しく変換させる」というような形になるわけだ。**今回の**39講**の素材文に付した四つの設問は、すべてこの形である。

なぜ、説明・心理描写は少なく切り詰められるのか。答えは簡単だ。

その他の部分にちりばめた情報で、読者には「想像してもらえる」と書き手が信じるからである。逆に言えば、少ない説明・心理描写から、「詳しく想像する」ための根拠は、十分に周囲に与えられているということである。その情報・根拠をしっかりと摑《つか》む力が必要だ。

ここでも、**36講**・**37講**・**38講**で、述べてきたような、「文中にちりばめられた証拠を元に、説得力ある『可能性的世界』を読み解き、説明する」という力が問われることになる。

素材文の噛み砕き

■アンネ・フランク（1929年6月12日〜1945年3月上旬）

アンネ・フランクは、『アンネの日記』の著者として知られるユダヤ系ドイツ人の少女である。ナチス・ドイツのユダヤ人迫害の中、アムステルダムの隠れ家で二年間を過ごしたアンネが、隠れ家での生活を記した『アンネの日記』は、全世界六十以上の言語に翻訳され、二五〇〇万部を超える世界的ベストセラーになっている。

『アンネの日記』から、隠れ家が警察に見つかりそうになった直後、息を潜めて一夜を過ごす場面を引用してみよう。

▲アンネ・フランク
(ROGER VIOLLET)

アンネが十四歳の時の記述である。

まにあわせのおまる[*1]は、ひどいにおいがします。何事もひそひそ声で進められ、みんなは疲れきっています。時刻は十二時です。

「ひとまずこのまま横になって、眠れるだけ眠ろう」というわけで、マルゴーとわたしには、枕一個ずつと、毛布が各一枚、まわされてきました。マルゴーは貯蔵品入れの戸棚のそばに横になり、わたしはテーブルの脚のあいだ。床の上だと、においはさほどひどくはありませんが、それでも、ファン・ダーンのおばさんがそっと塩素処理剤をとってき、なおそのうえに、念には念を入れて、おまるに布巾をかぶせました。

　話し声、ささやき声、さらには恐怖、悪臭、おなかのごろごろ鳴る音、おまけにたえずだれかがおまるを使う。これでは眠れたもんじゃありません。それでも二時半ごろになると、さすがにわたしも疲れに勝てなくなり、三時半まで、なにも知らずに眠ってしまいました。目がさめたのは、足の上にファン・ダーンのおばさんの頭がのっかってきたからです。

「寒いなあ、なにかはおるものをくれない？」そう言うと、いろんなものが渡されてきましたけど、なんだったかは訊《き》かないでください。寝間着の上にはくようにと、長いウールのズボンが一本、赤いセーターと、黒いスカート、白いソックスカバー、それに穴だらけのスポーツ用ストッキングが一足。

　やがておばさんが起きあがって、椅子に腰かけ、かわっておじさんが横になって、わたしの足に頭をのせました。そのあとも、わたしはあれこれと考えにふけりながら、ずっとふるえっぱなしでしたから、さだめしおじさんは眠れなかったことでしょう。わたしは万一また警官がやってきたときのために、心の準備をしていたんです。いよいよそのときがきたら、ここに潜伏して暮らしているということを、正直に打ち明けるしかないでしょう。

（中略）

「その場合は、まずラジオを隠さなくちゃ！」と、ファン・ダーンのおばさんが溜《た》め息まじりに言います。

「そうだそうだ、ストーブにほうりこんじまえ！　われわれがつかまったら、ラジオだけ残しといたって、なんになるものか」と、おじさんも応じます。

「そうなると、アンネの日記も見つかるだろうね」おとうさんがつけたします。

「だったら、それも焼いちゃうことね」こう提案したのは、わたしたちのうちでもいちばん臆病なだれかさん。

　これこそはまさに、警官が[*2]回転本棚をがたがたいわせたときと並んで、わたしの生涯での最悪の瞬間でした。だめよ、わたしの日記だけはかんべんして！　日記を焼かれるくらいなら、わたしもいっしょに焼かれたほうがましだわ！　でもさいわいおとうさんは、それには返事

をしませんでした。（一九四四年四月十一日、火曜日の日記より）

注
＊1 おまる……簡易便器。
＊2 回転本棚……アンネ達の隠れ家に通じる入口を隠してあった、回転式の本棚のこと。

「日記を焼かれるくらいなら、わたしもいっしょに焼かれたほうがまし」というアンネの言葉は、**35講**でも論じた「芸術と人間」「言葉・文学と、命を養うこと」の問題を考えさせるものでもあるだろう（283頁参照）。

過酷な生活の中、「日記を書くこと」が「生きること」そのものにもなっていたアンネの心の叫びが伝わる場面である。

■ナチス・ドイツ

アドルフ・ヒトラーを総統とする国家社会主義ドイツ労働者党（ナチ党）のこと。一九三三年にドイツ政権を掌握し、第二次世界大戦の敗北によって崩壊する。ナチス・ドイツでは、民族の指導者であるナチ党、その総統のヒトラーに対する忠誠が絶対とされ、ユダヤ人は過酷な差別を受けた。ナチス・ドイツ政権下、強制収容所で殺戮《さつりく》されたユダヤ人は、五百万人以上とも言われる。アンネ・フランクは、一九四四年八月四日に拘束され、ヴェステルボルク収容所に収容される。その後、アウシュヴィッツ＝ビルケナウ収容所、ベルゲン・ベルゼン収容所と移送され、一九四五年の三月にチフスで病死したとされる。『アンネの日記』は、アンネが拘束される三日前、八月一日で終わっている。

■時代が私にやらせた

ミープさんは、自らの命の危険も顧みず、アンネ一家を助けたその行動について、「時代が私にやらせた」と言う。どのようなことだろう。

特異な環境が、普段見えなかったその人の本性を後押しして、露《あら》わにさせることがある。

例えば、駅のホームで人が倒れていたとしよう。見て見ぬ振りをする人もいるかもしれない。一方で、心配して声をかける人もいるだろうし、駅の係員を呼ぶ人もいるだろう。

それは、普段の優しさとか、機転とか、そういう日常的・外面的な振る舞いとは違って、その人の持つ、もっと根源的な資質が、特異な環境に後押しされて、不意に発揮される場面なのかもしれない。いつも優しい振る舞いの人が、何も知らぬ振りで、通り過ぎることもあるだろうし、いつも気が利かないような人が、突然、機敏に対応するかもしれない。ミープさんのように、自分の命も危険にさらされるような危険な状況では、いよいよ、「その人の本性」が、後押しされて、表面に表れることもあるのではないか。

僕達に出来ることは、日頃からその魂の資質を鍛えること、特異な場に遭遇してもなお、人として、誠実で真《ま》っ直《す》ぐな心を維持して、行動に移せるような胆力を鍛えておくことなのかもしれない。

■アイヒマン実験

ここで、アドルフ・アイヒマン（1906年〜1962年）という、ナチス・ドイツの将校について説明したい。ユダヤ人の大量虐殺に関わり、数百万人のユダヤ人を強制収容所に送るのに指揮的役割を果たした人物である。

一九六〇年、逃亡先のアルゼンチンで拘束されたアイヒマンは、裁判にかけられ、「自分は命令に従っただけ」と無罪を主張するが、死刑判決を受ける。

この裁判を傍聴した米国の哲学者ハンナ・アーレント（1906年〜1975年）は、アイヒマンが残虐な性格の人物ではなく、ごくどこにでもいる従順な公務員のような様子であったことを、「悪の凡庸さ」という言葉で表現している。実際、アイヒマンが逮捕される大きなきっかけになったのは、結婚記念日に妻への花束を買ったことだった。家族の記念日に花束を贈るような、ごく普通の家庭人が、何百万人ものユダヤ人を死へと送り込んだのである。

ミープさんも「時代が私にやらせた」と言う。

アイヒマンも、「命令に従っただけ」と言う。これもまた、「時代が私にやらせた」ということだ。

この一線はどこにあるのだろう。

アイヒマン裁判の翌年、アメリカのイェール大学の心理学者スタンリー・ミルグラム（1933年〜1984年）によって行われた実験について紹介しよう。

ミルグラムは、「学習における体罰の効果を測定する実験」と偽り、被験者を教師役に当てて、隣室の生徒役（実は役者）が答えを間違える度に、電気ショックを与えるボタンを押させるという実験を行った（本当は、隣室の生徒役には電気ショックは与えられていないが、被験者がボタンを押すと、苦痛の声がインターフォンから流れ、被験者に聞こえるという仕組みになっている。被験者が実験の中止を訴えても、白衣を着た権威的な博士らしき男性が「続けてください」と伝える。五度目の中止の訴えで、実験は終了する）。

隣室の生徒が答えを間違える度に、電圧数は上げられていく。200ボルトのところに「非常に強い」、375ボルトのところに「危険」等の表示があり、インターフォンから聞こえる苦悶《くもん》の声も、大絶叫になっていく。330ボルトを超えると、無反応になるが、実験の結果は、被験者四十人中二十五人が、用意されていた最大電圧数である450ボルトまでもスイッチを入れた、というものだった。

「普通の平凡な市民が、一定の条件下では、冷酷で非人道的な行為を行う」ことを示したこの実験は、「アイヒマン実験」とも呼ばれている。

ミープさんと、アイヒマンとの一線。そして、僕や君との一線、それはほんの僅かなものなのかもしれない。僅かだが決定的な違いのある一線だ。

しかし、少なくとも、僕達には、「知る」ことが出来る。人間が、一定の条件下で、自分でも思いも寄らぬ行動をとってしまいかねないことを知ること。

自分も例外ではないかもしれないことを知ること。

それが、ミルグラムが示した、人間が根源的に持っている愚かさに対抗する手段だろう。「知る」ことで、「魂の資質」を鍛える、これも勉強することの一つの意味だと思う。

39講の最後に、もう一度、『アンネの日記』の一節を引用して終わろう。アンネが、十五歳になる一か月程前に記した文章である。

《隠れ家》のわたしたちは、しばしば絶望的にこう自問自答します。「いったい、そう、いったい全体、戦争がなにになるのだろう。なぜ人間は、おたがい仲よく暮らせないのだろう。なんのためにこれだけの破壊がつづけられるのだろう」

こういう疑問を持つのはしごく当然のことですけど、これまでのところ、だれもこれにたいして納得のゆく答えは見いだしていません。そもそもなぜ人間は、ますます大きな飛行機、ますます大型の爆弾をいっぽうでつくりだしておきながら、いっぽうでは、復興のためのプレハブ住宅をつくったりするのでしょう？　いったいどうして、毎日何百万という戦費を費やしながら、そのいっぽうでは、医療施設とか、芸術家とか、貧しい人たちとかのために使うお金がぜんぜんない、などということが起こりうるのでしょう？　世界のどこかでは、食べ物がありあまって、腐らせているところさえあるというのに、どうしていっぽうには、飢え死にしなくちゃならない人たちがいるのでしょう？　いったいどうして人間は、こんなにも愚かなのでしょう？

（一九四四年五月三日、水曜日の日記より）

（引用部分はアンネ・フランク著、深町眞理子訳『アンネの日記　増補新訂版』（文藝春秋）より）

40 『100万分の1の恋人』

榊　邦彦

次の文章を読んで、後の設問に答えよ。（解答は別冊46頁）

【ここまでのストーリー】

幼稚園からの同級生だった「僕（ケン）」とミサキは、大学で再会し、交際を始める。就職も決まった「僕」は、ミサキにプロポーズするが、ミサキから、自分の父親が「ハンチントン病」という不治の難病であること、ハンチントン病は遺伝性の病気であることを告げられる。ハンチントン病を遺伝しているかどうかは、簡単な遺伝子検査で判明するが、ミサキは、その検査を受けないことを決心している。

悩みながらも、ミサキとの交際を続けていた「僕」だが、以下の場面は、ミサキに病気のことを詳しく聞こうと、決心した場面である。


「僕もいろいろ考えたんだ。……ミサキとはきっと比べようもないと思うけど」

「うん」

「正直に言うよ。先のことは分からなくなっちゃった。でも、僕は今でもミサキのことは好きだし、悩みや不安を少しでも一緒に感じたいと思っている」

「うん」

「だから、病気のことについて、やっぱり二人で話さなくちゃいけないって思ったんだ」

「ありがとう」

ミサキはコーヒーを口にすると、頷《うなず》いて告げた。

「正直なケンちゃんが好きだよ」

吐息から少しコーヒーの香りがした。①正直という言葉に、僕は少しだけうつむいた。ミサキが続けた。

「何から話せばいいかなあ。まずは科学的なことからかな」

ミサキの言葉が白い吐息になって見えた。

「寒いか」

「ううん。平気」

ミサキはくすんと鼻を鳴らすと、ハンチントン病について語り始めた。

まるでゼミで発表をするような様子だった。静かな夕方のゼミ室で聞く、いつもの発表のようだ。話のいくつかは、僕も今までにインターネットで手に入れていた知識だった。けれどミサキの話は、それよりも詳しく、もしくはそれよりも簡潔で、しかも適切だった。

ミサキが語ったのは、次のようなことだ。
・ハンチントン病の頻度は、欧米では、十万人に四人から十人程度であるのに対し、日本人などの黄色人種では、百万人に一人から七人程度であること。

・発症原因が、四番染色体上の異常遺伝子であること。
・四番染色体上の一部のCAG[*1]の三塩基の反復配列が、通常三十回以下であるのが、患者の場合は異常に伸びていること。
・CAGの三塩基の反復配列の反復回数が多い程、発症時期が若いという統計的な傾向があること。したがって、その塩基配列の様子を調べると、ある程度の発症時期の推定も行なえるかもしれないということ。また、発症時期については、世代を経るにしたがって若年化する促進傾向があるということ。
・症状は身体の不随意運動、及び精神症状や認識障害であること。
・不随意運動とは、自分の意志とは無関係に手足や顔面が動き、止めようにも止められないことで、手や足の指を反らすような動きや、しかめっ面や、肩すくめ、口をとがらせる、といった顔面の症状が表れるということ。

ミサキは、冷静に、科学的に、時折メモ用紙に図表なども書きながら、克明に語り続けた。

僕は、高校のときに聞いた生物の授業を思い出した。エンドウ豆の皺《しわ》の有無や、血液型などの例で、遺伝について学んだ覚えがある。板書された染色体が葉巻のような形をしていた。あの葉巻に乗った遺伝子が、正確にエンドウ豆の皺の有無を決定するのを習って、高校生の僕はとても不思議な思いがした。親世代の様子から、次世代の皺の出現確率を計算するような問題や、あみだくじのように枝分かれした遺伝系図の読み方もずいぶんと練習した。

ミサキは、十六歳のときに自分がハンチントン病のアット[*2]リスクだと聞いたと言っていた。高二の時だ。

自分のリスクを知りつつ、あんな遺伝の授業を受けたのかもしれない。僕にとっては、単なる黒板の上の葉巻であり、試験の計算問題だったものが、②ミサキには現実そのものだったのだ。

僕も今、あの遺伝系図の目前にいて、立ちすくんでいるのだと思った。僕達の間には、婚姻を示す横線が引かれるのだろうか。

ミサキは、ハンチントン病の不随意の運動症状について説明を終えると、一つ息をついた。

「ここまでで、なにか質問ある?」

「大丈夫」

僕は短く答えた。

「感想は?」

「高校の生物の授業を思い出したよ」

少し微笑《ほほえ》みながら、言葉にした。思ったことを自然に言おうと、僕は努力していた。

「ケンちゃん、生物選択してたんだ。それなら、遺伝のことはバッチリだね」

「たぶん」

「それじゃあ……」

ミサキは何かを探すように、少しだけ視線を宙に向けた。

「計算問題も平気だね。私がハンチントン病遺伝子を持っている確率は、五十パーセント。そして、私の子供がハンチントン病遺伝子を持つ確率は、二十五パーセント。基本問題よりも簡単でしょ」

頷きそうになって、僕は動きを止めた。基本問題よりも簡単だということの中に、どれ程、長く辛《つら》い懊悩《おうのう》があるのだろうか。想像しても、決して想像しきれるものではないだろう。

「ねえ、ケンちゃん」

ミサキが僕に視線を戻して尋ねた。

「ケンちゃんは、私のどんなところが好きなの」

マリア[*3]の頃と変わらない素直な瞳だった。僕の混乱した心の底から、素直な言葉だけをすうっと掬《すく》い上げてくれるような、陰りのない瞳だった。僕は、ミサキの瞳に語った。

「優しいところとか、明るい笑顔とか……とってもありふれているけど」

ミサキは少し首をかしげて、小さく笑うと言った。

「普通なら、九十九点の正解だよ」

『普通なら』という言葉に、僕はすぐに③<u>その意味</u>を理解した。自分の軽率な言葉を悔やんだが、告げてしまった言葉は、既に部屋の空気のずっと向こうに一瞬の間に消えていて、遠く取り返しのつかないところにあった。

「イド性」

ミサキが、また冷静な口調に戻って言った。

「容易の『易』に、怒るの『怒』ね。ハンチントン病の精神症状の最初の兆候に、『易怒性』もあるのね。つまりは、怒りっぽくなるのよ。お父さんもそうだった」

「……」

「性格変化」

ミサキがぽつりと言った。

「性格変化……私、発病したらどんな性格になるんだろう。すごく怒りっぽくなるのかな。笑わなくなるのかな……そんなこと思うとね」

「……」

「優しくない私も、私かしら」

そう言って、また視線を遠く宙に投げる様子は、まるでどこかに消えようとしているようにはかなげで、見ていられなかった。僕が今まで一度も見たことのない姿だった。

「優しいミサキが好きだ。明るい笑顔のミサキが好きだ」

——そんなことを言った自分を、消し去りたかった。けれど、それ以外にどんな答えを、僕は伝えることができただろう。「心」が好きだという以上に、どんな愛の表現があるというのだろう。

「明るい笑顔も失うのよ。唇をとがらせたり、眉をひそめたり、そんな引きつった表情を、永遠に止まらないしゃっくりみたいに繰り返すのよ。……そんな私でも、私かしら」

ミサキの心を失ったミサキでも、僕は愛せるのだろうか。たとえそれが病気のためだったとしても。

「ミサキ……」

名前をつぶやくだけで精一杯だった。ミサキ、ミサキ、ミサキ、何度も心の中で呼び掛けた。けれど、その先に続ける言葉が何も見つからない。

僕は絞り出すように、短い言葉を呟《つぶや》いた。

「大丈夫だ」

④何が大丈夫だと言いたいのか、自分でも分からなかった。それでも、僕は繰り返していた。

「大丈夫だ」

ミサキが手元のコーヒーを、ゆっくりと一口飲んだ。僕はずっと自分のコーヒーカップを両手で持ったまま、一口も飲めずにいた。

「私、ケンちゃんと喧嘩《けんか》したことないでしょ」

またコーヒーの香りのする吐息がほのかに届いた。

「病気のこと知ってから、私、喧嘩できなくなっちゃったの。何か不愉快なことや、納得のいかないことがあってもね。そのとき感じている不機嫌な気持ちが、もしかしたら病気のせいかもしれないって思うと、もう恐《こわ》くて、怒れないの」

僕はコーヒーカップから手を離して、ミサキの掌《てのひら》に手を添え、指をからめた。

「大丈夫だ、ミサキ。大丈夫だ」

注

＊1 CAG……染色体上にある遺伝形質を決定するDNAは、アデニン（A）とチミン（T）、グアニン（G）とシトシン（C）の四つの塩基の配列から成る。CAGとは、このうち、シトシン、アデニン、グアニンのこと。

＊2 アットリスク……症状はまだ呈していないが、遺伝性疾患を発症する可能性があること。

＊3 マリアの頃……問題文の前に、二人が幼稚園児だった時、ミサキが劇で聖母マリアの役を演じた話が紹介されている。

［素材文は大阪大谷大学より出題］

◆**問一** 傍線部①「正直という言葉に、僕は少しだけうつむいた」とあるが、その時の「僕」の気持ちについて、百字以内で説明せよ。

◆**問二** 傍線部②「ミサキには現実そのものだったのだ」とは、どのような意味か。四十字以内で説明せよ。

◆**問三** 傍線部③「その意味」とは、どのようなことか。「僕」が「ミサキ」の言葉から理解した意味について、具体的に百二十字以内で説明せよ。

◆**問四** 傍線部④「何が大丈夫だと言いたいのか、自分でも分からなかった。それでも、僕は繰り返していた」とあるが、その時の「僕」の気持ちについて、八十字以内で説明せよ。

（◆は本書のオリジナル問題）

素材文　筆者紹介

榊 邦彦（さかきくにひこ）1963年生まれ。小説家。2006年、「ミサキへ」（後に『100万分の1の恋人』と改題）で第2回新潮エンターテインメント新人賞（後に「大賞」と改称）を受賞。同書は台湾・韓国でも翻訳出版されているほか、「戦後の医療小説30選」や「医療を読むと現代が見える…疾患別医療小説ガイド35冊」にも選出されている。

素材文の読みほどき

■ 講義43「不十分な会話」を読み解く

文学作品を扱ってきた今までの四講では、いかに作者が「説明しない」か、説明する場合も「切り詰めた説明を行う」かを論じてきたが、この40講でも「不十分な言葉」から、人物の気持ちを想像するということを、考えてみよう。

まずは、例文を挙げてみる。

例文

和也《かずや》は、数秒ほど、自分の番号のない掲示板を見つめていたが、少し長い瞬《まばた》きをすると、視線を落とした。

唇をかみしめ、じっとしている和也に、僕は声をかけた。

「まあ……これも、あれだな」

そっと、掌《てのひら》を和也の細い肩に乗せた。和也の肩が小さく震えているのが分かった。

「寿司《すし》でも食いに行くか」

僕は、少し明るく言った。頷《うなず》いた和也の瞳から、ぽろぽろと涙がこぼれた。

36講の講義40（293頁参照）でも取り扱った例文だ。中学入試の合格発表板の前で、不合格を知った息子「和也」に、父親の「僕」が声をかける場面である。

このうちの傍線部「まあ……これも、あれだな」について、復習してみよう。

この「まあ……これも、あれだな」という言葉は、それだけ取り上げては、何のことだか、全く分からない不十分極まりない言葉だ。

しかし、周囲の文脈の中に入ることで、「なんと言葉をかけて良いか、分からない中、『人生にはいろいろあるから、気にするな』と伝えようと、言葉をねじり出した『僕』の苦渋の思い」を感じ取ることも出来るだろう。

その苦渋の滲《にじ》んだ不十分な言葉は、かえって、「人生にはいろいろあるから、気にするな」とはっきり伝えるよりも、心の籠《こも》った言葉になることもある。

文学作品の読解では、「行間を読む」とか、「書かれていないことを読む」とか、比喩的に言われることが多いが、それは、このような微妙な味わいを感じ取るということでもある。

しかし、このような「不十分な言葉」を読み取るということは、何も、文学作品の読解に限ったことではないだろう。

僕達が日頃、交わす会話も、説明的で十分な言葉ばかりではない。いや、むしろ、説明的で十分な言葉は、ほとんどどないに等しい。研究発表の言葉は、「十分な言葉」を目指して語られるだろうが、日常の会話はそうではない。

その場の状況、相手との関係、身振り、口調、そういった「コンテクスト（158頁参照）」の中で、「不十分な言葉」を伝え合っているのが、僕達の日常のコミュニケーションの様相だと言って良い。

それこそ、切羽詰まった時ほど、いよいよ「不十分な言葉」を伝えてしまうこともあるだろう。

文学作品においても、「不十分な言葉」で、登場人物達の「ぎりぎりの思い」が表現されることがある。

従って、設問では、その「ぎりぎりの思い」を読み解いて、「言葉の不十分さ」を補うことが求められるということだ。

今回の**40講**の素材文は、「ミサキ」が、恋人の「僕」に向かって、自分の抱えた遺伝上の問題について告白するという場面だ。「ミサキ」にとっても「僕」にとっても、「切羽詰まった、ぎりぎりの思いの込められた場面」である。

問一・**問二**・**問四**が、交わされる「不十分な言葉」から気持ちを逆算するという設問となっている。

その場の状況、相手との関係、身振り、口調等の「コンテクスト」を、周囲の叙述から読み解いて、人物の気持ちを逆算することが必要となってくる。

■素材文の読みほどき　まとめ（第五章～第八章）

本書の後半、講義28～講義43で述べてきたポイントのうち、特に重要なものを以下にまとめる。

第一章から第四章の「素材文の読みほどき」のまとめ（164頁参照）とあわせて、再確認しておこう。

- **踏み台的論題→最重要論題　型の文。**
  - ➡本論への準備として、別の論題が用意される。
- **「合理」「効率」の語は批判的論点を作る。**
  - ➡近代的思考を推し進めた「ぎじゅつ・りくつ・こうりつ」の三つの「つ」は批判的論点として展開されることが多い。
- **難解な言い回しは再説明部分に着目する。**
  - ➡分かりにくい言い回しは、必ず再説明される。
- **単語の持つ「評価・色合い・傾き」を見抜く。**
  - ➡単語の選択に、主張の方向性が表れる。
- **文学的文章の読解＝書かれていない説明を想像する。**
  - ➡「会話」「行動」「描写」「比喩」などから書かれていない説明を逆算する。

素材文の噛み砕き

■ 発症前診断・遺伝子検査

24講 では、出生前診断や着床前診断のことを論じたが、この **40講** の素材文では、「発症前診断」や「遺伝子検査」のことが題材の一つになっている。

現代医学では、各人の遺伝子の診断をすることにより、将来の病気の発症をある程度推測出来るようになった。

ハリウッド女優のアンジェリーナ・ジョリーが、二〇一三年に、将来の乳癌《にゅうがん》発症を避けるために、健康な乳房を切除したことが大きな話題になったが、日本でも、例えば、唾液を郵送するだけで、複数の癌や、糖尿病、高血圧といった生活習慣病等、約百八十の病気について、発症リスクを検査するような簡易サービスが、数万円という安価で提供されている（あくまでも、遺伝子の様子と、将来の罹患《りかん》との統計的傾向を知るためのもので、医療行為ではない。また、遺伝性疾患の判定はサービスの中には含まれてはいない。遺伝性疾患の判定診断は医療行為にあたる）。

生活習慣病の罹患リスクが分かれば、確かに、日々の生活に気を付けることで、将来の罹患リスクを減じることも出来るだろう。新しい予防医学としての側面もあるかもしれない。それでも、治療の難しい癌の罹患リスクが、高確率で判定されたとしたら、君はどのような気持ちになるだろうか。

さらには、治療や予防の出来ない病気の発症が、統計的傾向としてではなく、確定的な未来として判定されるとしたらどうだろう。

本文で扱われたハンチントン病は、発症遺伝子を持っている場合、百パーセントの確率で発症するものだ。

親がハンチントン病である場合、受け継いでいる可能性は五十パーセントである。四十歳前後で発症することが多く、発症した場合は、十年程の時間をかけて、運動障害・認識障害が進んでいく不治の病である。家族にも、重い介護の問題が生じる。

遺伝子検査で確定診断は可能であるが、予防も根治療法もない。そのような状況を君ならどのように生きるだろう。もしくは、そのようなリスクを抱えた人が、結婚を考える恋人だったなら。

簡単な答えなど出せるはずがない困難で重い問題だ。

未来とはなにか。

医療とはなにか。

人生の選択とはなにか。

様々なことを考えさせられる。

現代医療の技術革新と、人間の幸福の実現や生命倫理の問題は、現代人に突き付けられた、答えの出ない重い問題である。

■ナンシー・ウエクスラー博士

ハンチントン病の原因遺伝子が、ヒトの第四染色体上にあることが発見されたのは、一九八三年だが、この発見に大きく貢献したのが、自身もハンチントン病のアットリスクであったナンシー・ウエクスラーというアメリカの臨床心理学者である。

ナンシー博士は、ハンチントン病患者の多いヴェネズエラのマラカイボ湖周辺地域で実地調査を行い、詳細な家系図を作成、五百余りの血液サンプルを採取した。これらが、ハンチントン病の原因遺伝子特定に繋《つな》がったのである。

この発見により、遺伝子検査が可能になり、遺伝リスクのある人が、将来ハンチントン病を発症するか否かの確定診断が可能になる。

それまでは、運命にまかせて待つしか出来なかったことに、ナンシー博士自身、科学のメスを入れてしまったのである。

しかし、彼女自身は、悩んだ末に「知らない権利」を選ぶ。ナンシー博士は、その後も研究を続け、また遺伝子検査に関する政府諮問委員会の委員長を務める等、活動を続けているが、自身の遺伝子診断については、言及しない態度を貫いている。

ナンシー博士だけでなく、ハンチントン病のアットリスクの方の約七割は、遺伝子検査を受けずに、「知らない権利」を選択しているという。

■「作者の意図」と「作品の可能性」

「作者の意図」と「作品の持つ可能性的世界」の問題については、本書の中でも繰り返し述べてきた（276頁・303頁参照）。

作者の意図が、作品の唯一絶対の正解ではなく、作品には、作者の意図を超える可能性がある。そのように説明してきたが、最終**40講**では、あえて、自分の書いた小説が素材文とされた問題を取り扱ってみた。

作者自身が設問を付け（**40講**では、入試問題以外のオリジナル問題を付してある）、自ら解説するというのは、それこそ「作者の意図＝唯一絶対の正解」とする行為のように思えるかもしれない。

しかし、思えば、今の僕は、執筆した時の「僕」とは違う僕だ。あの時の「僕」とは、年齢も経験も考え方も違う。場合によっては、「執筆当時の『僕』が、どういう意図で書いていたか、細部まで覚えていない」、そんな僕なのである。思いも寄らない表現が残されていることに、自分自身、様々な感慨を抱いている、そんな現在の僕なのである。

僕自身の解説が、当時の「僕」の意図を完璧に再生しているとは限らない。現在の僕の解説は、当時の「僕」とは違った人格が、今、新しく読み解いているという行為である。もしかしたら、当時の「僕」が思っていた以上のことを、現在の僕が読み解いていることだってあり得るし、当時の「僕」が無意識に捉えていたことを、今の僕が冷静な視点から、発見し直している可能性だってある。

これは「作者の意図」「作者による解説」というものが、作品読解の唯一絶対の目的でも正解でもないことを、何よりも良く実証するものではないだろうか。そんな思いもあり、この素材文を取り上げてみた。

作品の中から、作者の意図に限定されることなく、結果として生まれているかもしれない「可能性としての世界」を読み込み、再構築する。これが「読解する」という創造的な精神の働きなのだと思う。

■「芸術・文学」は、人間にとってどのような意味を持つのか

本冊の後半、第四章から第八章では、人間や人生を見つめ、芸術・文学が、人間にとってどのような意味を持つのかを考えてきた。

最後に、以下の文章を挙げて、まとめとしたい。

実際の入試問題としては、大阪商業大学の二〇〇九年入試において、素材文として用いられたものの一部である。

一つの「物語（ここでは歌）」をきっかけに、理性を超えて、たましいとたましいが触れ合った老夫婦の姿から、人間・人生・芸術・文学について、思いをはせてほしい。

『大人の友情』　**河合隼雄**

境界を超えての深い心の触れ合いが成立する。とは言っても甘いことばかりは言っておられない。たとえば、人間同士でも相手が痴呆《ちほう》老人の場合などどうなるのか。自分の身内でも、まったく心が通じず苦しんでいる人は多いのではなかろうか。

文・谷川俊太郎、絵・三輪滋『おばあちゃん』（ばるん舎）という絵本には、おむつをしてもらい、ごはんも一人では食べられない「おばあちゃん」のことが描かれている。このため家族が大変な思いをするなかで、「ぼくは　もしかすると　おばあちゃんは　うちゅうじんに　なったんじゃないかと　おもいます」。このような「うちゅうじん」との間に、心の交流はあるのだろうか。

私の知人の女性で、八十歳くらいの夫が脳神経の病気のため、谷川さんの絵本にあるような状態の方がいる。何とか助けを借りつつ介助をしているが、どこまで認識

があるのか、言葉もほとんどないのでわからない。

　そのような夫の介護のときに、寝ているのを抱き起こしながら、「しっかりせよと抱き起こし」と、昔によく歌っていた「戦友」の歌詞を冗談半分で口ずさんだ。「戦友」の歌は年輩の人なら知っている人が多いだろう。「ここはお国を何百里／離れて遠き満州の」ではじまる歌で、戦死した友を葬うものだ。友が銃弾に倒れたところで、「しっかりせよと抱き起こし……」と続くのだが、夫人は夫を介護しながら何気なく、その続きを歌っていた。「折から起こる突貫に／友はようよう顔あげて／お国のためだ構わずに／遅れてくれなと目に涙」

　ここまできたとき、それまでまったく無表情だった夫の目に滂沱《ぼうだ》として涙が溢《あふ》れ出てきた。夫人は思わず夫を抱きしめたが、夫の涙は烈《はげ》しい嗚咽《おえつ》に変り、二人は抱き合ったままで嗚咽した。二人の間に温かい何かが伝わった。

　この話をお聴きしたとき、私は体中がじーんと反応し、一言も話せなかった。日常の会話はわからず、何も理解できていない、それこそ「宇宙人」とでも言いたい状態でも、心が通じるときがあるのだ。こんなとき、私は「心」というよりは「たましい」と呼びたくなる。「心」というと何となく反省したり、感じたりしてわかることのように思うが、この例で、夫婦の間に通じたものは、そんな次元のものより、もっと深いものではなかろうか。心も体も超えて、人間の存在にいのちを与えているもの、それを「たましい」と呼んでみてはどうだろう。日常生活では、たましいの存在はわかりにくいし、それを言葉で表現するのは難しい。しかし、「戦友」の歌に込められた、いろいろな想《おも》い、それが電光のように閃《ひらめ》いたときに、たましいの触れ合いが生じたのではなかろうか。

　夫婦の絆《きずな》にはいろいろなものがある。しかし、それらのなかの重要なものとして、友情ということがあると思う。そして、それは共に人生を戦い抜いてきた「戦友」として感じられることもあるだろう。深い友情が、一般に痴呆とか、ぼけとか呼ばれている人と、健常な人との境界を超え、二人のたましいを結びつけることをしたのである。しかし、「健常」とは何を意味するのだろう。日常生活が立派にこなせ、時にはお金が大変儲《もう》かったりして、たましいのことなどすっかり忘れてしまうこと、それを意味するのならば、健常などやたらにむなしいことになるだろう。それにしても、友情について深く考えさせられる例を示して下さった、この高齢の御夫婦に感謝の言葉を捧《ささ》げたい。


（河合隼雄『大人の友情』（朝日新聞社）より）

©1995, Edward H. Adelson

おわりに

「はじめに」で記したチェック柄について、もう少々。

AマスとBマスの色は、「実は同じ色」ではあるが、しかし一方で、「やはり違う色」という考え方もできる。

そんなことを、「はじめに」では書き、その「思考の往復運動のススメ」を述べたが、実はあのチェック柄についてのアレコレとして、僕が一番好きな感性は、「それでは、Bのマスの斜め左下の色は、どうなのか」と発想することのできる感性だ。

さらには、その斜め下のマスの色についても、思考の線をのばす感性である。

本書の出版にあたり、旺文社の皆様、中出圓さんをはじめ、黒田聡さん、望月敬子さん、江尻寛子さん、清水理代さん、ほか多数の皆様のお力添えを頂きました。

企画段階から始まり、数年の長旅でしたが、細密なこだわりと、突拍子もない我儘に最後までお付き合い頂き、心より感謝申し上げます。

別冊解答

現代文
標準問題精講

開成学園教諭　神田邦彦　著

Interpretation of Standard Japanese Passages

旺文社

目次

別冊 本冊

第一章 言語と思考

1 福岡伸一『世界は分けてもわからない』…… 4 12
2 鈴木孝夫『ことばと文化』…… 5 18
3 養老孟司『解剖学教室へようこそ』…… 6 24
4 安井 泉『ことばから文化へ ― 文化がことばの中で息を潜めている ―』…… 7 30
5 香西秀信「事実は『配列』されているか?」…… 8 38

第二章 日本文化を考える

6 鈴木孝夫『閉された言語・日本語の世界』…… 9 48
7 河合隼雄『働きざかりの心理学』…… 10 56
8 中根千枝『適応の条件』…… 11 64
9 原 研哉『日本のデザイン ― 美意識がつくる未来 ―』…… 12 72
10 古市憲寿『絶望の国の幸福な若者たち』…… 13 80

第三章 現代社会を生きる

11 香山リカ『「悩み」の正体』…… 14 88
12 藤原新也「ネットが世界を縛る」…… 15 96
13 平川克美『経済成長という病 ― 退化に生きる、我ら ―』…… 16 104
14 鷲田清一「現代おとな考」…… 18 112
15 岡 真理「『文化が違う』とは何を意味するのか?」…… 19 120

第四章 近代的思考のかたち

16 山崎正和『世紀末からの出発』…… 20 128
17 見田宗介『社会学入門』…… 21 136
18 河合隼雄『イメージの心理学』…… 22 142
19 村上陽一郎『西欧近代科学』…… 23 150
20 阪本俊生『ポスト・プライバシー』…… 24 160

第五章　人間を洞察する

21 小坂井敏晶『責任という虚構』…… 25 168
22 日高敏隆「代理本能論」…… 26 176
23 中村雄二郎『哲学の現在』…… 27 182
24 鷲田清一『思考のエシックス ―反・方法主義論―』…… 28 192
25 山崎正和『文明の構図』…… 29 200

第六章　人生について

26 内田　樹『街場の現代思想』…… 30 210
27 長田　弘『失われた時代 ―1930年代への旅―』…… 31 216
28 黒井千次『働くということ』…… 33 224
29 酒井邦嘉『科学者という仕事』…… 34 232
30 茂木健一郎「生と死の不良設定問題」…… 35 240

第七章　芸術・思想と人間

31 粟津則雄『日本洋画22人の闘い』…… 36 250
32 中村眞一郎『記憶の森』…… 37 258
33 原　研哉『白』…… 38 264
34 外山滋比古『省略の詩学 ―俳句のかたち―』…… 39 272
35 米原万里『心臓に毛が生えている理由《わけ》』…… 41 280

第八章　文学

36 江國香織「デューク」…… 42 288
37 南木佳士『ダイヤモンドダスト』…… 43 296
38 山田詠美『微分積分』…… 44 304
39 小川洋子『アンネ・フランクの記憶』…… 45 314
40 榊　邦彦『100万分の1の恋人』…… 46 324

問題正解例

問一　ヒトが、生き残るために手に入れてきた「世界を図式化し単純化し、理解していこうという傾向」のこと。（48字）

問二　本当は無関係な事柄に、無理に因果関係を付与してしまうことでしか、ものを見ることが出来ないという意味。（50字）

問三　私達が認識しているものは、私達が生存に有利なように獲得してきた枠組み越しに認識しているものに過ぎない。枠組みから自由に、世界のなまの姿を感じるには、まずは、枠組みの存在を知らねばならないということ。（99字）

問題解説

問一　傍線部①の「水路づけ」という言葉のニュアンスを活《い》かすこと。「水路づけ」とは、「水が高いところから低いところに自然に流れるように、自然とそのようになる傾向がある」というニュアンス。そのニュアンスを押さえつつ、素材文でもう一か所「水路」という言葉を使ってより具体的に説明している部分（本冊13頁下段19行目）の前後を参考に、解答を作る。

問二　本冊13頁下段12行目に「つまり、私たちは、本当は無関係なことがらに、因果関係を付与しがちなのだ」とある。この部分を利用して、設問に沿うように解答を作る。「つまり〜のである文」は、「のである文」の中でも、最も重要な文である（本冊52頁 **講義9** 参照）。

問三　百字程度の解答を要求された時には、一文で書き切る必要はない。むしろ二文程度に分けた方が、分かりやすい解答になる。傍線部③の五行前に「大切なのはそのことに自省的であるということである」とある。「自分達の認識の仕方の限界を知る」ことを自ら省みることが大切であると言っている。

重要キーワード

・**ランダム**……何ら法則性・規則性がないこと、人為的・作為的でないことを指す。例えば、書棚に本を並べる際、思いつくままに並べれば「ランダムな配列」となるが、作者別に整理したり、出版社別に並べたりすれば、「人為的な法則性を持った配列」となる。

問題正解例

問一　イ

問二

〔解答1〕ものがあれば必ずそれを呼ぶ名としてのことばがあるという考えと、同じものが、言語が違えば別のことばで呼ばれるという考え。（59字）

〔解答2〕ものという存在が先《ま》ずあり、それにことばが付けられるという考えと、言語が違えば、同じものが異なった名で呼ばれるという考え。（60字）

問三　Qから S

問四　言語による名称の違いは、程度の差こそあれ、かなり違ったものを私達に提示しているということ。（45字）

問題解説

問一　A～E段落は、「もの」のうちでも「人工のもの」について、F段落は「自然のもの」について、述べている。これらA～F段落に対して、「こと」について述べたのがG段落である。以上、「もの」について述べたA～Fと、「こと」について述べたGとをまとめて、「もの・こと」について述べたのがH段落。

問二　二つの論点の双方を受けて「このような前提」と言っていることに注意。片方だけでは誤答。**〔解答1〕**は、傍線部①より前の言葉を使って解答した。**〔解答2〕**は、傍線部より後の言葉を使って解答した。どちらも文章全体の組み立てを踏まえて解答を作っていることに着目してほしい。

問三　O段落とP段落で述べられた二つの論点が、それぞれ、Q・R・S段落と、T・U段落で、再説明されるという、きれいな組み立てになっている。

問四　**問三**で示した組み立てを意識すれば、P段落で、T段落の内容はあらかじめ論じられていることが分かる。T段落の内容を利用して解答を作れば良い。U段落を利用して「窓の大きさ、形、窓ガラスの色、屈折率等が違えば、見える世界の範囲、性質が違ってくるということ。」といった解答も作れるが、比喩的で、分かりやすい説明ではないので、誤答もしくは大幅減点である。

重要キーワード

・**唯名論・実念論**……中世西欧の哲学的論争の一つ。唯名論では、「イヌ」とか、「魚」とか、「バラ」とか、そのような「類」はもともと実在せず、実在するのは、一つ一つの個だけであるとするのに対し、実念論では、「類」の概念は、もともと実在するものだとする。

問題正解例

問一　世界中の様々なものに、名前を付けることで、世界を切って理解していくということ。（39字）

問二　ある名前を付けると、その名前を付けられたものと、それ以外のものとの区別が生じ、境が出来るから。（47字）

問三　最初：C　最後：P

問四　人間は言葉を使い、様々なものに名前を付け、世界を切っていく。体の部位にも名前を付け、言葉によって切っていったが、頭で考えたことを実行に移すのも人間の性質なので、言葉で切った体の部位を、実際に切ってみることにした。これが解剖の始まりである。（119字）

問題解説

問一　F・G・Hで述べられている、「人間がものに名前を付ける性質を持っている」ということを踏まえて「世界をことばにする」という比喩表現に沿うように解答を作る。

問二　K段落で、「名前をつけることは、ものを『切ること』なのである。なぜなら、『頭』という名をつければ、『頭でないところ』ができてしまう」と述べられていることを利用して、「頭」の具体例から、一般化した解答を作る。

問三　傍線部③「この二つのこと」とは、直前の「ことばには、ものを切る性質がある。人間は、頭の中で考えたことを、外に実現する癖がある」の二文を受けている。一つ目の「ことばには、ものを切る性質がある」が、C～Pで述べられ、二つ目の「人間は、頭の中で考えたことを、外に実現する癖がある」ことについては、Q・Rで述べられている。以上、二つの論点をまとめたのが、このS段落である。

問四　**問三**で示した組み立てを意識して、要約文の中にも、第一の論点・第二の論点→問題解決文という組み立てをイメージすることで、シンプルかつ論理的な解答を作ることが出来る。

重要キーワード

・**レッテル**……ラベルのこと。本来は商品に貼る商品名や内容、容量等を書いた小札のこと。「レッテルを貼る」という慣用句で、「ある人に対して、特定の評価を抱く」という意味にも使われる。また、**3講**の素材文のように、「ことばは物事に対するレッテルである」のような表現で、ことばの持つ「対象を切り分ける性質」を論ずるような場合にも、よく使われる単語である。

問題正解例

問一　ことばの持つ直接的意味を下敷きに、その意味から広がるイメージを媒介にして、比喩的でありながらも、的確で豊かな意味合いを含ませているということ。（71字）

問二　本来の英語にしみ込んでいたはずの「英語を母語としていた土地の文化」が薄められてしまうことだから。（48字）

問三　ことばは、その土地固有の文化を宿したものであり、そのようなことばに、人は日々囲まれて生きているということ。（53字）

問題解説

問一　直前のいくつもの具体例をまとめて一般化したのが、傍線部①。具体例に共通するポイントを説明しながら、傍線部①の表現に沿うように、嚙《か》み砕いて説明する。デノテーション・コノテーションという語（本冊36頁）に対する理解があると、より解答しやすい。

問二　傍線部②の直前に「本来の英語にしみ込んでいる色濃い文化の影が薄まった世界語としての英語が蔓延《まんえん》していくとしたら」とあるので、難問ではないが、この部分をどのように分かりやすく、素材文中の他の部分を利用して説明するかがポイント。「色濃い文化の影が薄まる」という傍線部の語彙の同語反復として、「多彩で固有な文化が希釈される」「純粋の『英文学』は影が薄くなっている」等が素材文中にあるので、それらを利用する。

問三　筆者独特の用語は、本文の重要なキーワードになる。素材文では、「土地の霊」がそれにあたる。「　」が付されて、強調・キーワード化されていることにも着目しよう。このキーワード「土地の霊」を含む「そこで生まれ育まれたことばは『土地の霊』を宿しているはずだ」といった文中の表現を中心に、分かりやすく言葉を入れ替えながら解答を作り上げていくこと。

重要キーワード

・**アングロ・サクソン**……5世紀頃、民族大移動でドイツの北西部からブリテン島に移住したアングル人とサクソン人を総称してアングロ・サクソンと呼ぶが、現在のイギリス・アメリカ合衆国・カナダ・オーストラリア・ニュージーランド等に居住する英国系民族の総称としても用いられる。アングロ・サクソン諸国では、自分達をそのように呼ぶことはまれで、日本やヨーロッパ大陸において、世界の政治・文化・法体制等を比較検証する際の学術用語として、使われることが多い。

問題正解例

問一　何がしかの「事実」を描写した言語表現は、本質的にフィクションである。（34字）

問二　aでは「性格が悪い」という悪い情報が強調され、bでは「美人だ」という良い情報が強調される。（45字）

問三　紛争の原因、経過の深刻化、夫妻の現在の意志など、報告書に挙げられた情報は、どちらも同じで、事実に相違ないということ。（58字）

問四　言葉で表現する場合には、本来順序のついていない情報に順序をつける必要が生じるが、その際、個々の情報については、何も変えることなく、配列のみを変えることにより、聞き手・読み手に対して与える印象を変えたり、説得力を増したりする文章の技法。（117字）

問題解説

問一　傍線部**ア**は、直前の具体例をまとめて一般化した文章。「主張」→「具体例」→「主張の言い換え・繰り返し・一般化」という型の、「主張の言い換え・繰り返し・一般化」部分にあたる。解答の際には、具体例の直前の「主張」部分にあたれば良い。

問二　傍線部**イ**とそれに続く形式段落を見渡してみる。ここにも、「主張」→「具体例による説明」→「主張の言い換え・繰り返し」が確認出来る。「言い換え・繰り返し」部分にある「この性質を利用すれば、語り手は～A子についてのよい印象も悪い印象も自由に与えることができる」を活《い》かしながら、「違い」を説明するような対比構造を意識して解答を作る。

問三　この問題も、「主張」→「具体例による説明」→「主張の言い換え・繰り返し」のサンドイッチ型を見抜いて解く。「この報告書は、情報の中身を変えずに、まったく逆の結論にすることができる」→「具体例」→「先の所見もこの所見も、どちらも『正しい』のである（傍線部**ウ**）」という組み立てである。

以上、**問一**・**問二**・**問三**とも、「主張」→「具体例」→「主張の言い換え・繰り返し」の型を踏まえた設問。

問四　最終的に「レトリック」という言葉の説明になるように、まとめ方に注意する。「順序のレトリック」＝「順序による表現技巧」という形になるように説明すれば、難問ではない。

重要キーワード

・**レトリック**……言葉で表現する際の表現技巧全般のこと。修辞法とも言う。「比喩」「倒置法」「擬人法」「繰り返し」等、すべて「レトリック」である。

問題正解例

問一　自分を指す語として、目下の人間に対する時には資格や地位を表す語を使い、目上の人間に対する時には、一人称代名詞を使う。相手に呼びかける際には、目上の人間に対しては、資格や地位を表す語を使い、目下の人間に対しては、二人称代名詞を使うという原則。（120字）

問二　自分を言語的に把握する際、相手から見て自分がどのような立場にあるかを考えねばならないということ。（48字）

問三　他者依存型の自己規定は、他者の出方が分からないと、自分の意志を決定出来ないような優柔不断さを招くという短所があるが、一方で、場に応じた臨機応変な対応で効率よく解決出来るという長所も発揮する。（95字）

問四　他者を介しての自己把握という精神構造を持つ日本人にとっては、自己と対立するものとして他者を捉え、意見調整・利害調節をするような「真の対話」は、成立しえないから。（80字）

問題解説

問一　A＝B＝［C＋D］＋E を受けて、F（傍線部①）へと展開していくことを意識して、解答を作る。正解例の前半はCの要約、後半はDの要約になっている。なんとなく解答を作るのではなく、きっちりと論理的に解答を積み上げる意識が大切。

問二　H段落にある「つまり〜のである文」を参考に、傍線部②に沿うように、まとめる。

問三　解答を作る際に、「解答自体の独立性」ということも考えよう。「解答自体の独立性」とは、「解答だけ見ても、それなりに意味が分かる」ということ。この設問では、きちんと主語を設定し、その短所を論じ、対比的に長所を論じるという形に作り上げよう。

問四　最終Q段落を要約する方針で解答を作れば良いが、設問に「本文全体の趣旨を参考に」とあるので、解答の書きおこし部分については、Q段落の内容ではなく、全体をまとめるような文脈にするのが良い。

重要キーワード

・**自己同一性**……自分が自分であるということ。その確信。
・**他人志向型の大勢順応主義**……他人のことを気にして、周囲から浮かないことを第一に、自分の言動を決めていくような傾向。

問題正解例

問一　日本ではその場の平衡状態の維持を重視するが、アメリカでは自分の主張の表明を重視するということ。(47字)

問二　「集団」においては、確立した一つ一つの「個」の存在が前提であるのに対し、複数の人間が寄ると出来てしまう「場」においては、個人の存在は曖昧になってしまうという違い。(81字)

問三　場の倫理を重視する考え方には、場内の弱者に対して配慮があるという長所と、曖昧で効率が悪いという短所があるが、個の倫理を重視する考え方には、弱者に厳しいという短所と、能率的で明白であるという長所がある。(100字)

問四　弱者に対しても、能率的で明白な判断基準を、一律に適用するということ。(34字)

問題解説

問一　A〜D段落で述べてきた内容を、E段落で「もちろん〜しかし」と譲歩逆接構文を利用して、まとめ直していることに着目しよう。解答は、A〜D段落で述べられた内容を、「日本では〜、アメリカでは〜」の形で、対比的にまとめれば良い。

問二　F段落冒頭に傍線部が引かれている。このF段落は、冒頭文について、その後で「言葉を換えて、詳しく、繰り返して説明している」という組み立てになっている。「個人」の存在が、はっきりとしているか、曖昧になってしまっているかをポイントに、対比構造を持った解答を作る。

問三　**問二**同様、段落冒頭部に傍線部が引かれている。やはり後続部分で、「言葉を換えて、詳しく、繰り返して説明している」ので、そこを要約して、対比構造を持った解答に仕上げる。

以上、**問一**・**問二**・**問三**とも、「対比的説明」という形を意識して解答を作る設問である。

問四　J段落の一般化された主張を、K段落では具体例を挙げて説明し、最終部分で「このような厳しさ」と再一般化している。傍線部④直前の具体例をまとめただけの「出来ない子はそれにふさわしい級に留《とど》めておくという厳しさ」という解答では、不十分。J段落までさかのぼり、一般化された内容へまとめ上げること。

重要キーワード

・**平衡**……つりあいがとれて、物事が安定した状態にあること。「精神の平衡を保つ」「身体の平衡感覚が壊れる」のように使う。

問題正解例

問一　自然を、対象として客観化して観《み》ることなく、自分と繫《つな》がったものとして捉え、植物の区別・判別などにも興味を持たないという傾向で現れる。（65字）

問二　相手が譲歩してこちらに合わせるか、こちらが相手に没入あるいは譲歩するかしない限り、関係の設定も存続も難しいということ。（59字）

問三　人と自然は連続して一体化した世界を形成しているのだから、自然は、人の欲望によってどのようにも扱えるという観点。（55字）

問題解説

問一　日本人にとっての「自然と人間の関係」を論じたのがⓂ段落。傍線部①の言い換えになるように型を意識しながら、Ⓜ段落の中の「のである文」などを参考に解答する。

問二　Ⓘ段落は「一般化された言い方による主張」の段落。それを受けて、傍線部②で「このこと」と言い、後続部分で「具体例を挙げて説明」している。Ⓘ段落内部の組み立ては、冒頭で「一般化された言い方による主張」を述べ、その後で、「言葉を換えて繰り返し説明」しているという型。

以上の組み立てを押さえれば、Ⓙ段落の「このこと」の内容としては、Ⓘ段落冒頭の「一般化された言い方による主張」に戻るのが最適であることが分かる。

問三　傍線部③数行前の「人と自然は未分化の世界を形成しているのだから、人の欲望によってどういうことにもなりうるのである」という「のである文」が解答作成の大きな手がかりになる。

※**問一**・**問三**は、入試問題そのままの設問だが、解答作成にあたっては、どちらも「のである文」がとても重要な手がかりになっている。設問では、素材文の枝葉末節よりも、当然、重要なところを尋ねられる。その結果、「のである文」に傍線が引かれたり、もしくは、「のである文」が解答の手がかりになったりすることは多くある。

重要キーワード

・**ウチ・ソト**……日本文化を論じる際に、よくキーワードとして使われる。日本人は、自分の属する集団に対しては「ウチ」として、強い同一性・一体感を作るが、「ウチ」に属さない者に対しては、「ソト」として、強い排他性を持つ。自分のことを指す「ウチ」が、家（ウチ）のことも指し、さらには、「ウチの生徒」「ウチの社員」等、「学校」「会社」といった社会集団にまで広がっていく。「ウチ」でくくられた集団には、自分（ウチ）と同一化した強い連帯感を持ち、ソトと区別するのである。

問題正解例

問一　快適さとは多くのものに囲まれ生活することではなく、ものを最小限にした方が高い精神性を育むのだと日本人は達観していたにも関わらず、戦後の飢餓状態を経験したことで、ものを率先して所有することに、豊かさや充足感を感じるようになってしまったということ。（122字）

問二　通常は、所有したものを捨てることを「もったいない」と感じがちだが、それよりも、日本人の過度な所有欲を刺激するように過剰な生産・供給が行われ、それに煽《あお》られた無駄な大量消費が行われることの方が、「もったいない」のではないかということ。（115字）

問三　ものの持つ相応の美しさを味わうための背景があることで、暮らしの豊かさが実現するということ。（45字）

問題解説

問一　「本来は～であるにも関わらず、私達は～のように、間違った考え方をするようになってしまった」というような型を意識した解答を作ること。B段落の、「のである文」や「のかもしれない文」が解答の手がかりになる。

問二　傍線部②はG段落の最終文として、G段落の内容を短くまとめた文。その内容を説明せよ、という設問であるから、G段落の内容にほぐし戻して、解答を作れば良い。

問三　具体的な比喩を利用して、説明した内容が傍線部③である。それを「分かりやすく説明せよ」という設問であるから、一般化した言い方に戻せば良い。J段落にある「豪華さや所有の多寡ではなく、利用の深度が大事なのだ」という「のである文」が参考になる。

※**問一**・**問二**は、入試問題そのままの設問である。高知大学の実際の入試では、解答欄が示されただけで、字数は示されていない。常識的な判断で解答の長さを決めることが求められる。縦20cm程度の解答欄には、40字程度を入れるのを字数の目安として考えよう。縦は1cmに2文字程度、横幅は1cm1行が目安である。

重要キーワード

・**三種の神器**……日本神話において、天孫降臨の時に天照大神《あまてらすおおみかみ》から授けられたという鏡・玉・剣のこと。歴代の天皇が継承してきた「八咫鏡《やたのかがみ》・八尺瓊勾玉《やさかにのまがたま》・天叢雲剣《あまのむらくものつるぎ》（草薙剣《くさなぎのつるぎ》）」を指す。この三種の神器になぞらえて、戦後の高度成長期に、豊かさの象徴となった家電製品の冷蔵庫、洗濯機、白黒テレビを三種の神器と呼んだ。一九六〇年代には、カラーテレビ、クーラー、自家用車を「新・三種の神器」と呼んだ。

問題正解例

問一　それほどお金がなくても、日々の生活を楽しませてくれるものが、この国にはそろっている。実際、若者の生活満足度は、多くの調査において、高い数値が示されており、内閣府の調査では、日本の若者の七割が今の生活に満足している。これは現代の他の世代と比べても、過去の若者と比べても高い数値である。若者に広まっているのは、身近な人々との小さな喜びを大切にする価値観であり、それはこの国において、実現されているから。（199字）

問二　少子高齢化・財政赤字・放射能漏れ問題など、将来世代が引き受けなければならない負担が深刻だから。（47字）

問三　日々の幸せを支える生活の基盤自体が、徐々に揺らぎはじめ、決して将来が明るい社会ではないにも関わらず、そのしわ寄せを一番被るはずの若者達が、自分達のことを幸せと感じているから。（87字）

問題解説

問一　H～O段落が、「日本の若者は幸せだ」ということに関して、言葉を換えて詳しく述べたり、例を挙げたりして、説明する部分である。それぞれの段落の「のである文」や、末尾等を参考に、要約する。200字であるから、四文程度に分けて書くのが良い。

問二　R・Sで、「確かに～しかし」と譲歩逆接構文を作っているので、S以降で重要な例が述べられているということが分かる。S～Vで、並列されている例をまとめて、解答を作る。

問三　傍線部③のあるW段落を要約するつもりで解答を作れば良いが、分かりにくい言葉は、他の段落の言葉を利用したり、自分の言葉に変換したりしつつ、解答を作る。特に「生活の基盤自体が徐々に腐り始めている」という表現は、「腐る」が比喩なので、そのまま利用してはいけない。「揺らぐ・崩れる・壊れる」等、分かりやすい表現に変換すること。

重要キーワード

・**マクロ**……巨視的（大きな視点から見ること）。反対語は、ミクロ（微視的）。

・**この国には日々の生活を彩り、楽しませてくれるものがたくさん揃《そろ》っている。～「今日よりも明日が良くなる」なんて思わない。**……このような若者を取り巻く現状に対して、作家、村上龍《りゅう》は、その著書『希望の国のエクソダス』（講談社）の中で、登場人物の中学生に「この国には何でもある。ただ『希望』だけがない」と語らせている。

問題正解例

問一 「空気を読み合う」というのは、完全に公的でもないが完全に私的でもない、いわばその中間の「準パブリック」な人間関係で、とくに目立つということ。（70字）

問二 たとえ幾千幾万の敵だとしても、自分が正しいと思ったら、たった一人でも立ち向かおうということ。（46字）

問三 〈解答1〉自分の意見を主張するより、その場の空気を読み、負け組の少数派にならないように自分自身のあり方を操作することで、安全な多数派でいられると、人々は思っているから。（79字）〈解答2〉自分の意見を主張するより、その場の空気を読み、負け組の少数派にならないように自分自身のあり方を操作することで、安全な多数派として、生き延びられるから。（75字）

問四 有利な多数派でいられるよう、常にその場の空気を読み、自分を変えていくようなあり方は、いずれはその空虚さに自ら気付き、破綻を起こすものであり、それは決して、本来の「自分にとっての有利なゴール」とは、言えないということ。（108字）

問題解説

問一 「主張（論）」の「説明（説）」のためには、「具体例を挙げる」「言葉を変えて説明する」「対比的な説明をする」という三つの方法がある（本冊34頁 講義5 参照）。この設問は、二つの具体例が、何を主張するために挙げられたものかを尋ねている問題。二つ目の具体例の直後にある「つまり〜のである文」が、具体例を一般化して、主張化している部分なので、そこを中心に解答を作る。

問二 傍線部は「敵が千万人だといっても、私は行こう」の意味。

問三 「負け組」「少数派」「安全な多数派」という、「　」の付されたキーワードが、解答への手がかりとなる。

問四 「有利な」という「　」付きの言葉が、皮肉をこめた表現であることに注意して解答を作る（本冊92頁 講義16 参照）。

重要キーワード

・**ドメスティック・バイオレンス**……domestic violence、略称「DV」。直訳すれば、「家庭内暴力」となるが、親子間の暴力は、通常、ドメスティック・バイオレンスには含まず、夫婦・恋人間の暴力のことを指す。英語でも、domestic violence といった場合は、夫婦・恋人間の暴力のことを指し、family violence（家庭内暴力）とは、使い分けられている。

問題正解例

問一 外向きに作り上げた自分の姿として、周囲から好感が持たれるような人柄を、振る舞い続けるということ。（48字）

問二 アメリカに与《くみ》する立場であると周囲から判断してもらえるように、各国が政策の方針を立てていること。（50字）

問三

(1) 波風の立たない人間関係を作ろうとするような同調圧力が強まる中、相互に監視しあい、周囲から「いい人」と感じてもらえるようなコミュニケーションが行われていた。（77字）

(2) ネット社会が極限に達した時、反動として身体性を帯びたコミュニケーションが復活する可能性もあるものの、波風の立たない人間関係を作ろうとする相互監視システムや同調圧力は、より強固に極まっていく。（95字）

問題解説

問一 傍線部①を「『いい人キャラクター』を／記号として／演じ続けることになる」のように細断し、それぞれの部分を一対一対応で変換説明する（本冊101頁 講義18 参照）。

問二 「その『空気読み』で／世界政治が動いている」の二か所を一対一対応で具体的に変換説明をする。

問三 N段落より前の部分をまとめれば **(1)** の答案に、N段落より後の部分をまとめれば **(2)** の答案となる。

重要キーワード

・**二〇〇一年の九・一一同時多発テロ事件**……この日、アメリカ合衆国で、ハイジャックした民間航空機を利用した四つの大規模テロ事件が起こった。確認された死者は、三〇二五名。犯行はサウジアラビア人のオサマ・ビンラディンをリーダーとするテロ組織「アルカーイダ」によって計画・実行されたとされ、米軍は報復としてアフガニスタン紛争、イラク戦争を行った。ブッシュ政権は、このテロ事件を動機に、二〇〇二年には、イラク・イラン・北朝鮮を「悪の枢軸国」として、国際テロ組織とテロ支援国家と断じ、テロとの戦いを国家戦略とした。

・**学校裏サイト**……ある特定の学校の話題を扱う非公式の掲示板型ウェブサイト。匿名の投稿により、実名・イニシャルによる誹謗《ひぼう》中傷等も書き込まれ、大人から見えにくいイジメの温床ともなっている。

・**同調圧力**……周囲の動静に乗じて、多数の意見に同調していかねばならないと考えさせる雰囲気。

問題正解例

問一　経済成長の鈍化・減少というものを想定することが出来ずに、すでに市場が飽和しているにも関わらず、さらなる商品を生産し続け、結果として、人々が過剰消費、過剰摂取に明け暮れるというような状況が生じている。（99字）

問二　たとえ大地震の予見情報があっても、私達は、今日の日常は明日も続くだろうというような惰性的な思考に囚《とら》われている上、地震など起きてほしくないという願望も加わることで、いまだ未経験の大地震災害というようなことは、うまくイメージ出来ないということ。（120字）

問三　世界中の国家は文明化・都市化・民主化といった発展過程を辿《たど》るが、その過程で、女性の識字率が上昇すると、女性の社会進出が進み、少子化が生じる。少子化が進み人口が減少すれば、総生産力も総需要も減退するため、経済成長は鈍化から均衡へ、やがてマイナス成長へと転じていく。（130字）

問四　市場飽和や人口減少は、経済成長の阻害要因というより、社会が成長した結果であり、人為的には制御不能なものである。従って経済均衡も社会の必然的な発展過程であり、それを避けることを考えるより、その状況の中でどう社会を作るかを考えねばならないから。（120字）

問題解説

問一　傍線部①の「『経済は成長しなければならない』という観念に支配され続けている」という表現の言い換えとして、T段落に「経済成長というものを至上の命題として」とあるのが、解答の手がかりになる。このT段落にある表現を利用して解答の骨子（後半部）を作り上げた後、上に上に、説明を重ねて字数を満たしていけば良い（本冊109頁 講義19 参照）。

問二　一対一対応型の解答作成を心掛ける。変換説明には、なるべく本文中の言葉を利用する。設問に、「本文の例に即して」とあるので、「地震」という例に沿った形にする。

問三　設問が二つのことを尋ねていることに注意。解答も、設問に応じて、二文に分けた。

問四　傍線部④直前に、「もし、そうだとすれば」とあるので、それ以前の内容（Q〜S段落）をまとめて解答を作る。

重要キーワード

・**ブロイラーのニワトリ**……ブロイラーとは、短期間で急速に成鶏に達するように育種改良された食肉用の鶏。自然界の鶏が四〜五か月で成長するところを、ブロイラーは、四十〜五十日程で成長する。ほとんど運動させずに配合飼料で飼育する。管理される中で、無自覚のうちに、一律に飼い慣らされ、過剰摂取し、不健康・不健全になっていくような状態の比喩として使われることが多い。

・**経済均衡**……消費者の需要が供給量を上回っていれば、生産は加速、消費も加速し、市場に流れる貨幣は増加する。これが経済成長。消費者の需要が生産者の供給を上回る程度が薄くなれば、生産量も減速していく。これが経済成長の鈍化。さらに、需要と供給が同じ状態となれば、経済均衡、ゼロ成長。需要が下回り、生産した商品が市場にだぶつくことになれば、市場に流れる貨幣は減少する。これが経済成長の減少・マイナス成長である。

問題正解例

問一　生きていく上で欠かせない能力の大半を、社会や公共的サービスに委託し、人々はサービスを買ったり、受けたりするというシステム。（61字）

問二　サービス社会の心地良さに安心しきって、生きる上で不可欠な能力を失っていくのに気付くこともなく、システム管理者の未熟さが露呈しても厳しく問うことなく、思考停止したまま生きていける社会。しかしいずれは、脆弱《ぜいじゃく》なシステムの崩壊とともに自身も崩れていきかねない社会。（128字）

問三　一人前のひととして、生きていく上で不可欠な能力を失ってしまえば、ひとたび社会のシステムが壊れた際には、自分も共に崩れていき、ひととしての生活を維持出来ない。そのような場合には、生活の維持にのみ、精神を費やさざるを得なくなり、その結果として、芸術をはじめとする感受性を大切にした文化に費やす自由も余裕もなくなってしまうから。（161字）

問題解説

問一　傍線部①の直前に「ひとが幼稚でいられるのも」とある。「そのシステムのお陰でひとが幼稚でいられる、そのシステムの姿」を答えれば良い。

問二　パスカルの「絶壁が見えないようにするために、何か目をさえぎるものを前方においた後、安心して絶壁のほうへ走っている」という言い方を細分化し、一対一対応を心掛けながら、本文の内容に戻していく。

問三　「素材文の噛み砕き」（本冊117～118頁）参照。

重要キーワード

・**ナイーブ**……日本での使われ方としては、「繊細で感受性が豊かだ」「純粋で傷付きやすい」などの意味で、どちらかというと好印象を表す語として使われることが多いが、英語の「naive」は、「無邪気・単純・未熟」を表し、否定的な印象を語る文脈で使われることが多い。素材文の「ナイーブなまま」「ナイーブな糾弾」は、元来の英語の意味で「無邪気なまま」「単純な糾弾」といった否定的な語感で使われている。

・**十七世紀フランスの思想家、パスカル**……ブレーズ・パスカル（1623年～1662年）。哲学・自然哲学（物理学）・思想・数学・キリスト教神学等、多数の分野で活躍した。「人間は考える葦《あし》である」の名言でも知られる。「我思う故に我あり」で知られるルネ・デカルトと同時代に活躍したが、デカルト同様、「理性」を人間の本質としつつも、「理性」よりも上位に「愛」を置いた点で、デカルトと大きな違いがある。

問題正解例

問一 日本人の生活は、宗教的行為に満ちているが、その宗教性は日常の中で自然化され、意識されていない。（47字）

問二 日本人とイスラーム人の間にある文化的差異は、現れ方は異なるが、同じ態度として考えられるということ。（49字）

問三 「 」の付された「文化相対主義」は、互いの文化の違いを強調するだけで、自文化中心の自己愛に満ちた排他的自閉的なものだが、本来の文化相対主義は、自文化と他文化との違いを理解することで、現実の細部の違いを超え、互いを理解し合う可能性を表すものである。（122字）

問題解説

問一 傍線部①のあるⒷ段落の最終文が、「のかもしれない」と、「のである文」亜種で、まとめられている。この部分が解答の骨子になる。

問二 傍線部②のあるⒼ段落の冒頭に「つまり」とある。「つまり」は、「言い換えて説明をまとめる」ということを示す接続詞である。「つまり」以降に傍線部があるのだから、「つまり」の前に遡って、「言い換える前の詳しい説明」の部分から、解答を作れば良い。一対一対応の解答作成も意識すること。

問三 二項対立を意識して、「 」の付された「文化相対主義」と、本来の文化相対主義とを、対比的にまとめる。**講義16**（本冊92頁）、**講義22**（本冊124頁）参照。

重要キーワード

・**イスラーム**……ムハンマド（５７０年頃～６３２年）が、唯一神アッラーフの啓示を受けたとして創始し、経典化された信仰生活の体系のこと。宗教的枠組みに留《とど》まらず、国家の政治のあり方や、社会生活全般をも含む文明体系を指す語。「イスラム教」「イスラーム教」といった場合は、宗教的側面のみを指す。

・**ムスリム**……アラビア語で「（神に）帰依する者」の意味。イスラームの信仰生活を行う者のこと。

・**ナルシシスティック**……「自分に酔いしれている、自己陶酔的な」といった意味。ギリシャ神話で、水面に映った自分の姿に恋をしてしまった美少年「ナルキッソス（ナルシス）」に由来する言葉。ナルシシスティックな人（自己陶酔的な人）は「ナルシスト」「ナルシシスト」と呼ばれる。

問題正解例

問一　すべての問題は技術的に考えるのが正しく、合理的に処理出来るという考え方。（36字）

問二　技術に対する全面的な信頼が揺らぎ始めた時代。（22字）

問三　**(1)**　労働の質が「機械を相手にする単純作業」から、創造的で知的な「人間を相手にする労働」へと変わった。（48字）

(2)　商品の多様化が消費者の趣味の個性化を招き、量よりも質的な満足を求めるような消費動向へと変わった。（48字）

(3)　巨大な階層組織による支配的運営から、小集団組織による柔軟で多元的な活動へと変わった。（42字）

問題解説

問一　傍線部①の内容について、後続する四文で詳しく説明している。その四文を参考に、骨子をまとめて解答を作る。

問二　「近代」と「現代」を区別する鍵として筆者が重視する「技術」に関する、近代と現代の考え方の違いが、[C]に述べられている。最も端的に現代の特徴を記した部分を利用して解答を作る。

問三　[E]・[F]・[G]・[H]・[I]の段落の組み立てを見抜けば、解答は難しくない。[F]・[G]の内容が**(1)**の解答、[H]の内容が**(2)**の解答、[I]の内容が**(3)**の解答となる。本冊131〜133頁参照。

重要キーワード

・**社会工学**……社会の問題を理工学そして人文社会科学の様々な知見を用いて、分析し、技術的な対策を考察する。さらには、将来への展望を予測、提言し、政策的な意味も追究することを目的とする。素材文の中では、「社会問題についても、それを設計図とプログラムによってとらえ、合理的に処理することができるという思想（[B]）」「計画にもとづく合理的な社会運営（[E]）」が、社会工学に基づくものである。マルクス主義に基づいた「政治革命」も、社会工学的発想の一つ。素材文の中では、社会工学に基づく社会運営の必要性は認めながらも、「政治革命への幻想は色褪《あ》せ、社会工学の全能性への疑いも芽生え（[C]）」たのが、現代社会の特徴の一つであると、指摘している。

・**ダニエル・ベル**……アメリカ合衆国の社会学者（1919年〜2011年）。先進資本主義諸国における「豊かな社会」の到来により、マルクス主義的理念は効力を失ったと「イデオロギーの終焉《しゅうえん》」を述べ、また、財の生産からサービスの生産へと経済活動の重心が移行する「脱工業化社会」の概念を論じた。

問題正解例

問一　時間を主体的に生きるのではなく、時間に追われて生きるということ。（32字）

問二　現代人が、分刻み、秒刻みの時間管理の中、忙しく生きているということ。（34字）

問三　自分の住む社会とは違う考え方・生き方を知ることで、今まで、自分が当たり前だと思っていた考え方・生き方の固定概念から自由になって、物事をみつめるということ。（77字）

問題解説

問一　傍線部①では「ここでは時間が上滑りしていない〜だから人生が上滑りしていない」と言っている。つまり「時間が上滑りして、人生が上滑りしている」のは、「ここ」ではないどこかである。その「どこか」は、傍線部の直後から述べられる「自分の生きている近代社会」である。「自分の生きている近代社会」では、どのような時間が流れているのか。それを解答としてまとめる。

問二　本冊140〜141頁参照。

問三　一対一対応の解答作成を心掛ける。

・「方法としての異世界を知ることによって、」

↓「自分の住む社会とは違う考え方・生き方を知ることで、」

・「現代社会の〈自明性の檻《おり》〉」

↓「自分が当たり前だと思っていた考え方・生き方の固定概念」

・「の外部に出てみる」

↓「から自由になって、物事をみつめる」

のように、自分の言葉を利用しながら、分かりやすく変換説明すること。

問題正解例

問一 我々の持つ「自然科学の知」は、「世界の中での自分」を語るには、貧困なイメージしかなく、インディアン達の語る「神話の知」には遠く及ばないから。（70字）

問二 ちょっとした誇りとなって、自分の存在意義を見出せるような手ごろな逸話。（35字）

問三 世界の中での自分の存在意義を確かめられるような世界観・人生観。（31字）

問題解説

問一 傍線部①の直前で「インディアンたちが彼らの神話の知を、太陽の運行にかかわる『説明』として提出するとき、われわれはその幼稚さを笑いものにすることができる」とある。これを「しかし」と受け、傍線部に続いていくのだから、インディアンの神話の知より、我々の知が劣っているという点を説明すれば良い。

問二 「安易」「安価」の語感を説明するような語を、解答の中に取り込みつつ解答する。また、「神話」と、「 」付きで記している語感（本来の神話とは違うという意味合い）も、解答の中に取り込むこと。正解例は、「安易・安価→ちょっとした・手ごろな」「『神話』→ちょっとした逸話」のように一対一対応を意識して作成した。

問三 「なぜ、自分はこのような太陽の運行と関連する地球に住んでいるのか。自分は何のために生きているのか、などと考えはじめるとき、自然科学の知は役に立たない（B）」「自分をも入れこんだ世界を、どうイメージするのかという、コスモロジー（E）」「自然科学の知をそのまま自分に『適用』してコスモロジーをつくるなら、自分の卑小さ、というよりは存在価値の無さに気落ちさせられるであろう（F）」を参考に、筆者の言う「コスモロジー」とはどのような概念かを考える（なお、「コスモロジー」とは、辞書的な意味としては、「宇宙論」のような意味だが、筆者は、単にそのような中立的な意味として、「コスモロジー」という言葉を使ってはいない。「人間や人生」と「世界や宇宙」とが、どのように関わるか、確かめ得るような「秩序＝コスモス」として、「コスモロジー」という言葉を使っている）。

重要キーワード

・**ユング**……カール・グスタフ・ユング（1875年～1961年）。スイスの精神科医・心理学者。フロイト（オーストリア）とともに、近代精神医学の開祖の一人である。フロイト同様、人間の精神の下層に無意識を想定したが、フロイトが個人的な性的欲望を無意識の根源としたのに対し、ユングは、人々が歴史的に共有する「集団的無意識」の概念を提唱した。

問題正解例

問一 イ

問二 西欧近代科学は、客観的事実の上に成り立った「自然との関わり合い方」であって、それ以外のあり方はないと考えられているから。（60字）

問三 「事実」とは、事実を選び取るための枠組みによって変化するものであり、近代自然科学は、事実を選び取るための一つの枠組みに過ぎない。従って、近代自然科学によって構築された世界観は、単なる「自然科学的世界観」に過ぎず、絶対的なものではない、という態度。（123字）

問四 対象を観察しようとする際、観察者の生理的な限界、観察者の知識や外的状況、言語を介しての思考・伝達という、いくつもの事態によって観察された結果は影響を受け、変化せざるを得ないということ。（92字）

問五 見方によっては、どのようにも様相を変えることの出来るすべての対象。（33字）

問題解説

問一 本冊155〜156頁参照。

問二 Ⓒ段落で述べられている「自然科学の知を絶対視する立場」からの反論が解答の参考になる。

問三 Ⓒ段落の「のである文」とⓁ段落の「のである文」が、冒頭統括と末尾統括の形で、ぴったりと表裏の関係になっていることを確認する。解答はⓁ段落を中心に作る（本冊154〜155頁参照）。

問四 「幾重にも」ということについて、Ⓔ段落からⒿ段落の内容を、シンプルに並列してまとめる。並列型の組み立てを意識すること。

問五 「可能的」や「多様」という語の意味の説明を解答の中に入れること。一対一対応型の解答も出来る限り意識する。

問題正解例

問一　江戸時代、農家の家に生まれた子は、生涯、農民であり、それ以外の生き方をすることは、不可能に近かった。(50字)

問二　自分の「私づくり」は、自分自身の自己判断に関わっており、他者に対して、自分のプライベートをどこまで明かすのか、どこまで隠すのかということとも関わるということ。(79字)

問三　近代人は、伝統的な制度や慣習から自由になったことにより、自分自身のあり方を自ら構築し、他者に対しても自己表現しなくてはならなくなったが、自分自身で自己を構築し表現する際、一貫した自分のイメージを壊しかねないプライバシーの部分については、人目にさらさないようにしなくてはならないから。(141字)

問題解説

問一　傍線部①直前に「前近代の人びとは、生まれやしきたり、世襲などの伝統的な制度や規範、慣習に縛られていて、個人のあり方もかなりの程度は規定されていた」とある。そのことが分かる具体例を自分で考えて解答する。

問二　傍線部②直前の「自らの個性や人格、イメージやアイデンティティをつくり、それを他人に向けて自己表現として示し、維持しようとするようになった」といった表現や、Ｅ段落の「たとえば、個人が自らの人生なかばでやり直し(いわば変身)をはかったとき、その人が変わる以前の人生は、その人の現在の自己を揺るがすがためにその人にとってのプライバシーになるのである」といった表現が解答の参考になる。

問三　全体の要旨をまとめるような問題。「だが～」の後続部分や、「つまり～」の文、「のである文」などを指標に、全体を論理的にまとめること。

問題正解例

問一　一見、主体的に見える人間の行動や判断にも、自覚出来ないなんらかの情報が、無意識のうちに影響を与えているということ。（57字）

問二　人間は、主体的・知的に判断・行動したことではないことでも、その判断・行動について、後から、もっともらしく理由づけする生き物である。（65字）

問三　近代個人主義イデオロギーは、理性を人間存在の最上位に置き、すべてを説明しようとする。この近代主義は、西洋から発展したので、理性を絶対視した自律幻想もまた西洋により深く浸透している。また社会も学歴も、近代主義との適応具合によって階層化されているので、自律幻想もまた、階層の高い部分でより強い傾向となる。（150字）

問題解説

問一　傍線部①のあるC段落の直前の段落Bで、「何らかの情報が無意識に判断に影響する事実だけ確認しておこう」とあるのが参考になる。C・D段落では「サブリミナル・パーセプション（閾下《いきか》知覚）の影響」について論じているが、解答はA・B段落の実験例まで踏まえたものにしたいので、「サブリミナル・パーセプション（閾下知覚）の影響」にのみ言及しない方が良い。

問二　傍線部②の「理性的」や「合理化」について、一対一対応の変換説明を意識しながら、本文中の言葉や、自分の言葉を利用して解答する。

問三　「自律幻想」は人間を「理性的動物である」と絶対視することから生まれる。「人間を理性的動物である」として、人間の中心に「理性」を置いたのは、「西洋近代思想」である。「第四章　近代的思考のかたち」で学んだことを参考に、自分の言葉でまとめよう。

重要キーワード

・**サブリミナル・パーセプション（閾下知覚）**

・「サブリミナル」とは、「潜在意識の」という意味。「潜在意識」とは「意識されない無意識」のことを言う。

・「パーセプション」とは、「認識・知覚」という意味。

・「閾」とは字義通りの意味としては、「敷居」「境界」のことであるので、「閾下」とは、「境界より下」ということ。

以上、「閾下知覚＝サブリミナル・パーセプション」とは、「意識出来る境界よりも下の知覚」という意味。

問題正解例

問一 要するに、人間には本来の意味での本能など、ほとんど存在しないのだと考えられる。

問二 本能とは「同種の動物が、同条件下で同じように振る舞う、学習する必要のない行動型」であるという観点。（49字）

問三 社会の制約から解き放たれた人間本来の姿という雰囲気を持っているから。（34字）

問四 社会的・文化的に設定された「しきたり、制度、良識」などといった一定の行動型。（38字）

問五 人間は、知性によって作り上げた文明を持つ点で、動物とは一線を画すると考えがちだが、逆に、文明によって形成された「思考や行動の定型」が、人間を無自覚のうちに縛り、思考や行動の自由を奪っているという点で、本能という定型的な行動型に縛られる動物と同じであるということ。（131字）

問題解説

問一 「要するに」という接続詞が、重要な指標となる（本冊179頁参照）。

問二 傍線部②の直前の段落Ⓒで「本能」について述べられている。これをまとめれば良いが、「蛇口」等の比喩的表現は使わず、一般化した言葉で説明すること。

問三 傍線部③に続くⒽ段落で、「安易に本能という言葉を使っていくと、いつのまにか、この言葉のもつ雰囲気にひきずられて、社会の制約から解き放たれた人間本来の姿という幽霊をつくりあげることになろう」と述べられているのが参考になる。

問四 傍線部④の四行前に「一定の行動型」とあるが、これが、「この型の蛇口」である。「一定の行動型」を解答の最終部に置き、それに向けて、説明を上に足していきながら、要求される字数を満たしていけば良い。

問五 傍線部⑤は、逆説的発想（通常の発想とは、逆の発想だが、真実を鋭く突くような、例えば「急がばまわれ」のような発想）で組み立てられているので、それがきちんと説明された答案を心掛けること。解答全体の組み立ては、傍線部⑤の組み立てと一対一対応を意識すると良い。

問題正解例

問一 私達は、対象を実用的な関心に沿って組織して、知覚するから。(29字)

問二 我々を取り巻く全体的な印象の中から、何かを選び、秩序立てることが、知覚するということだから。(46字)

問三 人は、日々、無数の五感の刺激の中に生きているが、そのうち、「きれいな花だ」とか「いやな臭いだ」と、知覚にのぼるものと、意識することもなく感覚印象に留まるものとがある。しかし、意識することのなかった多くの刺激も、他の刺激との比較の中で位置づけ、「取るにたらない」と選択しているわけで、その点では、感覚印象の中にも理性的判断の芽生えが、認められるということ。(177字)

問題解説

問一 傍線部①では「ふつう私たちは日々の生活のなかでは～」とあるが、D段落で「通常日々の生活のなかでは～」と繰り返されているので、D段落の内容に着目する。特に、D段落の最終文「～実用的な関心に沿って組織されるのである」の「のである文」が解答の指標となる。

問二 傍線部②の直後の「全体的な感覚印象の中からなにが選ばれ、どういうかたちで知覚のうちにまとめられるか」といった表現や、次の段落Iの「私たちはまわりにあるものを知覚するとき、感覚印象を選択し秩序立てる関心や意識の志向性をいろいろなレヴェルで働かすのである」といった「のである文」が解答の指標となる。

問三 傍線部③の次の段落Jに「感覚印象はどんなに無意識的なものであってもすでにそれ自身のうちに対比や差異の知覚を含んでいる」とあるのが参考になる。「無意識に対比し、差異化する」ということを、具体例を示しながら説明すること(本冊188頁参照)。

重要キーワード

・**ロゴス**……論理・理性のこと(素材文参照)。

問題正解例

問一 「人間の存在は、別の目的のための手段とはなりえない目的そのものでなくてはならない」ということと、「難病治療という人間への恩恵のための手段として、ヒト胚《はい》を利用する」ということとが、両立しないということ。（100字）

問二 法的手続き化によって、倫理的な「責めの意識」から免除されるのではなく、「一つの命が救われるのだから、やむをえず行う」という苦渋の意識を持ち続けること。（75字）

問三 「生命倫理」は、指針化・法律化であり、苦渋からの免除を呼びかねないが、「倫理」は「人間がぎりぎりのところで見出してきたやむをえない落としどころであり、常に苦渋に満ちている」という違い。（92字）

問題解説

問一 傍線部①はC段落を短く統括する「のである文」であり、次のD段落への冒頭統括としても機能している。この傍線部①を詳しい説明へと戻すのであるから、C・Dの内容を利用するのが、解答作成の指針となる。一対一対応型の解答作成も心掛けること。

問二 傍線部②は、直後に続くH・I・J段落の内容の冒頭統括としても機能している「のである文」である。Iの冒頭文「『倫理』の『法的手続き』化によって、もやもやした倫理的な責めの意識がすっきり免除されることのほうを、わたしは怖《おそ》れる」などの表現を参考として解答化する。

問三 「倫理」と「生命倫理」についての二項対立を尋ねた設問。全文の二項対立を整理しながら、結論部I・Jを参考に解答する。

重要キーワード

・**クローン技術**……クローン技術とは、「クローン」つまり遺伝的に同一な個体を作製する技術のこと。古くから植物の繁殖のための農業技術として広く使われてきた。哺乳類の動物への応用としては、一九八六年にイギリスで、受精後発生初期の細胞を使った初めてのクローン羊の誕生が報告された。さらに、一九九六年七月には、雌羊の体細胞を使ったクローン羊「ドリー」が誕生し、世界中の注目を集めた。同年八月には、アメリカの霊長類研究センターで、受精後発生初期の細胞を使ったクローン猿も誕生している。ドリーの誕生以来、ヒトへのクローン技術の適用が議論され、英・米・独・仏・加・日等の各国や、WHO・ユネスコ・欧州評議会等でも、クローン技術のヒトへの応用を禁止する法律や指針が採択されている。

問題正解例

問一 意識に働きかけている、問題とは関わらないように思える思考・言動・外的刺激などについては、具体的に示されることなく、理路整然とした結果のみが示されるということ。(79字)

問二 身体を動かすということ。(12字)
他の対象にも視野を広げるということ。(18字)

問三 主体的に思考する意識がなければ、何も生まれないが、問題のみを思考するだけでは、視野が狭くなり発展的な創造性が生まれないから。(62字)

問題解説

問一 素材文冒頭に「人間の意識の本来の姿は一本の矢のように直線的な視線ではなく、焦点をめざしながらも、つねにその周囲に滲《にじ》む薄明の部分に広がっているものである」とあるので、まず、ここから筆者の言う「意識の本来の働き」とは何かを考える。また、傍線部①直後の「受動的な側面は切り捨てられて、意識の焦点と、それをめざす一本の矢のような能動的な作用だけが示される」の部分が、傍線部①の言い換えであるので、「受動的な側面」「一本の矢」などを説明していくつもりで解答を作っていくと良い。

問二 傍線部②直後に、「第二の〜側面」とあるので、二つ目の方法については、Ⓖ段落の内容を簡潔に分かりやすくまとめれば良い。一つ目の方法については、傍線部直前のⒻ段落の内容を簡潔に分かりやすくまとめれば良い。

問三 傍線部③直前に、「ここでもまた」とあるので、「能動性と受動性の均衡が求められる」というのは、再出の論点であることが分かる。Ⓔ段落の「焦点に膠着《こうちゃく》した意識をそこからひきはがし、ずらしたり滑らせたりして意識の視野を拡大する。もちろんその場合、焦点をめざす意識の能動性は失われてはならないのであり、もしそれが失われれば、視野はただ混濁《こんだく》するだけであって」という論点の繰り返しである。この部分を参考に、分かりやすい言葉に変換しながら解答を作る。

重要キーワード

- **無限遡行《そこう》**……物事の説明を行う際、終点が来ずに同一の形の説明が、無限に続くこと。一般に、説明が無限遡行に陥った場合、その説明は失敗したものと見なされる。素材文では「ある意識を動かすものとして、別の意識という答えを考えるならば、その別の意識を動かすのは何かということを、また考えねばならず、なんの解決にもなっていない」状態のことを「無限遡行」と言っている。「無限後退」とも言う。
- **膠着**……粘り付くこと。

問題正解例

問一 日々の出来事の決着がどのようになるか、分からないということ。（30字）

問二 聴き手の反応に応じて、話を修正しながら語っているということ。（30字）

問三 ある出来事が、自分の人生において、どのような意味を持つのかは、すべて、その後の人生の展開と、その出来事とその後の人生とにどのような因果関係を作るのかという読み取り方とに、かかっているということ。（97字）

問四 その時口にした何気ない一言で、彼女が僕のことを好きになってくれるとは、まさか思いも寄らなかった。（48字）

問五 その出来事の決着の様子がまだ分からないにも関わらず、もっともらしい決着がある確信とともに、私達は日々を過ごしているから。（60字）

問題解説

問一 傍線部①直前の「犯人がまだ分からない推理小説」という表現が参考になる。「それにもかかわらず」とあるのは、直接には、「犯人がまだ分からないにもかかわらず」ということだが、それを私達の人生に置き換えて解答化する。

問二 傍線部②はF段落の冒頭統括文。F段落の内容を要約するつもりで解答を作る。

問三 傍線部③直前の「私たちは、今自分の身に起きているある出来事（人間関係であれ、恋愛事件であれ、仕事であれ）が『何を意味するのか』ということは、今の時点で言うことができない」といった内容や、H段落で挙げられる具体例を参考に解答する。

問四 その時点で分からないことを、人生の先の地点から、意味付けた具体的な内容を考える。

問五 素材文は、冒頭統括で前半部（D段落まで）の結論が示されている型。D段落までの内容を要約する。

問題正解例

問一 視力が落ち、作業を滞らせる目と違い、手は長年染みついた作業として、帽子の作り方を覚えていて、今でも帽子を作れるし、帽子を作り続ける気持ちも掻《か》きたてられるということ。(82字)

問二 生涯、一日に一個の帽子を作り続けるという生き方を自分の定めとして貫いた、職人としての誇りと、それだけに人生を費やし、他の生活を手にすることがなかった寂しさ。(78字)

問三 その時代時代の国家体制において有利になるように、自分のあり方を、随時、変えながら、権力におもねるようにして、自分の生活を成り立たせていくような人生の振る舞い方。(80字)

問四 帽子屋は、自分の仕事を全うするという点では、社会の中での自分の役割を務め、支配構造の中に組み込まれているように見えるが、どんな社会体制でも生き方を一切変えないという点では、支配構造の影響を全く受けず、たとえ誰に知られることがなくとも、一個人として精神の自由を保ち続けているから。(139字)

問五 「希望としての倫理によって生きる」とは、現在の自分のあり方を受け入れることが出来ずに、より良いと思う別のあり方をいつまでも探し続けながら生きていくことだが、「事実を倫理として生きる」とは、現在の自分のあり方をありのままに受け入れ、そこを原点に人生を積み重ねていくように生きていくという違い。(145字)

問題解説

問一 目と比較して考えると分かりやすい。「目」は「おれを欺《だま》す＝役にも立たないところを無駄に縫わせる」が、「手」は、帽子作りの作業を的確に覚えているのである。

問二 B・Cにある帽子屋の言葉や人生を参考に、傍線部②について、帽子屋のいとなみを例にして、具体的に一対一対応で置き換えていく。

問三 「ひさぐ」は「売る・商う」の意味。「支配の言葉をひさいで」で「支配者側の論理を生活の糧として」という比喩表現。一対一対応で解答を作る意識も大切。

問四 「なぜか」という理由説明の設問だが、やはり傍線部④に対し、一対一対応の変換を意識することが大切。傍線部④の後「社会の支配のついにおよばない自由を生きる」という表現や、F段落の「権力の支配のしたにじっとかがむようにみえ、しかもどんな瞬間にもどこまでも権力の支配のうえをゆこうとするのだ」といった「のである文」が解答の指針になる。

問五　筆者はK段落で、「生のありようを、わたしたちは正しくうけいれるべきだ」と言っている。また「生きなけいればならないように生きる」と言っている。受け身に与えられた生を自分の原点として、覚悟と共に受け入れていく生き方を訴えている。

重要キーワード

・**ロシア革命**……帝政ロシアにて一九一七年に起きた二度の革命（三月革命と十一月革命）のこと。この革命によって、帝政ロシアは崩壊し、レーニン主導により世界初の社会主義国が誕生した。

・**伊東静雄**……1906年～1953年。日本の詩人。日本浪漫派の代表的な詩人として、同時代及びそれ以降の詩人・文学者に多くの影響を与えた。

問題正解例

問一　もしその状

問二　「サラリーマン・会社員」という返答には、職業意識がなく、命じられたまま働く存在であることを自ら認めたことになるが、意志や感情等のある人間に、そのような生き方は出来ないから。（86字）

問三　**〈解答1〉**たとえ挫折したとしても、目標や理想に向かって努力した記憶は失われず、再度、目標や理想への思いが目覚める可能性は秘められているということ。（68字）

〈解答2〉たとえ挫折したとしても、目標や理想に向かって努力した記憶は、彼の人間形成に影響を与えているはずで、その後の人生の力にもなるということ。（67字）

問題解説

問一　本冊227頁参照。

問二　傍線部①はE段落で述べる主張を冒頭統括した部分。後続するE段落の内容を要約するつもりで解答化する。

問三　細かく一対一対応を意識しながら、過不足のないように分かりやすい言葉に変換していく。傍線部②の「眠っている」という表現や、「ネガフィルム」という比喩に着目すること。「眠っている」ということは「目覚める」可能性があるということであるし、「ネガフィルム」があれば、それを元に再度、写真を焼き直すことも出来るということだ。たとえ挫折したとしても、ネガフィルムさえあれば、また志が復活する可能性はいつでもあるのである。**〈解答1〉**は、以上のような観点を具体的に解答化した。**〈解答2〉**では、後半部分を広く抽象化して解答化した。

重要キーワード

・**ネガフィルム**……撮影された映像の明暗や色が、反転した画像の作られたフィルムのこと。これを元に印画紙に再反転してプリントすることで、元の映像と同じ画像が再現される。デジタルカメラの普及によって、ネガフィルムを利用して、写真をプリントすることは、一般には、ほとんど行われなくなった。

▲ネガフィルム

▲ネガフィルムからプリントした写真

問題正解例

問一　自分に訪れた幸運を見逃さない眼力のあることが、その人の力の一つであるということ。（40字）

問二　自分の能力の限界をわきまえ、自然に対して謙虚であるとともに、観察・分析・推理の正確周到さがないと科学者にはなれないということ。（63字）

問三　大事業の成功に必要な三要素は、「運・鈍・根」と言われる。「運」とは幸運に恵まれ、幸運を見逃さないこと、「根」とは根気強く努力することだが、「鈍」とは、「先があまり見えない方が良い」「頑固一徹」「まわりに流されない」「牛歩や道草をいとわない」といった資質であり、特に大切な要素である。あえて「鈍」に徹して失敗を恐れないことが、「未知への挑戦」には必要なのである。（180字）

問題解説

問一　傍線部①は、B段落の内容をまとめた末尾統括の「のである文」。B段落の詳しい内容に説明し戻すつもりで、解答すること。一対一対応の意識も大切。

問二　傍線部②は、「つまり」（＝同じ内容を短く要約する接続詞）で、始まっているので、傍線部の直前のK3段落を要約する形で解答化すれば良い。設問で要求された字数が、より多ければ、K1まで遡ってまとめることも必要だが、70字以内なので、K3段落だけを利用すれば良い。

問三　本冊235頁～238頁参照。

問題正解例

問一 ア

問二

(1) 死を考えること自体が強烈なタブーであるため、容易に直視出来ず、答えの見つけようがないということ。（48字）

(2) 一秒でも長く「生きる」ということが、いずれは死んでいくしかない人間にとっての至上命題である。（46字）

問三 どんなに苦しい思いをしていたとしても、それが宿命であり、引き受けるしかないということ。（43字）

問四 尊厳死・安楽死を巡る問題は、半永久的に解決がつかない印象がある。どうせ死ぬならば、尊厳を保ち、苦痛なく死にたいと思う一方、死を考えることがタブーであるため、「死」は答えの出ない問題である。しかし、どんなに苦しくても、宿命として引き受けるしかないという覚悟から、人間は困難を生きる力を引き出してきたはずだ。生きることは、あらゆる価値の上に立つものであり、一秒でも長く生きることが至上命題だと思われる。（199字）

問題解説

問一 Aで具体的な事件が挙げられ、Cの一文目の「のである文」で論題を提示している。その論題に対する結論は、Dの最終文で示されるが、これも「のである文」である。

問二

(1) 「不良設定問題」とは、答えが一つに定まらない問題のこと。「死」が、不良設定問題であるということを、C・D段落の内容から説明する。

(2) 筆者の最大の主張は、「人間にとっての至上命題（H）」「私は、とりあえずはそのように考える（I）」といった表現で、H・Iにまとめられている。全体の文章が終わる少し前に、最大主張が述べられた「黄金統括型の文章」だ。

問三 難解な表現を使った直後に、その説明のある型である。傍線部②の直後から解答を作れば良い。

問四 長い例等は省略し、要約文を作る。本冊243頁〜244頁参照。

重要キーワード

・**不良設定問題**……答えが一つになるような問題を「良設定問題」と言うが、それに対して、答えが一つに定まらないような問題を「不良設定問題」という。

問題正解例

問一　油絵は西欧独特の感覚の産物だが、その精密な再現力は、油絵の技法を絵画全般に通じるものと錯覚させる程、魅力的だったということ。（62字）

問二　油絵の持つ強い物質感と立体的空間性に対して、長い伝統により培われてきた日本の繊細微妙な美的感覚が違和感を生むこと。（57字）

問三　油絵の手法と日本的感性とを中途半端に折衷しようという態度。（29字）

問四　油絵を受け入れることによる葛藤や混乱を原点に、それを乗り越え、新しい表現を創出する程の覚悟を持たねばならないということ。（60字）

問題解説

問一　傍線部**ア**直前の「一見普遍的一般的なものに見えるそのような特質も、実はヨーロッパ独特の物質感覚、空間感覚に根ざし、そこから生まれ出たものである」が解答の指針になる。また、傍線部**ア**の「思い誤りかねないほどの魅惑力」は、自分の言葉で分かりやすく変換すること。一対一対応の意識で解答を作る。

問二　Ａ段落の最終文に「油絵という表現に反抗する何かを、鋭い痛みのように感じていたはずなのである」と「のである文」があるが、この部分の言い換えが、傍線部**イ**である。Ａ段落の後半を参考にしながら、解答化する。

問三　傍線部**ウ**は、Ｄ段落の冒頭文。Ｃ段落の内容を受けて、「このような」と言っているので、Ｃ段落の内容を要約するように解答を作成すれば良い。「あいまい」「中途半端」といった文中の語彙が、傍線部**ウ**の「及び腰」の説明として利用出来る。

問四　傍線部**エ**の前半は、一対一対応を意識しながら、正確に変換すれば良い。傍線部の後半「進んでおのれの表現の動機にまで鍛えあげる」の説明が難しいが、抽象的な言葉を並べ立てるのではなく、自分の言葉で、分かりやすく噛《か》み砕いて説明することが必要。

※「傍線部～とはどういうことか、説明せよ」型の設問に対しては、必ず傍線部に対して、「小さな一対一対応を意識して正確に変換処理する」つもりで、過不足ない必要十分な解答を心掛けよう。

問題正解例

問一 対象と私達との間に、長い時間かかって作りだされてきた、心安まる型のようなものを踏まえて表現された世界だから。（54字）

問二 対象について、伝統的な見方を排し、先入観のない状態から、対象の実際の様子を新たに見いだしていくということ。（53字）

問三 対象の様々な要素を、生のまま貪欲に取り込むのではなく、整理し切り捨てつつ表現するのが、芸術的態度だという信条。（55字）

問四 長い時間を経て培われた心安まる型・実用的な型を壊してまでも、独自の観察・主張を重視する近代的写実主義への批判。（55字）

問題解説

問一 傍線部**ア**「優しく和ませてくれる」に対して、D段落では、「私たちを不安にさせる」とある。D段落の内容を反転させて、解答の指針とする。

問二 傍線部**イ**直前の「型を～破壊して」という表現が、参考になる。傍線部**イ**については、「虚無のなかから」「現実像を」「発見し直す」の三つに分断して、それぞれを一対一対応で変換するように正確に処理すること。

問三 「倹《つつ》ましさ」とは何か、「古風」とは何か、それぞれ一対一対応で、説明すること。

問四 まず「強情さ」という、マイナスの色合いを持った言葉を感じ取ろう。その言葉にこめられた筆者の思いを、短く最小限の言葉で考える。「批判」「反感」等の言葉が思い付くだろう。あとは、上へ上へと、説明を足していきながら、解答欄の大きさや字数に応じて、解答を詳しくしていけば良い。

重要キーワード

・**レアリスム**……写実主義。現実を出来る限りありのままに捉え表現しようとする美術的主張、文学的主張のこと。レアリスム（仏：Réalisme）、リアリズム（英：Realism）。

問題正解例

問一 不可逆的な定着が決定する場では、人間は未成熟なものを残してはならないと逡巡《しゅんじゅん》し、微差にもこだわるということ。（53字）

問二 白い紙に消せぬものを遺《のこ》すという不可逆性があるからこそ、完成度にこだわる美意識が生じるということ。（48字）

問三 未熟さを不可逆的に紙の上に顕《あらわ》し続ける呵責《かしゃく》の念が、上達への意欲となり、美術・書道等の芸道を作り上げたということ。（55字）

問四 無数の無名の書き手による加筆訂正によって、皆が共有出来る総合知へと、永遠に更新され続けているということ。（52字）

問五 やり直しは出来ないという潔い覚悟が、鍛練への意欲を生み出すし、洗練された表現となって結実もするが、その力強い精神を研磨する土台には、自分の表現を決然と定着させ、消し去ることを不可能とする「何も記されていない白」という舞台があるということ。（119字）

問題解説

問一 「定着」というキーワードを説明することが第一の方針。一つ前のA段落の最終文が、解答の基準となる。

問二 先行した部分の内容が解答の指針となる。C・D段落の内容を参考に、「白」の意味合いを考えながら、説明を作り上げる。

問三 傍線部**ウ**前半は、E段落前半の表現を利用しつつ変換説明し、後半は、自分の言葉を利用して分かりやすく説明する。

問四 傍線部**エ**を「文体を持たないニュートラルな言葉」「知の平均値」「示し続ける」の三つに分けて、一対一対応で説明する。

問五 長い解答であっても、「〜とはどういうことか、説明せよ」という設問に対する解答形式は守ること。一対一対応変換を意識しながら、「〜ということ」という文末に向けて、解答を作る。

重要キーワード

・**タブラ・ラサ**……ラテン語で「何も書かれていない書板」の意味。「生まれながらの人間の心は、白紙のように何も書かれておらず、先天的に持っている観念（生得観念）は何もない」という主張のたとえとして、よく使われる。英国の哲学者ジョン・ロック（1632年〜1704年）が用いて、広まった概念。

問題正解例

問一 作者を絶対視し、作者の意図の解明を究極の目的とする研究。（28字）

問二 俳句が作者の自我という閉ざされた小宇宙にとらわれない文芸であることになるから。（39字）

問三 推敲《すいこう》とは、同じ作者が、ある時間を経た後に書き換えて、初案とは違うテクストを作る行為だが、添削とは、原作者とは違う人物によって、初案とは違うテクストを生んでいく行為だということ。（88字）

問四 去来は、「月の客」について、「私は月を愛《め》でる他人を見つけた」という意味で作ったが、芭蕉《ばしょう》は、「月の客」について、「自分が『月を愛でる客人だ』と名乗り出た」という句意に転換したということ。（92字）

問五 作者の初案・作者の意図というものにとらわれず、作者の意図を超えるような他者による添削・批評を受け入れつつ洗練・創造されていった、おおらかで円《まろ》やかさを備えた作品。（80字）

問題解説

問一 まずは「神話」とは何かを考える。傍線部①直前に「いかなる解釈、批評よりも作者の意図が優先する。しかし、これは近代芸術の神話である」とあるのが解答の指針になる。

問二 筆者の近代芸術批判とは何か。傍線部②の直前に「作者の自我を絶対視する近代芸術が〜閉された小宇宙の中で思い上っている」とある。筆者は、俳句がそのような小宇宙に閉ざされないという点で、「名誉」だと言っている。

問三 「異本」とは、「原本」「初案」とは違うテクストのこと。初案を記した時から時間を経た作者が、推敲により、「異本」を形成するし、時間を経なくとも、他者の添削により、別の視点からの「異本」が形成される。

問四 Ⓛ段落に引用されている古文の意味を読解した上で解答する。去来は、この句の作意を「他の一人の騒客（文人）を見付けた」としたのに対して、芭蕉は「『己』がその文人であると名乗り出た句とした方が風流である」と、「逆転」している。「自称の句」とは、「一人称の句」という意味で、自分を主体とした句ということである。

問五 Ⓜ段落が、全体の「黄金統括」部分。Ⓜ段落の内容を骨子に解答をまとめていこう。また、筆者の言う「古典」が、単に「古い時代のもの」という意味ではなく、「時代を超えて、なお人々に共有される優れた芸術・真の芸術」という大きな意味で使われていることにも注意。

重要キーワード

・**ロマンティシズム**……十八世紀末から十九世紀前半に西欧で起こった精神運動。感受性や主観に重きを置き、道徳的発想や伝統的思考よりも、個人の自由・独自性に重きを置いた。文芸・美術・音楽・演劇等様々な芸術分野に及んだ。

・**テクスト**……解釈の対象となる表現活動の一切を「テクスト」という。「テキスト」とも表記されるが、文芸批評の分野では「テクスト」と表記されることが多い。

問題正解例

問一 通常なら、花の美しさを愛《め》でるよりも、肉体の欲望や身体の保全の欲求を優先して考えるだろうが、強制収容所から解放されたガリーナさんは、身の安全の確保よりも、花の美しさに見とれていたということ。（94字）

問二 収容所生活の中で最も辛《つら》かったのは、外部からの情報の遮断、さらには本や筆記用具の所持の禁止であったし、また、その絶望を解決し、人々の生命力を取り戻させたのが、記憶による文学作品の朗読会だったということ。（100字）

問三 本来、生命の保全には関係ないと思われる「文学作品を楽しむこと」といったことが、身体の極限状態の中で、より身体を疲弊させたかもしれないにも関わらず、逆に生命力を吹き込んだということ。（90字）

問題解説

問一 「花より団子」の説明も兼ねて、まずは一般論を説明した上で、その逆の発想「団子より花」について、ガリーナさんの経験を元に説明する。

問二 収容所生活の経験において、「寓話《ぐうわ》」とは何にあたるのかを考えた上で、その「寓話」が、生きていくのに必要だったことを具体的に説明する。

問三 傍線部③直後にある「女たちに肌の艶や目の輝きが戻ってくる。婆婆《しゃば》にいた頃心に刻んだ本が彼女らに生命力を吹き込んだのだ」の「のである文」が、解答の骨子になるが、設問に「本文全体の内容を踏まえながら」とあるので、具体例のままで答えるのではなく、一般化した表現に作り上げると良い。

問題正解例

問一 デュークの死に悲しみながらも、あえて明るい声で自らを奮い立たせようとしたが、やはり悲しみは拭いきれないという気持ち。（58字）

問二 デュークの死を悼まなければならないのに、見知らぬ少年とデートを楽しんでいるような自分に気付き、自己嫌悪を感じると同時に、デュークを失った悲しみが戻ってきたから。（80字）

問三 自分が楽しかったのは、今日一日のことではなく、「私」と過ごした長い年月のことであり、その御礼を言いに来たのだと、強調したかったから。（66字）

問四 デュークの化身のような少年の振る舞いに、驚きを感じ、本当にあった出来事なのかどうか、呆然《ぼうぜん》としている。（50字）

問題解説

問一 傍線部①に「みょうに明るい声」とあるが、その矛盾した様子を説明することが肝要。解答例では「あえて明るい声」とか、「やはり悲しみは拭いきれない」等の形で、矛盾した感情を説明している。

問二 傍線部②の一段落前に、「デュークが死んで、悲しくて、悲しくて、息もできないほどだったのに、知らない男の子とお茶をのんで、プールに行って、散歩をして、美術館をみて、落語を聴いて、私はいったい何をしているのだろう」とあるのが、ヒントになる。この部分を参考に感情を説明する。

問三 傍線部③の前の会話で、少年と「私」は、「今までずっと、僕は楽しかったよ」「そう。私もよ」と、やりとりしているが、そこでは、少年の「今までずっと」について、「私」は、「今日、一日がずっと楽しかった」と勘違いしている。その勘違いを訂正し、自分の本当の思いを伝えるために、少年は繰り返した。その流れを的確に説明する。

問四 少年がまるで死んだデュークの化身であるようなことに気付いた「私」は、驚きのあまり動けずにいる。その時の気持ちを説明する。

問題正解例

問一 窓の外の深い森の闇の中へマイクの命が消えていってしまわないように、窓をマイクからさえぎることによって、マイクの命を引きとどめたいというような祈りに似た思い。（78字）

問二 死を穏やかに受け入れようとしているマイクの姿に心を打たれるとともに、たいした言葉も述べられぬ自分を、マイクに対して申し訳なく思っている。（68字）

問三 健康なものが死に行くものを見下ろすという冷酷な構図にいたたまれないものを感じ、マイクへの思いやりと、命に対する敬虔《けいけん》な思いから、自然と腰を屈《かが》めている。（74字）

問四 叶《かな》わぬことと分かりつつも、励まさずにはいられなかった和夫の心を感じ、そのような温かい心に包まれて、死を迎えられることを、和夫に感謝する思い。（70字）

問題解説

問一 「割り込んだ」という表現に着目。直前に「マイクがそのままの姿勢ですべるように森の闇に消えて行くような錯覚にとらわれた」とあるのがヒントになる（本冊300〜301頁参照）。

問二 直前のマイクの話は、「世界をアレンジした人の摂理に委ねられた人間」ということを語っている。そして、マイクは、その摂理を信じることで「やすらかな気持」になろうとしている。そのようなマイクの姿に触れて、和夫が「とてもいいお話ですね」と告げたことをまずは押さえる。さらに、自分の言葉の物足りなさを心苦しく思い、それを謝りながらも、また「とてもいいお話ですね」と繰り返さずにはいられなかった和夫の思いを説明する。

問三 香坂の動作に対して、視点人物の和夫は「見おろす自分の目の位置が耐えられないのか」と感じている。「見おろす」や「耐えられないのか」といった表現から、香坂の動作を和夫がどう感じ取ったのかを読み取ることが出来る。そして、和夫もまた腰を屈めて、目の高さをマイクと揃《そろ》えている。和夫も、香坂の動作に読み取った「死に行くものの思いやり」や「命への敬虔な思い」を、自然と心に抱いて、腰を屈めているのだろう。

問四 設問部の直前のマイクと香坂の会話から、マイクはすでに自分の死を覚悟していることが分かる。当然、その場にいた和夫も、マイクの死が迫っていることやマイクの死への覚悟を知っている。さらには、マイクは「和夫が、そのことを知っている」ということも、知っている。そのように「死」を確定的な前提として、互いが暗黙に共有した状況の中、マイクが、「とてもいいなぐさめを、ありがとう」と告げた、その思いについて、説明する。

問題正解例

問一 興味のない知識を、後でどのように役に立つのか意味も解《わか》らず、ひとまず機械的に詰め込んでいるということ。（50字）

問二 外の世界とはつながりのない、狭い内輪話ばかりで、自分達だけ楽しんでいるということ。（41字）

問三 優秀な成績や一流の学歴・職歴等、世間一般で高い評価を得ているような経歴。（36字）

問四 優秀な学力や一流の学歴・職歴等は、なんの役にも立たないと捨て去り、執着から自由になるということ。（48字）

問五 強者として優秀さを誇示しているような兄の行為が、弱者であるホームレスの行為に重なるのを感じながら、長い間、兄と比較して抱き続けていた劣等感が、自分の中で逆転するような興奮を覚えている。（92字）

問題解説

問一 傍線部①の前後に「興味の持てない事柄を頭の中に詰めて行く」「他人の私物を手際良く梱包《こんぽう》して行く。そんな感じ。後で、どのように荷を解くのか、さっぱり予想も出来ない」とあるのがヒントになる。

問二 傍線部②の前後に「内輪の冗談をキーワードにして連帯を深めて」「他人を入れようとしない」とあるのがヒントになる。

問三 高度の方程式が書けることは、優秀な成績・学力の証明でもある。優秀な成績・学力によって手に入れてきた「過去の積み重ね」とは何かを考えつつ、説明する。

問四 「ぼく」は、「代わりに泣いてやる」と言っている。ホームレスが泣けない代わりに、「泣いて、幸福に浸る」という。ホームレスはなぜ、泣けないのか。「プライドを守り続ける」という言葉が素材文中にある。プライドが邪魔をして泣けないために、ホームレスは「ぼく」の言う「幸福」にはなれないようだ。華やかな経歴への執着を捨て去り、自由になることで「幸福」になれると、「ぼく」は言っているのではないだろうか。

問五 自分をさげすむ兄に、弱者であるホームレスの行為と同じ行為をさせることによって、「ぼく」は、兄とホームレスをダブらせている。兄の優秀な能力も、どうせ何の役にも立たないのだと、哀れなホームレスをさげすむような思いで兄を見つめながら、兄への劣等感を自分の中で逆転させている。

問題正解例

問一 書き遺《のこ》された日記が人々に読み継がれることにより、アンネの命は死んでも、その魂が生き続けることになったという点で、「死んでもなお生き続ける」というアンネの望みを叶《かな》えたものは、アンネの日記であったから。（99字）

問二 過酷な時代環境が、逆に、苦しんでいる人を救うという、人として大切な行いをする気持ちを、自然に生じさせたということ。（57字）

問三 ミープさんの言葉にある意志の強さは、ナチス・ドイツや、戦争や、ファシズムを批判するための強さではなく、自分自身の良心から生まれたものとして、彼女の生き方の信念になっているということ。（91字）

問四 時代の過酷さに屈して、良心や助け合う気持ちや優しさを失うのではなく、人間としてなさねばならないことを、自分の心で判断し、行動するということ。（70字）

問題解説

問一 ミープさんの「日記はアンネの命そのものでした」という言葉や、傍線部①の数行後にある「日記の中の有名な一節――わたしの望みは、死んでからもなお生きつづけること！――この心の叫びがかなったのだから。命はナチスの犠牲になったけれど、その魂はミープさんによって救われ、永遠に存在し続けている」といった叙述を参考に解答する。

問二 傍線部②直前の「あの時代、あの状況に置かれた時、なさねばならないことをしたのです」という言葉がヒントになる。

問三 傍線部③前半「他人を攻撃するためのものでなく」については、数行前の「ナチス・ドイツや〜非難することによって、自分の正義を押しつけようとはしない」の叙述を参考にする。傍線部③後半「自分自身を支えるためのものになっている」については、「私は自分が考えるところの当たり前の行動をした」というミープさんの言葉を参考に解答する。

問四 過酷な環境に屈することなく、「自分が考えるところの当たり前の行動をした」と語る、ミープさんの生き方について、全文の内容をまとめながら解答を作る。

重要キーワード

・**ファシズム**……狭義には、イタリアの国家ファシスト党をその由来とする政治理念のこと。広義には、第一次大戦後に現れた全体主義的・排外的政治理念全般を表す。

問題正解例

問一　本当に自分は正直に話せているか、話すことが出来るか、また、自分の正直な言葉が、結果として、ミサキを傷付けてしまうのではないか、そういったことを思い悩んで、ミサキの瞳を直視出来なくなっている。（95字）

問二　遺伝の問題は、ミサキにとって、人生を左右する深刻で具体的な問題だったということ。（40字）

問三　ミサキはハンチントン病発症のリスクを抱えており、発症した場合は、「僕」が「ミサキの好きなところ」の答えとして挙げた「優しさ」「明るい笑顔」が失われてしまう可能性があるため、「僕」の答えは、ミサキへの愛を保証するものではなかったということ。（119字）

問四　根拠も説得力もないが、「ミサキに不幸なことは決して訪れない」と、自分に言い聞かせるとともに、なんとかしてミサキの心を癒やしたいという祈りのような思い。（75字）

問題解説

問一　「本当に正直に話せているか」という観点だけでは、不十分。傍線部①の前の会話で、「僕」は、「正直に言うよ。先のことは分からなくなっちゃった。でも、僕は今でもミサキのことは好きだし、悩みや不安を少しでも一緒に感じたいと思っている」と言い、「今でも、ミサキのことは好きだが、二人の将来のことについては、確信が持てなくなった」と告げている。この会話を参考に、「将来のことは分からなくなった」という正直な言葉を告げてしまったことについての「僕」の気持ちを考え、解答の後半を作る。

問二　「遺伝」とは、ミサキにとってどのような意味を持つものであるかを考えて、解答を作る。

問三　傍線部③以降に、「『優しいミサキが好きだ。明るい笑顔のミサキが好きだ』——そんなことを言った自分を、消し去りたかった。けれど、それ以外にどんな答えを、僕は伝えることができただろう。『心』が好きだという以上に、どんな愛の表現があるというのだろう」とある。この部分から、「僕」が「ミサキの言葉から理解した意味」について解答を作る。

問四　「何が大丈夫だと言いたいのか」「自分でも分からなかった」「それでも、僕は繰り返していた」という三点について、それぞれ説明しながら、「大丈夫だ」という言葉に込められた「僕」の思いを説明する。